中原智库丛书·学者系列

连南夫论

STUDY ON LIANNANFU

萧鲁阳／著

社会科学文献出版社
SOCIAL SCIENCES ACADEMIC PRESS (CHINA)

自　序

　　连南夫（1086～1143），字鹏举，湖北安陆（今广水市）人，活跃在两宋之交的政坛上，为时名臣。绍兴九年（1139）正月，宋金和议告成，高宗大赦天下，时以宝文阁学士帅广东的连南夫，以少保而统率大军宣抚湖北、京西的岳飞，都寓讽于贺，上表抨击。连南夫说："虽虞舜之十二州，昔皆吾有；然商於之六百里，当念尔欺！"① 令秦桧大恶之。岳飞则云："救暂急而解倒悬，犹之可也；欲长虑而尊中国，岂其然乎？"② 又说："谓无事而请和者谋，恐卑辞而益币者进。愿定谋于全胜，期收地于两河。唾手燕云，终欲复仇而报国；誓心天地，当令稽首以称藩！"③ 秦桧读之大怒。二人反对议和，旗帜鲜明，立场坚定。此后，岳飞于绍兴十一年被冤杀；连南夫则于绍兴十二年被剥夺所有职务，数月之后，即于绍兴十三年正月，离开人世。显然，连南夫是被秦桧迫害而死的，寿止五十有八。

　　生于哲宗元祐元年（1086）的连南夫，他的政治生涯，历经徽宗、钦宗、高宗三朝。徽宗朝，南夫以进士出身，参与礼制检讨和御前文籍的校正，曾出使过金国，任过中书舍人。奉使金国，有激烈的外交斗争。归来，出任中书舍人，就是连南夫后来自称的"持囊西清"。宋人评价这一时期的连南夫说："学术深醇，早擢殊科，逮专对于绝域，旋联华于从

---

① 《建炎以来系年要录》卷一百二十五，绍兴九年正月。
② 《建炎以来系年要录》卷一百二十五，绍兴九年正月。
③ 《建炎以来系年要录》卷一百二十五，绍兴九年正月。

班。"① 说明连南夫平生事业开始起飞。

钦宗享国日浅。不是说他短命，而是他生不逢时，遭遇靖康之变，国家覆亡，中原板荡，万里为虏，朝不虑夕。金兵南下之时，开封城破之日，连南夫正在江南小郡濠州做守臣。

赵构开大元帅府，连南夫有劝进之举。高宗于商丘登基，连南夫立即表态，积极拥护。建炎绍兴，连南夫六为守臣，先后知濠州、知江宁、知饶州、知信州、知泉州、知广州。此外还有知广源、知桂州未赴而改任。其所任阁职，由徽猷阁而显谟阁，由显谟阁而宝文阁，由待制而直学士，由直学士而学士，荣华荣耀，步步高升。宫祠，则有提举洞霄宫和提举江州太平兴国宫。知江宁府，是当时行在，即临时首都负责人。知广州，实为广东经略安抚使，统领广东二府十三州四十三县。这是连南夫平生壮观的两个高峰。知泉州，知广州，两地市舶，关乎外贸，关乎财政，足见连南夫也是经济干臣。

连南夫曾祖连舜宾，就是欧阳修表彰的湖北安陆连处士。处士四子，庶、庠、庸、膺。南夫系连庸之孙，仲涉之子。连庶、连庠，与宋祁、宋庠，同时而交好。连南夫的妻族，是安陆王氏，乃是酸枣先生王昭素的后裔。连庶有女，给了宋家，女又有女，就是蔡攸的夫人，蔡京的儿媳。以此人脉背景，连南夫在政治上不可谓孤立无援。至于随着时间的推移，时局的变化，倘若有政见上的分歧，那也是事理之常，不必见怪的。

南宋初年，广南还是瘴疠之地。连南夫携眷赴任，深恐不返。是以发誓不取俸禄，只做奉献。卸任以后，没有留在广东，而是合家北上，隐于福建的连江。有文献说，连南夫隐于连州，连州在广东。连南夫不会留在广东，理由已见上述。他的同年李弥逊隐于连江，二人应是卜邻，同隐于此。"江""州"二字形近，"连州"当是"连江"之讹。连江隶于福州。连南夫夺职，隐于连江，就是隐于福州。其逝于连江，也是逝于福州。人所共知，苏东坡逝于常州，其实子瞻是逝于义兴阳羡。义兴属于常州，于是就以常州称之。这道理是一样的。连南夫的长眠之地，是宋时福州怀安县八座乡稽下里崇福山。于今，为福州宦溪镇北岭寿山乡崇福原。宋人韩

---

① 李正民《大隐集》卷一《连南夫知饶州制》。

元吉《连公墓碑》说，"怀安之原，稽下之山，冈愧于先，后其有传"①，当作传信录看。

《宋史》连南夫无传。韩元吉应连南夫长子之请，撰成《连公墓碑》，叙次连南夫一生事迹，真实可信。其间即便稍有拔高和有所回护，亦是正常现象。宋人史籍文集，所载连南夫文字信息，相当丰富，且亦珍贵。是以本书在研究探讨的同时，又编成连南夫文献经眼录，并编成连南夫家族文献经眼录。所有这些尝试和努力，都是为了描画一个历史的、真实的，同时又是全面的连南夫。经眼录以宋文献为主，力避重复，加有按断。

连雅堂说，"系出连山氏"。连山氏就是列山氏、烈山氏、丽山氏，说的就是炎帝。炎帝之后，姜子牙助周，成就大业，功高天下，被封于齐。太公后裔，分枝很多。其中一枝，便是连姓。连南夫是中华连姓史上闻人，距今已近千载。他是对推动两岸关系发展有重要贡献的连战的二十八代祖。连姓代有名人，人才辈出。

连姓系出连山氏，炎帝肇迹厉山，厉山在随州，所以那是连姓的族源地。连姓郡望，山西上党。连南夫的高、曾、祖、父，都居于湖北安陆，安陆为今湖北广水，那里是连南夫的祖居地，又是连南夫的出生地和青少年成长地。及之成人，为进士，游宦各地，凡其任职工作过的地方，都是他的仕宦之地。最后，连南夫逝后葬于福州，那就是他身后长眠之地了。

连南夫是中华连姓文化史上的大名人，距今已经千年，千载而下，人们还记着他。连南夫忠心为国，忠勤为民。有文有武，有劳有勋。虽遭权臣压制迫害，终究掩不住他的光辉。

本书初稿写于2009年。从2014年12月12日起，重新拾起，稍加补充和订正，成此拙编。书分三部：甲部，连南夫之研究；乙部，连南夫文献经眼录；丙部，连南夫家族文献经眼录。部下为章，用01、02等标识；章下分节，用［01］［02］等区分。是以本书标目为三级者。

萧鲁阳

2015 年 4 月 4 日

---

① 韩元吉：《南涧甲乙稿》卷十一《连公墓碑》。

目录
CONTENTS

甲部　连南夫之研究

乙部　连南夫文献经眼录

丙部　连南夫家族文献经眼录

甲部

连南夫之研究

01

论纲

连南夫（1086～1143），字鹏举，宋湖北应山（今湖北省广水市）人，徽宗大观三年（1109）进士上舍及第。他入仕不久，即遇国家重大变故，出典方州，力主抗金，毫不妥协。文韬武略，胸中抱负，多有施展。他最终是被权相秦桧迫害而死的。连南夫在政治、经济、军事上都有所建树，不愧为有宋一代名臣。他又是近千年来中华连姓文化史上的杰出人物。可惜的是，就是这样一位有重大影响的历史名人，当时国史无传，后来元修《宋史》无传。今人的书籍和网络文字所及，又往往有不够令人满意之处。今试为之，以飨读者。不当之处，幸望赐教。

[01] 家世和出身

连南夫者，《宋史》无传。然而，宋代文献中，多有记载，堪称史不绝书。且多见于《建炎以来系年要录》《三朝北盟会编》等重要史籍，以及李纲《梁溪集》等重要的宋人文集。这些都是研究连南夫的重要文献。其中，最为重要的，是欧阳修的《连处士墓表》、韩元吉的《连公墓碑》，前者见于《欧阳文忠公集》，后者载于《南涧甲乙稿》。前者述连南夫高曾祖父四代，后者叙连南夫生平履历，有很高的文献价值和史料研究价值。清陆心源《宋史翼》为连南夫作补传，采摘资料比较丰富，然而亦有缺遗，且乏考订，自是不免错讹。今人辑连南夫文，有大功德，编入《全宋文》中。只是那个介绍文字，极为简略，又有因袭前人舛错之处，有点可惜了。

欧阳修所表彰的连处士名舜宾，字辅之，其祖讳光裕，本是闽（今福州）人，曾为应山（今属湖北）县令，其后遂落籍应山。舜宾及其父正（南夫高祖），终身都不曾为官。连舜宾有四个儿子，庶、庠、庸、膺。连舜宾安排连庶、连庠读书，二人与宋祁、宋庠是同学，后来四人都登进士第，有应山四贤之目。连舜宾家富裕多赀，常以赒济乡里，乡誉口碑极佳。

连南夫父仲涉，系连庸之子。南夫有兄质夫。也有说《宋史·忠义传》的连万夫是他的兄弟。我则以为，连万夫只是他的堂兄弟，他可能是连南夫叔祖连膺的后裔。

南夫娶王邻臣之女，育有三子二女。三子，长曰璧，仲曰毂，季曰莹。还有三个孙子，九个孙女，人丁很是兴旺。王邻臣是《麈史》作者王得臣的弟弟，亦应山人。王家是酸枣先生王昭素的后裔，在宋代也是有影响的家族。

连横自称"系出连山氏，望出上党"。连山氏就是炎帝神农氏。炎帝肇迹历山，就是今天湖北的随州。所以，随州是连姓的族源地，上党是连姓的郡望地，应山即今湖北广水是连南夫的祖居地、出生地和青少年成长地。当今连姓闻人，中国国民党名誉主席连战，是连南夫的二十八代孙。《连公墓碑》综述连南夫早年履历时说：

> 公字鹏举，年二十四进士上舍，释褐授颍州司理参军。移鼎州教
> 授，省罢调醴阳尉。丁内艰。调襄邑主簿、虔州教授未赴，除辟雍
> 正，礼制局检讨，补校御前文籍，遂为校书郎。

进士、上舍，说的都是连南夫有出身。有出身人，在注官和升转时，比起无出身的人有许多优待。制科、进士、上舍，是最为宋人看重的出身。上舍而有出身，说明连南夫在太学深造过。太学分上舍、内舍和外舍。外舍升内舍，内舍升上舍，要经过考试，考试又极严格，淘汰率很高。崇宁三年（1104），徽宗改州学为三年一贡，考试成绩上等者，即可补上舍。而不是此前的州学每年贡上舍生一人，由外舍而中舍、由中舍而上舍地晋升。所以，连南夫也有可能直接进入上舍。徽宗开始直接从太学选拔人

才，多次赐上舍生进士及第。连南夫"进士上舍"，说明他有出身。

现在，所有研究连南夫的文字，都说连南夫是政和二年（1112）进士，其实，全都错了。据《连公墓碑》，连南夫卒于绍兴十三年，即1143年，寿五十八，是生于哲宗元祐元年（1086），二十四岁，当徽宗大观三年，时为1109年。若政和二年，连南夫已届二十七岁。韩元吉《连公墓碑》，是据连南夫长子提供的南夫行状写成，可据以订正他种著述记载之讹误。宋人李弥逊《筠溪集》有《宝学连公挽诗二首》，其中说："银峰告政一千里，雁塔联名四十年。"雁塔联名就是雁塔题名，是唐代进士题名的典故。李弥逊挽诗，证明他与连南夫是同年进士。而李弥逊正是大观三年进士，而且是大观三年上舍第一名（见《宋史》卷三百八十二《李弥逊传》，《筠溪集》附《筠溪李公家传》）。上舍第一名，叫做上舍魁。上舍魁也称状元。按照习惯的说法，连南夫是李弥逊榜进士。因此，连南夫是徽宗大观三年进士及第，不是政和二年进士，无可怀疑。

"释褐"，是说连南夫脱却布衣，换上官服，进入公务员队伍。初授的职务，是颍州司理参军。颍州，今属安徽，政和六年改颍昌府，即后来绍兴十年（1140）刘锜颍昌大捷的战地。鼎州在湖南，就是人们常说的常德府。澧阳，也在湖南，是澧州所领四县之一。襄邑，今为河南睢县，宋时隶开封府，曾是拱州治所，拱州意为拱卫京师，所以又称辅郡，为宋东辅。虔州以虔化水得名，有人说虔有虔刘之意，隐含不祥，遂改赣州。连南夫早年仕宦，从做辟雍正始，方是在京都供职。前此都是在地方任职。

由虔州教授未赴，改任辟雍正，任命更改，命运改变，必有运作者，谁实为之？值得深思。

辟雍是太学的外学，太学的负责人叫做司业。其下有辟雍丞。校书郎的品阶，在辟雍丞之下。连南夫做秘书郎以前，没有贬官的记录，不可能先做辟雍正而后再为校书郎。所以，这个辟雍正，不是司业，乃是辟雍所属二级机构的正。辟雍的二级机构，有博士十员，学正五员，学录五员。连南夫所任的"辟雍正"，正是辟雍的学正。说"除辟雍正"而不带"学"字，并非韩元吉疏忽而致讹误，这是行文追求四字句有意为之的结果。古人以单字不文，行文必为偶数，若遇奇数，则加虚词就是助词以救之。宋太祖出身行伍，当了皇帝，扩大开封城，亲自视察南门，见写着"朱雀之门"四个大字，就问："安用之字？"赵普说："助词。"太祖说："之乎者也，助得甚事？"命令去掉之字。古代玺印上常有"之"字，也是为了补足字数。

宋徽宗注重文化建设，设议礼局，《政和五礼新仪》就是它的产物。后来，"又置礼制局于编类御笔所"（《宋史》卷九十八《礼一》）。礼制局职官，有详议官十员，检讨官十六员。详议官是负责人，检讨官是做具体工作的。详议官中有一个大员叫蔡攸，是蔡京的儿子。仅此也还罢了。再进一步，蔡攸的夫人，是宋乔年的女儿，宋乔年则是连庠的女婿。这层关系很是清楚，即蔡攸夫人是连庠的外孙女，连南夫是连庠的侄孙，蔡攸夫人是连南夫的表姐。都在礼制局共事，一个是领导，一个是被领导。这件事情，是否有点意思？连南夫的仕途难道与蔡攸无关？

"补校御前文籍"，亦是徽宗时事，且是中国古代图书事业史上的盛事之一。宋徽宗"以三馆书多逸遗，命建局以补全校正为名，设官总理，募工缮写，一置宣和殿，一置太清楼，一置秘阁。自熙宁以来，搜访补辑，至是为盛矣"（《宋史》卷二百二《艺文一》）。连南夫所参与的，就是这样一项史无前例的伟大的文化工程。此时连南夫的职务是秘书省校书郎，这叫馆职。

校书郎是京官，品阶不高，而有机会接触皇帝。连南夫为校书郎，"徽宗一见奇之"，为最高统治者所欣赏和注意。连南夫得遇徽宗，真的有点奇了。

连南夫与女真之阿骨打，一处中原，一居北海，本来是风马牛不相及，然而历史上却有交集。政和二年，辽天祚帝天庆二年二月，连南夫脱却布衣，春风得意，进入仕途刚刚三年之际，远在白山黑水之间的阿骨打，却遇到了空前的政治危机。时辽的天祚帝到混同江钓鱼，千里之内大小酋长都要前往朝拜；举行头鱼宴，所有酋长都要起舞，唯阿骨打再三谕之而终竟拒绝起舞，几乎被杀头。从此阿骨打走上武装反辽的道路，大战十一场，竟将辽国有生力量消灭殆尽。1125 年，当连南夫还在宋的秘书省就是藏书之府默默从事文字校订的时候，阿骨打已攻下燕京，灭掉辽国。十年光景，阿骨打壮志得酬，灭人之国，金国兴起。只是阿骨打攻燕之役后，即告不治，而代表宋国出使吊祭阿骨打的，正是连南夫。

连南夫出使金国，身份是假太常少卿，本来是祝贺正月节的，因金使来告太祖阿骨打的讣音，就命南夫为接送伴使并命为祭奠吊慰使，也就是《宋史》所说的"遣连南夫吊祭金国"。连南夫到金国，自有一番庙折廷争，不辱使命，成礼而还。南夫赴金国，道迁秘书郎，及还，迁起居舍人。宣和七年（1125）三月，拜中书舍人。不久，除右文殿修撰知庆源府，改知濠州。

现在有人认为，连南夫除右文殿修撰知庆源府事是宋钦宗登基后的人事安排，实在是一种误说。《宋会要辑稿·职官》有"宣和七年十一月二十二日，知濠州连南夫降一官"的记载，所以任命连南夫知庆源府的，当然是宋徽宗，而不可能是钦宗。而知濠州则是连南夫不愿赴知庆源府任而后改任的结果。

秘书郎是秘书省职官，在秘书监、少监、丞之下，而在校书郎之上。起居舍人、中书舍人都是侍从之臣中的"小侍从"，不是真正意义上的侍从。知庆源府、知濠州即知府事、知州事。那个右文殿修撰则是高等贴职，不是馆职。

宣和七年之后不久，就是靖康之变，其时连南夫正在濠州任所。明确仍知濠州。北宋覆亡，南宋建炎初建，再次明确南夫仍知濠州。至于南夫建炎绍兴间历官，将在下文讨论之，兹不俱述。

［02］分符方面　忠于赵宋

阿骨打过世，为金的太祖，金太宗继位，立即发动对宋的军事行动，仅仅四年光景，就颠覆北宋政权，俘虏徽钦二帝。北宋钦宗靖康二年（1127），金太宗天会五年，赵构即位于南京（今河南省商丘市睢阳区），因此是年又称南宋高宗建炎元年。由此至高宗绍兴十三年，连南夫先后知濠州，知饶州，知建康府，知信州，知泉州，知广州，同时还有宫祠和其他职务。十余年间，为一方诸侯，镇守方面。当金人频频南下牧马，南宋朝廷僻处江东，偷安岁月，江山社稷，风雨飘摇，朝廷大臣，和战争议，纷扰不定。连南夫保境安民，力主抗金，反对和议，丹心照日月，正气满乾坤，虽被奸相秦桧压制迫害，终不失为一代名臣。

宣和六年初，南夫代表宋廷，出使松漠，吊慰阿骨打之丧，察觉了金人有吞并宋室的野心。他的情报信息的准确、外交活动中的成熟与政治上的高度敏感，都令人佩服。连南夫出使金邦归来，即向徽宗报告，宋金"和好不可保"，金人"有轻中国之心"，不一二年将不遗余力而来。他是先期预见金人将在短期内灭宋的第一人。对于当时宋人在河北的防务情况，连南夫也很清醒，他说当时所倚大将唯郭药师，兵则常胜军，军政不修，河北无山河之险，粮食未均，卒有羸饿，大局不稳，潜藏着极大危机。徽宗听到连南夫的报告，非常吃惊，就将所论转枢密院及宣抚司。

宣和五年夏四月，金人以誓书及燕京等地来归，童贯等以得空城为大功，连南夫的奏报，揭了童贯、蔡攸的老底，故"贯攸之徒皆切齿"。宣和七年三月，连南夫拜中书舍人，有大臣，不知为谁，攻击南夫不称职，除右文殿修撰知庆源府。

庆源属河北西路，即河北赵州，宣和元年升为府，下辖七县，是为大藩。右文殿修撰即原集贤院学士，绍圣二年（1095）改集贤院修撰，政和六年改右文殿修撰，是高等贴职。所以连南夫这时的真正职事是知庆源府事。当时庆源府正归宣抚司管辖，而宣抚司却是由童贯、蔡攸等所把持，因此，连南夫认为，知庆源府，等于是政治陷阱，既然识破机关，自然不愿就范，挝登闻鼓，改知濠州。

濠州属江南东路，南夫改知濠州，得脱不测之网罗，却又被政敌攻击其谢表"语涉讥讪"而降了一职，就是上文所说宣和七年十一月二十二的黜降事。靖康元年十二月，京师被围，钦宗下诏讲和，连南夫上表《论敌十患》，主张因诸郡救兵未遣，亟击金人。靖康二年，又除南夫为徽猷阁待制。

宋有阁学士之设，得之为荣。最早有龙图阁，后有天章阁、宝文阁、显谟阁、徽猷阁等。阁设学士、直学士、待制，分别以资历高下为之。徽猷阁建于大观二年，藏哲宗御集。外臣知州事而带待制以上，叫做在外侍从，是一件很荣耀的事情。

靖康巨变，北宋覆亡，金人册张邦昌为楚王，连南夫心存赵宋，不承认伪楚政权，派人密伺于境，严加戒备，伪楚使节有至者当斩之。

《连公墓碑》称连南夫在濠州，知康王赵构以元帅在外，即遣人驰蜡书劝进。高宗登基，命南夫再知濠州，南夫又论讲和致祸，又筹划《捍御策》四十条。连南夫还致书李纲和郭三益，主张用汉高祖捐关东与黥布韩彭之策，以燕云致其豪杰，以辽东致高丽，以契丹故地致契丹遗族，形成大片战场，把战火烧向金人腹心和背后，使其无力南下。南夫积极虑事，志在恢复北宋疆域。

按建炎元年十一月郭三益以刑部尚书同知枢密院事，李纲则是同年六月见高宗，上他那有名的十议，十一月就被贬到鄂州居住。所以，连南夫致书李纲，在十一月以前，致书郭三益，在十一月以后。

建炎三年二月，金兵突袭扬州，高宗被甲驰往镇江，三月，遇苗傅刘正彦作乱，四月高宗复位，五月至镇江。《建炎以来系年要录》记载，建炎三年三月丁亥（初九）徽猷阁待制知濠州连南夫升显谟阁直学士知江宁府。四月，守臣连南夫移江宁未上，六月，显谟阁直学士知建康府连南夫兼建康府宣徽太平州广德军制置使。

江宁府属江南东路，建炎元年为帅府，三年改回建康府。统太平、宣、徽、广德军。宣即宣州，徽谓徽州，太平即太平州，广德军同下州。宋制二品以上叫制置大使，连南夫为制置使，说明他的品阶在三品以下。

建炎三年五月，高宗以建康府治建行宫，连南夫知建康府，在佛寺办公。时为京都大尹，地位很显赫。但是好景不长，不到一个月，就被韩世忠带兵逐出佛寺，又被赵鼎各打五十大板。高宗政权无奈韩世忠何，虽有下诏切责世忠之说，而未见实施，"治其使臣先入者"，亦未见下文，只有连南夫结结实实地被免职了，任命为知桂州，改知饶州。这一回连南夫真是进士遇到兵了。

宋人李正民有《连南夫知饶州》制：

> 名藩巨镇，在全盛之日，并列于方维；通邑大都，自艰难以来，半罹于兵革。凡兹易地而处，必日度时之宜，靡有重轻，式均季寄。具官（谓连南夫）风猷凝粹，学术深醇，早擢殊科，遂跻儒馆，逮专对于绝域，旋联华于从班。出守淮邦，闾里有安居之适；奉迎戎

辂，储峙无告乏之忧。(《大隐集》卷二)

这通制书，对连南夫知饶州以前的仕历和出身，概括评价，非常实事求是。其中"奉迎戎辂，储峙无告乏之忧"，从侧面证实高宗驻驾江宁，连南夫"竭力营缮，无一弗备"(《连公墓碑》)，确是事实，而非虚语。当时兵荒马乱，供给行在，属大不易，故难能而可贵。

建炎四年(1130)，连南夫在饶州，保境安民，做了许多务实的工作。而当时饶州、信州，事魔食菜教势焰方炽，沈与求奏南夫"残扰害民"，以致生变，南夫贬秩。(《建炎以来系年要录》卷三十四) 事在当年六月初三日。六月以后，连南夫提举临安府洞霄宫，不久，起复知信州。提举洞霄宫，在宋代叫提举宫祠，不是现在有些人说的让连南夫到洞霄宫"养病"。洞霄宫不是养病之地，当时连南夫也未生疾病。知信州之后，便是知泉州。绍兴五年(1135)正月，连南夫在知泉州任上。由信州改知泉州的原因，是南夫政绩突出，"应办军须钱物，曾不愆期"(《建炎以来系年要录》卷八十三)。

当时是战争年代，非常时期，军需供给，直接关系前方战事。

建炎之初，金军兵锋正锐，一度穷追高宗至浙江，高宗自明州航海逃脱。陈与义诗"初怪上都闻战马，岂知穷海看飞龙"，说的就是这件事。金兵北还之际，宋军已能还手出击，先后发生黄天荡之役、富平之役及和尚原之役，从此遏止金军攻击势头。到绍兴元年(1131)，宋金之间的实际控制线基本上沿秦岭至淮河沿线展开，这是当时彼此力量消长的结果。建炎四年，金人把原北宋黄河以南土地划归伪齐刘豫。绍兴六年，在赵鼎大力支持下，岳飞北伐，收复襄阳六郡。伪齐三路攻宋败绩。绍兴七年，金人废刘豫。宋金之间没有了伪齐这个缓冲地带，直接对峙和撞击。据《建炎以来系年要录》，绍兴五年夏四月，连南夫在泉州。冬十月在泉州有招抚朱聪事。绍兴六年五月乙卯，宝文阁直学士提举江州太平馆连南夫升任宝文阁学士知广州。

从此至绍兴十年之间，连南夫都在广东。这个时期，宋金战场形成对峙，双方且争战且议和，终于缔结绍兴和议。连南夫则是从头至终坚决反对和议，终于言章落职，终于被迫害致死。连南夫一生镇守方面，心存赵室，忠心不改，大义凛然，大节可风。连南夫见机极快，每个历史关头，都能提出正确的对策，确实是人中俊杰，国家栋梁。

［03］文臣知州　驭将有术

连南夫出身进士，即是文人，入仕以后，虽为朝臣，仍是文官，自知濠州、知江宁府事，以至后来的知饶州、知信州、知泉州、知广州，一直与军事结下不解之缘。此不仅仅唯其所处时代刚好为南宋偏安，国步艰难之际，亦赵宋制度所使然。宋太祖改五代之弊，分命朝臣出守列郡，号权知军州事，州谓民政，军谓兵事。就是俗语说的下马管民，上马管军。因而宋的知州，就是帅臣，亦即前代的太守。然而宋代只有知州，而无太守，凡宋人自称或称人为太守的，都属文学上的用典，而非宋代职官之常经。

以知州而掌管军事，实为分内之事。建炎、绍兴多事，连南夫修习战备，筹措军费，御将出战，甚至乘城固守，躬亲为之，亦多所贡献。

建炎二年（1128），连南夫知濠州，请令诸路州县近城十里内开凿陂湖，以备灌溉，使春夏秋三时常有水泽，则良民有丰收之望，敌骑有历块之患。这原是北宋在雄州防御契丹的举措，南夫欲将其推广至所有州郡，但是没有被采纳。不过连南夫在濠州境内是实行了的。连南夫"缮治濠城，凿巨石五百步，运甓塞淮流之贯城者，增城为三丈，立楼橹，并城开稻田四十里以为汀"（《连公墓碑》）。濠水原从濠州城内通过，"连南夫决濠水由城西达于淮，合二城为一"（《江南通志》卷一百一十七）。连南夫知饶州日，亦缮治有功，人将其与秦番君吴芮、三国吴周鲂增修郡城，并列为三。可见南夫所到之处，加强军备，经之营之，多所用心。但是，完聚的结果，不得赏而受罚，简直是咄咄怪事。绍兴六年（1136），江西制置大使李纲以地震应诏条陈八事，就很为连南夫鸣不平，他说：

> 朝廷前此数年，专以退避为策，亦不责州郡以捍守。又降诏旨，许令保据山泽以自固。城壁守具，率皆不治，循习既久，往往以修城壁为生事，建议官吏，反受罪责。如连南夫以守泉州城，委官体究。（李纲《梁溪集》卷八十九）

不抓国防建设，成了正常现象，注意防务工程，就被追究责任，这是一个是非颠倒的年代，没有疑问了。

建炎绍兴间，金人南侵，宋人的国家机器重建之际，庶事草创，将士跋扈，经常闹事，溃兵而为群盗，群盗招抚而为官兵，比比皆是，并不鲜见。当时有名的谚语说：要想富，赶着行在卖酒醋；想当官，杀人放火受招安。虽然辛辣，却是当时社会现象的真实写照。连南夫是吃过统兵大将韩世忠的苦头的，及出知外郡，自不免有统驭诸将应付诸盗的责任。连南夫驭将有术，经受住了严峻的考验。

连南夫知广州，兵马钤辖是摧锋军统制韩京，据说他"恃恩不法"，南夫"委曲钤制"，韩京遂"改心为善"，"击破大盗七十八屯"，民赖以安，以功授建州观察使知循州。韩京原是岳飞部将，后从潭州至广南，李心传《建炎以来系年要录》和李纲《梁溪集》及岳珂《金陀粹编》多记其事。韩京守循（州）十年，百废俱兴，与连南夫的下场相同，韩京后来是被谮罢官的，而且《宋史》也无传。韩京上阵打仗，下马治民，保一方安全。但他不是秦桧系统的官员，常受猜忌，最终被秦桧以非常手段罢官押送出广东境。韩京本来只会干事，不会升官，结果是想办事也不可得。此类事历史上并不鲜见。

连南夫守饶州，受到刘文舜的攻击。这是南夫第二次与刘文舜相值。第一次是连南夫守濠州时，刘文舜以溃兵犯之，连南夫派土豪率民兵出战，兵败而还，南夫只好委曲求全，送上自己的金带，约使退兵。这一次是第二次。此时刘文舜的名头是"两淮都巡检使"，身为国之干城，却又率众作乱，在当时也是司空见惯。连南夫以蜡书告王德，王德星夜驰援，三日而至城下，解饶州围。

王德为时名将，勇悍而丑，军中目为夜叉。建炎三年夏，王德逮系建康狱，适连南夫知建康府，厚遇王德，否则，王德可能难脱死罪。盖王德当时擅杀韩世忠部将，得不测之罪。韩世忠率军兵冲击连南夫府衙者或当以此。因此，连南夫关照王德非寻常可比，韩世忠发雷霆之怒，施虎狼之威，冲击江宁府衙，固然事出有因。王德星夜赴难，乃受命而行，说是以死相报，显系言过其实。但是，王德不是连南夫的部属，有人说王德是连南夫的老部下，是想当然之辞，没有根据。

连南夫能制"不法"之韩京,又能致勇悍之王德,驭将有术,不当与碌碌者等。

守濠与守饶之连南夫,重视民兵,缘时也只有民兵可用。宋代兵制,有禁兵、有厢兵、有乡兵,乡兵就是民兵。连南夫守濠州,派土豪率民兵出战,可知乡兵的各级负责人实由土豪担任。

在知泉州的日子里,近海附近多有海贼,祸害百姓,影响外贸。连南夫向朝廷奏报,希望委州县措置滨海民兵,五百人结为一社,不及三百人以下附近社,推材勇物力之人为社首,其次为副社首。盖滨海之民,熟知海贼所向,如擒获近上首领,许保奏优与补官。朝廷下其议于张守、曾开,如所请(《建炎以来系年要录》卷八十八),就是采纳了连南夫的意见。

这是一条很可珍贵的文献。《宋史》兵志记乡兵有:河北河东神锐、忠勇,河北忠顺、强人,陕西保毅、寨户,河北、陕西弓箭手,川峡土丁、壮丁,荆湖南北弩手、土丁,广南东西枪手,邕州溪洞土丁,福建路枪杖手等,唯独没有沿海民兵。连南夫这个报告,是南宋建炎以后福建沿海民兵建设的重要文献,在宋史兵志中有特殊地位,甚至在中国民兵制度史上,也有其地位,说它极其珍贵,乃在于此。至于连南夫报告中的五百人为社,材勇物力人为社首,与两宋乡兵制度相一致。这些都说明这条文献的价值。材勇说的是能力,物力说的是等级。民兵首领必须由富户担任。

连南夫知泉州时,有朱聪者率其徒数百人掠海滨,以承信郎招之,聪不满意,南夫恐其逸去,以便宜补聪武节郎(按,有误,当是保节郎),聪喜,愿以海舟三十屯镇江,即防守大江。当时惯例,招安就是官军,溃去就是群盗,连南夫招安海盗为江防守军,可谓化腐朽为神奇。与北宋相比,南宋更重水军建设,成规模,成气候。于此连南夫也是有贡献的。

连南夫知广州,因广州至临安,路途迢远,"经制盗贼",往来奏报不及,特乞便宜行事。(《建炎以来系年要录》卷一百零四)当事情稍有眉目后,连南夫马上还便宜,不再使用这种特权。南夫宅心仁厚,不愿多所杀戮。他曾向高宗报告,说杀人太多。高宗说盗贼就得杀。所以,连南夫是把"寇盗"当人看的,而高宗却要冷漠得多。刘文舜犯饶州,有大舸三十,部从甚众。南夫平暴,仅诛杀刘文舜等五人,这在战争年代,极其罕见。

当连南夫知广州时,闽广两地,寇盗弄兵,虔吉之贼,更是为患数路。朝廷下诏，令江西制置大使李纲、知广州连南夫、闽帅张致远相度措置，三地联防，终于有成。(《梁溪集·李纲行状》)连南夫与李纲惺惺相惜，配合默契。其事迹入李纲《行状》，是李纲以其为平生得意之作而必当传留后世者。

[04] 重视市舶　利尽南海

诸葛亮说，"荆州北据汉沔，利尽南海"，利尽南海，就是尽收南海之利，具体地说，就是尽收广州一带的奇珍异宝。秦汉三国两晋，都重南海之利。《隋书·地理下》说南海交趾，各一都会，商贾至者，多取富焉。到了唐代，商业空前繁荣，广州地位更为重要。韩愈说：

> 若岭南得帅，则一边尽治，不相寇盗贼杀，无风雨之灾，水旱疠毒之患，外国之货日至，珠香象犀玳瑁奇物，溢于中国，不可胜用。故选帅常重于他镇，非有文武威风知大体可畏信者，则不幸往往生事。(《别本韩文考异》卷二十一)

可知广州地区领导人选，既关乎内政，又关系外贸，与众不同，的确是重任。

宋代的外贸，分陆上海上两大系统。陆上西北两边，前期有契丹与西夏的窥伺，后期则与金人相对峙，边贸通过互市进行，那个边贸与其说是经济的需要，倒不如说是一种政治性的姿态。宋室与外国的贸易，更多的是通过海上丝绸之路完成，泉广二州都是海上贸易的重镇，而连南夫于高宗绍兴年间，先后在泉州和广州知州事，外贸是他做出重大贡献的领域之一。

宋室管理海商贸易的机构叫市舶司。宋太祖平南汉，开宝四年(971)下广州，即设立市舶司，"专掌市易南蕃诸国货物航舶而至者"，以知州为使，通判为判官。从此至元丰三年（1080）都是这种体制。元丰三年以后至徽宗崇宁初年，不再以帅臣兼领市舶，而以漕臣即转运使兼管市舶。漕臣直接对中央政权负责，由漕臣兼管，加强了朝廷对市舶的管理，便于利归公上。宋徽宗丰亨豫大，穷奢极欲，财政支出浩大，于是将市舶由漕司管辖析出，改而实行"专置提举制"，将市泊司直接置于朝廷控制之下。南宋偏安，失故地之半，所有经费，仰给南方，市舶司为"朝廷外府"的体制一直沿用到南宋亡国而没有改变。

宋高宗即位之初，建炎元年六月十三日诏，批评"市舶司多以无用之物枉费用"，并严厉警告敢以不急无用之物博买前来及有亏蕃商者，皆重治其罪。这道诏书，是高宗对北宋亡国惨祸的反思。

所谓博买，是指市舶司对外商货物抽解即收税之后，全部以市价买下再出售的垄断经营。不让有亏蕃商，给外商以保护，是北宋一贯的外贸政策。宋高宗批评的无用之物或不急之物，是指舶来商品，主要是犀角、象牙、指环、玛瑙和各种香药，多是装饰化妆用品，是畸形的高消费用品，而非发展生产的有用之物。外来商品中有可制军器的皮筋等物，为南宋所急需，但此类物品所占比重最小。香药可作药用，苏合香至今还是治疗冠心病的名药，安息香，就是孜然，至今仍是调味重品。但香药在宋代最主要的用途却是熏衣、熏房，是宫廷和高级官员的奢侈用品，也是不争的事实。虽然宋高宗在即位之初有此宣言，可是不久他就忘却了。当宋金签和，太后归来，"高宗极天下之养"，值太后寿辰，用徽宗的故事，燃列十数炬，太后阳若不闻，而谓高宗：怎么及得上你老爸的富贵呢？原来徽宗所用，乃河阳（今河南孟州）花蜡烛，系用龙涎、沉脑浇灌而成，每晚要燃数百支，"焰明而香溢，钧天之所无"。墨子说，"俭节则昌，淫佚则亡"，高宗母子不念北宋淫佚亡国教训，以天下供一身，腐化享乐，奈何奈何？

宋代海外贸易，由国家垄断，财税收入，相当可观。太宗时年收入三十万缗，后来增加到五十万缗，绍兴以后每岁收入在二百万缗左右。南渡以后，一切倚办海舶，市舶的地位自是十分重要。宋高宗关心市舶，说：市舶之利最厚，所得动以百万计，岂不胜取之于民？高宗是在绍兴六年闰六月说这句话的，正是连南夫知广州的时候。而此前连南夫知泉州时，就有奏请，请市舶纲首招诱商舟，抽解物货，累价及五万贯十万贯者，补官有差。大食蕃客啰辛贩乳香值三十万缗，纲首蔡景芳诱舶货，收息钱九十八万缗，各补承信郎。（《宋史》卷一百八十五《食货下》）抽解即抽税，舶商物货，有细粗之分，细色货一般抽十分之一的税率。高宗绍兴六年以前，细色货抽解十之二，粗色货抽解十五之一，抽解比重较大，这与当时立国不久，百废待举，内部刑政和军事活动需要有关。这种情况，一直到绍兴十七后才有所变动，而其时南夫已辞世五岁。

所谓纲，就是博买以后的一批批物货，分为细色纲、粗色纲二种。旧系细色纲只是真珍龙脑之类，每纲五千两，其余如犀角象牙紫矿乳香檀香之类，尽系粗色纲。连南夫的奏报让我们知道，外来舶商和招引舶商的纲首，所舶之货和所得之息达到某个标准，可以补官。外商可以做宋廷的官员，这个措施比今天我们的开放力度还要大。

蔡景芳以纲首身份招引舶商，收息钱达九十八万缗之多，进而补官，这九十八万缗，就《宋史·食货》看，似是绍兴六年一年的进项，其实不然。《宋会要·职官》四四之一九明确记载，这是自建炎元年至绍兴四年收净利息，显然，这是连南夫的奏请被朝廷首肯作为政策落实到了蔡景芳身上的结果。当时的办法，还有"招商入蕃兴贩，舟还在罢任后，亦依此推赏"的规定。也当是连南夫奏报的内容之一。至于《宋史·食货下》所说"然海商入蕃，以兴贩为招诱，侥幸者甚众"，则是上有政策、下有对策的结果，不当怪罪南夫的。

上文言及高宗重视市舶，此前诏令知广州连南夫奏具市舶之弊，南夫奏至，其中一项内容是市舶司全籍蕃商往来贸易，而大商蒲亚里，到了广州，娶了某武官的妹妹，乐不思蜀，"自留不归"，高宗令"南夫劝诱亚里归国，往来干运蕃货"。连南夫离泉州之前，到广州之初，都在关注市舶贸易问题，尤其在知广州之初，条具市舶利弊，更有全面的政策性建议，虽其具体内容大半已佚，要之在南宋外贸史上有相当影响和地位，也收进了当时的国史专志和会要。

不唯如此，连南夫还注意到了外贸往来的软件环境。本章第三部分，曾言及连南夫重视沿海民兵建设，而这件事与外贸工作紧密相关。绍兴五年四月，连南夫论海寇之患，闻有乘黄屋而称侯王者。措置沿海民兵，就是在这个条件下提出的。

[05] 正气浩然　青史留名

宋金绍兴年间议和，双方的条件是：宋对金称臣纳贡，金则还宋河南地，送还宋高宗生母，送还徽宗梓宫。绍兴九年正月，高宗下诏肆赦，并下诏不准批评金人，一时主和派弹冠相庆，以为己功。但主张抗金的大臣却给予激烈的抨击。时张浚被贬在永州，力言当以石晋、刘豫为戒。徐俯守饶州，连南夫帅广东，以及大将岳飞都以贺表寓讽，一时贺表似剑，正气弥天。连南夫贺表说："虽虞舜之十二州，昔皆吾有；然商於之六百里，当念尔欺！"岳飞贺表说："救暂急而解倒悬，犹之可也；欲长虑而尊中国，岂其然乎？"连南夫贺词，秦桧"大恶之"。岳飞的贺表，"秦桧读之切齿"。（见《三朝北盟会编》）岳飞不久被冤杀，连南夫最终被贬害致死。

但是这次和议，维持时间极短。与南宋一样，金国也有和战两派。绍兴九年和议墨迹未干，主战派兀术就撕毁和约，派兵南侵，于是就有了绍兴十年五月刘锜的顺昌之战，绍兴十年七月岳飞的郾城、颍昌之战等。岳飞和连南夫的贺表都是反对和抨击第一次和议的记录。至于第二次和议，乃在绍兴十一年之十一月，岳飞同年十月被诬下狱，十二月末被害。同年十一月，连南夫乞提举江州太平观，可见连南夫的命运与宋金和战紧紧连在一起。

绍兴十一年十一月，宝文阁学士知广州连南夫依所乞提举江州太平观。到了绍兴十二年秋七月，宝文阁学士提举江州太平观连南夫特落职。原因是知广州任内，宋金二次和议成，南夫请于朝，尚未批复而释降金的杜充的儿子。其实这是秦桧"大恶之"加诸罪的结果，不特为杜充儿子事。如果以时间顺序看，绍兴十一年十一月，宋金二次和议成，迫于政治寒流的高压，连南夫不得不请宫祠，不再知广州；仅仅半年之后，绍兴十二年的七月，连南夫就被剥夺宫祠；再过半年，就是绍兴十三年的正月，连南夫就终于福州寓舍。从去职请祠，到落宫祠而终于牖下，这一连串的变故，紧密相随，无一不是秦桧一党政治迫害的结果。

当时因反对和议而遭受政治迫害的大小官员，大有人在。仅《绍兴正论》一书所载，便达三十人之多。连南夫在其中名列第五，其前四人依次是：张浚、赵鼎、胡铨和胡寅。

张浚，政和进士，平息苗刘之变，补天浴日，复辟有功，经营川陕，以保东南。部署沿江、两淮军马，大举北伐，力主抗金。秦桧执政，张浚被排斥在外近二十年。赵鼎，崇宁进士，官至右相兼知枢密院事，迁左相。宗泽于岳飞有知遇之恩，赵鼎对岳飞则是鼎力相助。他以为秦桧可共大事，却终以力辟和议，为秦桧所倾，一贬再贬。赵鼎深知，他若不死，迫害未已，于是自题铭旌："身骑箕尾归天上，气作山河壮本朝。"不食而死。这也是气壮山河这个成语的真正出典。胡铨，建炎进士，上书力斥和议，乞斩秦桧，声震朝野，被除名编管。胡寅，即致堂先生。绍兴中任中书舍人，反对遣使入金，深为秦桧所忌，落职安置新州，直至桧死方得以复官。

反对绍兴和议，在《绍兴正论》中，连南夫排名第五，在《秦桧传》和宋代其他文献中位居第二，仅此一端，南夫便足以不朽。

而对连南夫的迫害，并未因他辞世而停止。连南夫《宋史》无传，就说明他的行状或家传没有进入史馆，也没有修入《国史》，元人修《宋史》便无所依据。连南夫死时，正是秦桧势力炙手可热的时候，他的行事履历，无法进入修史机构，即便进入，在秦桧父子一党把持下，也不会被采用。于是就出现了受南夫指派新会赈饥的高登《宋史》有传，属下的士卒易青有传，而身为广东帅臣的连南夫却无传的奇怪现象。传为连南夫弟弟的万夫，殉身建炎，得入《宋史·忠义传》，以连南夫的功业，《宋史》竟然无传，确实是秦桧的因素作怪的结果。

但是，连南夫毕竟是一代名臣，为时俊杰，虽遭权臣压制，仍不时脱颖而出，《宋史》本纪志传以及《宋会要》不时出现对连南夫的记载，可见南夫的光焰，终于遮掩不住。

[06] 结语

从大观三年入仕，到绍兴十二年落职，连宫祠在内，连南夫仕宦三十有三年。他刚正不阿，忠直敢言，坚持抗金，力诋和议，大义凛然，大节可风。他政治敏感，见机极快，是外交战线的强者，又是情报工作的好手。他有仁政，赈济灾民，活人无算；知广州任内，请免二税，以苏民力；他又廉政，在广南工作，不取薪俸，而对绍兴同僚，却主张增其俸禄，以养其廉。以文臣作帅臣，措置军务，当时亦实有可称；知泉南与广南，条具市舶，有功当时，后世足资借鉴。综观南夫数十年政治生涯，纵横南国，波澜壮阔，文才武略，皆非常人可及。他忠君爱国，爱国为民，虽系宋代官员，其气节行事，多有值得肯定处。连南夫有奏议二十卷，文集二十卷，皆佚。今存者仅文数则、诗一首而已。然而，风格奇古，词旨雄迈，凛凛生威，如其为人。而在连氏家族史上，连南夫为历史名人，是一位值得注意和研究的重要的历史人物。

检讨礼制　校正文籍

连南夫为礼制局检讨，接着又补校御前文籍，前者是对国家礼仪制度进行探讨，后者是参与一代文化建设伟大工程，所涉及的都是当时文化建设的宏伟工程。现在，先说补校御前文籍。

《连公墓碑》："补校御前文籍，遂为校书郎。"

"补校御前文籍"是简称，全称是补全校正御前文籍局，这是一个抄书、校书的机构，专门负责宋徽宗宣和年间一项伟大的文化建设工程。连南夫适逢其会，参与这项大工程，成为校书郎，为此后的仕进，产生了很大影响和推助的作用。

《宋史》卷二百二《艺文志》有关于徽宗设置补全校正御前文籍局的记载：

> 徽宗时，更《崇文总目》之号为《秘书总目》，诏购求士民藏书，其有所秘未见者之书足备观采者，仍命以官。且以三馆书多逸遗，命建局以补全校正为名，设官总理，募工缮写，一置宣和殿，一置太清楼，一置秘阁。自熙宁以来，搜访补辑，至是为盛矣。

此处只说到"徽宗时"，却没具体到徽宗朝的何时。《宋会要辑稿》的《崇儒四》，在宣和四年下，记有此事：

> 四月十八日，诏：三馆图书之富，而历岁滋久，简编脱落，字画讹舛，较其卷秩，尚多遗逸，其非所以示崇儒右文之意。乃命建局，

以补完校正文籍为名，设官综理，募工缮写，一置宣和殿，一置太清楼，一置秘阁，仍俾提举秘书省官兼领其事。凡所资用，悉出内帑，毋费有司，庶成一代之典。

二书所说，为同一件事。可是，那个机构名称，却有所不同。《宋史·艺文志》说是"补全校正"，《宋会要·崇儒》说是"补完校正文籍"。此外，王应麟《玉海》卷五十二、《宋会要·职官》一八之二三，"全"字又都作"缉"，即那个书籍局的名称，又成了"补缉校正文籍"。所以，韩元吉《连公墓碑》"补校"二字，实实在在是"补完校正"的节文。按我的理解，徽宗时，那个机构的全称，应该是补全校正御前文籍局，或者也可以叫做补完校正御前文籍局。全者，完也。

《宋史》本身，对于这个文籍局，用法也不一致。《艺文志》用"全"字，《徽宗纪》说，宣和四年夏四月丙午，"置补完校正文籍局"，用"完"字。按当时是有诏书命令的，对于该机构定名，该有一定规矩，不应如此随便。还有"御前文籍"的"文籍"二字，在宋人笔下，也很混乱。如《三朝北盟会编》卷一二三，"朱胜非除秘书省校书郎，兼正御前文集"，"正"字之前脱了一个"校"字，"御前文籍"成了"御前文集"。又如《宋史·张纲传》"校正御前文字"，王珪《华阳集》所载张纲行状："宣和三年闰五月，再除秘书省校书郎，明年，兼校正御前文字。"明年就是四年。此处"御前文籍"又成了"御前文字"。文集、文字、文籍，字音相近，易讹，应以"文籍"为是。这些现象，说明宋人在文字上有时不是很注意，同时也说明，元人修《宋史》，于这些地方，也不是很细心。写法五花八门，让人不敢相信。

上文，宣和四年诏书，提到了徽宗时秘阁、太清楼和宣和殿。

宋初，继承五代后周遗产，以史馆、昭文馆和集贤院为三馆，规模狭小。其时史馆是三馆的中心，宋太祖阅书，都取自史馆。三馆合称崇文院。及至宋太宗接掌大宝，新建三馆，轮奂壮丽，又于崇文院中堂建秘阁。秘阁所藏，有三馆真本万余卷，以及古书画珍品，秘阁藏天文、兵书禁书，还有各地所献祥瑞之物。太宗读书，取自秘阁。合称三馆秘阁，也称四馆。元丰改制以后，就崇文院设秘书省。

太清楼是真宗所建，真宗崇尚道教，是以用太清之名。太清楼与龙图阁都是重要的内府藏书之府。龙图阁是存放太宗御集的处所，取名龙图是隐指河出图——龙马负图；而真宗御集所藏之地称天章阁，乃是真宗时有天书降瑞，天章即天书也。龙图阁藏书达三万卷以上，太清楼的藏书也在二万五千卷以上，几乎是当时所能收罗的全部文献了。

宋真宗的藏书建设，以大中祥符八年（1015）为界，分为前后两个时期。大中祥符八年以前，重点是内府藏书建设，即命令三馆写四部书二本，一置龙图阁，一置太清楼。大中祥符八年，荣王宫发生大火，延及崇文秘阁，"书多煨烬"，存者无几，此后很长一段时间，就是抄录太清楼、龙图阁书籍，以补崇文院书籍。内府藏书又向国家藏书方向运动和转化。从大中祥符八年至仁宗天圣三年（1025），十年时间，成书一万七千六百卷。从天圣三年至景祐二年（1035），又一个十年，成经史八千四百二十五卷，明年（1036），成子集一万二千三百六十六卷。仁宗很高兴，宴请有关人员，并重有赏赐，此事在图书事业史上被引为美谈，就是人们常说的景祐故事。仁宗时，还编成了一部有名的目录书籍《崇文总目》。

神宗之世，继续搜访补充馆阁书籍。在此基础上，哲宗又把藏书建设的重点转向秘阁。徽宗崇宁二年（1103），户部有言："秘书省见誊写三馆书籍，充秘阁收藏，至今十七年，装裱成书共二千八十二部。据三馆帐籍，犹有一千二百一十三部及缺卷者二百八十九卷未写。"（《宋会要辑稿·职官》一八之一四）。从崇宁二年上推十七年，正好是哲宗在位的全部时间。所谓帐籍，就是书目。当时，楷书三十人，每人每天任务，写二千五百字，一年下来，约略可达四百万字。十七年没能完成补写任务，虽然成绩很大，有关部门还是很不满意。

太宗朝求书，以唐《开元书目》为准；哲宗朝却是以《崇文总目》为准。相较之下，哲宗有气魄，更现实。

徽宗多才多艺，好大喜功，字写得好，自成一家，称瘦金体，画也画得好，专门成立画院，网罗人才，推动艺术进步。在文化图书事业上有许多建树，成就斐然。他主政时期，编有《政和秘书总目》。书目编于政和年间，著录的是秘书省的书籍，故名。他对藏书建设很重视，要求将秘书省全部书籍抄录副本，藏于内府。秘阁、太清楼已见前，宣和殿原为哲宗所建，徽宗又重建扩建，多藏图籍。以书为伴，徽宗自有他的长处和值得尊重之处。可惜的是，后来，这些珍贵图书都被金人辇而北去。徽宗不幸成了为人作嫁者。

校正御前文籍局，宣和四年组建。宣和六年，并于秘书省。

《宋会要·崇儒》四之一二说：

> ［宣和六年］九月十九日，诏：减罢校正御前书籍官吏。校勘官、校正官、对读官各减一年磨勘。内吕画（人名）进书已减三年磨勘，并今来减年恩例，与转一官。任况（人名）进书已减一年磨勘，并今来减罢恩例，许赴将来殿试。使臣、专副依省员法施行。中书省请并补完校正御前文籍，并归秘书省，只用馆职校勘。少监充校勘官，校书郎、正字充初校正官。丞郎、著作佐郎充覆校正官。详定官十员，管勾一员并依旧。对读官于校正、对读官内通留十员。其余合留人数，取押绫纸等使臣四人，点检文字一人，手分五人，楷书六人，专副二人，对算二人，通引官二人，库子、库司八人，兵士五十人。和雇人据合用数逐旋和雇。从之。

补全校正御前文籍局，虽然合并到秘书省，可它的班子依然庞大，依然强势。就此处所见，它的职官设置，有初校正官、对读官、校勘官、覆校正官、详定官。这些可说是专业工作人员。还有行管人员：管勾一员。另有工勤服务人员，取押绫纸使臣、点检文字、手分、楷书、专副、对算、通引官、库子、库司。此外，还有兵士五十人。现将以上所述文籍局官员从上至下排列，则有如下五个阶梯：

1. 详定官
2. 校勘官
3. 覆校正官
4. 初校正官（校书郎、正字充）
5. 对读官

其时，连南夫处在第四档上，是校书郎。显然，四档，才是真正做校雠工作的。其下只是对读，其上乃是把关。详定官是最终负责人。

其他工作人员，库子、库司，都是书库管理人员。楷书，是誊录正稿人员。使臣就是大小使臣。秘书省本身设有都监，有使臣二员，御前书籍局取押绫纸使臣便有四员，很强势啊。专副是管银绢库的。点检文字应该是工作量的考核人员，宋时校书、写书，每天有工作量的规定。点检文字的责任，大概就是落实这些数字。逐旋就是逐旬。秘书省有功课簿，十天一汇总，月底再总汇。五十名兵士，专司安全保卫以及消防事务。和雇就是雇，说明有些工种是打工仔干的。

上文已经言及，张纲、朱胜非都做过校正御前文籍的工作。另据《宋会要》，王义叔充兼校正御前文集。李心传《建炎以来系年要录》卷四十六，"宣和间，李回任中书舍人，以校正御前文籍升官"。元《至大金陵新志》卷十三下，"李弼校正御前文籍"。《宋史·韩驹传》，"召为著作郎，校正御前文籍"。依上文所说，韩驹是著作郎，可作覆校官。韩驹后来又升秘书少监，那他又可以做校勘官了。韩驹和连南夫一样，后来又都成了中书舍人。在校正御前文籍局任职，升迁相当迅速。

迄今为止，所知做过校正御前文籍详定官的，有一人名叫李弥达。此人是谁呢？他是连南夫的同年进士李弥逊的亲兄弟。

连南夫校正御前文籍，校正御前文籍后来合并到秘书省。当时，提举秘书省的是谁呢？无巧不巧，当时提举秘书省的，是蔡攸。

所以，在这一时期，连南夫在仕途上一路顺风，真是有些道理。

当此之时，校正御前文籍局官员的恩宠赏赐以及升迁，都很令人眼红。以至到了南宋初年，还不断有人抨击御前文籍局官员的升赏问题。对此，高宗回答："上皇（徽宗）留意文籍，命臣下校正，有劳而转官，诚为美事，不能视为'滥赏'。"高宗还表示，不希望有人经常拿这件事议论"上皇圣德"。上面有了导向性意见，下面的人也心领神会，从此不再提及，终于平息了余波。高宗维护老爸颜面，臣子自然不再说三道四。

连南夫校正御前文籍，为校书郎。机缘碰巧，假太常少卿，出使金国。归来，途中就升官，为秘书郎。很快，又为起居舍人，到宣和七年三月，即拜中书舍人。迁转之速，令人目不暇接。连南夫是真的脱颖而出了。他在短短的一年左右的时间里，走完了旁人需要好多年才能走完的甚至还不一定能走完的路。

从礼制局检讨，到补全校正御前文籍局，是连南夫平生事业一个非常重要、非常关键的时期。他的人生事业，平生壮观，由此起步，由此起飞。

徽宗之时，御前文籍局以补全校正为名，其中，连南夫的工作职责是校正。至于补全，则有是时的求书活动，以《崇文总目》为准，搜求书籍，能献秘书省所无书籍者，予以赏赐和升官。连南夫的事业，只与校正有关。校正的书籍，分送宣和殿等处，在这个意义上，也是补全。但是，它毕竟和全国性的搜访图书，有本质的不同。就搜访的视角看，连南夫又和"补全"无关。

我以为，从连、宋、蔡三家的关系看，连南夫在礼制局的工作，在御前文籍局的工作，多多少少，都与蔡攸有些牵连。他们之间，不止是上下级。连南夫是连庠侄孙，蔡攸是连庠的外孙女婿，大家有机会同局共事，应该不止限于同局共事。当时能够左右大局的是蔡攸。

现在，再说连南夫在礼制局工作的事情。

《连公墓碑》说连南夫调襄邑主簿、虔州教授未赴，除辟雍正、礼制局检讨。礼制局是干什么的？

《宋史》卷一百六十一《职官志》礼制局条说：

> 讨论古今宫室车服器用冠昏丧祭沿革制度，政和二年置于编类御笔所，有详议司详议官。宣和二年罢。

一句话，概括了礼制局的职责、机构以及起讫时间，言简意赅，高度凝练，史笔文字，人所罕见。然而，因其高度概括，故有稍为展开述说之必要也。

在礼制局之前，徽宗有议礼局之设，清人秦蕙田《五礼通考》说：

> 徽宗大观元年，置议礼局于尚书省。
>
> 二年，诏：礼缘人情，以义而起，因时之宜，御今之俗。善法古者，不法其法，法其所以为法之意也已。

诏书中的"善法古者"一语，大有辩证思维，很有内容，耐人寻味，值得欣赏。

《宋史》卷九十八《礼一》说到议礼局的成绩：

> 大观初，置议礼局于尚书省，命详议、检讨官具礼制本末，议定请旨。三年书成，为《吉礼》二百三十一卷、《祭服制度》十六卷，颁焉。议礼局请分秩五礼，诏依《开宝通礼》之序。政和元年，续修成四百七十七卷，且命仿是修定仪注。三年，《五礼新仪》成，凡二百二十卷。增置礼直官，许士庶就问新仪，而诏开封尹王革编类通行者，刊本给天下，使悉知礼意，其不奉行者论罪。

《五礼新仪》就是《政和五礼新仪》，于开封刊板发行天下，发行量浩大，是中国雕版印刷史上盛事之一。《开宝通礼》，说的是宋太祖赵匡胤的事。《宋史》卷九十八《礼一》说：

> 宋太祖兴兵间，受周禅，收揽权纲，一以法度，振起故弊。即位之明年，因太常博士聂崇义上《重集三礼图》，诏太子詹事尹拙集儒学之士详定之。开宝中，四方渐平，民稍休息，乃命御史中丞刘温叟、中书舍人李昉、兵部员外郎知制诰卢多逊、左司员外郎知制诰扈蒙、太子詹事杨昭俭、左补阙贾黄中、司勋员外郎和岘、太子中允陈鄂，撰《开宝通礼》二百卷，本（唐）《开元礼》而损益之。既又定《通礼义纂》一百卷。

太祖是开国君王，制定礼制，规模宏大。此后，真宗时，置详定所，后来又改为礼院。仁宗景祐年间，贾昌朝撰《太常新礼》。皇祐中，文彦博撰《大亨明堂记》。嘉祐年间，欧阳修以及苏洵纂集《太常因革礼》一百卷。欧阳修所著，有因有革，其异于旧者，就是创新部分，约占百分之三四十。神宗元丰年间，讨论礼制，大文献学家宋敏求参与其事。徽宗时，郑居中成《政和五礼新仪》二百四十卷，葛胜仲成《续太常因革礼》三百卷。郑居中的作品，是议礼局的成果。葛胜仲的作品是任太常卿时的成果，是职务作品。署名郑居中、葛胜仲，未必就是二人亲笔书稿。盖当时进书系衔，谁的职务高，就署谁的大名，这不是潜规则，而是公开的制度。署了谁的名，版权就归谁，亘古不变。

礼制局的职责，是讨论礼仪制度，其范围非常广，几乎无所不包。而且，实际上，并不仅仅止于讨论。比如祭祀的鼎的形制大小，固然是礼制局讨论，而其工艺铸造，也归礼制局负责。各种车辂也是如此。礼制局负责相关书籍的校订，还要负责有关书籍的雕版印刷。比如宣和年间，礼制局曾被旨雕印御笔手诏五百本，诏赐宰臣、执政、侍从、在京职事官、外路监司各一本。这是限量发行，全国只印五百部，发行对象的级别控制，让人望而生畏。礼制局研究编印一条龙。所以，究竟它的班子有多大，人员有多少，都是值得研究的。宋人晁公武《郡斋读书志》著录有《绍述熙丰政事》十卷，其提要文字说：右政和八年十月一日诏云，可以《绍述熙丰政事》书布告施行。前列诏书，后载十一人姓名职官。十一人中，明确注明礼制局字样的，有：承务郎、试明堂平朔兼礼制局校正《内经》检讨官臣黄次功；翰林学士、知制诰兼侍讲、同修国史、明堂颁朔布政详定官，充编类御笔所礼制局详议官臣张邦昌；宣和殿大学士、上清宝箓宫使兼神霄玉清万寿宫副使、兼明堂颁朔布政详定官、编类御笔详议臣蔡攸。其余八人，没有礼制局字样。表面上看，此处蔡攸的一系列头衔，虽然显赫，但无礼制局字样，实际上，他是礼制局的详议官。

宋人陈振孙《直斋书录解题》卷三《政和修定谥法》条下说：礼制局详议官蔡攸等承诏修定。同书卷五，著录《政和重修国朝会要》百十卷，解题文字说：

> 先是王禹玉监修，自建隆至熙宁，凡三百卷。崇宁中重修，仅得百十卷。政和进呈，余四类编治垂成。宣和庚子（二年）罢局，遂成散漫。绍兴间，少蓬程俱申请就知桂州许中家借抄之。许中尝与崇宁修书，故存此本，得以备中禁之采录。今重修本题淮康军节度使充礼制局详议官蔡攸等奉敕撰。

王禹玉就是王珪。宣和庚子，是宣和二年，即 1120 年。此时距北宋之亡，仅有七年。"遂成散漫"的原因，未必只是"罢局"那么简单，靖康之变，才是主因。少蓬指秘书少监。盖因秘书省有蓬山之称。程俱主持秘书省工作，于南宋重建国家藏书之府，是有特殊贡献的人物。蔡攸的系衔，是"充礼制局详议官"，虽尚不及后来那样耀眼夺目，但也是高出余人的。书后的署名，说明他是真正的详议官中的负责人。详议官固不止一人，真正有权拍板定案的，是蔡攸。《宋史》卷四百七十二《蔡攸传》说：

> 攸字居安，京长子也。……崇宁三年，自鸿胪丞赐进士出身，除秘书郎，以直秘阁、集贤殿修撰，编修《国朝会要》。二年间，至枢密直学士。京再入相，加龙图阁学士兼侍读，详定九域阁志，修《六典》，提举上清宝箓宫、秘书省两街道录院、礼制局。道、史官僚合百人，多三馆隽游，而攸用大臣子领袖其间。

"用大臣子"就是"以大臣子"，蔡攸是蔡京的儿子，深受徽宗的宠信，青云直上，飞黄腾达，领袖群伦，人所难及。他之所以能够领袖其间，是因为他有个当宰相的老爸蔡京。

在礼制局任职工作，有许多优待，据《宋会要辑稿·刑法》一之二九：政和七年（1117）五月二十七日，礼制局编修《夏祭敕令格式》颁行，详议官兵部尚书蒋猷、保和殿学士蔡攸，显谟阁学士蔡儵各转两官。承受官、中侍大夫、青州观察使邓忠仁更不推恩。检详官、辟雍司业尚佐均，朝奉郎郭益、徐秉哲，太常博士王昇、承议郎杜从吉、正字李升、迪功郎崔造，各转一官。减三年磨勘。选人改合入官，仍减二年磨勘。检讨官倪登、王庭老，各转一官。选人比类施行。

在礼制局编修书籍，可以加官晋级，可以减磨勘之年，提前晋升，这种政策导向、这种措施的确意味深长。蔡攸是详议官，蔡儵也是详议官。攸和儵是亲兄弟。此处列了三位详议官，蔡氏兄弟就占了二席，礼制局是蔡家的天下。除了详议官，又有承受官，又有检详官，最后才是检讨官。连南夫的职务是检讨官，是时资历尚浅。

蔡攸的父亲蔡京，也很关心礼制局建设，并就《黄帝内经》一书校订的人事职官安排提出意见。事见《宋会要辑稿·崇儒》四之一〇：

> 政和八年五月十三日，太师、鲁国公蔡京言："奉诏礼制局选建官吏校正《内经》，其详定、详议、承受官自合兼领外，合置检讨、检阅、参议官。其理任、请给，并依礼制局校讨官，仍许兼领。"诏：

太医学司业刘植、李庞，通玄冲妙先生张虚白，充参详官。明堂处士皇甫自牧、黄次功、迪功郎龚璧、从事郎王尚，充校讨官，上舍及弟宋乔年、助教宋晒，充检阅官。后又诏刑部尚书薛嗣昌充同详定官。

此处涉及好多职官名称，姑且不予置评。此外，还涉及许多人名，现在只说宋乔年，宋乔年的父亲是宋充国，宋充国的父亲就是宋庠。所以，宋乔年是宰相宋庠之孙。《连都官墓志》说，宋乔年是连庠的女婿。蔡攸的夫人，又是宋乔年的女儿。《宋史·蔡攸传》说，"妻宋氏，出入禁掖"，那她也是神通广大之人。除了宋乔年，还有一个宋晒。《三朝北盟会编》卷五十六说："其妻党宋乔年、宋映、宋晒等，皆因攸为侍从禁要。"到礼制局工作，肯定有许多好处，不然的话，何以蔡京至少有两个儿子到礼制局去，宋家也有两人到礼制局去？宋乔年、宋羲年弟兄名皆从年，在宋羲年做应山县负责人任内，张耒写成《二宋二连君祠堂记》，连家参与其事的是连仲儒。宋映、宋晒，字皆从日，显然又是兄弟行。上文宋晒《宋会要》原作宋炳，今改为晒，便是据宋氏兄弟名都从日旁改。

除了以上诸人曾在礼制局供职以外，文献所见，还有二人在礼制局任职，一个叫唐作求，一个叫赵开。唐作求为礼制局检讨官，见明人所修《无锡县志》。赵开在礼制局校正所为校阅官，见于宋人杜大圭所编《名臣碑传琬琰之集》中编卷三十二。《宋史》赵开传作"宣和初，除礼制局校正检阅官"。若按《琬琰集》，礼制局下设有校正所，还有所谓校阅官。那么，《宋史》本传"校正"下就是脱了一个"所"字。"校阅官"和"检阅官"只一字之差，"检阅官"和"检讨官"，也只一字之差，"校""检"二字双声，又都从"木"，所以，礼制局是否另有校阅官之设？只有留待高明了。

连南夫是连庠的侄孙，连庠的女儿就是他的姑妈，虽然不是亲姑，但关系非遥，也非常近，蔡攸夫人，就是《宋史》所说的宋氏，是连南夫的从姐，所以，连南夫通向蔡家的渠道是畅通的。蔡攸是礼制局的实际负责人，我不相信，连南夫受命做礼制局检讨，没有蔡攸的作用和关系。连南夫可以不去赣州任职，可以留在京师，可以进入礼制局，固然有自身的才华和际遇。然而，进入礼制局，毕竟是一件大事。其时正是蔡攸呼风唤月的岁月，是以我以为连南夫能够到礼制局，至少也应与蔡攸有一定关系。

据宋人记载，礼制局检讨曾达十六人之多。天下之大，何患无才？幸运之神能够光顾连南夫，我相信不是偶然现象。连、宋和蔡家的关系，应该是一个考量的因素。我相信，当时能够进入礼制局，并非都是唯贤是举，唯才是举。

我这样说，丝毫没有贬低连南夫人格的意思。既然设有礼制局，就必须有工作人员，用谁不可？用自己熟悉的人，又有何不可？依上文所说，用连南夫作检讨官，根本就不算问题。只是在礼制局有许多好处，不是说一般人想进就可以进的。

依我的看法，连南夫先后在礼制局和御前文籍局历练，是重要的人生际遇。他能够进入这样的机构，有这样的美差，除了自身能力才华，肯定得有强援。宋家和蔡家是近亲，宋家不止一人在礼制局工作。以连庠女儿为纽带，蔡家和连家也是亲戚。说蔡攸不用自家亲戚，我不相信。《连公墓碑》强调连南夫与蔡攸不和，那是有意为之，而且另具深意。因为北宋亡国，蔡京父子负有责任，《连公墓碑》的说法，是一种宋亡后的政治表态。

03
绝域英声

徽宗宣和六年（1124），连南夫曾出使金国，这在连南夫生平当中，自是一件大事。而且此次出使，宋金关系正在一个重大的历史紧要关头，所以就显得特别重要。

宣和六年，连南夫出使金国，其大的历史背景是什么？为了便于理解这一历史背景，先介绍几个与宋有关的金国的重要历史人物。

第一个，当然是完颜阿骨打。阿骨打是劾里钵（即和里布）的第二子。据说他十岁好弓矢，成童即善射，举止端壮，智勇过人。他于宋徽宗政和四年，辽天祚帝耶律延禧天庆四年，公元 1114 年，武装反辽，于收国元年（宋徽宗政和五年，公元 1115 年），大破辽人，称帝，改名为旻，立国号为金。历时十一年，大战十一次，以小胜大，攻无不克，战无不胜。天辅七年（宋徽宗宣和五年，辽保大三年，公元 1123 年），攻入燕京，灭辽，同年卒，在位十年，年仅五十六岁。他是开国帝王，知人善任，置南京于平州，虎视燕代，卒擒辽主。其兴也，何其勃也。

后来，虏宋二帝，虽功成于太宗完颜晟，而实肇功于阿骨打。连南夫于宣和六年做祭奠吊慰使，要祭奠的就是此人。

第二个重要的历史人物是金太宗完颜晟，原名吴乙买，也作吴乞买，是劾里钵的第四子，即阿骨打的四弟。阿骨打称帝，吴乙买为谙班勃极烈。阿骨打征战，吴乙买居守治理军国大事，开国创业，吴乙买功不可没。金兵南下中原，生俘北宋徽、钦二帝，金的帝王就是这位完颜晟。连南夫于宣和六年使金，所要见的，也是这位完颜晟。

第三位是完颜杲，即斜也。劾里钵第五子，是阿骨打的同母弟。阿骨打称帝，他做昊勃极烈。完颜晟继位，杲为谙班勃极烈。此人极善用兵，灭辽之后，率宗翰、宗望分道伐宋，用时一年，即破汴京，虏二帝，全师而还。致北宋覆亡的靖康之耻，主要是此人造成的。

第四位宗翰，就是粘没喝，也译作尼玛哈，《说岳全传》里的粘罕，就是此人。他是劾里钵兄长撒改的长子。对宋战争中，他常以陕西方向为重点，极具战略眼光，是个厉害人物。

第五位宗弼，就是人们常说的金兀术，也有文献作斡出、晃斡出、斡啜的，是不同的译写。他是阿骨打的第四子，旧小说和旧戏曲兀术出场时自报家门，称四太子，就是这个原因。此人英勇善战，常从中路进攻南宋，曾越淮渡江，穷追南宋高宗于海上，奋发蹈厉，勇悍一时。此人有谋略，有政略，绍兴壬戌（十二年）和议，最终是在他的导演下完成的。

第六位，宗望，就是斡离不，阿骨打第二子，攻打北宋，他与宗翰分为东西两路南下，竟灭北宋。是金初重臣之一。

此一时期，辽国有两人与宋、辽、金三国密切相关，一个是郭药师，另一个是张觉。

郭药师为辽铁州（治今辽宁营口市东南）人，为了抵挡金人的进攻，辽国征募辽东饥民为怨军，后来称为常胜军，郭药师就是常胜军的首领。宋宣和四年（1122），宋军攻辽，郭药师以所部八千人降宋，并献袭燕之计，宋室任命他为燕山路安抚副使，同知燕山府。此时，宋知燕山府事是王安中，詹度为同知。七年，宗望攻燕山，郭药师又率部降金，并为金人做向导，围攻东京。宗望北归，尽杀常胜军，任他为燕京留守，但不让他参与府事，后被囚禁。韩元吉《连公墓碑》中所说"朝廷所仰唯郭药师，兵则常胜军"，说的就是这个人和他的部众。

张觉，原作张毂，连南夫次子名毂，也是这个字。在宋、辽、金三国之间，这个张觉举足轻重，不是他本人地位怎么重要，而是宋廷处置举措失当，再加上金人有意寻衅，因而引出一连串的重大历史事件。他原是辽国平州义丰（今河北滦县）人，辽的进士，为辽兴军节度副使。辽的燕王耶律淳死，他知辽国必亡，练兵聚粮，为一方之备，金以他为临海军节度使，知平州，后升平州为南京，加门下同中书平章事。金人破燕，时燕民尽徙，就是把燕人迁到金国去，流离道路，境况相当凄惨。张觉与翰林学士李石合谋，杀掉降金的辽相左企弓，纵人归燕，复用辽保大年号。宋徽宗闻张觉叛金，命时知燕山府的王安中讽其归宋。建平州为泰宁军，用张觉为泰宁军节度使，世袭平州。金人围平州，张觉突围而出，藏匿在燕山府路宣抚使王安中军中。金人索要张觉甚急，安中斩与张觉长相相似的一个人，以首送之。金人识得张觉，再索至急，王安中无奈缢杀张觉，以其首函送金人。郭药师闻之寒心，说：金人如果要我的头，怎么办？常胜军为之痛哭。常胜军之哭，是哭自己托身异国，有可能朝不保夕。《连公墓碑》说金"以纳张觉与燕山之民有所诮诘"，所指即以上事实。

宣和初年，童贯曾经出使辽国。燕人马植，于卢沟夜见童贯，献灭辽之策，童贯以为奇货可居，携与俱归，改名李良嗣，徽宗赐其赵姓，自此史称赵良嗣。赵良嗣奉命从海道使金，约宋金进攻辽国。金人持续不断对辽发动攻势，辽人节节败退。宋人攻辽，却一直停留在口头上，直到宣和三年，童贯镇压方腊起义之后，方始真正采取攻辽的行动。不过宋人所进攻打击的并不是辽的国君天祚帝耶律延禧，宣和四年耶律延禧不敌阿骨打，已败退山后。耶律淳在萧干、耶律大石的支持下于燕山称帝，是为天锡皇帝，建元天福，改怨军为常胜军，军旅之事，悉委之于耶律大石。耶律大石善于骑射，登进士第，为翰林学士，辽人谓翰林为林牙，所以又称大石林牙。

童贯命种师道为都总管，所要攻击的，只是燕山的耶律淳。宋人腐败，不堪战斗，种师道前锋败绩，因而被贬。及耶律淳病死，萧妃称制，王黼复命童贯、蔡攸进兵，以河阳三城节度使刘延庆为都统制伐燕。延庆即刘光世的父亲。宣和四年九月，郭药师率所部常胜军八千人降宋，刘延庆即以其为向导，十万大军出雄州，渡白沟，竟又为萧妃战败于良乡。郭药师献计轻兵奇袭燕山，刘光世失约不至，郭药师失援而败，宋军毫无战斗力，暴露无遗。刘延庆不能进取，退保雄州。

童贯初进兵时，号称二百万人向燕山方向运动，阿骨打不知虚实，谨慎措置，遣高庆裔使宋，态度极其谦恭，跪拜如仪。及知宋人再败于燕山，即起轻宋之心。童贯再举伐燕，不克成功，惧无以复命，乃派密使如金，求如约夹攻燕山。金国阿骨打自将伐燕，摧枯拉朽，十二月辛卯入燕京。其时宋徽宗在做什么呢？"是岁，万岁山成，御制《艮岳记》以纪其胜"。徽宗确实与亲自行阵的新兴的金国之主不同，堆了一座假山，要撰文纪胜；刻了两颗玺印，就全国肆赦；这就是宋徽宗。

燕山是阿骨打即金国单方面攻下来的，不是宋金联合攻取，金国有理由不将燕山移交给宋。双方反复交涉，宣和五年四月，童贯、蔡攸方进入燕山府，燕山的金帛、子女、职官、民户，为金人席卷而东，成了一座名副其实的空城。宋得空城，非无代价，乃捐岁币数百万才换来的。五月，张觉以燕山之民流离道路，叛金，拥兵据平州。

宣和五年八月，金主阿骨打病殁，是为金太祖。太宗完颜晟继位。晟即吴乙买，史家异文，亦作乌奇迈者。

金太宗即位，改元天会，为太祖治丧，当时并没有告哀于宋。告哀于宋是后来的事情，所以连南夫作为奠祭吊慰使出使金国的时间，就在宣和六年，而非宣和五年。

宣和六年，连南夫有奉使如金事。

《宋史》卷二十二《徽宗纪》四说：

> （宣和五年）十二月乙巳，金人遣高居庆来贺正旦。……六年春正月乙卯，为金主辍朝。戊午，置书艺所。癸亥，藏萧干首于太社。戊寅，遣连南夫吊祭金国。

此处说遣连南夫吊祭金国，即祭奠阿骨打。《连公墓碑》的记载较此为详，它说：

> 宣和五年，故宝文阁学士连公讳南夫，以秘书省校书郎假太常少卿，贺女真来年正月。会金使李靖来告太祖之丧，朝廷遂除公接送伴，改命为祭奠吊慰使。

虽然较《宋史》记载为详，却也有不周严处。韩元吉说以秘书省校书郎假太常少卿，很准确。连南夫当时是"假"太常少卿，不是真的。他的实际职务校书郎，远低于太常少卿，就是他使金归来"道迁秘书郎"，也仍然在太常少卿之下。所以，《文献通考》《直斋书录解题》等书说连南夫宣和六年使金时是"太常少卿"，都是不太准确。那个"假"字省不得。

李靖是金太宗派出的告哀使，金太宗派贝勒李靖出使宋国见于《金史》卷三。《连公墓碑》所说与《金史》合。宣和六年正月丙寅小，庚戌朔，乙卯为初六，李靖持讣书至，徽宗辍朝五日，即从初六到初十，这礼仪是很隆重的。戊寅为正月二十九日，也是正月的最后一天，大金贺正旦使并朝于紫宸殿（《三朝北盟会编》）。《宋史》记同日遣连南夫吊祭金国。可知徽宗接见金国使节，连南夫在座作陪，并同时受命出使。

行文至此，就显出《连公墓碑》关于连南夫使金事实的叙述是有毛病的了。前云连南夫"贺女真来年正月"，按外交礼仪，似应于宣和五年底到达金国的都城，否则无法赶上正月初一的大朝会。《连战家族》等书据此说宣和五年冬连南夫已到长白山下跑了一趟，那是想当然。《连公墓碑》接着说"会金使李靖来告太祖之丧，朝廷遂除公接送伴，改命为祭奠吊慰使"。据下文，"告哀使"就是李靖，在开封仅留三天，李靖是初六到开封，停留三日，初九就离开了。连南夫于正月二十九日陪同金贺正旦使见宋徽宗，同时受命出使，那么连南夫原来接送伴的就只能是高居庆了。

宋朝的制度，国外使节来朝，有接伴使；国外使节回国，有送伴使，也叫伴送使。《连公墓碑》说"遂除公接送伴"，这个话是有毛病的。连南夫接送伴的，好像是李靖，但李靖"仅停三日"就回去了。而连南夫是正月二十九日才受命的，二十九日是徽宗见高居庆的日子，这样，连南夫接送伴的，又好像是高居庆。而高居庆是五年十二月乙巳就到开封了。宣和五年十二月乙丑大，庚辰朔，乙巳是二十六日，连南夫做接伴使，不能晚于这个时间。就是说，金使来朝，连南夫是接伴使；金使回国，连南夫是伴送使，又兼祭奠使和吊慰使。祭奠的对象是金太祖，吊慰的对象是金国，金以祭吊合一为不合礼仪，虽然有点近乎吹毛求疵，却也不是完全没有道理。不论是接伴高居庆，还是接伴李靖，连南夫都是宣和六年动身去的金国，而不可能在五年底去金国。

徐乾学《资治通鉴后编》卷一〇二，说宣和六年春正月癸丑派遣连南夫伴送金使归，寻兼祭奠吊慰使，癸丑为初四，依此则是伴送李靖回国，中途又接到做祭奠吊慰使的通知。

如果连南夫伴接送的是李靖，那么他去金国出发的时间就是宣和六年的正月。如果他伴接送的是高居庆，那么他动身去金国的时间就到了六年的二月了。总之，连南夫在宣和五年没有离开东京。即以韩元吉《连公墓碑》所记，连南夫也是宣和六年出使金国。

今人研究连南夫，如《连战家族》等书，说连南夫宣和五年十二月出使金国，六年又出使金国，那个解说没有依据。总之，连南夫使金，只是宣和六年这一次。

宣和六年，连南夫使金归来，在河北赵州桥刻石题词纪念。南宋楼钥《攻媿集》卷一一〇说赵州桥"题刻甚众，多是昔时奉使者"。其中有云：

连鹏举奉使大金至绝域，实居首选。宣和六年八月。

这应该是连南夫使金回宋后差人或募人所刻。绍兴年间，连南夫知广州，在药洲题名，也自称连鹏举，与此风格一致。连南夫赵州桥下所刻题词又见于《河朔访古记》卷上，而《河朔访古记》显然抄自《攻媿集》。

金庸著名的武侠小说《飞狐外传》中，掌门人大会上，千杯居士文醉翁"一招张果老倒骑驴摔在高桥上"，引得满堂喝彩。那个桥，就是赵州桥。迄今，赵州桥上仍有张果老驴蹄印四枚。其实，早在南宋，楼钥《北行日录》在连南夫题刻之下，便记载有"桥上片石，有张果老驴迹四"，足见此事，源远流长。中国人喜欢古迹，向往神仙，是以千载而下，传承不替。

楼钥，宋明州（今宁波）人，隆兴进士，晚年做到同知枢密院事、参知政事。乾道年间，他以书状官随汪大猷使金，记途中见闻，成《北行日录》。赵州桥连南夫石刻题词，当是楼钥亲见，因而可信。

综上所述，连南夫只有宣和六年一次出使金国，就是连南夫所说的出使绝域。所谓连续二次使金，显系误读。连南夫的同年李弥逊挽诗说"绝域英声宜早岁"，看来《连公墓碑》所记连南夫在金国庙折廷争，不失国格，成礼而还，确有其事，不是虚语。

连南夫使金，只有一次，没有第二次。连南夫的时代，没有高铁，没有飞机，加之，身无彩凤双飞翼，他怎么可能在宣和五年底六年初连续从中原大地到白山黑水之间的大东北奔波二次？

04
出知庆源

《连公墓碑》说连南夫奉使金国归来，受命知庆源府，原文如下：

> （宣和）七年（1125）三月，遂拜中书舍人。言者观望大臣，诋公为不职，除右文殿修撰、知庆源府。公曰："庆源在河北，正宣抚所隶，何可居？"挝登闻鼓，论其事，愿易他所，即改濠州。

庆源府就是今河北的赵县一带，宋时属河北西路，原为赵州，即有名的赵州桥所在地的赵州。其地在真定之南、邢州之北，居南北要冲，战略地位十分重要，是宋朝抗击北方强敌一、二线之间战略支撑点之一。连南夫出使金国，有赵州桥石刻题词，宋徽宗被虏北行，过赵州桥有诗感事伤怀。连南夫是从赵州走过的，了解那里的形胜，要求改易他所，于是改授濠州，由河北的庆源府转到江南任职。这一切都明白得很，原不必多做解说。然而因为有研究连战家族的书在谈到连南夫知庆源府事时有好多似是而非的演绎，所以就不得不花费笔墨做一些辩证和讨论。现分五个问题申论如下。

第一个问题，任命连南夫知庆源府的，是宋徽宗，还是宋钦宗？当然是徽宗，而非钦宗。上文所说那本研究连战家族的书说蔡攸奏请改授连南夫"右文殿修撰，知庆源府"，显然是不对的。说是蔡攸奏请，无据。年号宣和七年，宣和是宋徽宗的年号，宣和七年比较特殊，一月至十二月二十三日，徽宗当政。十二月戊午，皇太子赵桓除开封府。庚申，徽宗诏皇太子嗣位，自称道君皇帝。辛酉，皇太子即皇帝位。（见《宋史》卷二十三《钦宗本纪》）按宣和七年十二月己丑小，戊戌朔，当公元1125年12月27日，庚申为二十三日，辛酉为二十四日，即若以公历计，钦宗登基之日，已是1126年1月19日。钦宗登基，夏历当年只余五日，新君即位，有许多礼仪程序和升赏百官的大活动，其中包含任蔡攸领枢密院事，像除授知庆源府这类细务，根本排不上议事日程。所以任命连南夫知庆源府，只能在徽宗退位之前，而不可能在钦宗继位以后的五日以内。

那么，连南夫受命知庆源府，具体在什么时间呢？确切地说，在宣和七年的十一月以前。其根据就是韩元吉的《连公墓碑》，墓志说，"是岁十二月，敌果率众逼京师"，钦宗皇帝讲和敕下，即《论敌情十患》。这句话表明，连南夫被任命为知庆源府，绝对在当年十一月以前，而不能在其后，即任命连南夫知庆源府的，肯定是宋徽宗，而不可能是宋钦宗。

第二个问题，宣和七年十二月二十四日以前，庆源府在宋人的牢牢掌控之下，金人南下，并没攻陷庆源府。换言之，庆源地区不是宋金双方的拉锯地区。庆源府的第一次陷落，在靖康元年十月。上文所说的那部书说：

> 庆源府在今河北省境，当时地处宋金经常拉锯的前线地带。名义上属于专为防御而设的河北正宣抚司所辖，实际上已为金占。

这段文字，只有"庆源府在今河北省境"这一句话是对的，其他三句，全都有问题。

北宋赵州，庆源军节度。徽宗崇宁四年（1105）赐军额，宣和元年（1119）升庆源府，辖平棘、宁晋、临城、高邑、隆平、柏乡、赞皇等七县，其地在真定府以南，距霸州、雄州一线更是相当遥远。即在金人灭掉辽国以后，庆源府也不是宋金对峙的前线，也不是双方拉锯的地区。

金人发动对宋战争以后，宋人抗金的第一道防线，大体与抗辽时相同，即依托的是雄州、霸州、清苑、定州、真定、蔚州、代州、岚州一线，定州和真定是这条防线上的重中之重，赵州的地位之所以重要，在于它能保护真定的后卫而屏蔽邢州的前方。清人顾祖禹极论赵州战略地位之重要，在其所著《读史方舆纪要》卷一四中说，赵州"控据太行，襟带横漳，〔延伸〕南出则道邢、洛而收相、魏，东指则包深、冀而问幽、沧。光武中兴，帝业肇于高邑；高欢兼有殷州，战胜广阿，引军趋邺，尔朱氏之晋阳不可复保。朱温谋兼镇、定，袭取深、冀。晋王存勖因之出井陉，壁赵州，战胜柏乡，温遂胆裂。卒能全举河北，渡河灭梁，缔造自赵州始也。州为霸王之资，讵不信哉！"上文的深冀幽沧都是州名。晋王存勖，就是李存勖，后唐庄宗，系李克用之子，李克用为晋王，克用死，存勖继，后战败朱温，建后唐。

当真定以北还在宋人掌握之中的时候，庆源府当然系安全之区，岂容金人自由来去，随便出入？如果第一道防线不守，宋人要保守的即是黄河一线了。那时黄河的流向和今天不同。宋人的黄河防线上，澶州（今河南省濮阳）、大名、浚州、滑州，是战略支撑要点，河北的瀛州、冀州、邢州、磁州、洺州，则是前方防守要区。宣和七年十一月以前，这些地方都在宋人手中，所以庆源府是安全的，不存在所谓宋金拉锯的问题。

金人第一次下诏攻打宋国，在天会三年即宣和七年的十月上旬。十二月初一日，金人下檀州，就是今天的密云，又下蓟州。十二月，宗望下燕（今北京），郭药师迎降。二十四日，即钦宗即位当天，宗望攻庆源府，时知庆源府为李模。（见孙觌《鸿庆居士集》卷三十五《宋故左中大夫直宝文阁致仕李公墓志铭》）宋陈均《皇朝编年纲目备要》卷二九说斡离布犯庆源，其太史占帝星复明，大警欲回，郭药师曰："南朝未必有备，不如姑行。"所以我说宣和七年十二月，庆源府并没有陷落。当时为宋坚守不下的，还有连南夫的同年李弥逊任知州事的冀州。《三朝北盟会编》说金人攻下了庆源府，未必可靠。像钦宗登基的日子，《三朝北盟会编》还会弄错，其他的错就更不在话下了。庆源府的第一次陷落，在靖康元年十月二十五日。二十三日金兵到城下，韩世忠引三百名兵士，乘夜劫寨，杀金兵无数。庆源府的第二次陷落，在建炎元年的冬季。因此，宣和七年年底以前，庆源府没有被金人占领，庆源府地区也不是宋金拉锯的地区。

第三个问题，宣和七年，河北有宣抚司，却没有"河北正宣抚司"。宣抚司就是宣抚司，没有正副之分。宣抚司的负责人叫宣抚使，宣抚使却有正副之分，有宣抚使副，或称宣抚使、副宣抚使。有本书说"河北正宣抚司"是误读连南夫"庆源在河北，正宣抚所隶"的误判误书。

连南夫的话是对的，"庆源在河北"，是说庆源府在河北西路。"正宣抚所隶"，说的是庆源府"正"归河北宣抚使所管。这个"正"是"正好"的"正"，不是"正副"的"正"。为什么连南夫怕被河北宣抚使管呢？因为这个宣抚司的宣抚使不是别人，正是连南夫不遗余力所攻击的童贯。而且其时的宣抚副使正好又是连南夫所极力抨击的蔡攸，连南夫有自知之明，安能没有忌讳？他与正副宣抚都有嫌隙，怎么相处？

童贯字道辅（一作道夫），宋开封人。他是宦官，就是内臣，出于李宪门下，很会迎合徽宗，而与蔡京勾结，被荐监西北边军，积功至武康军节度使。曾使契丹，还，开府仪同三司，领枢密院事，权比宰相。掌领兵权二十余年，权倾一时。时人称蔡京"公相"，他为"媪相"。为"六贼"之一。政和年间使辽，载马植（即后来的赵良嗣）以归，与谋联金灭辽。宣和三年镇压方腊起义，为江淮荆浙宣抚使。事后进位太师。宣和四年三月，童贯为河北河东宣抚使。攻辽失败，密使金人取燕，又以岁币赂金换取檀、顺、景、蓟四州空城，侈言收复有功，封广阳郡王，成为北宋时期极其罕见的几个异姓王之一。宣和五年正月，王安中为河北河东燕山府路宣抚使，七月，谭稹为河北河东燕山府路宣抚使。宣和七年八月，童贯落致仕，仍领枢密院事河北河东路宣抚使。所以，连南夫所批评的童贯，就是宣和七年八月底再任河北河东宣抚使的童贯。连南夫要求杀童贯的头，现在要到童贯的手下工作，这件事情的确不妙。连南夫要求改易他州，言之有理，要求正当，得到了谅解和支持。

因此，可以确定，连南夫被任命为右文殿修撰知庆源府，时间在宣和七年的九月。若在八月以前，河北河东宣抚司的主官还不是童贯，连南夫不至于如此顾忌。若是十月以后，则宋金战端已启，以连南夫的为人和作风，应是慷慨赴难，而不是到南方避敌。所以介于二者之间，任命连南夫知庆源府事，从时间上说，只能在宣和七年的九月份内。金人南下攻击庆源府，负责庆源府防务的一直是李模。李模是以置司在庆源府的河北燕山府路粜使公事身份节制庆源府事，防御有功，真除直徽猷阁知庆源府的。这样看来，连南夫改除知濠州后，李模知庆源府事以前，知庆源府一职一直空缺。

我说连南夫受命知庆源府事在宣和七年九、十月间，还有一个直接证据，即《宋会要辑稿·职官》六九之一九记载：宣和七年十一月二十二日连南夫曾被降了一级工资，而其时连南夫已在知濠州任上。而知濠州正是连南夫不愿赴知庆源府任以后改任的。《连公墓碑》说连南夫在濠遇渊圣受禅，渊圣就是钦宗，这也是说连南夫知濠州在钦宗登基以前。

第四个问题，右文殿修撰是个什么样的头衔？这个问题的提出，也与上文所说的那部书有关。那书中说，"右文殿修撰是文职，无权带兵，单人匹马去庆源府上任只能是送死"，显见其不了解右文殿修撰在这里的功用。

此处的右文殿修撰是贴职。所谓贴职，是相对馆职而言。以他官及外官兼领诸阁学士及三馆职名的称为贴职。贴职是指宰执带观文、资政、端明等殿学士，侍从带诸阁学士，卿监带修撰。修撰中有集贤殿修撰，徽宗政和六年（1116）改为右文殿修撰，地位仅次于集英殿修撰，是高等贴职。宋代官员出守外郡，一般都要带贴职。至于具体带哪一种贴职，那是要参考原有官品的。连南夫以右文殿修撰知庆源府，就是说明此前他的行政级别相当于卿监，而未到侍从一级。不论带何种贴职，都是一种殊恩。宋代官员，官和职不同。这里右文殿修撰就是职。连南夫曾任的待制、直学士、学士都是职，官有俸禄，贴职也有俸禄，就叫贴职钱。具体到右文殿修撰，贴职钱是十五千，待制的贴职钱是二十千，阁直学士三十千，阁学士四十千。更重要的，职事官带贴职是一件十分荣耀的事情。《避暑录话》卷二说，"在内者与职事官杂除，在外赏劳以为贴职者但以为宠也"，说的就是这件事情。有了贴职，可享受一些别人没有的权利。宋代文学史上西昆体的领袖人物杨亿为光禄丞，很为宋太宗所欣赏。一次在后苑曲宴，太宗发现杨亿没有出席，感到讶异，询问宰相，宰相说杨亿没有贴职，不能与会，太宗立即以杨亿直集贤院，于是杨亿就堂而皇之地参加宴会了。一般说，凡带贴职，都意味着超资。一般的州郡，如果不带贴职，有时与通判、知县的级别没法区分，必须带贴职。邢恕说过："名藩大郡，或临制一道，或镇一都会，而既无三馆贴职，又无诸曹郎中员外，舍直龙图阁待制已上，则皆朝奉、朝散郎，若大夫为之，其下与通判、签判、知县、监当官名无异也。"（《宋名臣奏议》卷一四九）刘安世也说："惟其望实素著，治状显白，或累持使节，或移镇大藩，欲示优恩，方令贴职。"

（《宋史·刘安世传》）赵州"大观三年升为大藩"，后升庆源军。（《宋史》卷八十六《地理二》）连南夫知庆源府带右文殿修撰，是工作需要。右文殿修撰只是贴职，那个知庆源府事才是实职。连南夫到庆源府能否统帅军队，只与知府事有关，而与右文殿修撰无关。知府事同时是驻军首长，有权指挥和统领当地驻军。

宋代的府，置知府事一员，州、监、军亦如之。其职责是：总理郡政，宣布条教，导民以善而纠其奸慝；岁时劝课农桑，旌表孝悌，其赋役钱谷狱讼事，兵民之政皆总之。即知府知州是军政一把手，民政要管，军事也要管。无事则已，有事时，知府知州就是帅，当地驻军得接受他的指挥。苏东坡知徐州，遇上大水，苏东坡就进入军营指挥抗洪。连南夫知广州，广州是都督，与曾衮开战，连南夫就以都督身份出征。宋代无太守，知州知府无太守之名，行太守之实。苏东坡《江城子》"锦帽貂裘，千骑卷平冈，为报倾城随太守"，是用典，但也说明知州知府确实是管军的。否则，何来千军万马随他围猎？《连战家族》一书的作者说给连南夫以右文殿修撰这样文官的头衔，"无权带兵，单人匹马去庆源府上任只能是送死"，可谓离题万里，完全不着边际，没有切中要害。整个任命连南夫知庆源府一事，是否居心叵测，姑且不论。但那个右文殿修撰，实属于正常任命。连南夫的政敌如果要做手脚的话，不在这个右文殿修撰上。

第五个问题，连南夫"挝登闻鼓"，连南夫真的可以击鼓登殿吗？这个问题的提出，也因为上述那部书中说连南夫"立即击鼓登殿，辩论其事，钦宗无奈，只好下旨改知濠州"。这时主持朝政的还不是钦宗，钦宗其时还只是皇太子，已见上述。此处只说，连南夫击登闻鼓是确有其事，但"登殿"却未必。

雍熙元年（984）七月，天子改匦院为"登闻鼓院"，隶于司谏、正言，职掌是接受文武官及士民章奏表疏，风言朝政得失、公私利害、军期机密、陈乞恩赏、理雪冤滥及奇方异术、改换文资、改正过名，无例通进者，先经鼓院进状。（《宋史》卷一百六十一《职官一》）就是说以上事情的文字材料，先送通进司，若是不合通进司的受理范围，才经过登闻鼓院报送。登闻鼓院的性质，打一个不恰当的比喻，它似乎就是北宋中央政府的"信访办公室"。如果文武官员、黎民百姓到了登闻鼓院，事情还是没有得到解决，也并非就全没有希望，"或为所抑，则诣检院"（同上书同卷），即再到登闻检院投进文字。登闻鼓院受理范围有"理雪冤滥"这一项，连南夫觉得受到了不公正待遇，到鼓院上访申诉，是正当行为，也是找对了地方。宋代农民上访也到鼓院，最有名的例子，是开封一个农民丢了一口种公猪，到鼓院要求赔偿，皇帝下令赐钱一千，这是亲民的佳话，可也不免有作秀的成分。农民经鼓院上访，高级官僚心理就很不平衡。右屯卫上将军致仕高化上言：每进文字，须经过登闻鼓院，"与农民等"，要求每有文字允许到通进司投下（《续资治通鉴长编》卷一五六仁宗庆历五年六月戊寅条），于是下诏文武臣僚曾任两地及节度使并丞郎以上不曾贬黜后来除致仕官章奏文字，并许通进司投下。所以经过鼓院，在一些高级官员看来，是受到歧视，没有面子。鼓院并非只接收理雪冤滥，臣下一些重要的安邦定国的建议，也可通过鼓院上报。

鼓院和检院必须高效工作，不能玩忽职守。《续资治通鉴长编》卷三五七载，神宗元丰八年六月内子，司马光言：个论有官无官，"应有知朝政缺失及民间疾苦者，并许进实封状言事，在京则于登闻鼓院、检院投下"，主判官要"画时进入"。看来鼓院不是踢球之地，也非扯皮之所。经登闻鼓院报上的书状，降下尚书省仆射、左右丞，判付本省"不干碍官看详定夺"，若显有不当，即行纠劾。（《续资治通鉴长编》卷四三一哲宗元祐四年八月壬寅条）所以，挝登闻鼓并不意味着面君，也不意味着上殿。说你去击那个鼓，他就上殿，那是戏剧，不是历史。

登闻鼓院，确实有鼓。北宋登闻鼓院的鼓，是被太学生陈东打破了的。靖康元年（1126）二月五日，陈东伏阙上书，市民不期而聚，填塞街巷，呼声响彻九重，打碎登闻鼓，李纲等复职。陈东酿成极大的群体性事件，也未能登殿。他所伏的阙，离钦宗办公的殿，还远着呢，而那个登闻鼓，距阙还有一段路。连南夫一击登闻鼓就能让皇帝登殿，哪有这种威力？何来这种幸事？所谓连南夫"击鼓登殿"云云，只不过是一厢情愿的演义罢了。对此且莫把它当真。

由以上所论，可以得出以下几个结论。

一、连南夫拜中书舍人，是宣和七年三月以后的事。

二、连南夫改知庆源府，在任中书舍人以后。史称连南夫入掌书命，说的就是中书舍人。

三、连南夫知庆源，并未赴任。

四、连南夫受命知庆源，是徽宗时的事。改知濠州，也是徽宗时事。知庆源和初除濠州，都是徽宗时事，不是钦宗时事。

五、连南夫和童贯、蔡攸有矛盾，或是或否。连南夫与蔡攸家有亲戚关系。随着后来形势发展，童贯、蔡攸有罪，失去了往日的威势，连南夫所表现的对童贯、蔡攸的态度，不排除是一种政治表态。用今天的话说，就是划清界限。

[延伸]

1. 横漳，就是衡漳。《禹贡》："覃怀底绩，至于衡漳。"漳谓漳水，源于山西，出太行，东流入黄河。古代黄河从大伾向北流。漳水由西向东流，南北为纵，东西为横，故称横漳。大伾在今河南浚县。

2. 李存勖，李克用的长子。李克用为唐晋王，克用死，存勖嗣。后为五代后唐庄宗。

毛泽东于上世纪六十年代，曾手书《三垂岗》诗，并委托秘书田家英，查找诗是何代何人所作。《三垂岗》诗：

> 英雄立马起沙陀，奈此朱梁跋扈何。
>
> 只手难扶唐社稷，连城犹拥晋山河。
>
> 风云帐下奇儿在，鼓角灯前老泪多。
>
> 萧瑟三垂岗下路，至今人唱百年歌。

"奇儿"指李存勖。李克用晚年回师，驻兵三垂岗，让伶人就是文艺工作者演唱《百年歌》，至末章，言人年老，意旨悲凉，音声悲伤，人皆流泪，独李克用意气昂扬，说有奇儿李存勖在，一定可以打败后梁的朱温。果然，李克用预言成真，李存勖在三垂岗打败朱温的军队，终于建立后唐。

"百年歌"是古代一种诗歌体裁，以人生十年为一章，百年共十章，说人每十年年龄段的健康特色，到百年就是垂暮之年，晚境凄凉，不堪回首。陆机的《百年歌》很有特色。陆机是三国陆逊的孙子，陆抗的儿子。

陆机字士衡，与弟云为时名士，人称二陆。

毛泽东查询《三垂岗》诗的作者，可能不止发思古之幽情。我意伟人不只是在追思李克用这个历史人物，更重要的是"奇儿"二字引发了伟人的感触。须知当时毛泽东已年逾七旬，桑榆暮催，手书此诗，或者另有深意。

《百年歌》十年一章，共十章。人言陆机《百年歌》写了一百二十年，未见。我看到的陆机《百年歌》也只有十章。李克用时，伶人演奏的《百年歌》，未必就是陆机的歌词，只是配乐成功，动人心魄，感人泪下而已。乐曲通神，妙不可言。能让所有听闻者悲伤不能自抑的音乐，那威力真是太大了。

李存勖就是死于伶人之手的那位皇帝。他同唐玄宗一样，知音度曲。他以身垂率，音乐事业繁荣发达可知。欧阳修《五代史·伶官传》是有所为而作。至于音乐艺术的进步，则可另当别论。

[附录]

连南夫知庆源府事辨证

萧鲁阳

（河南省社会科学院，河南郑州 450002）

摘要： 连南夫是南宋绍兴名臣，也是近千年中华连姓文化史上的杰出人物，他是连战的先祖，安州应山即今湖北广水人，故为湖北先贤。现鄂、皖、闽、晋方志学界与姓氏研究者不少人在研究连南夫，有所成绩，但也不乏望文生义、似是而非者，有关连南夫知庆源府事的解读，即属此类。

关键词： 连南夫 庆源府 连战先祖 南宋名臣 湖北先贤

中图分类号： K245   **文献标志码：** A

文章编号： 1009 – 3699（2010）01 – 0082 – 05

连南夫（公元 1086～1143 年），字鹏举，宋安州应山即今湖北广水人，宋徽宗大观三年（公元 1009 年）进士。连南夫是南宋绍兴名臣，也是近千年中华连姓文化史上的杰出人物。宋人韩元吉说，连南夫奉命使金归来，官运亨通，官拜中书舍人，接着又受命知庆源府：

> （宣和）七年三月，遂拜中书舍人。言者观望大臣，诋公为不职，除右文殿修撰知庆源府。公曰："庆源在河北，正宣抚所隶，何可居？"挝登闻鼓，论其事，愿易他所。即改濠州。①

庆源府在今河北赵县一带，属河北西路，原为赵州，即有名的赵州桥所在地赵州。其地在真定之南、邢州之北，居南北要冲，战略地位十分重要，是宋朝抗击辽、金一、二线之间的战略支撑点之一。宋徽宗被虏北行，过赵州桥有诗感事伤怀。连南夫也是从赵州走过的，了解那里的形胜，由于种种原因，要求改易他所，于是改授濠州，由河北的庆源府转到江南的濠州任职。这一切都明白得很，原不必多做解说。然而，一些出版物在谈到连南夫知庆源府事时却有许多似是而非的演绎，所以不得不花费笔墨做一些辨证和讨论。

一　任命连南夫知庆源府的，是宋徽宗还是宋钦宗？

任命连南夫知庆源府的，是宋徽宗还是宋钦宗？当然是徽宗，而非钦宗。有一部关于连战家族的书称蔡攸奏请改授连南夫"右文殿修撰，知庆源府"，这显然是不对的。说是蔡攸奏请，无据。宣和是宋徽宗的年号，宣和七年（公元1125年）比较特殊，一月至十二月二十三日，徽宗当政；十二月戊午，皇太子赵桓除开封府。庚申，徽宗诏皇太子嗣位，自称道君皇帝。辛酉，皇太子即皇帝位②。按宣和七年十二月己丑小，戊戌朔，当公元1125年12月27日，庚申为二十三日，辛酉为二十四日，即若以公历计，钦宗登基之日，已是公元1126年元月19日。钦宗登基，夏历当年只余五日，新君即位，有许多礼仪程序和升赏百官的盛大庆典，其中包含任蔡攸领枢密院事，像除授知庆源府这类细务，根本排不上议事日程。所

---

① 韩元吉：《南涧甲乙稿》卷一九《连公墓碑》，《景印文渊阁四库全书》第1165册，台湾商务印书馆，1980，第299页。
② 脱脱、阿鲁图：《宋史》第二册，中华书局，1977，第423页。

以任命连南夫知庆源府，只能在徽宗退位之前，而不可能在钦宗继位以后的五日以内。

那么，连南夫受命知庆源府，具体在什么时间呢？确切地说，在宣和七年的十一月份以前。根据是韩元吉的《连公墓碑》，墓碑说："是岁十二月，敌果率众逼京师。钦宗皇帝讲和敕下，即《论敌情十患》。"这句话表明，连南夫被任命知庆源府，绝对在当年十一月以前，而不能在其后，即任命连南夫知庆源府的，绝对是宋徽宗，而不是也不可能是宋钦宗。

二　宣和七年十二月二十四日以前，庆源府是否被金人攻陷？

宣和七年十二月二十四日以前，庆源府在宋人的牢牢掌控之下，金人南下，并未攻陷庆源府。换言之，庆源地区不是宋金双方的拉锯地区。庆源府的第一次陷落，在靖康元年十月。上文所说的那部书称：

> 庆源府在今河北省境，当时地处宋金经常拉锯的前线地带。名义上属于专为防御而设的河北正宣抚司所辖，实际上已为金占。

这段文字，只有"庆源府在今河北省境"一句是对的，其他全有问题。

北宋赵州，庆源军节度。徽宗崇宁四年（公元 1105 年）赐军额，宣和元年（公元 1119 年）升庆源府，辖平棘、宁晋、临城、高邑、隆平、柏乡、赞皇七县，其地在真定府以南，距霸州、雄州一线更是相当遥远，即使在金人灭掉辽国以后，庆源府也不是宋金对峙的前线，更不是双方拉锯的地区。

金人发动对宋战争以后，宋人抗金的第一道防线，大体与抗辽时相同，即依托的是雄州、霸州、清苑、定州、真定、蔚州、代州、岚州一线，定州和真定是这条防线上的重中之重，赵州的地位之所以重要，在于它能保护真定的后卫而屏蔽邢州的前方。清人顾祖禹极论赵州战略地位之重要，他说：

（赵州）控据太行，襟带横漳，南出则道邢、洺而收相、魏，东指则包深、冀而问幽、沧。光武中兴，帝业肇于高邑；高欢兼有殷州，战胜广阿，引军趋邺，尔朱氏之晋阳不可复保。朱温谋兼镇、定，袭取深、冀，晋王存勖因之出井陉，壁赵州，战胜柏乡，温遂胆裂。卒能全举河北，渡河灭梁，缔造自赵州始也。州为霸王之资，讵不信哉。①

上文的深、冀、幽、沧都是州名。

当真定以北还在宋人掌握之中的时候，庆源府当然系安全之区，岂容金人自由来去，随便出入？如果第一道防线不守，宋人要保守的便是黄河一线了。那时黄河的流向与今无不同。宋人的黄河防线上，澶州（今河南濮阳）、大名、浚州、滑州是战略支撑要点，河北的瀛州、冀州、邢州、磁州、洺州，则是前方防守要区。宣和七年十一月以前，这些地方都在宋人手中，所以庆源府是安全的，不存在所谓宋金拉锯的问题。

金人第一次下诏进攻宋国，在天会三年（公元1125年）即宣和七年的十月上旬。十二月初一日，金人下檀州（即今天的密云），又下蓟州。十二月，宗望下燕（今北京），郭药师迎降。二十四日，即钦宗即位当天，宗望攻庆源府，时知庆源府为李模②。宋陈均《皇朝编年纲目备要》卷二九说斡离布犯庆源，其太史占帝星复明，大惊欲回。郭药师曰："南朝未必有备，不如姑行。"所以，我说宣和七年十二月庆源府并未陷落。当时为宋坚守不下的，还有连南夫的同年李弥逊任知州事的冀州。《三朝北盟会编》说金人攻下了庆源府，未必可靠。像钦宗登基的日子，《三朝北盟会编》还会弄错，其他的错就更不在话下了。庆源府的第一次陷落，在靖康元年（公元1126年）十月二十五日，二十三日金兵到城下，韩世忠引三百名兵士，乘夜劫寨，杀金兵无数。庆源府的第二次陷落，在建炎

---

① 顾祖禹：《读史方舆纪要》卷一四，上海益吾斋石印本，清光绪癸卯（二十九年，1903年）。
② 孙觌：《鸿庆居士集》卷三五《宋故左中大夫直宝文阁致仕李公（模）墓志铭》，《景印文渊阁四库全书》第1135册，台湾商务印书馆，1986，第366下～367上。

元年（公元1127年）的冬季。因此，宣和七年年底以前，庆源府没有被金人占领，庆源府地区也不是宋金拉锯的地区。

三 宣和七年有否"河北正宣抚司"？

宣和七年，河北有宣抚司，却没有"河北正宣抚司"。宣抚司就是宣抚司，没有正副之分。宣抚司的负责人叫作宣抚使，而宣抚使却有正副之分，叫做宣抚使副，或称宣抚使、副宣抚使。有研究连战家族的书说"河北正宣抚司"是"庆源在河北，正宣抚所隶"的误读。

连南夫的话是对的，"庆源在河北"，是说庆源府在河北西路。"正宣抚所隶"，说的是庆源府"正"归河北宣抚使所管。这个"正"是"正好"的"正"，不是"正副"的"正"。为什么连南夫怕被河北宣抚使管呢？因为这个宣抚司的宣抚使不是别人，恰是连南夫不遗余力所攻击的童贯，且其时的宣抚副使正好义是连南夫所极力抨击的蔡攸。对此，连南夫安能没有忌讳？

童贯字道辅（一作道夫），宋开封人，他是宦官，就是内臣，出于李宪门下，很会迎合徽宗，而与蔡京勾结，被荐监西北边军，积功至武康军节度使。使契丹还，开府仪同三司，领枢密院事，权比宰相。掌领兵权二十余年，权倾一时。时人称蔡京"公相"，他为"媪相"。为"六贼"之一。政和年间使辽，载马植（即后来的赵良嗣）以归，与谋联金灭辽。宣和三年（公元1121年）镇压方腊起义，为江淮荆浙宣抚使。事后进位太师。宣和四年（公元1122年）三月，童贯为河北河东宣抚使。攻辽失败，密使金人取燕，又以岁币赂金换取檀、顺、景、蓟四州空城，侈言收复有功，封广阳郡王。成为北宋时期极其罕见的几个异姓王之一。宣和五年（公元1123年）正月，王安中为河北河东燕山府路宣抚使，七月，谭稹为河北河东燕山府路宣抚使。宣和七年八月，童贯落致仕，仍领枢密院事河北河东路宣抚使。所以，连南夫所批评的童贯，就是宣和七年八月底再任河北河东宣抚使的童贯。连南夫要求杀童贯的头，现在却要到童贯手下任职，此事的确不妙。连南夫要求改易他州，是正当要求，应予谅解和支持。

因此可以确定，连南夫被任命为右文殿修撰知庆源府，时间在宣和七年的九月。若在八月以前，河北河东宣抚司的主官还不是童贯，连南夫不至于如此顾忌；若是十月以后，则宋金战端已启，以连南夫的为人和作风，应是慷慨赴难，而不是到南方避地，所以介于二者之间，任命连南夫知庆源府事，从时间上说，只能在宣和七年的九月份内。金人南下攻击庆源府，负责庆源府防务的一直是李模。李模是以置司在庆源府的河北燕山府路廉使公事身份节制庆源府事的，因防御有功，真除直徽猷阁知庆源府。这样看来，连南夫改除知濠州后李模知庆源府事以前，知庆源府一职一直空缺。

我说连南夫受命知庆源府事在宣和七年九、十月间，还有一个直接证据，即《宋会要辑稿·职官》六九之一九记载：宣和七年十一月二十二日连南夫曾受处分的时候，已在知濠州任上，而知濠州正是连南夫不愿赴庆源府任以后改任的。《连公墓碑》说连南夫在濠遇渊圣受禅，渊圣就是钦宗，这也是说连南夫知濠州在钦宗登基以前。

四　右文殿修撰是个什么样的头衔？

右文殿修撰是个什么样的头衔？这个问题的提出，也与上文所说的那部书有关。《连战家族》说："右文殿修撰是文职，无权带兵，单人匹马去庆源府上任只能是送死。"这个说法说明作者不了解右文殿修撰在这里的功用。

此处的右文殿修撰是贴职。所谓贴职，是相对馆职而言。以他官及外官兼领诸阁学士及三馆职名的称为贴职。贴职是指宰执带观文、资政、端明等殿学士，侍从带诸阁学士，卿监带修撰。修撰中有集贤殿修撰，徽宗政和六年（公元 1116 年）改为右文殿修撰，地位仅次于集英殿修撰，是高等贴职。宋代官员出守外郡，一般都要带贴职。至于具体带哪一种贴职，那是要参考原有官品的。连南夫以右文殿修撰知庆源府，说明此前他的行政级别相当于卿监，而未到侍从一级。不论带何种贴职，都是一种殊恩。宋代官员，官和职不同。这里右文殿修撰就是职。连南夫曾任的待制、直学士、学士都是职，官有俸禄，贴职也有俸禄，叫作贴职钱。具体到右文殿修撰，贴职钱是十五千，待制的贴职钱是二十千，阁直学士三十千，阁学士四十千。更重要的，职事官带贴职是一件十分荣耀的事情。《避暑录话》卷二说："在内者与职事官杂除，在外赏劳以为贴职者但以为宠也。"说的就是这件事情。有了贴职，可享受一些别人没有的权利。宋代文学史上西昆体的领袖人物杨亿为光禄丞，很为宋太宗所欣赏，一次在后苑曲宴，太宗发现杨亿没有出席，感到讶异，询问宰相，宰相说杨亿没有贴职，不能与会，太宗立即以杨亿直集贤院，于是杨亿就堂而皇之地参加宴会了。一般地说，凡带贴职，都意味着超资。一般的州郡长官，如果不带贴职，有时与通判、知县的级别便没法区分，所以必须带贴职。邢恕说过："名藩大郡，或临制一道，或镇一都会，而既无三馆贴职，又无诸曹郎中员外，舍直龙图阁待制已上，则皆朝奉、朝散郎，若大夫为之，其下与通判、签判、知县、监当官名无异也。"① 刘安世也说："惟其望实素著，治状显白，或累持使节，或移镇大藩，欲示优恩，方令贴职。"② 赵州"大观三年，升为大藩"③，后升庆源府，连南夫知庆源府带右文殿修撰，是工作需要。右文殿修撰只是贴职，那个知庆源府事才是实职。连南夫到庆源府能否统帅军队，只与知府事有关，而与右文殿修撰无关。知府事同时就是驻军一号首长，有权指挥和统领当地驻军。

宋代的府，置知府事一员，州、监、军亦如之。其职责是：总理郡政，宣布条教，导民以善而纠其奸慝；岁时劝课农桑，旌表孝悌，其赋役钱谷狱讼事，兵民之政皆总之。即知府知州是军政一把手，民政要管，军事也要管。无事则已，有事时，知府知州就是帅，当地驻军得接受他的指挥。苏东坡知徐州，遇上大水，苏东坡就进入军营指挥抗洪。连南夫知广州，广州是都督府，与曾衮开战，连南夫就以都督身份出征。宋代无太守，只有知州事知府事。苏东坡聊发少年狂，"锦帽貂裘，千骑卷平冈，为报倾城随太守，亲射虎，看孙郎"，是用典，但也说明知州知府确实是管军的。否则，何来千军万马随他围猎？所以，有人说给连南夫以右文殿修撰这样文官的头衔，"无权带兵，单人匹马去庆源府上任只能是送死"，

---

① 赵汝愚：《宋名臣奏议》卷一四九，邢恕：《上哲宗五事》，《景印文渊阁四库全书》第 432 册，台湾商务印书馆，1986，第 923 页下。
② 脱脱、阿鲁图：《宋史》第一一册，中华书局，1977，第 3648 页。
③ 脱脱、阿鲁图：《宋史》第七册，中华书局，1977，第 2129 页。

可谓离题甚远，完全不着边际。整个任命连南夫知庆源府一事，的确有些居心叵测，但那个右文殿修撰实属于正常任命。连南夫的政敌如果要做手脚的话，不在这个右文殿修撰上。

五 "挝登闻鼓"：连南夫真的可以击鼓登殿吗？

连南夫真的可以击鼓登殿吗？这个问题的提出亦缘于上文说过的那本书说：连南夫"立即击鼓登殿，辩论其事，钦宗无奈，只好下旨改知濠州"。实际上，此时主持朝政的还不是钦宗，钦宗其时还只是皇太子，已见上述。说连南夫"击登闻鼓"确有其事，但"登殿"却未必。

《宋史》记载，宋太宗雍熙元年（公元 984 年）七月改匦院为"登闻鼓院"①，隶于司谏、正言，职掌是接受文武官及士民章奏表疏，风言朝政得失、公私利害、军情机密、陈乞恩赏、理雪冤滥及奇方异术、改换文资、改正过名，无例通进者，先经鼓院进状。就是说，以上事情的文字材料，先送通进司，若是不合通进司的受理范围，才经过登闻鼓院报送。登闻鼓院的性质，打一个不恰当的比喻，它就是北宋中央政府的"信访办公室"。如果文武官员、黎民百姓到了登闻鼓院，事情还是没有得到解决，也并非就没有希望，"或为所抑，则诣检院"②，即再到登闻检院投进文字。登闻鼓院受理范围有"理雪冤滥"这一项，连南夫觉得受到了不公正待遇，到鼓院上访申诉，是正当行为，也是找对了地方。宋代农民上访也到鼓院，最有名的例子，是开封一个农民丢了一口种公猪，到鼓院要求赔偿，皇帝下令赐钱一千，这是亲民的佳话，当然也不免有作秀的成分。农民经鼓院上访，高级官僚心理就很不平衡。右屯卫上将军致仕高化就说过：每进文字，须经过登闻鼓院，"与农民等"，要求每有文字允许到通进司投下③，于是下诏文武臣僚曾任两地及节度使并丞郎以上，不曾贬黜，后来除致仕官，如章奏文字，并许通进司投下。所以经过鼓院，在

---

① 脱脱、阿鲁图：《宋史》第一册，中华书局，1977，第72页。
② 脱脱、阿鲁图：《宋史》第一二册，中华书局，1977，第3782页。
③ 李焘：《续资治通鉴长编》第二册，影印清黄以周辑补本，上海古籍出版社，1986，第1446页上。

一些高级官员看来，是受到歧视，没有面子。鼓院并非只接收"理雪冤滥"，臣下一些重要的安邦定国的建议，也可通过鼓院上报。

鼓院和检院必须高效工作，不能玩忽职守。神宗元丰八年（公元1085年）六月丙子，司马光言：不论有官无官，"应有知朝政缺失及民间疾苦者，并许进实封状言事，在京则于登闻鼓院、检院投下"，主判官要"画时进入"①，所以鼓院不是踢球之地，也非扯皮之所。经登闻鼓院报上的书状，降下尚书省仆射、左右丞，判付本省"不干碍官看详定夺"，若显有不当，即行纠劾②。所以，"挝登闻鼓"并不意味着面君，也不意味着上殿。说你去击那个鼓，他就上殿，那是戏剧，不是历史。

登闻鼓院，确实有鼓。北宋登闻鼓院的鼓，是被太学生陈东打碎了的。靖康元年二月五日，陈东伏阙上书，市民不期而聚，填塞街巷，呼声响彻九重，打碎登闻鼓，李纲等得复职，以布衣进退宰相，酿成极大的社会群体性事件，陈东等也未能登殿。他所伏的阙，离钦宗办公的殿，还远着呢。而那个登闻鼓，距阙还有一段路。一击登闻鼓就能让皇帝登殿，哪有这种威力？何来这种幸事？所谓连南夫"击鼓登殿"云云，只不过是一厢情愿的演义罢了。读某些书且莫把它当真。

附带地说，连南夫和陈东虽然没有机会谋面，可他却有机缘和与陈东一起伏阙的人相交相识。此人便是高登。高登一生刚烈，自称"性兮火烈，心兮石坚。有誓兮尽敌，无望兮凌烟"③，绍兴年间在广南地区任基层下级官员。其时，连南夫知广州并兼广南东路经略安抚使，指派高登到新会赈灾，活人万计，功德无量。他对于高登的工作，有所关照，这也可以作为考察连南夫政治态度时的一个重要参考。

[本文原载《武汉科技大学学报》（社会科学版）第12卷第1期。此次收入本书时，改若干字，并删注文一条]

---

① 李焘：《续资治通鉴长编》第三册，影印清黄以周辑补本，上海古籍出版社，1986。
② 李焘：《续资治通鉴长编》第三册，影印清黄以周辑补本，上海古籍出版社，1986。
③ 高登：《东溪集》卷下《自写真赞》，《景印文渊阁四库全书》第1136册，台湾商务印书馆，1986，第448页下。

05
宫祠生涯　阁职经历

　　宫祠又叫提举宫观。之所以要讨论连南夫提举宫观事，是因为现有两部关于连南夫研究的书籍，对连南夫以疾请临安府洞霄宫事，都做了不正确的解读，所以不得不讨论此事。有一本研究连战家族的书第 27 页说：

> 　　连南夫在饶州病得不轻，朝廷让他到杭州府洞霄宫治疗休息。经过几个月才好。

　　连南夫"请临安府洞霄宫"，见于韩元吉撰《连公墓碑》，原文说："而公以疾得请临安府洞霄宫。未几，起知信州。"连南夫"以疾得请临安府洞霄宫"，在宋代制度中叫做乞祠，也叫做丐祠，那个"以疾"，是惯例，是行文程式，并不是说真的生病了。南宋朝廷没有让连南夫到洞霄宫治疗休息，连南夫也没有病倒，更没有"经常昏迷不醒，茶饭难进"。洞霄宫不是养病之所，也不是疗养之地。茶饭不思云云，显系想象之词，子虚乌有。连南夫提举宫祠，也不止这一次，就现存宋代文献可知，连南夫的一生有多次和宫祠有关的生涯。这是包含"得请临安府洞霄宫"在内的。其中没有任何一次和生病养病有关。

　　为了研究连南夫的宫祠生涯，需要一般地了解宋代宫祠的相关情况。

　　宋朝设有宫观官。《职官分纪》卷四五说：国朝玉清昭应宫、景灵宫、会灵宫、祥源宫皆置使，有副使、判官，又有都监、管勾之名。或以宰相、或翰林学士为之。

　　宋叶梦得《石林燕语》卷七：

大中祥符五年（1012），玉清昭应宫成，王魏公（旦）为首相，始命充使。宫观置使自此始。然每为现任宰相兼职。天圣七年（1029），吕申公（蒙正）为相，时朝廷崇奉之意稍缓，因上表请罢使名，自是宰相不复兼使。康定元年（1040），李若谷罢参知政事，留京师，以资政殿大学士提举会灵观事。宫观置提举自此始。自是学士、待制、知制诰皆得为提举，因以为优闲不任事之职。熙宁初，先帝患四方士大夫年高者多疲老不可寄委，罢之则伤恩，留之则玩政，遂仍旧宫观名而增杭州洞霄及五岳庙等，并依西京崇福宫置管勾或提举官，以知州资序人充，不复限以员数。故人皆得以自便。

叶石林的这段文字，说得比较清楚，特别值得注意的是，它提到了杭州洞霄，杭州洞霄就是后来的南宋临安府洞霄宫。话虽如此说，读者可能仍然不太明白宫观是怎么一回事。为说明问题，现在采录朱瑞熙教授关于宫观官的一段话，以供参考：

宫观官，官职名。宋真宗时始设宫观使，但员数较少。在京宫观，以宰相充使，丞、郎、学士以上充副使，两省五品以上为判官，内侍官或诸司使、副为都监。又有"提举"、"提点"、"管勾"、"主管"等名目。（《中国历史大辞典·宋史》）

就是说：宫观官有使、副使、都监、提举、提点、管勾、主管等名目，大体和原先的职级有关。宫观官又叫提举宫祠，有在京宫观与在外宫观之分。在京宫观指景灵宫、玉清昭应宫、会灵观等在东京的宫观，在外宫观则指西京崇福宫等。洞霄宫的情况比较特殊，北宋时它是在外宫观，南宋高宗驻跸临安，洞霄宫就变成了行在宫祠即在内宫观。

宫观使是宰相兼职，其他官员带提举宫观等名也是兼职。宫观官有职数限制，有任期规定，30个月为一任，一般不能超过两任。南宋偏安，员多阙少，请祠的人很多，任宫观官也算作资任。所以宫观官是安排退职者的差使，也是安排官员职务的一种办法。它与待缺不同，算作资任，有点像今天的非领导职务。但是，这只是大略言之，实际情况，要比这复杂得多。

一般来说，宫观使是一种宠幸，是一种荣耀。是宰相兼职，有在京宫观和在外宫观之分。《古今事文类聚》说：宫观使自宋真宗时开始设置，以现宰执领之。及王文贞公罢政，始以太尉领玉清昭应宫使。此前宰相领宫观之所以始也。今按：王文贞公就是王旦，王旦谥文正，清人修《四库全书》，避雍正讳改文贞。旦字子明，大名莘人，《宋史》卷二百八十二有传，真宗景德之役，旦权留守东京事。凡柄用十八年，为相仅一纪。以太尉领玉清昭应宫使，给宰相半俸。这是宰相兼宫观使的先例，兼职兼薪。只不过不是全薪。

《古今事文类聚》又说：熙宁初，富文忠以宰相领集禧观使，居洛阳，此宫观使居外之所以始也。富文忠就是富弼，文忠是他的谥号。集禧观在开封，领内祠应在开封，但富弼家在洛阳，所以他以领宫祠内祠的名义，实际是在外地。这就开了宫观使居外的先例。

提举东京以外的宫观，就叫做在外宫观，如洛阳的崇福宫、杭州的洞霄宫、江州的太平观之类。

北宋的宫观使，一般一人只兼一宫观使，然而有例外，有一人而为三宫观使者，此人就是王钦若。夏竦《文庄集》卷二九王钦若墓志铭说他"肇玉清昭应宫，以事有帝；崇景灵宫，以奉真祖；营会灵观，以礼岳镇。并建职局，综于两府。公继为三宫观使"。这是殊遇，极其罕见，一般人没法攀比。

宋朝的制度，在外宫观，都要等有关官员力请而后授，这就叫请祠，也叫丐祠。宫祠官员有薪俸，就叫做祠禄。这是宋廷"佚老优贤"政策的体现。王安石熙宁变法，广设宫祠以安置持不同政见者，遂诏宫观不限员，宫观使等等就由优待官员演变为政治斗争的手段，可谓王安石赋予了宫祠以新的含义。

《文献通考》和《古今事文类聚》都说，宫观非自陈而朝廷特差者，如降黜之例。即是说：它是处分官员的一种形式。它不叫丐祠，而叫责授，也叫直差。责授宫祠，照例有一道制书，指斥其错误，文辞也很讲究。绍兴四年（1134）三月乙丑，张浚以检校少保、定国军节度使、知枢密院事罢为资政殿大学士、左通奉大夫、提举临安府洞霄宫。丙寅，诏张浚免谢辞，就是强迫接受宫祠。丁卯，张浚落职奉祠，谪词是权中书舍人舒清国所拟，其中说到张浚：

> 假便宜行事之势，忘人臣无将之嫌。肖内阁以招贤，拟尚方而刻印。

文字对仗是极好的。他所指的历史事实是：张浚在四川，曾以秦川馆为学舍，以待陕西、河东失职来归的士人，给衣食以养之。新复州郡乞请铸印，张浚以便宜先给而后奏闻。舒清国行文是既有所指，亦有所据。时殿中侍御史常同，批评舒清国"行词疏谬"，第二天清国亦罢为直龙图阁主管台州崇道观。（参见《建炎以来系年要录》卷七四、《三朝北盟会编》卷一五八）上文所说的"落职奉祠"，是说朝廷对张浚的进一步处置，剥夺了张浚的资政殿大学士职务，只剩下了一个提举临安府洞霄宫的名头。

提举宫观，不一定就到宫观的所在地。提举宫祠者，可以自便居住，也叫任便居住。任便居住，就是自由之身。也有指定到某处居住的，这个就是监视居住了。张浚初除宫祠，本来是任便居住，落职奉祠以后，御史中丞辛炳又复攻击不已，说"浚之不臣，不窜之岭表不足以塞公议。而其宫祠自便，所至必有以动摇人心者"，这才叫危言耸听呢，于是过了三天，有诏张浚福州居住，就是"画地为牢"了。当时张浚的处境，墙倒众人推，也是险恶得很啊。

朱熹就是朱文公，宋朝大儒，也有御笔直除宫祠的事。《宋史》卷三百九十七《项安世传》说，朱熹被召之阙，未几予祠。安世上书留之，言："御笔除熹宫祠，不经宰执，不由给舍，径使快行，直送熹家。"这就是不给宰执和给事中、中书舍人提出不同意见的机会，以迅雷不及掩耳之势，造成既成事实，不给朱熹和朝臣以任何腾挪的机会，这个处事办法，才叫绝呢。"兵贵神速"，"迅雷不及掩耳"，即此之谓。这就是政治。朱熹是被宫祠的，不是自己请祠。

大臣自乞宫祠，不论何种理由，请祠时上书一律称疾，至于什么病症，当依人依事而异。据李纲《梁溪集》，李纲《乞在外宫观札子》请求"除臣一在外宫观使，得就闲养疾"，那个病名居然是不登大雅之堂的"小肠气"，就是"疝气"。把疝气写在给皇帝的报告里，也堪称亦庄亦谐了。李纲乞祠当然不是因病，而是与同僚政见不合，有志难伸，不得不愤然请辞离职，眼不见为净。

宫祠有薪，带原职而非全薪，不过慰情聊胜无。宋人贺铸，就是词人贺方回，状貌奇丑，又称贺鬼头，隐居绍兴东山，自称庆湖遗老，有《青玉案》词"梅子黄时雨"句，人称贺梅子，有段时间就是靠祠禄生活。当然，一般的达官显宦，或者并不需要这点祠俸以补无米之炊吧。

提举宫祠是荣宠，请祠不是处分，随时可以复出。责祠比较麻烦。责授宫祠者，并不因奉祠而停止追究其罪责，接着还有进一步的处理。其中有夺祠，就是连提举宫祠的职务也拿掉了。夺祠又叫削祠，它意味着失去了所有的职务和俸禄。

宋代的臣僚责授宫祠以后，并不是不可逆的，责授宫祠者仍有复出的机会。提举宫观期间，时来运转，可以恢复原来的高官厚禄，可以再次雄赳赳气昂昂地走上政坛。换句话说，提举宫祠甚至责授宫祠者，都还有复出的希望，还存在东山再起的可能。所谓留得五湖明月在，不愁无处下金钩，就是这个意思。于此，朝廷也有对策，让那个令人讨厌的犯错误的人永无翻身出头之日。南宋初年，有一个叫王琮的人，官职是龙图阁直学士、左中奉大夫，有圣旨差宫观，但是接着有诏，差王琮宫祠的命令作废，给了王琮一个新的处分："永不与宫祠差遣"。这个诏令等于把王琮永远开除出公务员队伍，让他一生再无仕进的机会。政治生命，就此完结。宋廷下这道诏命的时间，是绍兴五年（1135）的三月，其时，连南夫正在知泉州的任上。

现存宋人文献中，与连南夫宫祠生涯有关的材料至少有六条。第一条，见于韩元吉的《连公墓碑》：

> 大驾驻江宁，即府治为行宫，公竭力营缮，无一弗备。又乞江北置三大都督，分总陕西、两河、淮南诸路，而自荐一二大臣为可用。语出惊众，即丐外祠，命知桂州，又改饶州。

知江宁府事期间，连南夫曾经有请祠事，仅此一见，然而它的重要性正在于仅此一见，可补正史之缺文。至于"语出惊众"云云，乃韩氏元吉回护墓主之语。此次乞外祠，实乃连南夫在知江宁府事任上受到韩世忠的冲击，赵鼎批评他"缓不及事"质疑他的行政能力之后的自请处分。只是高宗朝廷没有接受，而让他知桂州，改知饶州。连南夫此次请祠，仅仅载于《连公墓碑》，而不见于当时其他文集和史籍。这当然和载籍的散亡有关。

第二条，即绍兴初元，提举洞霄宫事。亦见于《连公墓碑》。墓碑记连南夫事迹，系于其知饶州及知信州之间。韩元吉说"公以疾得请临安府洞霄宫"。"得请"就是朝廷批准了连南夫的请求。

绍兴初年，连南夫提举洞霄宫的具体时间，在大破张琪之后，知信州以前。知信州是绍兴三年的事，大破张琪是绍兴元年七月间的事情。所以，连南夫提举临安府洞霄宫的时间，只能发生在绍兴元年的八月以后。

绍兴元年七月，饶州城下击败张琪，是一场伟大的胜利，组织此役的吕颐浩，功丰绩伟。连南夫其时作为饶州守臣，按理不该也不会置身事外，然而捷报文字，却绝对不见南夫的踪影，甚是可怪。事后不久，连南夫即要求请祠。韩元吉说是"因疾"，那是例行套话，谁都知道是怎么回事。所以，其中一定有什么我们还不知道的事情。韩元吉不写，其他文献不见，此事只好就此搁置不议。连南夫得的疾，应属政治"感冒"。

宋人邓牧有《洞霄图志》，是写杭州洞霄宫的，其中说："四海之内，大小洞天三十有六，福地七十有二，而洞霄咸有一焉。"即洞霄既是道家三十六洞天之一，又是七十二福地之一。吴承恩《西游记》花果山水帘洞的楹联"花果山福地，水帘洞洞天"，说的也是福地洞天。邓牧说洞霄宫所在地是大涤玄盖洞天，天柱福地，在杭州余杭南十八里，始建于汉武帝元封三年（前108年），唐高宗时建有天柱宫，宋真宗大中祥符五年（1012），陈尧佐奏改洞霄宫，宋仁宗天圣四年（1026）详定天下名山洞府共二十处，洞霄宫位居第五。宋代以宰执奉祠者领提举事。北宋时，这里是在外宫祠，南宋则为在内宫祠。

连南夫"以疾得请临安府洞霄宫"，"以疾"是例行公事，"得请"是说获得批准。连南夫知饶州，是否遇到信任上的危机，所以请临安府洞霄宫，是否正常的乞祠，或是知饶州任满，等待新的除授的一个缓冲时期，暂不研究。他不是真的有病，洞霄宫也不是疗养之地。那个研究连战家族的书看到了"以疾"和"宫阙"字样，就以为是去养病，那是会错了意，也是误读。有的人说连南夫病倒是因为连万夫殉难事，兄弟情深，因而生病，这种似是而非的解说，颇有想当然的成分，没有任何根据。迄今，没有证据说明连万夫是连南夫的嫡亲兄弟。

第三条，《建炎以来系年要录》卷一百零一，宝文阁直学士提举江州太平观连南夫升任宝文阁学士知广州。这说明连南夫知泉州任满后等待新的任命时曾提举江州太平观，这是在外宫祠。时在绍兴六年五月。其时，连南夫仍在泉州生活，并没有去江州。

第四条，《建炎以来系年要录》卷一百二十三，宝文阁学士知广州连南夫，依所请提举江州太平观。时在绍兴八年（1138）十一月，张致远接任知广州。实际上，此后连南夫的职务是宝文阁学士、知广州、提举江州太平观。只不过现任知广州是张知远，连南夫是以宝文阁学士和原知广州头衔领取按比例薪俸的。

第五条，《建炎以来系年要录》卷一百二十五，时在绍兴九年（1139）正月，宝文阁学士知广州连南夫上封事，实际上此时连南夫在提举江州太平观，只是文字上没有出现江州太平观字样。

第六条，也是最后一条，《建炎以来系年要录》卷一百四十六，绍兴十二年（1142）秋七月，宝文阁学士、提举江州太平观连南夫特落职。前已述及，此时连南夫的职务中当仍有"知广州"三字。此时知广州是陈橐，以绍兴八年十一月至此，连南夫提举江州太平观已有四十六个月，其间当有再次请祠，但是史籍失载。此次特落职，对于连南夫的打击极其沉重，以至于半年之后，绍兴十三年（1143）的正月，连南夫就溘然长逝了。毫无疑问，这是忧郁愤怒伤害了健康的直接结果。

陈橐字德应，政和进士，也是一位不附和议的人士。其知广州的时间，据《建炎以来系年要录》，初见于绍兴十年（1140），秦桧要调韩京一军去广西，陈橐说广东离不开韩京，秦桧怀疑陈橐为韩京说话，就降了陈橐一秩。绍兴十二年处理杜岩的事情，正是陈橐受了降秩处分以后的事情。陈橐屡屡告老求知婺州而不可得，无路可走，在四十四岁时就要求退休，过了十二年，就是到绍兴二十五年六十六岁病逝。可见秦桧作为一代权相，那势力真是炙手可热，连碰也碰不得。

剥夺连南夫职务的起因，是连南夫知广州的日子里，降金的杜充的儿子，右宣教郎杜岩，正在广州地盘监视居住，及南北讲和，复疆赦下，杜岩请求自便，南夫请于朝，没有等到朝廷批复，就让杜岩自由了。到了绍兴十二年，金人索要杜充的子孙在南宋者，枢密院以金字牌命广东帅臣密切拘管。陈橐据实上奏，连南夫任内已让杜岩自便，于是就有了上述对连南夫的处分。在这件事情上，陈橐没有过错。

严格地说，在处理杜岩的问题上，连南夫也没有过错。绍兴九年（1139）正月，高宗有赦书："军兴以来，州县失守投降之人，不以存亡，并与叙复，子孙依无过人例。"依此，南夫无罪。因为连南夫反对议和，寓讽于贺，秦桧早已切齿，现在以其请诸朝不俟复而释杜岩以罪之，那是欲加之罪，何患无辞。

根据《连公墓碑》，连南夫谢知广州任，携眷北归，虽然是提举江州太平观，但是依请所得，到哪里安身，可自选自定，若是等候新的差遣，应该在临安附近，不过当时情势，已无此种可能。若以其终于福州私第看，则是寓居于福州。如果再精确一些，我以为连南夫是寓居于福州的属县连江。总之，卸广州任后，连南夫都是在福建生活的。

宫祠就是提举宫观之类，在南宋时期是理作资任的。所以应该把连南夫提举宫观和他的其他仕宦履历一并联系起来考察。这样的话，我们便可以得到连南夫在建炎、绍兴间的仕宦简表。

建炎元年	徽猷阁待制，知濠州
建炎三年五月	显谟阁直学士，知建康府，兼建康府宣徽太平州广德军制置使
建炎三年七月	自请宫祠，命知桂州，改知饶州
建炎四年	显谟阁直学士知饶州
绍兴元年八月以后	显谟阁直学士，提举杭州洞霄宫
绍兴三年	显谟阁直学士知信州
绍兴五年末或六年初	显谟阁直学士提举江州太平观
绍兴六年五月	宝文阁学士知广州，即为广南东路经略

安抚使

| 绍兴八年十一月 | 宝文阁学士知广州，提举江州太平观 |
| 绍兴十二年秋七月 | 宝文阁学士提举江州太平观，特落职 |

因此，那个以为《宋史》原有连南夫传底稿，而后定稿删芟，乃是无根之谈。至于说连万夫是南夫之弟，亦属揣测之词，没有依据。连南夫的祖父辈，弟兄四人。连南夫自是三门连庸之后。二门连庠之后有连端夫。长门连庶、二门连庠都是出仕做官的，后裔占籍他郡，未必再回安陆。三门是到了连南夫这一代，才崭露头角的。南夫有兄质夫，是嫡系兄弟。如此看来，留在安陆的，只能是四门连膺的后代。连万夫是四门之后，不是连南夫的亲兄弟。《建炎以来系年要录》李心传注文只是怀疑。及至《宋史·连万夫传》，变成了有人说。到《湖广通志》又进了一步，直接说是。书经三写，鲁鱼亥豕。连南夫、连端夫、连万夫，血缘等远，都是堂兄弟。未出五服，关系很近。

广水连氏，在连南夫一代，零星见于记载，只有上述四人，有点太少。不是太少，而是有所不知。用孔子的话说，文献不足故也。

连万夫保境卫民，青史留名，实属有幸。

连南夫触犯权臣，宋史无传，势所必然。

纵观连南夫一生，七任外官，即知庆源府、知濠州、知江宁、知饶州、知信州、知泉州、知广州。还没有计入知桂州。有命知桂州，改命知饶州，故未计入桂州。连南夫出任外官，都有带职。按先后顺序，排列如下。

宣和七年	知庆源府	右文殿修撰
宣和七年	知濠州	徽猷阁待制
建炎三年	知健康府	显谟阁直学士
建炎四年	知饶州	显谟阁直学士
绍兴三年	知信州	显谟阁直学士
绍兴三年	知泉州	显谟阁学士
绍兴六年	知广州	宝文阁学士

韩元吉《连公墓碑》具体记录连南夫知庆源府事：

> （宣和）七年（1125）三月，（连南夫）遂拜中书舍人。言者观望大臣，诋公为不职，除右文殿修撰、知庆源府。公曰："庆源在河北，正宣抚所隶，何可居？"挝登闻鼓，论其事，愿易他所，即改濠州。

是知庆源府，没有到任，就改知濠州。后来的知桂州，与此相类，可谓无独有偶。知庆源，首次带右文殿修撰，很有意思，所以虽未到任，也在此加以讨论。这里的"言者"是言官，不是有人说。

宋代官制，"官人授受之别，则有官、有职、有差遣。官以寓禄秩、叙位者，职以待文学之选，而别为差遣以治内外之事"。（《宋史》卷一百六十一《职官一》）说白了，官是表明你的品阶和待遇，职是优待文学之士，差遣才是干实事的。此处，右文殿修撰是职，知广源府事是差遣。宋朝的职，涵括诸殿学士、诸阁学士，还有馆职。连南夫与阁学士有关，与馆阁有关，与殿学士无关。《宋史》卷一百六十二《职官二》说，宋朝庶官之外，别加职名，所以励行义、文学之士，高以备顾问，其次与议论，典校雠。得之为荣，选择尤精。连南夫出典州郡，带上这些职衔名头，是很荣耀的。右文殿修撰，为贴职之高等，政和六年所置，系由集贤院修撰所致。集贤院与昭文、史馆并称三馆，是崇文院藏书之府，此时虽无崇文院之名，但集贤院这个职名从渊源上，与馆阁有关。因而，连南夫就是和馆阁职名有关了。

连南夫此后所任的徽猷阁待制、显谟阁直学士、显谟阁学士、宝文阁学士，粗线条说，与阁学士有关。徽猷阁，大观二年（1108）建，藏哲宗御集，有学士、直学士、待制。显谟阁，元符元年（1098）建，藏神宗御集，设学士、直学士和待制。宝文阁，原名寿昌阁，庆历年间改。嘉祐八年（1063），英宗即位，以藏仁宗御集、御书。学士、直学士、待制，都是治平四年（1067）设立，其位在显谟阁之上。

诸阁学士，以龙图阁学士为最高。阁藏太宗御书、御集及典籍、图画、宝瑞等物，以及属籍、世谱。有学士、直学士、待制、直龙图阁之设。需要注意的是，一、龙图阁没有大学士，"龙图阁大学士"是戏曲俗语。二、龙图二字从河出图龙马负图而来，在中华古代文明史上地位崇高得无以复加。宝文阁和龙图阁之间，还有一个天章阁，是供奉真宗御集的。真宗时，"天书降"，故称天章阁。连南夫只升到宝文阁学士。

出任监司、郡守带有阁职是荣耀，宋人称为贴职。有一份研究连南夫的文字，说"右文殿修撰是文职，无权带兵，单人匹马去庆源府上任只能是送死"，说明他对于右文殿的修撰功用不甚了了，以致无缘无故杞人忧天。能否带兵，不在右文殿修撰，而在知府事，知府事、知州事，都是军政一把手。《水浒传》写梁中书在北京就是大名府，上马管军，下马管民，反映了宋代的实际。史载苏东坡知徐州，黄河决口，大水汇于城下，东坡进入武卫营，说形势危急，虽是禁军也要为我尽力抢险。苏轼文人，禁军也得服从指挥。为什么？就因为他是军政一把手，是帅臣。范仲淹与西夏战，兼知延州，他有龙图阁直学士职，夏人呼为"龙图老子"。所以能不能调兵遣将，不在这个贴职。

连南夫卸知广州任，提举宫观，及至绍兴十二年，"特落职"，就是剥夺其职名，这是很严厉的惩罚。所以，连南夫临终的时候，既无官，亦无职。

连南夫的际遇如此。

06
池鱼之殃

连南夫不是王德的上级，王德不是连南夫的下级，广义上说，二人应算是同事，这是从刘光世这个角度说的。刘光世是连南夫和王德的共同上级。只不过王德是刘光世部带兵打仗的悍将，连南夫则是知州事亲民的官。

宣和七年，连南夫受任知濠州，已是下半年的事情。是年年底，钦宗接继大统，承皇帝位，连南夫仍在濠州。前，任命连南夫知庆源府，带右文殿修撰职。连南夫不愿到庆源任职，改知濠州。钦宗继位后，明确连南夫仍在濠州任所。高宗建炎元年，连南夫再次明确为知濠州。《建炎以来系年要录》卷十，连南夫的官衔是知濠州，职衔是徽猷阁待制。待制级别高于修撰。这个待制衔，是在钦宗嗣位后所改，还是高宗称帝后所加？

建炎元年就是靖康二年，当公元 1127 年。如果细分的话，当年四月底以前，是为靖康二年。自五月一日起，是为建炎元年。年号建炎，有两个用意：一、表示宋以火德王；二、表达火可克金之意。这是要在心理上战胜来自北方的金国。宋人周煇《清波杂志》卷十二："金改吾赵州为沃州，盖取以水沃火之意。识者谓沃字从天水，则著国姓中兴之谶益章章云。建炎初，从臣连南夫奏札言，女真国号曰金，而本朝以火德王，金见火即销，终不能为国家患。""从臣"就是侍从之臣，文官待制以上，就是从臣。可见当时宋金两国的哲学思维，都受五行学说影响。金人改赵州为沃州，赵是宋朝国姓，以火德王，沃字从水，意在以水克火。宋人解沃字，以为沃字从水，水可益水，使天水更加强大。所以以为沃字对宋朝中兴，实有帮助。宋金双方，都在玩拆字游戏，很有意思。赵与秦共祖，殷商之末有蜚廉、恶来，蜚廉后人有造父者，为周穆王御，一日千里以救乱，穆王以赵城封之，其后为赵姓；蜚廉另一支后裔入周，主马于汧渭之间，后封于秦，即天水的秦亭。因为秦赵共祖，所以也以天水称赵。宋徽宗到金国，被封为天水郡王，宋钦宗到金国被封为天水郡公，都是有出典的。连南夫没有从水的方面解，只从火的方面解，把这些郑重其事地写入奏章，也很有意味。"沃字从天水"，是拆字，左半三滴水，右半"夭"字视作"天"，合起来就是"天水"。

《宋史》卷三百六十九《刘光世传》："平镇江叛兵，改滁濠太平州、无为军、江宁府制置使。"此事又见于《建炎以来系年要录》卷十："辛巳，以刘光世为滁和濠太平州无为军江宁府界招捉盗贼制置使。"二书记载，大致相同，也有细微的区别。例如，《宋史》本传只说光世为"制置使"，而《建炎以来系年要录》则作"招捉盗贼制置使"，后者记载，较前者全面。再如，《宋史》本传说刘光世权力所及无和州，《建炎以来系年要录》说刘光世管辖范围有和州，相较而言，又是本传所载为优。所以，二书记事，各有千秋。

刘光世任制置使，时在建炎元年冬十月辛巳，所辖州郡有濠州，所以，刘光世是连南夫的顶头上司。作为濠州第一责任人，连南夫与王德同在刘光世手下工作，刘光世是二人的共同上级。连南夫与王德，在广义上可视为同事，同在一个战区工作，但是二人绝无上下级之别。

《宋史》卷一百六十七《职官七》说："制置使不常置……中兴以后，置使，掌本路诸州军马屯防捍御。"多以安抚大使兼，亦以统兵马官充。安抚大使就是安抚使，二品以上大员任安抚使称安抚大使，一般官员称安抚使。后来，连南夫知江宁府，为宣、徽、太平州制置使，便是以安抚使兼。此时，刘光世为濠州、和州等州郡制置使，可谓以统兵马官充。连南夫所任的制置使，管辖范围较小。刘光世为制置使，管辖范围广大，权势很大，任务艰巨，责任重大。

濠州，就是今天的凤阳。宋代濠州，钟离郡，领钟离、定远二县，属淮南西路。建炎年间，宋廷曾设过滁濠镇抚使。清人顾祖禹《读史方舆纪要》说，凤阳府"西连汝颖，东道楚泗，为建业之肩背，中原之腰脊"。建业就是江宁。顾氏又引张浚说：淮东宜于盱眙屯驻，以扼清河上流。淮西宜于濠寿屯驻，以扼涡颖运道。又说，淮南诸屯，所以屏蔽大江。与敌共有，江南未可保也。又引真氏曰："有豪梁之遮蔽，则敌不得走历阳。"

历阳就是和州。和州历阳郡，宋室南渡，和州为金陵藩蔽，领有历阳、含山、乌江三县，今属马鞍山市。它是淮南要冲，江表屏障。顾祖禹说，敌出横江而渡采石，济滁口而向金陵，则长江不为固。若夫西指昭关而动庐寿，北走徐中而收濠泗，则两淮可以风靡。所以，凡是在江南立国，没有不以和州为襟要的。守江宁，必守和州。

同时划入刘光世战区的滁州，宋时领清流、全椒、来安三县，欧阳修《醉翁亭记》"环滁皆山也"，说的就是这个滁州。它不仅山环水绕，风景佳胜，而且战略地位十分重要。北出钟离（濠州）可以震徐泗，西走合肥可以图汝颖。南下就是历阳，东指就是六合，这就直接关系到南京的安危。五代后周时，赵匡胤下南唐，在滁州作战，生擒皇甫晖，影响很大，就是以此处为战略要地。

宋时的无为军，领无为、巢县、庐江三县。《水浒传》写宋江攻打无为军，就是这个无为军。太平州亦领三县：当涂、芜湖、繁昌。只是与无为军不同，太平州隶江南东路，而无为军则属淮南西路。上文滁州，隶于淮南东路，濠州、和州、无为、太平则都属于淮南西路。

由此可知，任命刘光世为制置使，是在江南东路、淮南东路、淮南西路三大行政区域之中，划出一个新的军事战区。这个战区的核心任务，是保卫江宁府的安全，不使稍有疏失。他的布控，基本上是两个方向：一、在江宁府西北方向，自濠州至滁州；二、在江宁府的南方，和州、太平、无为，大致沿长江一线摆开。自无为沿长江西上，就是池州，再往西是江州九江，再向上游，就是鄂州。所以，刘光世卫戍江宁，战线长，任务重，把扼要地较多。濠州地当最北端，是可能最先受敌之处，因之，刘光世与连南夫对此需要格外当心，也是情理之中的事情。长江防线，九江以上，不是刘光世的防区，但若上流出现意外，敌兵顺流下，刘光世防区就是最后一道防线，所以，这也是千钧重担。至于江宁以东，从镇江起，那是韩世忠的防区。

连南夫和刘光世发生交集，最先可能发生在建炎元年的十月之后。刘光世成为连南夫的上级，发生于此时。无论此时连南夫是否与王德打过交道，有无来往，他们都是刘光世的部下，广义上说，二人在一个战区里工作过。说二人是同事，也讲得通。

连南夫在濠州任上，发生过以下几件有影响的事情。

一、晋升徽猷阁待制衔。

建炎元年，连南夫为徽猷阁待制，已见上文。韩元吉《连公墓碑》说，靖康二年，除待制徽猷阁。现在可以回答上文的问题，连南夫待制之授，乃是得自钦宗手里。

二、在濠州抓紧备战。墓碑记载，缮治濠城，凿巨石五百步，运甓塞淮流之贯城者，增城为三丈，立楼橹，并城开稻田十里为汀。"塞淮流之贯城者"，是很大的国防工程。清雍正尹继善重修《江南通志》卷一百一十七说，连南夫"守濠州，旧有东西二城，濠水经其间，入淮。南夫决濠水由城西径达于淮，合二城为一"。就是说，在连南夫之前，濠州州城因濠水一分为二，连南夫将之合二而一，濠水绕城而过。加大城防，始能有备无患。

三、上《论敌情十患》书。

四、下令密伺于境，有持伪楚赦者，即斩之。

五、挽留在濠州纳官而去的赵宋宗人数十人。

六、驰蜡书劝元帅康王进皇帝位。

七、祈幸关中。

八、为《捍御策》四十条。

九、高宗登基，诏连南夫再任。

十、建炎三年，诏除连南夫显谟阁直学士，知江宁府。只是当时还没来得及赴任，就遇上了刘文舜侵扰濠州的事。连南夫派俞孝忠率民兵出战，败死。连南夫出库帛，敛城中金银，"且解所服金带以授文舜"，方得解围。这是权宜之计，就是列宁说的，将钱和武器交给强盗，暂解燃眉之急，以便将来抓获强盗。

综上所述，连南夫在濠州日子过得很充实，办了不少实事。且升待制，升直学士，升知江宁府，一路凯歌。是谁为他出了力呢？我以为是刘光世。这个时期，刘光世在高宗身边还是很有影响力的。

连南夫与刘光世关系的渊源，在其知濠州期间，刘光世也正是在那个时间，任包括濠州在内的制置使，而且，连南夫出任江宁府，还极有可能是在刘光世的鼎力推进之下才实现的。连南夫和绍兴大将岳飞没有交集，他就是和曾经是岳飞部下的韩京共事过。连南夫与绍兴大将韩世忠有交集，韩世忠带兵冲击过连南夫江宁府治。江宁是当时的行在，相当于平时的首都，所以赵鼎称连南夫为"京尹"。连南夫与韩世忠的交集，没有交情，只有交恶。绍兴七年，淮西郦琼携军背叛，投降伪齐，朝野震动。连南夫于彼时建言，"愿以刘光世为前驱讨焉"。（《连公墓碑》）前此，刘光世不职，各方面都不满意故而被免职，由王德代之，以致郦琼淮西之变。连南夫提议由刘光世为前驱征讨郦琼，不可否认，包含策略机变，不乏出以公心，但也显示，连南夫与刘光世，交情亦非泛泛。在风云变幻，山河飘摇之际，敢于和能够提出这种见解，难道不发人深思吗？

因此，韩世忠带兵冲击连南夫的江宁府廨，就是可以理解的了。

前文，已经在论说王德一节里，述及此事，今再将有关文献梳理于下。

《建炎以来系年要录》卷二十一：建炎三年三月丁亥，徽猷阁待制知濠州连南夫升显谟阁直学士知江宁府。

《建炎以来系年要录》卷二十二：建炎三年四月，刘文舜犯濠州，守臣连南夫移江宁府未上，土豪俞孝忠战死，刘文舜引众至城下，连南夫出库帛、敛城中金银，解所服金带以授文舜，乃得解。

《建炎以来系年要录》卷二十四：建炎三年六月乙丑，知建康府连南夫兼建康府宣抚太平州广德军制置使。

《建炎以来系年要录》卷二十五：建炎三年七月，汤东野兼知建康府。韩世忠逐连南夫而夺其治寺。罢连南夫，降知桂州。

《宋史全文》卷十七上：建炎三年七月庚子，汤东野兼知建康府。时建康府寓治保宁僧舍。而江浙制置使韩世忠屯蒋山，逐守臣连南夫而夺其治寺。

熊克《中兴小纪》卷六亦记此事：时以华藏寺为建康府治，而江浙制置使韩世忠权住蒋山，诏世忠，候建康府移保宁宫，即听居华藏，缘保宁有先朝房院尚在，守臣显谟阁直学士安陆连南夫未及迁入，而世忠逼其骨肉狼狈出寺。

以《建炎以来系年要录》和《宋史全文》，韩世忠所夺的是保宁宫。而依《中兴小纪》，韩世忠所夺的只是华藏寺。不管是华藏，也不论是保宁，韩世忠的做法，都近乎无法无天。而连南夫的处境，正是秀才遇到了兵。

当连南夫受命出任知江宁府欲上未上的时候，为刘文舜所羁，在濠州城守。同一个时间，王德受命，正在追击苗刘集团的残部苗瑀和马柔吉。韩世忠喜欢王德的英勇善战，派出部将陈彦章与王德一起行动。二人在信州相遇，话不投机，动起手来，王德杀了陈彦章。接着，王德斩苗瑀，生擒马柔吉，献俘行在。王德战胜归来，等着他的却是诏狱，韩世忠把他擅杀陈彦章的事起诉到有关方面了。王德本传，说是台狱。《宋史·刑法志》诏狱也有御史台狱。《连公墓碑》借王德的口说，"我尝系建康狱，连公为守，待我厚"，当时行在建康，连南夫为守，御史台狱也在建康，说系建康狱，也通。连南夫以建康京尹，有条件关照王德。待其厚，这大概是韩世忠冲击连南夫治寺的真正动因。而那个所谓的不等连南夫搬迁就迫不及待夺寺的，只不过是一个台面上的托词罢了。

韩世忠对此事的耿耿于怀，不单表现在对连南夫的态度上，还表现在他对刘光世的态度上。绍兴三年，王德杀陈彦章事情已过去了三四年，韩世忠与刘光世换防，光世池州司仓储被焚，被擒细作称为世忠所派。时世忠在镇江，诏光世移司建康，世忠又欲以兵袭其后。（见《中兴小纪》）这可以视作二雄不并栖，也可视为王德擅杀陈彦章事件的余波。按说，韩世忠不是不顾大局的人，但是上项事情，总似乎是在开天大的玩笑。

因此，结论是在南宋中兴几员大将中间，连南夫曾归刘光世管辖，也比较倾向于刘光世。韩世忠夺寺，是迁怒。

韩元吉《连公墓碑》记述连南夫知江宁府："未逾月，大驾驻江宁，即府治为行宫，公竭力营缮，无一弗备。……自荐一二大臣为可用。语出惊众，即丐外祠，命知桂州，又改饶州。"完全不提连南夫在建康府所遇韩世忠夺治寺，因此连南夫被批评为"缓不及事"，被降知桂州。墓碑不写，是回护墓主。墓碑写连南夫为濠州百姓挽不得行，不提连南夫敛金银、解金带予刘文舜，也是有所回护。撰著墓志碑铭，只能如此。

建炎三年的五月，江宁府复改称建康府，高宗以建康府治为行宫，连南夫知建康府，就只有另寻一办公场所，那就是华藏寺。王安石有《华藏寺故人诗》，注引《建康志》："伪吴武义二年（921）建，在斗门西街北，初为报先寺，国朝改今名。"韩世忠所夺连南夫治寺，有说华藏寺，有说保宁寺，有说保宁宫。按连南夫临时办公处所是华藏寺，拟迁之地是保宁寺。时，韩世忠驻蒋山，有旨待连南夫搬出以后，让韩世忠迁位华藏。结果，连南夫未及搬家，韩世忠就带使臣把连南夫全家驱赶出去了。韩世忠所夺的，是华藏寺。

连南夫的治寺被夺，很无辜；又被贬降，很无奈。两大军阀怄气，连南夫夹在中间受气，有苦也说不出。他只有承认现实，去饶州发展。

07

御戎鄱城

——连南夫饶州用兵录

韩元吉《连公墓碑》，说及连南夫知饶州，群盗蜂起，数遇战事：

> 又改饶州。金人已自江浙破豫章、临川，游骑至饶境。公科丁壮为固守。故虽不犯，而群盗蜂起。有侯进万余来攻，公大辟城扉以疑之，贼惶惧未知计。公夜炽火，声鼓震天，进遂惊溃。而刘文舜大艑数十，由南康而下，公躬部民兵，昼夜乘城，矢石几尽。时御营统制王德号王夜叉，驻兵庐陵，公飞书邀之，众畏其不来，德得书泣曰："我尝系建康狱，连公为守，待我厚，当死报之。"以舟师不三日至。文舜惧，请降，诛其渠魁五人而散其众。有王念经者，以左道聚愚民至十余万，公劝德追击，至贵溪，斩首数万级，复为民者几倍。绍兴改元，张琪既破新安，直抵城外，公遣将败之，伏尸四十里。于是饶以块然小垒，而能却金兵、捍群盗，独立于江左，饶人至今祠公不忘。

以上所述，牵涉五个方面：一是金兵，二是侯进，三是刘文舜，四是王念经，五是张琪。金兵没有犯境，故不予置评。侯进以万骑攻饶州，连南夫以空城疑兵之计吓退之，宋代其他文献未之见，故亦姑且不论。真正与饶州战事有关的，就是刘文舜和张琪二人。那个王念经，其实是信州人，鉴于帮助连南夫打败刘文舜的王德，本来是要镇压王念经的，而且此后不久，连南夫即由饶州改知信州，所以，一并在此讨论之。在这一章，要研究几个人，一个是刘文舜，另一个是王德，还有王念经，最后是张琪。同时，还要涉及其他相关问题。

[01] 刘文舜和他的部队

刘文舜是连南夫的冤家对头。曾经两次和连南夫打过交道的刘文舜，原是济南府的僧人，身材魁伟，仪表堂堂，武功很好，尤其是弓法好，箭射得特准。他出家后，晨钟暮鼓，青灯黄卷，原是个不惹是生非的本分佛家弟子，只是一个偶然的机会，把他卷入了南宋初年那个历史旋涡中，随波逐流，不能自拔，终于无法脱身，而最后无可奈何地沉沦了。

刘文舜的军队原是一支农民军，而且是勤王的义军，这支军队到达开封的时候，京城已破，二帝被虏，金兵已经北去，于是这支队伍就到商丘，成了高宗的部下。可是，就在此时，这支队伍的领导人却急流勇退，保全性命于乱世，不愿再做领导。这个人也姓刘，也是和尚出身，史失其名。就叫刘和尚。交出部队，刘姓和尚回济南，部下不习惯于没有刘和尚，也都回济南且围城，要求刘和尚出山。刘和尚坚决不愿再做这支农民军的负责人，推荐刘文舜出来顶缸。刘文舜也是和尚，就还俗，并用文舜这个原名，继续领导这支队伍，冲州过县，一路南行。他没有官方的后勤供给，剽和掠就成了家常便饭，所以他们和当时的其他武装力量一样，一起被视为群盗。根据历史记载，刘文舜部主要活动在江西的抚州地区，势力很大，宋朝政府很感头疼。

又一次改变刘文舜人生轨迹的，是胡舜陟。

胡舜陟字汝明，徽州绩溪人，靖康初，由监察御史迁侍御史。御史是言官，胡舜陟言，战祸因赵良嗣而起，请杀之以谢天下，所以那个赵良嗣的最后结局，实在与这位胡舜陟胡大人有直接的关系。高宗即位，以舜陟曾受张邦昌伪命，降知庐州。自建炎军兴以来，淮西八郡屡遭战祸，他到庐州，修城池，治战局，人心始安。胡舜陟《宋史》有传，《宋史》本传脱胎于宋人罗愿的《胡待制舜陟传》，载罗愿《罗鄂州小集》卷六，其中说：

（舜陟）除秘阁修撰知庐州，方淮西盗贼充斥，舜陟奏复帅府于庐州。增筑东西水门，纠合乡民为巡社，首招巨寇刘文舜、高胜命以官，以其徒为部曲。自是，诸郡有警即檄之，无不办。

"淮西盗贼充斥"的盗贼，其中包括刘文舜。刘文舜的接受招安，不是在困窘的时候，而是在大胜朝廷官军以后。胡舜陟主张以诚相待，派员与刘文舜联系，刘文舜欣然同意接受指挥。并且作为胡舜陟的部下，保境作战，累传捷音。当时，丁进、李胜合兵为盗，久困光、蕲、寿州，舜陟命文舜及其将悉破之。缴获了落在李胜手里的北宋列圣御像。宋朝列圣御像是金兵突袭扬州，高宗仓皇逃跑时失落的，这时才又获取。后人或者不以此为大事，然而在当时那是非同小可的大事件。张遇自濠州而来，远近震动，胡舜陟命刘文舜毁竹里桥，伏兵河西，待张遇半渡而击，张遇败去。因为以上功劳，胡舜陟升了一级官职。胡舜陟高升，是由于刘文舜的汗马功劳，文舜当有升赏，然而现存文献中缺乏明确记载。

胡舜陟是在知庐州任上三年，向高宗报告，"愿以所部将兵、民兵、刘文舜兵"共二万人，及本道招恶少年亦二万人，"将之以当北敌必争之地"。北敌就是金兵，称北敌而不称金兵，也不称金虏，恐是后人讳改的结果。见到胡舜陟的报告，宋高宗很高兴，除胡舜陟为徽猷阁待制、淮西制置使。

因此，胡舜陟部共有兵力四万余人，其中有将兵，就是禁军，准确地说，是系将禁兵。有民兵，就是乡兵；上文有个巡社，实际上是叫忠义巡社的。有刘文舜兵，这一部分单独编制，就以刘文舜的名字命军。当时韩世忠的部队就叫韩世忠军，刘光世的部队就叫刘光世军。所以刘文舜的部下叫做刘文舜兵，也是当时通例。胡舜陟做了淮西制置使，刘文舜随之升为淮西制置使司统制官。当然所统辖的还是他的老部下，有一万多人，独立编制。对刘文舜，胡舜陟做到了肝胆相照，他们是腹心之交。

这一时期的刘文舜大受信任，不辱使命，忠勤时事，风光一时，宋人文献中保存下来的有一篇关于他升官的诏旨，见于宋人綦崇礼的《北海集》，题目叫做《刘文舜可特授左武大夫遥郡团练使制》，其中说：

朕比遣大臣，追捕逆徒。巨猾成擒，已从枭戮；余妖假息，犹肆跳梁。具官某（按指刘文舜）谊激报君，志存疾恶，全师掩击，残党尽歼。载省忠勤，良深嘉叹。进阶横列，兼领戎团。并锡茂恩，用昭殊赏。益思奋励，尚有宠襃。可。

这是对刘文舜的肯定和希望。左武大夫是武阶官。武阶官中最高级别是太尉，其次是横行正使，就是各种名目的大夫，左武大夫是横行正使的倒数第二级。横行正使以下是横行副使。再下依次是诸司正使，诸司副使，大使臣，小使臣，最下叫未入流。除了"未入流"是一个级别以外，其他各级都有好多层级。所以那个左武大夫，已是高级军官了。"横列"就是横行。戎团就是团练使，宋朝的团练使位节度使、防御使下，在刺史之上，是州一级军事长官，但无职掌，是武阶官，不住本州，所以叫遥郡。这种头衔是用来拿工资的。刘文舜此时真正行使权力的职务，就是淮西制置使司统制，指挥千军万马，拥有很大的权力。

刘文舜兵或曰刘文舜部众共一万多人，一万多人是个什么概念？按照宋朝军事制度，一百人为都，五都为一指挥，指挥也叫做营，五指挥为军。则刘文舜部可编为一百多个都，二十多个营，至少五六个军，确实相当可观，不可小觑。若以现代军队编制看，相当一百多个连队，这势力还是挺吓人的。

胡舜陟用人不疑，刘文舜忠心为国，可并不是说所有的人都信任刘文舜，杨万里《诚斋集》中《枢密兼参知政事权公墓志铭》，便透露了这种信息。权公就是权邦彦，他把刘文舜、韩世清、孔彦舟等人都视为"腹心之疾"，而着意防范之。这也是当时群盗接受招安以后所受的普遍待遇。李横接受招安，做到了襄阳镇抚使，还被视为"贼"。

刘文舜的军事职务最高时做到淮西制置司都巡检使，这是个实职。如果说他做统制时只能指挥他那一万多人的部从的话，那么升任都巡检使以后，他就有权统辖淮西所有的士兵了。巡检有大有小，职权不一，小的只管一县、一镇、一市、一寨，大的可以管一县一州至数州者，最大可以管十个州的部队。巡检有巡检寨、巡检司、巡检分司，刘文舜是都巡检司，所以权力很大。这是刘文舜生平事业的顶峰。只是刘文舜都巡检使头衔，乃由舒州通判权州事郑严手中所得，而非由胡舜陟保奏。其时为建炎三年的八月，刘文舜引兵犯舒州，郑严遣人待之以礼，"文舜喜，遂入城，秋毫不敢犯"，郑严请于朝，方有都巡检使之命，并有金带之赐。

这个刘文舜性格特点鲜明，似乎很讲礼仪。他的受礼遇而秋毫无犯，这已不是第一次了。此前的四月二十日丁卯，刘文舜挠濠州，连南夫命俞家镇土豪俞孝忠率民兵一百五十人往迎击之，孝忠进战，马还泞而死，众皆奔还，防城民兵知孝忠已死，也都一哄而散。文舜兵至城下，连南夫答许犒赏其军，约使退兵，双方达成一致，城中出金、出银、出库帛，连南夫又自解金带以授之，文舜解兵而去，所过没有残破。

俞孝忠所带一百五十人及连南夫守城兵士，都是乡兵，不是义兵。乡兵就是民兵。有一部研究连战家族的书第25页说是义兵，没有来历。同书同页说"连南夫指挥弩手居高临下放箭。加上城高池深，敌兵根本无法靠近，相持数日，敌兵粮草将尽，被迫退走"，也不符合事实，纯系想象之辞。历史事实是连南夫出城犒军，并解金带相赠，刘文舜方才退兵。虽然如此，刘文舜说话算数，言出必践，还是与群盗不同的。

同年的八月，刘文舜犯饶州，这次守饶州的刚好又是连南夫，这就是冤家路窄了。连南夫派人以蜡书求救于王德，王德纳文舜之降而诛之。当时被杀的还有刘文舜的四员部将。《连公墓碑》说"诛其渠魁五人而散其众"，是说刘文舜的部下被遣散了。这句话有没有溢美的成分？尚不清楚。但是饶州处理刘文舜部众与对待贵溪教众有所不同。贵溪因王念经事，杀戮平民二十万，那是血流成河，日月无光，饶州仅诛五人，这是天渊之别。此天渊之别，是谁致之？无疑出自连南夫宅心仁厚之所赐。

总起来说，刘文舜是还俗和尚，率领一支农民军，达万人之多，在战乱年代里求生存，受招安，为南宋政权效过力，立有战功。后为李成所败，再去饶州为盗，两度和连南夫交手，最后为连南夫和王德所杀。刘文舜性格特点鲜明，他对待胡舜陟，颇有国士待我，我以国士报之的遗风。他与连南夫第一次打交道和与郑严打交道，都表现出吃软不吃硬的特点。不过刘文舜性格上有矛盾的特点，这个表现在他既为农民军首领，又想忠于王室而摇摆不定，已成政治人物而尚摇摆不定，宜其以悲剧角色结束。

近年山东方面已经注意到刘文舜这个人，只是尚未见到系统的研究文字。安徽有人因研究连南夫而涉及刘文舜，可关于刘文舜却说了不少没有来历而且不着边际的话。比如《连战家族》（东方出版社2007年4月第一版）一书，写刘文舜在濠州城下对连南夫说："我是淮西安抚司统制刘文舜，奉楚帝之命，要你赶快让出城池，否则杀你全城鸡犬不留。"今按，这句话的前半是对的。后半即"奉楚帝之命"则是错的。这是小说家言，不是姓氏研究。姓氏研究要忠于史实，不能虚构。楚帝指张邦昌，刘文舜真和张邦昌发生过联系吗？他的进犯濠州真的是受张邦昌的指派吗？

张邦昌字子能，宋永静军东光人。金兵南侵，进犯东京，他与康王赵构为质于金，割地请和，还朝仍任河北割地使，被批评为通敌，亦被目为社稷之贼，黜为中太一宫使，罢割地议。当东京陷落，二帝被掳，金人立张邦昌为帝，僭号"大楚"，时间是靖康二年（1127）的三月丁酉。其时康王赵构正在河北开大元帅府。当年四月，金兵退回北方。癸亥，也就是张邦昌称帝的第二十七日，尊元祐太后为宋后，派谢克家到济州迎请赵构。丁卯，张邦昌称帝的第三十一天，谢克家持"大宋受命之宝"至济州。当天晚上，张邦昌手书上延福宫皇后尊号元祐皇后，皇后垂帘听政。张邦昌四月乙酉到济州见康王赵构。五月庚寅朔，赵构在南京（今河南商丘）即皇帝位，就是宋高宗。张邦昌参加了宋高宗的登基仪式。张邦昌的"大楚"或者伪楚，只存在了三十三天，短命得很。高宗登基，改年号为建炎，所以1127年既是靖康二年，又是建炎元年。建炎元年是从五月开始，书写历史的人往往就从正月写起。建炎元年五月，高宗即位，并没有立刻治张邦昌的罪，仍让其为太保、奉国军节度使、同安郡王。李纲上书极论张邦昌之罪，高宗特与贷免，责授昭化军节度副使，潭州（治今长沙）安置。后以隐事（僭立时秽乱宫闱），于建炎元年七月在潭州赐死。《宋史》《金史》《东都事略》等书，都有张邦昌传。

张邦昌那个"大楚"政权，极其短命，只存在了一个多月的光景。刘文舜是勤王军回到济南以后群龙无首的情况下被推上乱世舞台的。所以张邦昌僭位时，刘文舜还在山东寺庙内当一天和尚撞一天钟呢。等到刘文舜成了气候，纵兵舒州，攻打濠州，是什么时间呢？是建炎三年四月，此时张邦昌已死了快两年了，刘文舜怎么有可能"奉楚帝之命"呢？这不真是见了鬼了吗？

此外，也还是那个研究连战家族的书中说：

(连南夫到饶州) 不料刚过了几个月，老对手刘文舜又攻来了。

> 原来，建炎三年秋，金兀术兵分两路渡过长江。东路攻破建康、杭州，南宋朝廷逃到海上。西路攻破江南东西路不少州县。刘文舜就是为西路金军打头阵的。

这里需要讨论的问题是，刘文舜怎么会是为西路金军打头阵的？刘文舜是否降过金人？

建炎三年 (1129) 正月下旬，金人轻兵奇袭扬州，高宗赵构仓皇渡江南逃，金人生擒宋高宗的作战目标落空，斩首行动失败，遂于是年二月，火焚扬州而去。到了下半年的九月，金兵再次南侵，分三路攻宋。东路左监军挞懒 (完颜昌) 下楚州，目的是掩护左翼安全。西路以陕西都统洛索攻长安，这是战略右翼。中路统帅是兀术，即宗弼，兀术率领女真、渤海及汉军下江淮，至寿春，又兵分二路。一路主力大军十万，兀术自将，自采石渡江，直下建康，追袭高宗于杭越，高宗自明州 (宁波) 航海得以逃脱，就是陈与义所说的"岂意穷海看飞龙"。建炎四年二月，兀术北归，韩世忠拦江大战，阻敌归路，所谓黄天荡之役，所谓梁红玉擂鼓战金山，都发生在这个时间。完颜昌自山东提兵南下，遥为兀术声势。兀术被韩世忠隔在江南，死战不得脱身，直至五月方才北归。经此一役，兀术不敢再贸然渡江，遂有日后扶植刘豫伪齐之谋。

建炎三年十月，自寿春分兵的另一路金兵，西行经光州至信阳，折而向南，由黄州 (今湖北黄冈地区) 渡江，直插南昌，一路有如疾风骤雨，势如破竹，宋兵闻风即溃。至南昌时，刘光世正饮酒高会，闻金兵至即溃去。隆祐太后走虔州。金兵一直追至万安，不及，遂西行经潭州 (今长沙)、荆门 (今属湖北)、宝丰 (今属河南) 北归。在宝丰宋村遭到牛皋伏击，其时已是建炎四年 (1130) 的四月了。

刘文舜与连南夫相遇于饶州是什么时间呢？建炎四年的八月。建炎四年的八月，兀术自将大军已经北还数月，至江西追击隆祐太后的一路金军也已北归数月，而《连战家族》一书还硬要刘文舜在金兵北归半年之后为江西一路金兵"打头阵"，这未免有点太离奇了。有这样打头阵的吗？这连"马后炮"都算不上。

全面评价刘文舜是另外一专门的题目，容另作研究。我们在此只想说明一点，即刘文舜不管有什么问题，但他没有降金，没有为金兵效力，民族大节不亏。研究历史，要实事求是，尊重历史，不可厚污古人。

宋人陆游有一首题为《小舟游近村舍舟步归》的诗，说的是：

> 斜阳古柳赵家庄，负鼓盲翁正作场。
>
> 死后是非谁管得，满村听说蔡中郎。

蔡中郎就是蔡邕，东汉末年陈留圉人，现在河南开封附近还有个圉镇，就是当年的圉，蔡邕的故里。蔡邕才华出众，事母至孝，其女就是《胡笳十八拍》的作者蔡文姬。到了宋元之间，说书和杂剧把蔡邕弄成了反面人物，与历史上的蔡邕完全不同。蔡邕参加科举考试，做了状元，成了相府女婿，父母却在原郡饿死，其妻赵贞女又叫赵五娘，抱琵琶卖唱寻夫，蔡邕不信，俨然是后世的另一版本"陈世美"的先声，蔡邕受了天谴。明人高则诚《琵琶记》说这件事，李渔改编了其中的一折，收在《闲情偶寄》中。而推其源，陆游遇到的负鼓盲翁已是蔡邕不经故事的最早创造者之一。陆游学识渊博，写过《南唐书》，当然知道史笔的重要，由赵家庄说蔡中郎，他慨叹对身后是非的无能为力，一方面是姑妄说之，一方面是姑妄听之，说的人眉飞色舞，听的人如痴如醉。你还真的拿他没有办法。

今天文明的开启，社会的进步，真的不是900余年之前的宋代所能比拟于万一的，整个学术的进步，人民大众文化素养的提高，也不是900余年之前的陆游时代所能比拟于万一的。今天从事研究、从事文字撰著的人数之多，也不是宋时所能比拟于万一的，虽然由于印刷术的普及和进步，宋代文献的生产大大超越其前代，但仍然不能比拟于今天之万一。今天的研究者、撰著者，理应提供高质量的能够经得起历史推敲的精神文明产品，这里极需认真，极需敬业，极需科学，所以，必须拒绝负鼓盲翁，拒绝信口开河。

上文说到了隆祐太后被金兵追得上天无路，入地无门，惶惶然不可终日，逃难途中，饱经忧患，也留下了种种神奇的传说。与连南夫同入《绍兴正论》的宋人陈刚中，就有诗记隆祐太后逃难途中的传奇。

陈刚中是福建人，胡铨反对议和，主张杀却秦桧，以言得罪谪官，时为大理寺丞的陈刚中，居然给胡铨以贺启，其中说道：

> 屈膝请和，知庙堂御侮之无策；张胆论事，喜枢廷经远之有人。身为南海之行，名若泰山之重。

一腔正气，极力推崇胡铨，因而为秦桧所不容，即押送吏部差知赣州安远县。当时的安远县地极险恶，派往安远的人，罕有生还。当时的顺口溜就说："龙南、安远，一去不转。"所以，差陈刚中知安远县，就是欲置他于死地。陈刚中赴安远任所途次江西造口，有《题刚应侯庙柱》诗云：

> 疏爵新刚应，论功旧石材。
>
> 能形文母梦，还讶倭人来。
>
> 海市为谁出？衡云岂自开？
>
> 乞灵如见告，逐客几时回？

（《江西通志》卷一五〇）

"能形文母梦"，是隆祐太后的故事。隆祐太后就是哲宗孟皇后，宋高宗的伯母，靖康开封城破时，孟太后被废，居住瑶华宫，因祸而得福，没有北行。张邦昌僭号，人心思赵，被迫请孟后出来垂帘，高宗即位后孟皇后为孟太后。建炎绍兴间，孟太后支持宋高宗，身系天下安危，起了人们意想不到的作用。高宗渡江之前，先差人护送孟太后南渡。建炎三年秋八月，隆祐太后为避金兵，舟船夜泊吉州石材庙下，金兵自湖北黄冈方向直插江西，突袭孟太后一行。孟太后梦中听到庙神告曰："速行，敌至！"警醒即发舟指赣，金人追至造口，不及而还。太后脱难，庙神有功，后被封为刚应侯。陈刚中南迁途中，经过刚应侯庙，想起国事家事身世，感慨不已。所以题刚应侯庙柱诗，诗意非常深沉，完全不见了他给胡铨贺启中的满腔锐气，求神灵给他指示明路何时能够返回朝廷。然而刚中毕竟没有还日，竟谪贬以死。上文说金人追孟太后至造口不及而还的"造口"，就是辛弃弃《菩萨蛮》词"书江西造口壁"的"造口"。

世上的事情，有偶然，有巧合，有神秘莫测，有幸运之至。只是这一次幸运没有给陈刚中，只给了孟太后。孟太后逃难，只与金兵有关，而与刘文舜，则全无干系。

不可随意加古人以恶行，因为那样的话，不仅不是学术，而且也不是善德。刘文舜没有在张邦昌手下干事，二人实在风马牛不相及，他没有接受张邦昌的指令攻打濠州。刘文舜也没有降金，他没有参加金兵追击孟太后的任何行动，说他为追袭孟太后的金兵打头阵，没有任何依据。这些都是需要辨别明白的。不然的话，就是重诬古人而大误今人。

所以，我认为，学术研究当以辨明史实为前提，而对于前人，应适当宽厚一些。没有这个前提条件，随意描画，古人已逝，他又不能表白，试问你的良心可以安否？

《建炎以来系年要录》卷三十二，建炎四年四月乙酉日下说：

> 江东宣抚使刘光世，遣前军统制王德讨王念经于贵溪，道出鄱阳，会淮西都巡检使刘文舜为李成所败，渡江寇饶州，围城甚急。守臣显谟阁直学士连南夫以蜡书请德解围，德引兵赴之，压垒而阵，文舜气褫，请舍兵听命。德伪许其降，诱文舜入城，执而诛之。

据《三朝北盟会编》，与刘文舜同时被杀的，还有邵谈和袁关索。此乃三人，《连公墓碑》说诛五人，不知另外二人为谁。《建炎以来系年要录》说连南夫以蜡书请王德解围，蜡书始见《旧唐书》郭子仪传。到宋代，以蜡书作机密通信手段，已经非常普及。

[02] 勇将王德兼说王德不是连南夫的老部下

王德字子华，宋通远军熟羊寨人，生性勇悍，长相奇丑。靖康、建炎、绍兴年间，他为勇将，为战将，为名将，为大将，战功卓著，自称与金大小百余战，所杀名王贵酋不可胜数，敌人闻风丧胆。他原是北宋熙河帅姚古的部下。靖康元年，当金兵南下之时，王德随姚古驻防在河南怀州和山西泽州之间，受命侦探金兵虚实，力斩一金将而还。姚古问德："还能不能再去一趟?"王德亲率一十六骑，直入龙德府，生擒伪守姚璠，左右惊扰来救，德手杀数十百人，众人惊愕，莫敢向前。姚古械献姚璠于朝，钦宗问其被擒情状，姚璠说："臣就擒时，只见到一头夜叉呀！"于是王德就有了"夜叉"的诨号。建炎元年之后，王德隶刘光世部，倍道勤王，战功居多，曾于乱马军中救出刘光世，为光世前军统制。建炎三年二月，苗傅、刘正彦等在杭州发动兵变，杀同签书枢密院事王渊等，逼迫高宗传位于幼子旉，改元明受，文臣吕颐浩、张浚，武将韩世忠、刘光世等起兵，杀苗傅、刘正彦等，高宗得以复位。这就是所谓的"苗刘之变"，也叫"明受之变"。在追击叛将过程中，王德一度受韩世忠节度，韩世忠派部下陈彦章与王德一起行动，王陈二人发生矛盾。具体原因不详，因为一方说是韩世忠想独占其功，一方说王德想单独立功，反正是二人动手了，而且有文献说是陈彦章先动手，结果是王德杀了韩世忠的部将陈彦章。此事发生在建炎三年的五月。（见《建炎以来系年要录》五月丁亥记事）

　　同一时期，连南夫的职务有重大变动。建炎三年三月，徽猷阁待制、知濠州连南夫升显谟阁直学士，知江宁府。（《建炎以来系年要录》卷二十一，建炎三年三月丁卯）建炎三年三月戊辰小，己卯朔，丁亥为初九。当时高宗未复辟，同时马柔吉（就是不久之后被王德所捉获的马柔吉）被任命为直龙图阁。所以，连南夫知江宁府，一方面他是接吕颐浩的任，另一方面他是在苗刘把持政权的日子里的一个除授。不过，这些都不重要。最重要的是在这个时间以前，连南夫与王德之间，没有发生过横向的联系，两人之间完全没有交集，起码就现存宋人史籍、文集，我们找不出两人在此时以前有任何的瓜葛。王德先后被姚古、刘光世、韩世忠所管辖，就是没有在连南夫手下工作过。所以，《连战家族》一书说建炎四年八月，连南夫守饶州，有支援军前来解围，而这支援军的领兵官不是别人，就是"连南夫的老部下"王德。我们不理解，是凭什么把王德弄成连南夫的"老部下"的。

　　连南夫是建炎三年三月上旬受任新职的，可他当月并未到南京赴任。《建炎以来系年要录》卷二十二记载，建炎三年夏四月，连南夫被刘文舜围攻于濠州，连南夫并没有赶到江宁任所。而此时的王德，正马不停蹄地在追捕苗刘及其部下呢。连南夫派土豪俞孝忠率民兵迎战，孝忠马还泞以死，民兵奔还，守城者也四散而去，事出无奈，连南夫只好以城中金帛并自解金带与刘文舜，文舜受略而后退兵。

《建炎以来系年要录》卷二十四记载，显谟阁直学士知建康府连南夫兼建康府宣徽太平州广德军制置使，系在六月己丑。按建炎三年六月辛未小，戊申朔，乙丑为十八日，当1129年7月6日，这个时间，连南夫已在建康府。建康府就是江宁府，就是现在的南京。宋太祖开宝八年（975）平江南，复为升州节度。真宗天禧二年（1018），升为建康军节度，旧领江南东路兵马钤辖。建炎元年，为帅府。建炎三年，复为建康府，统太平、宣、徽、广德军。五月，高宗即府治建行宫。太平、宣、徽是州，广德是军。连南夫知建康府兼宣徽太平州广德军制置使，是建康府军政一把手，相当于高宗行宫所在地之市长兼首都驻军司令官。此时的连南夫是相当风光的。

高宗以建康府治为行宫，那是屈尊了，当时兵荒马乱，在建康府可能再也没有比府治更好的处所了，所以就给高宗享用。这也是不得已而求其次。但是作为知建康的连南夫总得有个办公地点，这个办公地点当时就在建康府的保宁寺。府治给皇帝用，保宁寺给知府大人用。连南夫也够委屈的了。

很快，连南夫连这个保宁寺也住不下去了。韩世忠亲自带领部下即所谓大小使臣，冲击保宁寺，把连南夫一家赶出保宁寺，夺了府治。这个府治原是一座寺庙，所以也叫寺治。有文献说，"南夫家人，狼狈出寺"，其情状之难堪可知。《建炎以来系年要录》卷二十五说：

> （三年秋七月庚子）尚书户部侍郎、宣抚处置使司参赞军事汤东野，试工部侍郎兼知建康府。时建康府寓治保宁僧舍，而浙江制置使韩世忠屯蒋山，逐守臣显谟阁直学士连南夫，而夺其治寺。

面对如狼似虎的韩世忠的部下，连南夫秀才遇兵，无可奈何。连南夫绝对是受害者，却受到了严厉的批评。殿中侍御史赵鼎说："南夫缓不及事，固可罪。然世忠躬率使臣，排闼而入，逐天子之京尹。此而可为，无不可为者矣。愿下诏切责世忠，而罢南夫仍治其使臣之先入者，此为两得。"汤东野接连南夫的班知建康府，连南夫降知桂州，后改饶州。对韩世忠就是一个"切责"通报批评了事。至于是否"治其使臣"，也没有下文，亦不得而知。

其时王德在哪呢？王德被关在建康府的监狱里。王德擅杀韩世忠部下陈彦章，罪名不轻。

高宗至江宁府的时间，是建炎三年五月乙酉，五月庚午大，戊寅朔，乙酉为初八日。高宗御笔："建康之地，自古为名都，其以江宁府为建康府。"连南夫前称知江宁府，后称知建康府，其分界线就在这个御书，其时间乃是建炎三年的五月初八，当公历1129年5月27日。

《建炎以来系年要录》说王德杀韩世忠部将陈彦章事，至迟在建炎三年五月丁亥以前。韩世忠岂是轻易受这口气的人？就向高宗告发。负责审理此案的是御史中丞赵鼎，判王德死罪。高宗以其有战功，特予贷免，编管郴州。王德走到潭州（今长沙）又回来了，时在闰八月壬寅，原因是刘光世以便宜又补王德为军官。按三年五月丁亥为初十，此乃高宗到建康府的第三日，这一天韩世忠提出诉讼，那么王德被关在建康狱中的时间，就是五六七三个月，具体结案的日子是七月甲申。七月丁丑朔，甲申为初八。所以，实际上，王德被关押时间，就是五月的下旬、六月的一整月和七月的上旬。王德说他关押在建康狱中，连公待他厚，应该是事实。韩世忠带兵冲击连南夫在僧舍的府治，真正的原因，恐怕也是连南夫对关在狱中的王德有所关照，而激怒了韩世忠这个大将军。连南夫关照王德，不排除有刘光世请托的成分。《连公墓碑》在这件事情上有所溢美，必不可免。可也要有一定事实为依据，不能相离太远。

王德自潭州就是今天的长沙回刘光世手下任职，用的是缴获的空头黄敕，这种现象，很是特殊。按理这是刘光世的私人行为，没有经过南宋中央政权的同意，显然有些不合法。但南宋中央政府后来并没有追究这件事情，就是宋室政权又默认或同意了这个行动，承认任命有效。南宋初年，因为战争的原因，官员的任命非常混乱，往往没有正常任命，没有告身，打个白条就上任了，叫做"白补"。相比较而言，王德使用缴获的空头黄敕，比用那个"白补"还要正规得多。何况，王德补官，刘光世还有报告。南宋初年，高级军事首长还常把战死者的告身收集起来再用，数额也很庞大，王德的任命较这种情况也更正大光明些。归根结底，王德能打仗，舍身为国，为刘光世的得力战将，这才是刘光世特别钟爱王德的原因。南宋初年，张韩刘岳四大将，刘就是刘光世，名声并不太好。可他在王德的事情上的作为，还真有过人之处。

王德与韩世忠之间的过节，后来还是化解了的。绍兴三年（1133），刘光世移屯建康，韩世忠接防，王德以数十骑自京口迎接韩世忠。估计将及麾下，王德下马，徒步站立道左，大声报告："擅杀陈彦章王德迎马头请死！"韩世忠也很会办事，下马握着王德的手说："我知道你是条好汉。向来那些小事，不足挂怀。"于是设酒尽欢而别。两人都是当世大英雄，命世豪杰，行事磊落，不同一般。曾几何时，必欲置对方于死地，而今却把酒言欢，一杯解宿怨。

王德为时英雄，勇悍而丑，性格中却有极为可爱的一面。《建炎以来系年要录》记载，有一个叫王胜的高级军官，人称王黑龙，得罪了张浚。张浚当时在都督诸路军马行府，责送王胜到建康王德手下效力，王德当时的头衔是权管军马。张俊本来以为王德王胜二人一定合不来，那么王德就会杀了王胜。没有想到，王德一见王胜，非常兴奋，说："我是王夜叉，你是王黑龙。除了你我二人，还有谁能够相亲的？"置酒高会，竟成好友。

不过总的说，王德在人际关系上，不太会玩心眼，有时有些反应迟钝，完全没有两军阵前短兵相接性命相搏时的诡诈和机灵。王德是刘光世的爱将，郦琼也是刘光世的爱将，二人资历、级别相当，平时都不把对方放在眼里。绍兴七年（1137），罢免刘光世兵权，让王德做都统制，就是总司令，到校场检阅军队。诸将执挝以军礼谒拜，郦琼登而言曰："寻常伏事太尉不周，今日乞做一床锦被遮掩。"德素犷勇自任，竟不解出一语以抚慰之，遂索马去。于是琼等愈惧。（见《齐东野语》卷二）这是导致后来郦琼叛去的伏线之一。

如果这个故事属实，那么它应是绍兴七年的事情。当时张浚身兼将相，锐意进取，罢刘光世的兵权，而以王德为都统制代之。郦琼等与王德不协，相互交讼于御史台，后调王德以所部赴建康，而以兵部尚书、都督行府参议官吕祉主管刘光世所部。吕祉是个书生，一面安抚郦琼，一面又调兵遣将准备以军事手段解决郦琼，而他的书吏朱照却将机密泄漏于郦琼。于是郦琼就率精兵四万，裹挟百姓十万，降于伪齐刘豫，吕祉等被杀。这个事件就叫郦琼之叛或淮西之叛。它的后果极其严重，对再造的南宋王室几乎是致命的一击。张浚于是辞职，以示承担全部责任。淮西防线，几乎无人防守。天幸金兵伪豫没有乘机南下，否则，南宋只有守长江防线一条路可走了。朝廷出现权力真空，秦桧乘机崛起。岳飞、韩世忠、张俊诸大将之间一时无人协调，无法配合作战。高宗从此连北伐的口号也不敢喊了。韩世忠、张俊、刘光世部实力强大，岳飞兵力相对较少。郦琼叛后，刘光世余部划归王德统率，只剩八千人马。后来陆续从北方自拔归来又有约及万人，则统共不到二万人，真的是元气大伤了。宋人说郦琼叛变，规模之大，致金人不敢相信，以为这是南宋与伪齐刘豫合谋，将取中原之地，故致金人疑而废刘豫。我以为这是宋人的阿Q思维，没有一丝一毫的道理。那个说从北方自拔归来多少人，实际上也不乏自欺欺人的成分。全军成建制叛去，即使回来几个散卒，又成得甚事？

南宋因王德而引致的争议事件，是对亳州攻取与否的看法。事见《宋史》卷四百四十五。张嵲论王德收复宿亳两郡乃擅自退军，使岳飞势孤，金人猖獗。这个批评可能是过于苛求了。《宋史》卷二十九《高宗六》：绍兴十年（1140）闰六月丙戌，王德攻金人于宿州，夜破之，降其守马秦。戊戌，张俊率统制宋超等及王德会于城父县，郦琼及葛王褒遁去，遂复亳州。庚子，张俊弃亳州，引军还寿春。

城父属亳州管辖。有文献说，郦琼降金，在亳州看到王德的旗号，就说"夜叉这家伙不好对付"，引军遁去。所以收复亳州，王德先声夺人，功不可没。张俊是大帅，级别绝对高于王德，张俊弃守亳州，王德完全不用负责。

不过，这个亳州，确实非常重要，清人顾祖禹说：

　　州走汴宋之郊，拊颍寿之背，南北分疆，此亦争衡之所也。昔者曹瞒得志，以谯地居冲要，且先世本邑也，往往治兵于谯，以图南侵。及曹丕篡位，遂建陪都，其后有事江淮，辄屯舍于此。晋祖邈志清中原，亦从事于谯。及桓温伐燕，实自谯而北也。拓拔蚕食淮南，恒以谯为重镇；宇文周与陈争江北之地，军府实置于谯州。唐平辅公祏，亦命一军自谯亳而南矣。朱温以盗贼之雄，初得宣武，即屯据亳州，而东方诸镇以次供其吞噬，岂非地有所必争乎？宋南渡以后，亳州为敌守，而汴宋竟不可复。

南宋不能保有亳州，的确是一重大失策，可这与王德没有关系。

综上所述，王德与连南夫可能在江宁府有过交往，连南夫于王德下狱之时，于王德有所关照。再就是王德镇压王念经教众，路过饶州，顺便捎带解决了刘文舜及其部众，为连南夫解围，接着匆匆上路，扬鞭催马，杀向信州的贵溪。可见连王二人的交集，仅此而已。以此而说王德是连南夫的老部下，证据实在太过不足。

连南夫可能关照过王德，但他不是王德的旧上司；王德确实帮过连南夫的忙，但他不是连南夫的老部下。

[03] 王念经是明教教徒

《连公墓碑》中"有王念经者，以左道聚愚民至十余万"。这个王念经，名叫王宗石，信州贵溪县人，念经是他的号。只是这个号，用现在的话说，是外号，也叫绰号，而不是"字以表德"的字号。念经这个名号，说明王宗石在明教中的职分、地位和影响。

宋人方勺《清溪寇轨》和庄绰《鸡肋编》都有关于事魔食菜教的记载。"食菜"是说信奉魔教的人不吃腥荤，只吃菜蔬，就是素食。显然这种生活方式是对奢侈生活的逆动，因而为下层劳动人民所易于接受。不吃肉，后事从简，也是节俭。合起来，就是节俭、节葬。教徒之间，相互支持，相互帮扶，对于初入教的人，大家凑钱给他以资助。教徒外出，同教的人给以食宿安排，文言的说法是皆"馆谷焉"。教徒之间，帮助与接受帮助，都视为天经地义，因为教众是"一家人"，所以彼此没有"碍背"。这类行义效果明显，不少人因入教而咸致小康。

由于教众的这种行事方式，受到下层劳动人民的欢迎，所以联络发展相当迅速。它还有一个特点，就是夜聚明散。它之所以夜聚明散，应该是由它的社会地位所决定的。它的成员既然都是下层劳动人民，必须从事生产，为了不影响生产劳动，只好在夜间聚会，以不影响农事。倘若它的成员是上等人家，衣食无忧，无需躬耕垄亩，那他们一定在白昼聚会。他们怎么也不会累死累活劳作一天，晚上再去参加魔事活动吧。

魔教就是摩尼教，魔教可能是官方的称呼。陆游《老学庵笔记》说信奉魔教的人辩解摩尼教男女有别，极其严格，严格到什么程度呢？据说女教徒做的饭食，男教徒都不吃。明教徒不承认邪，也不承认魔。

事魔食菜教的人不信神佛，"只拜日月以为真佛"。(《鸡肋编》)金庸有名的武侠小说《笑傲江湖》写日月神教，那个日月神教，应该就是以只拜日月以为真佛而得名。日月二字合起来就是"明"字，所以事魔食菜教就是明教。明朝开国皇帝朱元璋是明教徒，金庸有名的武侠小说《倚天屠龙记》里边有这个人物。朱元璋成功以后，所建立的国家就叫明。为什么他要用明做国号？有好几种说法，一般为人们所接受的，就是因为朱元璋是明教成员。

朱元璋不是第一个和明教发生关系的农民军领袖。北宋末年的方腊起义，就是以事魔食菜教起事，庄绰说当时"处处相煽而起"，势力很大。方腊起义是被压平了，可是事魔食菜教仍在民间漫延，不时有局部地区的群体暴动发生。这是当时困扰南宋统治者的大事之一。

方腊是第一个和明教发生关系的农民军领导人，但不是第一个以宗教手段动员组织农民起事的人，第一个以宗教手段动员组织农民起事的是东汉末年的张角。张角那个太平道，未必便是后来的事魔食菜教，但是宋代的事魔食菜教却是以张角为祖宗的。农民入教的时候，要发重誓，即使在开水锅中煮死，也不敢说出张角二字。宋代有个叫何执中的高官，去办理魔教的案件，涉及一大批农民，何执中让人放置了一百多件物品，其中放了一只羊角，让这些农民一一说出这些东西的名称。所有物品都被认出来了，可是一见羊角都不敢出声了，于是案件就这样定了，可怜这些民人都被处理了。

宋朝各级政府对事魔食菜教一直采取高压态势，"法禁甚严"。具体体现为：为首的要杀头；没收全部家庭财产，其中一半赏给告密的人；全家流徙。那个流徙，与杀他没有二致。所以，信教的人走投无路，只好起而夺命，武装反抗。南宋初年，教众聚集起而武装斗争的事件，此起彼伏，不断出现。贵溪王念经事件仅是其中之一而已。

王宗石之所以被称为王念经，显然他会说经。说经就是念经。俗语说"外来的和尚会念经"，那个念经实际就是说经，并非照本宣科地说经。

如此说来，事魔食菜教是有经的，诚然不错。事魔食菜教不仅有经，而且这些经书还都是雕版印刷，而且这些经的流通量都相当的大，而当时明教雕经冒用的是知福州黄裳的大名。

事魔食菜教既以张角为祖，那也算是属于道教的范围了。魔教的经，在刊刻的时候，为了掩护，便拉上宋室官方的大旗。陆游说："（明教）伪经妖像至于刻版流布，假借政和中道官程若清等为校勘，福州知州黄裳为监雕。"（见陆游《渭南文集》卷五）

宋代确有黄裳其人，字冕中，延平人，延平宋代属南剑州，就是现在福建省的南平市。神宗元丰五年（1082）进士第一名，就是状元，一直活到八九十岁，于南宋高宗建炎末年才去世。黄裳曾知福州，宋徽宗政和年间设局校理道书，雕印《万寿道藏》，是在福州雕版，版成，送到东京印刷，总540函，共5481卷，这是道藏全藏雕版之始。因为版是在福州雕的，黄裳时知福州，由他监雕，当然很有道理。据说这位知福州黄裳黄大人，平生博览道家之书，深入研究，并参诸日用，颇从事于养生之术，那是很有心得的。金庸有名的武侠小说《射雕英雄传》里说用汉语音译梵语书写《九阴真经》总纲的黄裳，就是这位知福州黄裳黄大人。

黄裳著有《演山集》六十卷，《四库全书》中收录有此书。《四库全书总目提要》介绍《演山集》时说，黄裳自称紫元翁，庄念祖《述方外志》谓裳为紫薇宫九真人之一，因误校仙籍，坠入凡尘。庄念祖是什么人呢？庄念祖就是《鸡肋编》作者庄绰的儿子。黄裳监刻《道藏》，黄裳喜好道术，黄裳好述方外语，黄裳又甚长寿，年且九十方卒，是以充满神秘色彩，所以庄念祖说黄裳是紫薇天宫真人临凡。其时明教教众又托黄裳的大名，刊刻经书，大量印行。而且这些经书还是冒用宋朝中央政府雕印道藏的名义雕版印行的，还有提举雕印道藏官员的系衔，造假作伪，掩护发行，弄得像煞有介事，也是一种农民的智慧。在中外图书事业发展史上，这种现象，可谓屡见不鲜。只是那个经书的内容，据陆游说，非常的诞妄。由此也可以知道，事魔食菜教经书的印制流通量的确相当可观。

宋徽宗崇宁以后，在教育的普及上做了很多促进的工作，可那普及程度应该说比今天的初级阶段还是差得太远。所以，当时不认字的人居多，事魔食菜教中需要说经的人也就是很自然的事情了。说经的人可能粗通之无，经常读破句、闹笑话。庄绰举例说，"是法平等无有高下"，"无"字上属，说成了"是法平等无，有高下"，不是这一例，其他还多得很，叫做"多如此"。所以事魔食菜，说经之人难得。大概王宗石说经说得特别好，因而就有了王念经的雅号。王念经不是他的名字，他的名字是王宗石。

王宗石会说经，口才出众，可能富有感染力和煽动性，有很强的组织能力，聚众数万，有文献说聚众十万，虽然不免有官方为了邀功而虚夸的成分，王宗石也就是王念经农民军势力很大，震动朝野，是没问题的。宋高宗说贵溪被杀戮的民众达二十万人之多，其中既有王念经的部众，还应有大量的不信教的平民。王念经及其以下二十六个头领后来被大理寺判了斩刑。

王德是在镇压王念经的途中，经过饶州时诛杀刘文舜的。《连公墓碑》说连南夫"劝德追击，至贵溪，斩首数万级，复为民者几倍"，也说明王德在贵溪杀戮之惨。《宋史·王德传》王德诛刘文舜，"谓诸将曰：念经谓吾宿留，必不为备"。倍道而趋，一鼓擒之。而《中兴小纪》卷九却说："时权知三省枢密院卢益护迎隆祐太后过抚州，劝德进兵。"然后方有王德抵贵溪，一举而擒王念经的事。对于王德的进兵，三处记事不同，这是叙事者视角不同，重点不同，以致行文不一，所以这三处记事，都不算错。

《宋史·王德传》说直下贵溪是王德自己的主张；《中兴小记》则归功于卢益；《连公墓碑》则极力将所有功劳集中到连南夫身上，"劝德追击，至贵溪，斩首数万级，复为民者几倍"。"斩首数万级"自然不是连南夫的功绩。"复为民者几倍"，也不能记载在连南夫的名下。但是韩元吉一口气写下来，给人印象，这些都是连南夫的功劳，实际上这只是韩氏撰写碑文时的一种美化墓主的手法，这里也有文字技巧。

王念经是魔教中之说经者，是农民军头领。刘文舜是军官，所领自是官军，他作乱是群盗。刘文舜与王念经没有关系，也没联系。《连战家族》说"刘文舜这回会合另一支叛军王念经一同来打饶州",没有根据。
王念经不是军人,所领的只是农民军,不是官军,所以也不是叛军,顶多
他不过是起事聚众的农人。王念经没有攻击饶州的意图,更没和刘文舜会
合。如果连南夫劝王德追击王念经,那是连南夫作为政府官员立场不得不
然,韩元吉写《连公墓碑》要尽可能为墓主美言也是不得不然。可是这
些都不能说明刘文舜与王念经会合一同攻打饶州。刘文舜兵围困饶州时,
王念经只是在老家贵溪县坐守。他们没有联合行动,他们之间从来没有发
生过横向的联系。

连南夫离开知饶州任后,受命知信州。时在绍兴三年,王念经事件的
善后工作,应是连南夫完成的。上文所说的"复为民者几倍"如果写在
这里,那是比较合适的。

宋代皇帝经筵有说书,农民信奉宗教有说经,都是应运而生。虽然,
二者不在一个层面,不可同日而语;但是,各有各的道理,倒也相映
成趣。

[附记]二○一○年四月中新社消息,江西崇仁发现金庸小说《射雕
英雄传》中《九阴真经》作者黄裳之墓,并说黄裳原葬江西抚州宜黄县,
清光绪八年迁葬崇仁县黄坊村。鲁阳按:如果说是江西宜黄的话,那么此
事就有进一步研究的必要了。宋有两个黄裳,雕印道藏的黄裳是福建南剑
州人,死后葬在延平,其地今为福建南平市延平区后谷村尤坑,与江西崇
仁没有干系。北宋有一名人乐黄裳,是江西崇仁人,其父即乐史,就是
《太平寰宇记》的作者。所以宜黄那个黄裳墓,极有可能是乐黄裳的墓。

人们喜好猎奇,神话和小说也不甘寂寞。

[04] 守饶州,破张琪,事有可疑

韩元吉《连公墓碑》说:

> 绍兴改元,张琪既破新安,直抵城外,公遣将败之,伏尸四十里。

前,刘文舜大兵压境,连南夫借夜叉王德的东风,得以保全。再前,
刘文舜过濠州,知濠州的连南夫无兵可调,无将可遣,无奈之下,命令俞

家镇土豪俞孝忠，率150名民兵出战，一败涂地。连南夫只好出城犒劳刘文舜部，连自己的金带也送给了刘文舜，才得保全城池。委曲求全，以至于斯。现在，居然能分兵遣将，战败张琪，"伏尸四十里"，战果赫赫，连南夫及其所治的饶州，有此实力也未？当时，江南州县无兵，饶州也不例外。

张琪原先是勤王抗金义军，是宗泽的部下。《宋史》卷四百五十三《姚兴传》：建炎初，张琪聚兵，归东京留守宗泽。宗泽能使兵民为正义，为抗金而战。及宗泽死，继任杜充谋事不臧，义兵又溃而为群盗。这个张琪，也是叛服不常。张琪的部众很多，号称五万，兵锋甚锐，饶州以块然小垒，何以抗之？

绍兴改元，就是元年（1131），张琪破新安。新安就是徽州，今属安徽，《宋史·地理志》：徽州新安郡，原名歙州，宣和三年（1121），改为徽州。张琪是先占徽州，后攻饶州的。《宋史》卷二十六《高宗纪》：绍兴元年六月壬午，"张琪犯徽州，守臣郭东弃城去，琪入据之"。郭东闻风而逃，张琪不费吹灰之力，就占领了徽州。《宋史·高宗纪》只书郭东弃城而走，胡寅的《斐然集》有《檄郭东知台州》文，愤怒异常，指斥郭东，在宋人文字中，非常罕见。其于郭东弃城，说道："（徽州）州素严险，城壁坚固，张琪犯险，虽入徽境，去城尚五十里，本无侵犯州城之意，东乃挈携资财子女，一夕逃遁。"郭东不能为民守土，却能钻营谋官，没有被追责，反而又被任命知台州，胡寅愤愤不已，不予书行。

张琪挟取新安之势，进犯饶州，时饶州守臣是连南夫。只是饶州与张琪一役，除了《连公墓碑》，并未见到连南夫的名字。历史文献记载，在饶州大破张琪的，是吕颐浩。《宋史·高宗纪》："（绍兴元年七月）辛酉，张琪犯饶州，颐浩遣阎皋击败之……琪走徽州。"七月辛酉，是当月二十七日。徐梦莘《三朝北盟会编》说张琪寇饶州，在七月十六日。二书所载不同，前后相差十日。又熊克《中兴小历》说此役发生在绍兴元年元月之末，时间更是超前。按，说是七月二十七日，是依据吕颐浩奏捷表章说的，吕颐浩是饶州战张琪的最高指挥者，所以，他的说法，应该是主要参考依据。

据《建炎以来系年要录》卷四十六，绍兴元年秋七月辛酉条，吕颐浩督诸将与张琪战于饶州城下，大败之。

当时，张琪兵号五万，吕颐浩所率不满万人，饶州之人恐慌不已。吕颐浩想不战而胜，让部下统制官巨师古去招降张琪，张琪诈受招抚，反而诱捕巨师古。张琪部将姚兴救出巨师古，夜归颐浩。张琪兵临近郊，颐浩以阎皋为中军，姚端为左军，崔邦弼为右军，迎敌前军将张俊失利，张琪直犯中军，阎皋率部力战，姚端、崔邦弼二军左右夹击。于是，大破张琪，"追奔三十里，杀贼甚众"。

"追奔三十里，杀贼甚众"，应是吕颐浩奏捷文字。一战而胜，报捷文字，有所夸饰，也属正常。夸大战果，鼓舞士气，历来如此。此战，吕颐浩麾下将佐见于记载的甚多，惟独不曾涉及连南夫这位饶州守臣，这是有些意味深长的。

韩元吉说张琪进犯饶州的时间，与历史文献相合，没有问题。其实也正是连南夫守饶的时间。这些也都正确。只是说张琪兵临城下，连南夫"遣将"，笼而统之，不知所遣何将？也不知饶州有何将可遣？饶州充其量不就是有几个民兵吗？临敌而溃，哪堪征战？"伏尸四十里"，不知从何说起。吕颐浩部下万人，猛将多员，挟战胜之威，也仅仅"追奔三十里"，连南夫反而"伏尸四十里"，有些不好理解。我怀疑"伏尸四十里"，就是从"追奔三十里，杀贼甚众"化出来的。墓碑此处行文，不无移花接木之可能。

吕颐浩的级别太高，坐镇饶州，连南夫没有丝毫发言权。连南夫作为饶州守臣，在双方厉兵秣马决战前夕，犒军供亿，责无旁贷。饶州城下，大破张琪，连南夫自是有功，功不可没。但是，说他是这场大战的组织者、指挥者，根据并不充分。墓碑此处所说，似应当审慎地对待。饶州，"撼群盗"或者有之。至于金兵，似乎并无进入饶境的记录。所以，"却金兵"之说，也是无从谈起。

依墓碑文字，连南夫据块垒以立江南，却金兵而撼群盗，直是中流之砥柱，难能而可贵。但是，却未见其他文献的印证与支持。家乘、墓志、碑铭、行状，都具两面性。然而隐恶而虚美者，或亦有之。所以，一切都应取分析的态度。即如此处，韩元吉之文，其有陷阱乎？

若依拙见，张琪兵临城下，饶州岌岌可危，两军对垒，将士饮血，连南夫徙薪救火，犹所不及，安能无动于衷，置身事外呢？连南夫肯定参加此役，肯定为大战出过力。吕颐浩报捷，无一语及于连南夫，有功不赏，连南夫是被埋没了。这种可能性是存在的。另一方面，韩元吉只说连南夫功略盖天地，义勇冠三军，亦无只言及于吕颐浩，张大其辞，喧宾夺主，这种可能也是存在的。平心而论，上述两种情况，无论哪一种，都是非正常现象。

连南夫和吕颐浩之间，似乎关系有些微妙，这虽是猜想，也许并非不无可能。《连公墓碑》在饶州破张琪之下，紧接着说，连南夫请祠，提举杭州洞霄宫。请祠，是政治上失意的表现。同一时间，吕颐浩以饶州到行在，得胜还朝，加官晋级，拜少保、尚书左仆射、同中书门下平章事、兼知枢密院事，颐浩辞所迁官，以特进就职。不妨这样猜想，连南夫在饶州，与吕颐浩是见过面的，而吕对连并无汲引推荐之举，进而甚至可能有不欣赏之处，是以连南夫的请祠，或与吕颐浩为相有关。请祠并非有疾，乃是为了避祸。总之，不会好端端的无缘无故地去请祠。请祠，一定事出有因。揆诸吕颐浩饶州报捷事及《连公墓碑》文，吕连之间不融洽，似可不言而喻。

是以韩元吉关于连南夫大破张琪之文，大可玩味。物以类聚，人以群分。或许，两人之间，真的不那么相投。

《连公墓碑》文字和吕颐浩报捷文字没有交集，双方都在隐藏着什么。同一时间，同一地域，同一事件，各说各话，无视对方，不理不睬，究属何因？

联系此前的与刘文舜之战，联系后来连南夫在广州任内与曾衮开战，这种无视他人，自说自话的情状，比比皆是。也许，在当时，就是正常现象。若然，关于吕颐浩和连南夫之间似有嫌隙的猜想，就纯属为古人担忧了。

或许，当时潜规则便是如此。那么，我就是有些少所见，多所怪了。

杖脊之令　茶汤之给

韩元吉《连公墓碑》说：

> 及举行赃吏杖脊朝堂之令，公自信州条具言曰："选人七阶之俸，不越十千也。……当先养其廉，稍增其俸，使足赡十口之家，然后复行赃吏旧制。"朝廷是之，增选人茶汤之给。天下称诵，以为长者。

连南夫条陈，请暂缓赃吏杖脊朝堂之令，先增选人茶汤之给，是两件事。连南夫的条陈写于知信州任内。朝廷采纳了连南夫的建议，赢得舆论的好评。"以为长者"，"以为"之后省略了连南夫的名字，古文向来如此。韩元吉上述文字所传递的就是这些重要信息。

"举行赃吏杖脊朝堂之令"，官修的《宋史》失载，只在《宋会要辑稿》的《刑法门》中查到相关文字，今摘录如下：

> 绍兴三年九月八日，诏曰：朕闻子产铸刑书，叔向罪之。盖刑法世有轻重，有伦有要而已。昨因臣僚有请，举行祖宗之制，欲杖脊于朝堂，痛恨椎肤剥体于斯民也。亦以刑止刑之意也。复思绸绢之法，与祖宗立意大不相侔。是时，绢值不满千钱，故以一贯三百计匹。是官估比市价几过半矣。其后尝因论列，逆推至二贯足。目今绢价不下四五贯，岂尚可守旧制耶？可每匹更增一贯，通三贯足。俟戎马平定，绢价低小，别行取旨。而今而后，赃吏犯法，夫复何言。

之所以要照录这段文字，是由于它不见于一般书籍，为研究者的方便而已。宋高宗正在高谈阔论杖脊之令，忽然又讲绸绢之法，有似风马牛不相及，让人头大。现予一一厘清，以期有助于理解。

"绍兴三年九月八日"，下诏时间，时当公元1133年10月7日，其时连南夫在信州任所。"子产铸刑书，叔向罪之。"子产是春秋郑国人，叔向是春秋晋国人，二人有交集。子产就是公孙侨。有人说公孙是复姓，错。子产的时候，还没有复姓这一说。子产的父亲是郑公的子，就是公子，子产是郑公的孙，因称公孙。叔向的名字叫羊舌肸，那是因为他的祖父封在肸那个地方，以封地称羊舌氏。子产的行政级别比叔向高，做郑国的卿，执政二十三年，很受百姓爱戴，连孔子也对他赞誉有加，堪称一代完人。就是这样一位当世高人，却在刑书一事上让叔向感到失望，进而引发质疑。

子产是中国历史上首铸刑书的人。这件事情在中国政治史、法学史上，都有划时代的意义。《左传·昭公五年》：三月，"郑人铸刑书于鼎，以为国之常法"。"昭公五年"，春秋鲁昭公五年，公元前537年，这一年是周景王八年、郑简公二十八年、晋平公二十一年。铸刑书于鼎，使世人皆知，使法律公开，对任意法有了某些限制，法律失去了一部分神秘性，让贵族上层不舒服，叔向就是在这种形势下发出了质疑的声音。

"昨因臣僚有请，举行祖宗之制，欲杖脊于朝堂"。高宗说，不是我自己多事，是因为因应臣僚的请求，准备恢复祖宗的老规矩，对犯了赃罪的官吏在朝堂上杖脊。祖宗，特指宋的太祖和太宗。王安石有"三不足"，其一是"祖宗不足法"，是有政治内涵的。今人为了表示决心和勇气，也常引用王安石"三不足"，其实是用错了。宋人称祖宗，有所指。试问你的祖宗是何人？这个就经不起推敲了。

"复思绸绢之法，与祖宗立意大不相侔。是时，绢值不满千钱，故以一贯三百计匹，是官估比市价几过半矣。"绸绢的办法，当时每匹绢不值千钱，就是不到一贯就可以买一匹绢。故以"一贯三百计匹"，是说官方估价按一匹绢1300钱计算。"是官估比市价几过半矣"，官方的估价比市场价格整整高出了一半。高宗说的，是什么意思呢？讲的是以绢定罪。贪官所得钱物，都折算成绢，然后再定罪。以钱折绢的时候，不是按市价，而是按官方估价。市价几百文一匹绢，官估1300文折一匹绢，这样定罪，官员贪腐所得，就大为缩水了。犯罪的官员就由"情罪重"部分地向"情罪轻"转移。惩办是要惩办的，只是惩办的过程中，有意识地有所减轻其罪责。这是宋代的一种指导思想。

就在宋高宗手诏下达前半年，绍兴三年二月，李纲领潭州，潭州通判张揆贪腐事发，赃钱二万七千八百余贯，绸绢一万三千九百余匹。同时另一个叫林之问的官员，赃钱一万三千四百多贯，绸绢六千七百匹。（《梁溪集》卷七十四）换算一下，大致是按 500 文折一匹绢的。

高宗说，"其后尝因论列，逆推至二贯足"，是说后来随着时间的推移，发展到一匹绢换算 2000 文，这是官估，也是"仁政"。"目今绢价不下四五贯"，目今就是当下，高祖下手诏的时候。绢价——市价每匹已达四五贯。"可每匹更增一贯，通三贯足。"每匹更增一贯，是在二贯的官估绢价上，增加一贯，即三贯足。"俟戎马平定，绢价低小，别行取旨。"等到战争结束，绢价降下来了，另行采取新的政策。

综上所说，高宗表达了两层意思。其一，绢价市价低的时候，计赃为绢入罪，高估绢价，所得绢数为少，罪轻。其二，从实际出发，不再以二贯折一匹绢，而是三贯折一匹绢。"而今而后，赃吏犯法，夫复何言。"我这样宽厚为怀，你还有什么话说？

承平之时，物价平稳，以物折钱，物多而钱少，有意高估物价，以绢定罪，绢少罪名就轻一些。在这一指导思想之下，高宗将钱折绢定为三贯足，是从二贯足升上来的，以二贯足折一匹绢到三贯足折一匹绢，表面上看升幅是百分之五十，因为是以绢定罪，实际上是宽容度增加了五成。

宋高宗口含天宪，言出法随。一匹绢折三贯足，随之执行。《系年要录》卷一百五十六载，右修职郎石悇得罪，"通计一万余缗，绸绢三千六百余匹"，定刑标准还是一匹绢三贯足。此后，据《宋史全文》卷二五上记载，直到宋孝宗乾道六年，才改为绸绢定罪，更增一贯，通作四贯。乾道六年为公元 1170 年，距绍兴三年，已经整整三十七年。宋代律令格敕执行，很稳定，很严肃。

除了以绢定罪，还有以钱定罪。宋朝有敕，窃盗以赃物准折为钱，400 文以上为杖罪，两贯以上为徒刑。宋代的刑罚，笞（打屁股）、杖（杖脊）、徒（劳役）、流（俗谓充军）、死。和平年代，物价低，盗窃赃物折钱为小，刑罚较轻。动乱年代，物价腾踊，以物折钱，钱的数额庞大，以此量刑就很严重。所以高宗绍兴三年九月八日手诏下达之后，有关部门请求比仿绸绢事重新研究以钱定罪问题，也是获得允准了的。同年十月十四日，臣僚言：按敕，窃盗以赃准钱四百以上，即科杖罪；才及两贯，遂断徒刑。且承平之日，物价适平，以物准钱，物多而钱寡，故抵罪者不至遽罹重法。迨今师旅之际，百物腾踊，赃虽无几，一为盗罪，不下徒刑，情实可悯。乞将绍兴敕犯盗定罪者递增其数，庶使无知穷民免致轻陷重宪。诏令刑部勘当。契勘计绢定罪者，元估每匹价钱二贯足。近承今九月八日手诏，每匹增钱一贯足，通作三贯足，即是二贯以十分为率，增及五分。所有应敕内计钱定罪，即与绸绢事体无异。理合随宜比附定罪。（下略）

以赃物折钱，与以赃钱折绢，是两个不同的系统。二者之间有很大的不公平。绍兴三年九月、十月，试图拉近二者的距离，作了微调。官吏动辄数千匹绢和窃盗的赃物折钱，还是不在一个起跑线上。赃吏，以钱折绢，窃盗，以物折钱，其间有何玄机？

按照韩元吉的说法，高宗手诏恢复赃吏杖脊于朝堂，连南夫提出了选人茶汤之给。茶汤之给又是什么？

茶汤之给，就是茶汤钱。

宋代官员的薪俸，名目繁多。有俸禄，这是按品阶发的；有职钱，是按职衔发的。有衣服布匹，即所谓匹帛；有禄粟。以连南夫为例，仕至中大夫，中大夫月薪四十五千。为中书舍人，中书舍人职钱五十千。中大夫的衣赐是：春、冬绢各十五匹，小绫三匹，春罗一匹，冬锦五十两。禄粟，以连南夫曾任过的县尉为例，月粟三石。另外，还有慊人衣粮、食钱、茶酒厨料、薪炭诸物。

连南夫出知外郡，带有右文殿修撰、徽猷阁待制、显谟阁学士、宝文阁学士等头衔，这些叫做贴职。贴职也有钱，就叫贴职钱。右文殿修撰贴职钱是十五千，徽猷阁待制贴职钱为二十千，宝文、显谟、徽猷阁直学士三十千，徽猷、显谟、宝文阁学士四十千。

除了各种正俸和补贴以外，又依唐制内外官各给职田。"以官庄及远年逃亡田充，悉免租税，佃户以浮客充，所得课租均分"。绍兴以后，官多田少，不能保证所有官员都有职田。七阶选人没有职田，于是每月发给茶汤钱一十贯文。有的官员虽然有职田，但是每月不到十贯钱的，"皆与补足"，目的是厚其养廉之利。怎么确定官员职田的月入不足十贯呢？州的官员由通判负责，县以下官员由县令负责确定。

所谓选人七阶，指的是：承直郎、儒林郎、文林郎、从事郎、从政郎、修职郎和迪功郎。他们的茶汤钱都是每月十贯文，一贯就是一千个小钱，十贯就是一万个铜板。即对七阶选人，每月补助一万个小钱。这是当时全国性的财政补贴，补贴对象是基层公务员队伍。如果全国统算起来，是相当大的一笔开支。南宋初年，宋室中央政府财政十分困难，要拿出这样一大笔钱，也是颇为不易的。

《宋史》中有关于茶汤钱的记载，然而并没有记载请求增给茶汤费用之人。韩元吉《连公墓碑》记事的价值之一，就在于他说明了茶汤之给即是应连南夫的建议而定下来的，这不仅对连南夫个人，而且对有宋一代的职官制度研究都是有意义的。连南夫的办法，还说不上是高薪养廉，他只是要求给下级官员以基本的生活条件保证，略补无米之炊，同时责以廉洁的要求，他的思路，一方面给底层行政人员以相对安定的生活，另一方面又加以严格管理，可说是比较的合理合情。韩元吉说，人称连南夫为长者，虽然不免是小小的升华，但是也不能说全都是过誉。

《宋史》卷一百五十八《选举四》说到选人七阶，选人阶官为七等。其一曰三京府判官、留守判官、节度观察判官（即后来的承直郎）；其二曰节度掌书记、观察支使、防御团练判官（即后来的儒林郎）；其三曰军事判官，京府、留守、节度观察推官（即后来的文林郎）；其四曰防御、团练、军事推官，军、监判官（即后来的从事郎）；其五曰县令、录事参军（即后来的从政郎）；其六曰试衔县令、知录事（即后来的修职郎）；其七曰三京军巡判官，司理、户曹、司产、法曹、司法参军，主簿、县尉（即后来的迪功郎）。连南夫释褐颍州司理参军，移鼎州教授，省罢调澧阳尉，调襄邑主簿、虔州教授等等，统统在选人的最低一档，就是上文所说的迪功郎。连南夫从此途成长，知道选人生活的艰辛，并为之说话，当然值得肯定。应该说，由选人进入高层的政治人物，车载斗量，不可胜数，但有几人还会关心七阶选人的生活待遇呢？除了连氏南夫，不能说没有人了，但是有也不多。

有人说过，这个世界上，锦上添花者多，雪中送炭者少，即此之谓也。所以连南夫关注并建议七阶选人茶汤之费，本身就很难得。

上文言及七阶选人，于每一阶之下，《宋史》都有自注，统称作"即后来"，一连说了七次，几乎成了口头禅，这是很不寻常的。为什么要如此呢？它实际上牵涉到徽宗一朝职官体制的改革问题。

徽宗崇宁初年，改选人七阶为承直郎、儒林郎、文林郎、从事郎、通仕郎、登仕郎、将仕郎。后来有人说，将仕郎是"已仕"，而不是"将仕"，于是政和末年，又改通仕郎为从政郎，登仕郎为修职郎，将仕郎为迪功。《宋史》卷一百五十八《选举四》所说选人七阶的"即后来"，所反映的是政和以后的情况。上文所说的右文殿修撰就是政和六年所改。

那么，政和末年以后，还有无通仕郎、登仕郎和将仕郎的称谓呢？有。但已不属七阶选人之列。《宋史》卷一百六十九《职官九》说，七阶选人，并为"政和更定"，"并系选人用选状及功赏改官"。而新的即政和以后的通仕郎、登仕郎、将仕郎，全为"奏补未出身官人"。人云连南夫之弟的连万夫的身份是将仕郎，时在政和以后，说明他没有功名出身。连万夫的赠官是右承务郎，承务郎是京官的最初阶任职资格。右承务郎的"右"，表示其系没有出身。连南夫仕宦多年，始至校书郎，校书郎是官职名称，他的品阶则相当于承务郎。有文献说，连南夫改京秩，就是说他做到承务郎，是京官了。连万夫由无出身之将仕郎，赠官至承务郎，是跨越了好多个阶梯的；他卫民守土而捐躯，封赠的礼节的确相当厚重。当然，国家危急存亡之秋，重视封赠忠烈之人，是为了给活着的人作榜样。

相类似的记载，见于王得臣的《麈史》卷三：

> 百官赴政事堂议事，谓之巡白。侍从即堂，吏至客次，请某官。既相见赞曰：聚。厅请不拜，就座则揖；座，又揖，免笏，茶汤乃退。余官则堂上引，声曰屈，一啜汤耳。若同从官，则侍汤。

政事堂就是宰相和参知政事办公处所。"两制"有二说，一说翰林学士与中书舍人，分掌内外制，谓之两制。一是谓侍从以上。陆游《老学庵笔记》卷八有言："唐所谓丞郎，谓左右丞、六曹侍郎也。尚书虽序左右丞上，亦通谓之丞郎，犹今言侍从官也。俗又谓之两制，指内制而言，然非翰苑。"可见朱彧所说两制，确实是指侍从官。连南夫说，"南夫宋臣，且侍从也"，就是说他做到了侍从官。宋代官阶森严，待遇不同，连茶汤这类事，也有阶级之分，这就是礼仪。茶汤的礼仪，不只表现在庙堂之上，也体现在平民交往、迎来送往方面。甚至在丧葬殡仪上，也有茶汤的具体规定。茶汤之仪，渗透到宋人生活的方方面面。

对有官的人，茶汤钱是一种福利补贴。宗室臣僚，都有茶汤钱。下人没有茶汤钱，小费就是下人的茶汤钱。温公司马光自恨不能与民同乐，辟独乐园，独乐园管理人员宋时叫园子，司马光独乐园园子姓吕名直，得了十贯茶汤钱，要与司马光平分，司马光不取，让吕直拿走。吕直的茶汤钱，就是小费。

茶汤钱的茶汤，指茶与汤，茶与汤是二事，不是一事。宋吴自牧《梦粱录》卷十六有《茶肆》条：

> 汴京熟食店，张挂名画，所以勾引观者，留连食客。今杭州城茶肆亦如之，插四时花，挂名人画，装点店面，四时卖奇茶异汤。

奇茶异汤，说明茶与汤是二事。在茶肆酒店，弄点名人字画，弄点斯文风雅，古已有之。

倘若以此为不足证，尚有宋人朱彧《萍州可谈》可证。《萍州可谈》卷一说：

> 茶见于唐时，味苦而转甘。晚采者为茗。今世俗，客至，则啜茶；去，则啜汤。汤，取药材甘香者屑之，或温或凉，未有不用甘草者。

所以，茶是茶，汤是汤。茶汤是二事，非一事。汤，本来是温热的意思。按照朱彧的说法，不管温凉，都称为汤。客至，以茶相待，客走，以汤相送，当时全中国都是这个习俗。辽国与此不同。当时辽国的风俗，是先点汤，后点茶。连大型宴会，也是先水饮，后品味。这大概与辽处北方寒冷之地有关。

宋人先茶后汤的习俗，渗透到政治礼仪之中。仍然见于《萍州可谈》记载："宰相礼绝庶官，都堂自京官以上则坐，选人立白事。见于私第，虽选人亦坐，盖客礼也。唯两制以上，点茶汤，入脚床子，寒月有火炉，暑月有扇，谓之事事有。庶官只点茶，谓之事事无。"

连南夫主张稍增选人之奉，目的是"先养其廉"。按，廉谓廉洁，清心寡欲，无欲无求。廉谓廉隅，君子敬以直内，义以方外。直就是正。有棱有角，刚正不阿，方直而立，百邪不侵，顶天立地，始是男儿。顶天立地，方能继往开来。廉是廉耻。耻是什么？耻就是羞愧之心。孟子说，羞恶之心，人皆有之。孟子又说，人不可无耻。宋人朱震说，礼义廉耻之重，天下家国之本。宋人王宗传讲《周易》的蒙卦，说人之所以能够立于世间，就是因为有廉耻之维。廉耻之维一或废缺，则将无所不止。无所不止，就是无所不为。无所不为就有可能包含着无恶不作。当大谈廉政的时候，只说廉洁，不说廉隅和廉耻，似乎有所不足。

前几年，关于高薪养廉，很讨论了一阵，公说公有理，婆说婆有理，实乃此亦一是非，彼亦一是非。现在，揭发出的一些案例，有所谓塌方式腐败、暴发式腐败，真的触目惊心。宋代有人说做经济工作的官员不能主管教化，虽然偏激，不能说没有他的道理。人是要有点精神的，金钱至上，没有不出问题的。

连南夫不是主张高薪养廉，他只是想解决基层公务员的生活保障，标准很低。如果宋廷给七阶选人增加茶汤钱的机制，是因连南夫之言而建立，那么，连南夫的功德还是应予充分肯定为是。每人每月十千，钱不为多，惠及面却广，应予肯定。

连南夫的提法，不是高薪养廉，只是"稍增其奉"，"先养其廉"，腐败与否与薪俸高低不成正比。有位高爵显者，享尽人间富贵，还要去贪，可见不是薪俸问题。古语说，只欠一死，并非恶语。人若知足，保守晚节，终其天年，在这个意义上，只欠一死，反而是善祷善颂。

中国古代哲人孟子有三句话，为人称道："富贵不能淫，贫贱不能移，威武不能屈，此之谓大丈夫。"读孟子的这几句话，顿让人去鄙吝之心。古人解释：淫是乱其心，移是易其行，屈是挫其志。所以，孟子的话让人大长精神。孟子的话，是独善其身，独行其道，洁身自好，不无消极的成分。在孟子之前的孔子，也论及贫富，他说，富与贵，是人之所欲也。不以其道得之，不处也。贫与贱，是人之所恶也。不以其道得之，不去也。这就是所谓的听天由命，安贫乐道。生当孔孟之间的墨子，兼爱博大，积极进取。他主张"贫则见廉，富则见义"，这才是高尚其志，以天下为心。不是高薪养廉，而是贫者要廉；富者要见义，不是为富不仁。常见人说人民有仇富心理，却不说有人为富不义，这不全面。先于墨子的管子以为"民贫则难活"，后于墨子的荀子则主张"富则施广，贫则用节"。带有墨家的影子，但不及墨家之积极和深刻。墨子主张"天下贫则从事乎富之"，这是共同富裕思想的先驱，也是伟大的历史使命。

"用节"就是"节用"，"施广"就是墨子的"见义"。所以我说荀子的话里带有墨家的影子。同样，贾谊《过秦论》说秦"仁义不施"，是从反面说的，溯源的话，也可达墨家。

宋高宗杖脊赃吏于朝堂，是在物价变动情况下的法律措施，就是调整了量刑标准，以钱折绢，以绢入罪，是对官吏的；以物折钱，以钱入罪，是对窃盗的，二者之间，各有各的用途。二者之间，又好似有什么玄机。

当宣布恢复杖脊赃官朝堂之令时，连南夫刚刚起知信州任，这个时间点卡得很准。连南夫顺势提出了选人茶汤之给，为基层公务办事人员谋取福利，是做了好事。他说到了养廉，出发点是好的。茶汤钱或有助于养廉。然而，茶汤钱只是一种福利补贴，真有那么大的神通吗？至多，它和今天官员的车补差不多。比不上车补，也许与今天官员的电话补贴差不多，也许连电话补贴也比不上。

[延伸]

1. 洪迈《容斋随笔》三笔卷十六：法令之书，其别有四，敕令格式是也。《神宗圣训》曰：禁于未然之谓敕，禁于已然之谓令，设于此以待彼之至谓之格，设于此以使彼效之谓之式。……自品官以下至断狱三十五门约束禁止者，皆为令。

2. 中国古代，金作赎刑。自汉代开始，以金价计赃。北齐开始以绢代铜以赎。隋朝又改以铜代绢以赎。唐朝赎罪用铜，计赃用绢。当时山南道绢价便宜，河南道绢价高昂。绢价便宜地区计赃，不到三百即入死刑，绢价贵的地方至七百方至死刑。量刑轻重不侔。于是天下定赃估绢，每匹按五百五十计价。这是唐玄宗开元十六年的事情。宋代能以市场物价浮动变易估绢钱数，可谓与时偕行。

3. 《宋会要·刑法》："选人自一命以上，例呼宣教，所谓七阶，鲜有呼者。"宣教，宣教郎。宣教郎即原宣德郎，和著作佐郎、大理寺丞相当，正七品，高出选人好多阶。《鸡肋编》：周蔓，衢州开化县孔家步人。绍兴二年，以特奏名，补右迪功郎，授潭州善化县尉，待阙。有人以书与之，往寻周官人家。蔓怒曰："我是宣教，甚唤作官人。"周要人称他为"宣教"，是当时习俗冒称如此。只是不当强要虚名。何况连虚名也说不上。

09

信州从事酒　紫薇花下杯

绍兴三年（1133），连南夫知信州。宋的信州，上饶郡，领上饶、玉山、弋阳、贵溪、铅山、永丰六县。玉山产玉，铅山产铅，永丰原为镇，后为县，富裕之乡，不愧上饶之名。这个地区，食菜事魔之教，势力很大。

连南夫守信，曾经送酒给老朋友韩子苍，韩子苍写诗相谢，诗载吴曾《能改斋漫录》卷十一，题为《谢信州守连鹏举送酒》，诗曰：

> 上饶籍甚文章伯，曾共紫薇花下杯。
> 铃阁昼闲思老病，故教从事送春来。①

"籍甚"，指名声很大，声名籍籍；"文章伯"，就是文章之伯，伯谓雄伯，这一句是说，连南夫名声很大，是会写文章的好手，大手笔。"紫薇花"，用了白居易的诗典。白居易诗云：

> 丝纶阁下文章静，钟鼓楼前刻漏长。
> 独坐黄昏谁是伴？紫薇花对紫薇郎。

"丝纶"就是经纶，紫薇指中书省，紫薇郎说的就是中书舍人。唐人岑参有诗："西掖重云开曙晖，北山疏雨点朝衣。千门柳色连青琐，三殿花香

---

① 首句"上饶籍甚文章伯"，此从《能改斋漫录》。韩驹《陵阳集》此诗首句作"上饶籍甚文章守"。

入紫薇。"也是以紫薇作为中书省的代称。韩子苍名驹,《宋史》卷四百四十五有传。宣和六年,迁中书舍人,在校正御前书籍局工作过,与连南夫是同事,连南夫也做过中书舍人,所以韩诗说"曾共紫薇花下杯"。"紫薇花"是用典,曾共杯是忆旧,也是写实。

"铃阁昼日思老病","铃阁"用羊祜的典故。晋人羊祜与东吴陆抗相持,名副其实的儒雅大将,经常轻裘缓带,身不披甲,铃阁之下,侍者不过十数。故事见《晋书·羊祜传》。《资治通鉴》采纳入书,胡三省注说,铃阁指"铃下卒及阁下威仪"。铃是信号,有事就掣铃以呼,手下人赶快过来侍候。阁下威仪,掌出入赞导及纳谒受事。铃阁连用,但是铃、阁本来是两件事。"铃阁昼日思老病",用典有些不太准确。韩驹能诗,用典不确的例子,很有一些,不独此处为然。绍兴三年,韩子苍没有官职,只是卧病,一时狼跋,哪里谈得上"铃阁",有无限威仪?韩驹绍兴五年卒,详细记载,见于《建炎以来系年要录》卷九十一,绍兴五年七月丁亥条。当时有制书,说韩驹卒于抚州,且说韩驹"抱病引年",就是抱病经年。所以,韩驹写诗的时候,已经是病入膏肓了。因此"思老病"应是他暮年心态的写照,当不是信口开河。

韩驹说是"老病",应不止老而且病,我疑他是贫病交加。韩子苍卧病抚州,连南夫怎么得到的信息?估计是韩子苍托人告知的。当时连南夫知濠州,知饶州,知信州,声名籍甚,相对来说,韩子苍政治失意,所以,连南夫闻知韩氏消息,发自韩的可能性大。连南夫不忘故旧,送了酒,应该不止酒。我们对宋人习俗,不十分了解,若以今天的事情为例,馈赠名酒,好像也不是说不过去。

"故教从事送春来"。"春"字用得很好,酒能生春。"酒"与"从事"相连,现成有个成语,"青州从事"。"青州从事""对平原督邮"。盖青州有齐郡,"齐"通"脐"。平原有鬲县,"鬲"通"隔"。好酒下脐,劣酒隔在上边,难以下咽。所以青州从事就是好酒。此外,作为官称,从事级别高,督邮是贱职,故青州从事当然是称赞酒好。再引申一步,连南夫带阁职,为侍从之臣,"故教从事送春来",语带双关,不排除请老朋友援手的意思,不必单纯理解为酒。

连南夫与韩子苍,固然在中书省同为中书舍人。而在此之前,二人都在秘书省工作，都做过整理御前文籍的工作，二人有共同的经历，关系密切，非同一般。

连南夫与同年李弥逊交情甚笃，至死不渝。其与韩子苍馈赠佳酿，一往情深。韩元吉说人称连南夫长者，从其不忘故旧这方面看，的确很有其长处。

10
便民五事　倚阁二税

韩元吉《连公墓碑》：

> 起知信州。始诏守臣具民间利病或边防五事，公应诏论十一事。且指赦令倚阁二税为非，曰："安有占田而不输税者，军旅调度顾可阙乎？"

什么叫做便民五事？《朝野类要》的解释是："监司、郡守到任半年，各具便民五事奏之。"监司指安抚使司（帅司）、转运使司（漕司）、提举刑事司（宪司）和提举常平司（仓司）。郡守就是知州。宋朝的州，就是历史上的郡，而且都沿用了唐代的郡名，如鄂州巴陵郡、安州安陆郡、鄂州江夏郡等。《朝野类要》只说了关于便民五事的要求，但是没说便民五事要求颁布的时间。《朝野类要》较《连公墓碑》全面的地方，是说这是对监守和郡守的要求，墓碑只说到守臣，没有提及监司，所以，《朝野类要》的记载较详尽、较全面。墓碑文字是写连南夫的，连南夫时为知信州事，与监司无涉，故而只说郡守，也已足够，此之所以不必求全责备也。

《建炎以来朝野杂记》卷六，称便民五事为裕民五事。纵观宋朝文献，称裕民五事的，仅此一见，而其内容，又称便民五事。它说："自绍兴初，令诸道守臣到官半年，陈便民五事。又命给舍看详其可行者以闻。""陈"是奏陈。道就是路，路一级就是监司，州郡一级就是守，"诸道守臣"四字与《朝野类要》的"监司郡守"意思相同，口径一致。"又命"以下文字，说明是后来的事，与要求"守臣"到任半年打报告一事不同时。"给舍"分别指给事中和中书舍人。据《中兴小纪》和《建炎以来系年要录》等书，称裕民五事是后来的事情。

《连公墓碑》说"始诏守臣具民间利病或边防五事"，《建炎以来朝野杂记》说："绍兴初，令诸道守臣到官半年，陈便民五事。"这个"始"和"绍兴初"，具体是什么时间？

宋代文献当中，史籍和文集中，说及便民五事，文字甚夥，大都没有明确此令何时而颁。只有洪适《盘州文集》所载《荆门军奏便民五事状》有准确记载："伏睹绍兴三年十月二十八日手诏，应诸路守臣到任及半年以上，具民间利病或边防五事奏闻。"这是宋人文献中，唯一精确记载南宋高宗手诏便民五事到年月日者。洪适记事，极其珍贵。《宋史》卷二十七《高宗纪》说，"绍兴三年二月甲寅，诏守臣至官半年具上民间利害或边防五事"。按十月丁巳朔，当月无甲寅。二十八日为甲申。洪迈说法正确。甲寅为甲申之讹。

除此以外，宋人袁甫《蒙斋集》卷三，也记载有便民五事的内容，文章题目是《知衢州事奏便民五事状》，说"臣准令监司守臣到任及半年以上具民间的实利病及边防事件以闻"。它没有像洪适那样说到具体时间，它只是说，到任及半年以上，按照规定要求，照例要有这么一份便民五事报告。要求的对象，报告的内容，几家的记载基本一致。这是高宗绍兴年间的政治要求，必须照行不误，这是政治责任，也是政治制度。到任半年，必须就民生和边防五事提出真知灼见，以利国家安危和人民生计。在靖康残破之余，在金人不断袭扰的情况下，有此要求，就是励精图治，就这一点而言，尚不能说绍兴初元，南宋君臣都是醉生梦死，纸醉金迷。起码还是关心民瘼，留意边防的。

如果仔细比较各家记载，只能说，大同小异。细微的文字差别还是有的。现试将墓碑文字作为1，洪适说法作为2，袁甫说法作为3，排列一处，加以比较。先看具体内容：

1	具民间		利病	或	边防	五事
2	具民间		利病	或	边防	五事
3	具民间	[的实]	利病	及	边防	事件

《连公墓碑》和《盘州集》完全一致。《蒙斋集》所记"利害"前多出"的实"二字。前二件"或"字，《蒙斋集》作"及"。"边防五事"，《蒙斋集》作"边防事件"。

关于奏陈便民五事的责任人，诸家说法也大同小异。今以以上三家序号不变，而以《朝野类要》为4，《建炎以来朝野杂记》为5，比较如下：

1			守	臣
2	应 诸 路		守	臣
3		监 司	守	臣
4		监 司	郡	守
5		诸 道	守	臣

五家记事，四家用"守臣"，一家用"郡守"，用"守臣"是。一家用"诸道"，一家用"应诸路"。"应"是"一应"的意思。"诸道"与"诸路"较，"诸路"是。道就是路。只是唐及北宋初年用道，后改道为路。南宋称路不称道，故称路是。称监司的二家。"监司"就是路一级行政机构，"守"是州一级行政长官。宋代没有太守，宋人文献称当代太守，都是用典。宋代的州，也有郡额。宋的知州事也就可称郡守。第二件，就是洪适的文字古雅，"应诸路守臣"就是所有诸路守臣，从他具体到高宗手诏的年月日来看，洪适的记事最为准确。这不止是学风问题，这也是政治态度问题。引用高宗诏令，没有出现丝毫怠忽。在这一点上，洪适战战兢兢，毕恭毕敬，可见一斑。洪适平生做到尚书右仆射、同中书门下平章事兼枢密使，官位最高，级别最高，用当代的话说，政治上成熟得很，他的行文最为讲究，最为规范，也是再正常不过了。

连南夫是高宗朝首批履行奏报便民五事的臣僚之一。规定奏陈五事，连南夫一连奏报了十一件事，其中最要紧的是倚阁二税。他不同意倚阁二税。

建炎、绍兴，兵荒马乱，天灾人祸，财政困难，出现了不同种类的倚阁。现举几例于下，以见当时财用窘亏状况。

例1，李弥逊《筠溪集》：

比以两浙、江东两路，因盗贼烧劫，逃移人户秋夏二税并皆倚阁。

李弥逊的札子写在绍兴七年，时间稍晚，但也可资参考。

例2，张守《毗陵集》：

> 兵火以来，人民凋散，田亩荒芜，诸县各有倚阁租赋，所纳苗米，仅能了足上供。

是说倚阁二税的地方很多，影响了国家财政收入。

例3，庄绰《鸡肋编》：

> 江湖荒残盗贼，朝廷所仰，惟二浙、闽、广、江南，才平时五分之一。兵费反逾前日。此民之所以重困，而官吏多不请俸，或倚阁，人有饥寒之叹。

二浙指浙江东路、浙江西路，闽指福建路，广谓广南东路、广南西路，江南说的是江南东路、江南西路。倚阁二税，是减轻农民负担。倚阁不是蠲免，只是缓征。等待丰年，再行征交。也有先倚阁后又蠲免的。倚阁有全部，有一半，也有三分之一。倚阁二税，早已有之，不过不如南宋初年如是之多。

鉴于时艰，官员有不请俸的，也有自请倚阁薪俸的。《建炎以来系年要录》就记载，韩世忠一次请倚阁全俸，待恢复中原以后方去领取。又一次是请倚阁俸禄之半，以助军用。类似这种情况，当时很多。

最奇特的，倚阁薪俸还成为整治下级的手段，有似今天的所谓"穿小鞋"。监司郡守中间有的官员喜怒自私，僚属少拂其意，没有明显过错可加，以找他的麻烦，那就倚阁他的薪俸，让他一年无一禄养者。这可以称之为被倚阁了。少拂其意，就停发工资，很牛，很霸道。与其说倚阁二税算是减轻负担、少苏民力的话，那么倚阁下级请俸就是为所欲为，无所不用其极。

二税全免，就是蠲免。有先倚阁后蠲免的。也有权行倚阁的。权行倚阁分两种，一为全部倚阁，一为部分倚阁。部分倚阁就是按一定比例倚阁。

连南夫对于倚阁二税有不同看法，成为他的便民十一事之一。连南夫站在国家立场上，认为占田就要输税，军队不能无粮。连南夫看重军事费用。

便民五事和倚阁二税，都发生在连南夫知信州期间。连南夫绍兴元年在饶州，接着，提举临安府洞霄宫。为时不久，就到了信州任所。所以，连南夫知信州，是在绍兴三年。

"倚阁"二字不太容易理解，如果使用"倚搁"，可能更好，更易理解。宋人用阁，不用搁，说明搁字后起。现在，"搁置"一词非常普及。倚阁之阁，即搁置之搁。

　　便民五事是当时政治常态，连南夫是执行者。倚阁二税是当时财政举措，连南夫有不同意见，这些都不重要。重要的是，绍兴二三年间，连南夫在知信州任上，这是时间关节点，可以由此而定。此事对于连南夫生平和历官研究，都具重要价值。

　　从知濠州到知饶州、知信州，连南夫连续出掌江南三州。知州和典郡，是同义词。出掌州郡，就是出典方州。古人文籍，于知州、太守，有许多不同的称谓。宋代没有太守，可是宋人书籍中称太守称州守的，不乏其例。有称出典方州的，有称出镇方面的。宋人蔡襄《端明集》有程戡出知益州制，用了"镇守方面"一词，"镇守方面"这个词，来源很早。连南夫知信州卸任以后知泉州，后来移任知广州，其时正生活在泉州的李邴李汉老，写了一首《玉蝴蝶》词送给连南夫，首句"壮岁分符方面"，说的也是知州事。汉老是李邴的字，李邴做过尚书右丞，后来长期在泉州生活，故其与连南夫在泉州有交集。李邴的词，见吴曾《能改斋漫录》，题曰《李右丞送连宝文罢守词》，"罢守"，谓罢泉州守。这里也是用州守代称知州事。

　　除此以外，"建麾"和"五马"，也是称呼太守的。"建麾"是由颜延年的诗而起，颜延年有《五君吟》，其咏阮咸诗"屡荐不入官，一麾乃出守"，于是就有了"建麾"之说。至于以"五马"称太守，那是因为古乐府有"使君从南来，五马立踟蹰"而起的。"使君"本指郡刺史，不是宋代的转运使。三国刘备为豫州刺史，所以称刘豫州，也称刘使君。曹操"天下英雄惟使君与操耳"，很自负，也很自豪。辛弃疾把这句话写到词作里边，所以他是豪放派。古代郡刺史与后来的州守大致相当。宋代也有刺史，只不过宋的刺史并非州的行政长官，但这并不妨碍宋人把知州称作五马。黄觉赠梅昌言诗说"五马从容出镇时"，用的就是这个典故。古人为文，常常用典，了解这些典故，对于理解连南夫，会有所助益。

　　在执行便民五事这一政令方面，连南夫坚决而积极。按照要求，是论五事。连南夫竟一连议了十一事，说明他忧虑天下大事，不吐不快。他以倚阁二税为非，即不赞成减免赋税，这种经济措施的取向，他有所保留，显示他有些偏狭。荒残、兵火、盗贼，民不聊生，民不堪命，当时如无倚阁二税的举措，恐怕有些迹近竭泽而渔杀鸡取蛋。杜甫《兵车行》："县官急索租，租税从何出？"韦应物说："兵凶久相践，徭赋岂得闲？"倘若天年风调雨顺，人民安居乐业，宋廷该不至于采取缓征二税的无奈之举。且倚阁，只是缓征而已，待到丰年，还是要补交的。所以，这也只是无奈的医得眼前疮的救急办法而已。若连这救急救死的办法也要拿掉，就要考虑其思想方法上是否有些偏激。民困久矣，抚慰尚不可得，安忍加重其疾困？前文述及，绍兴元年，吕颐浩与张琪大战于饶州城下，告捷文书不及连氏南夫，耐人寻味。韩元吉撰《连公墓碑》，在知饶州与知信州之间，连南夫曾自请宫祠，正说明其政治上有些失意。

《建炎以来系年要录》卷三十四，载建炎四年六月，侍御史沈与求奏："显谟阁直学士、知饶州连南夫，直秘阁、知信州陈机，残扰害民，以致生变，机坐免官，而南夫贬秩。""残扰害民，以致生变"，八字评语，分量很重。其起因是，"时饶信魔贼未平"。"魔贼"谓事魔食菜教。在主政的区域范围里，"魔教"势力升腾，地方形势不稳，行政主官被问责。这件事情发生在吕颐浩战张琪前一年，已说明连南夫受过一次降级处分。

连南夫首次出现在《建炎以来系年要录》一书中，见于卷十，时在建炎元年（1127）冬，说是"知濠州、徽猷阁待制连南夫言，划刷到军资库绸绢二千匹有奇，欲输行在"。连南夫这次为天下先。反馈回来的诏书说，军资库的物帛不是上供之物，仍留作军衣之用。北宋之时，濠州绢是贡品，天下有名。所以诏书说军资库的物品"不是上供之品"，内涵丰富。朝廷没有接收这二千匹有奇的绸绢，可是由此而对连南夫大加欣赏，是有可能的。

如果将军资库绸绢和不主张倚阁二税联系起来，那么便会感到，一事当先，连南夫是为君打算，为军打算。上供行在，是为君谋；关心军费，是为军谋。然而事情的另一方面，是为民谋稍嫌不足。沈与求"残扰害民"四字，非常扎眼。言官敢言，说话很不中听，然亦必有所自，你能说它全是空穴来风？

由此可知，连南夫长于理财，生财有道，用财有义，是以会当引起宋廷重视。连南夫的知江宁府、知泉广二州,都当与此有些关联。知江宁府,为保障行在供应也;知泉广,为国家谋财也。连南夫在经济上的优异才干,已肇端于其治理江南三州时。任江宁、知泉广,亦是用其所长。

宋代实行便民五事报告制,有个时间坐标。这个时间坐标,卡准了连南夫知信州的时间。韩元吉的《连公墓碑》记载此事,有很高的研究价值。

国以民为本,民以食为天。民无食则无以存活,兵无食则不可以征战。征收赋税是为了养兵,倚阁租赋,是为了养民,不可否认,这是仁政,但更是迫不得已。国不以利为利,以利民为利。利民就是利国。足食才能足兵。薄赋轻敛,是利国利民的事情。加重租税,暴征苛敛,向来不是好事。

《汉书·谷永传》说:"王者以民为基,民以财为本,财竭则下畔,下畔则上亡。是以明王爱养基本,不敢穷极,使民如承大祭。"谷永的话,很有深意,很有道理。从来没有民穷而国可以富,倒是民不聊生,统治者也就无法再统治下去。北宋的刘挚,南宋的袁甫,都重提"爱养基本",并归之于本朝祖宗的仁政。其实,谷永的话,完全是从统治阶级立场出发而说的,并非完全站在人民立场上说的。他的归宿,是王,不是民。他说"明王爱养基本,不敢穷极","不敢穷极",这标准不高啊。给人的感觉,有点雷声大雨点小。"使民如承大祭",意思是要慎重。宋的倚阁二税,顶多是"不敢穷极"而已。如果连"倚阁"也要停止,那就真有可能民力尽矣。

南宋建炎时,高宗集团尚未站稳脚跟,惶惶然不可终日。康王赵构开大元帅府,不是旌麾北指,杀向金人,亦不是南向恢复东京,而是向山东方向转移,一步步远离战地。在商丘称帝以后,更是先渡淮,后渡江,他的指导战略态势,明显是避敌避地。从建炎到绍兴初元,高宗不时有倚阁和蠲免二税的"德音"发布,在兵荒马乱的岁月里,稍苏民困,是有可取之处。倚阁而后还可以再行蠲免,但倚阁不等于蠲免。倚阁,即使全部倚阁,也只是缓征而已。

不过,这较之于高宗的父亲徽宗朝,已经是天渊之别了。徽宗时,丰亨豫大,财大气粗,不见利民之举,只有横征暴敛之实,以满足帝王、权臣的私欲。结果如何呢？结果是，国是日非，终于驯致靖康之变，偌大一个国家，顷刻冰消瓦解，不可收拾。对于高宗来说，殷鉴不远，就在他的老爸徽宗之世。

上文已经述及，为济时艰，官员俸薪倚阁，不能发全薪；有的官员甚至自请倚阁。在这种情况下，高宗政权能够缓征部分租赋，已经是非常不易的事了。若以此举为非，则似乎与宽仁为政有些距离。

倚阁和蠲免二税，只是一时权宜，不是根本之举。要求那个时代在财政收入上作根本改革，是超越历史时代，是不可能的。江南富裕，杭州繁华，南宋偏安，乐不思蜀，中经 150 余年，终归寂无声息。南宋亡国，有许多原因，经济政策的检讨，也应是重要内容之一。

治理天下，其术百端，一言以蔽之，宽严而已，过宽则缓，缓则失机；过严则急，急则伤人。要在适中，宽严相济。贵在得中，得中就是阴阳平衡。南宋初年倚阁二税，说不上过宽，以其为非，则似乎有些严急。连南夫无疑是工作导向型官员。

连南夫所论十一事，建言献策，必有许多可观之处，只是文献散佚不传，很是可惜。

建炎绍兴知信州官员名单（部分）

姓　名	时　间	出　处
陈机	建炎四年六月癸酉①	《建炎以来系年要录》卷三十四
吴表臣	建炎四年十一月戊午	同上书卷三十九
吴表臣	绍兴元年三月改司勋郎中	同上书卷四十三
李尚行	绍兴元年六月②	《无锡县志》卷三上

---

① 《三朝北盟会编》卷一百三十四：建炎四年正月，知信州陈机。王明清《挥麈三录》作陈杬，杬乃机字形误。《建炎以来系年要录》说陈机是陈豫的儿子。陈豫则是陈升之的侄子。陈升之另一个侄子陈禧，有子陈梈，是韩世忠的参谋。

② 明《无锡县志》卷三上云：李尚行为李端行之弟，无锡人。高宗即位，出知信州。潘逵、赵琦起饶州为盗，攻入信境，尚行平之。《宋史》卷二十六《高宗纪》：绍兴元年秋七月，统制潘逵后军将胡江等叛，破玉山、弋阳、永丰三县。《建炎以来系年要录》卷四十五：绍兴元年六月，刘光世遣统制、右武大夫、康州防御史潘逵戍饶州，已而赴行在，行次信州玉山，其后军千余人作乱。七月，是招降逵部叛兵时间。故系尚行知信州于元年六月。

姓　名	时　间	出　处
程　瑀	绍兴二年八月①	《建炎以来系年要录》卷五十七
李　迨	绍兴三年正月②	《宋史》卷三百七十三本传

　　从建炎四年到绍兴三年，信州守臣频频更换，有的到任，有的待缺，上表所列，或者并不完备，只备参考。然即此已可知连南夫知信州，只能是绍兴三年的事，在朝廷命令具五事之后，亦在李迨知信州之后。

---

① 绍兴二年八月，程瑀初除知信州。但其知信州，却是一波三折，甚多阻格。程瑀稍后赴信州任。

② 《宋史》卷三百七十四：绍兴二年知筠州，明年知信州。是年正月诏诸路守臣奏便民五事。连南夫知信州，在李迨之后。

11
海滨缉盗

连南夫曾经知泉州，但是没有再次知泉州。

《建炎以来系年要录》卷八十四，绍兴五年正月戊申条下，连南夫的职官是：显谟阁直学士、知泉州，按是月乙巳朔，戊申为初四日，当公元 1135 年 1 月 19 日。这是初见其知泉州的日子，然而却未必是连南夫初知泉州的日子。连南夫初除知泉州，应该在绍兴三年的某个时间。韩元吉《连公墓碑》说连南夫在泉二年，当即绍兴三年至绍兴五年。宋张纲《华阳集》卷一保存有《连南夫知泉州》的任命书底稿，原文如下：

> 往者闽寇弄兵，诸郡相蹈藉，而泉南阻险以免。泉之地并海，蛮胡贾人，舶交其中，故货通而民富。夫富则易骄，寇不至则怠而莫之备。朕思得仁明练达之士以守兹土，求于已试，莫若汝宜。具官某（谓连南夫），文学政事，高于一时，为吾从臣，公论翕然归重。朕尝考汝江左三州之政，其施设不同，而民皆有愿志。兹用命汝往临于泉者。

张纲，绍兴三年二月起，为中书舍人，起草连南夫知泉州任命书，合乎他的身份。

连南夫罢饶州知州任后，曾有提举宫祠事，即提举临安府洞霄宫，这是罢知饶州受任新职之前的一个缓冲，而不是有人所说的因病而朝廷让他到洞霄宫疗养。《连公墓碑》说连南夫提举宫祠之后，"未几，起知信州"，所以，连南夫是在知信州后任泉州的。因此，张纲制词中所说的连南夫"江左三州之政"，是指连南夫此前先后知濠州、饶州和信州。张纲行文谨严，无一字无来历，值得欣赏。

宋代信州上饶郡，领六县：上饶、玉山、弋阳、贵溪、铅山、永丰，与饶州相邻。贵溪就是王念经的老家。这一带是事魔食菜教教众的势力范围。连南夫赴信州任，正是王德镇压王念经教众以后不久的事情。亦即在绍兴元年提举洞霄宫以后，连南夫到信州。他知信州大概在绍兴元年到三年之间。《建炎以来系年要录》卷八十三，绍兴四年十二月乙未条记事称：

> 近日连南夫、张守，皆有奏牍，应办军须钱物，曾不愆期。

接着，《建炎以来系年要录》卷八十四，绍兴五年春正月戊申条记事说：

> 资政殿学士、知福州张守，充资政殿大学士；显谟阁直学士、知泉州连南夫，进职一等。

连南夫晋职一等，是由于他"尽起本郡（谓泉州）经制物钱赴平江"。这两条记事当联系起来看，也是一件事。即绍兴四年十二月，连南夫应办的军需钱物，就是泉州经制常平钱物。由此看来，连南夫知泉州，时间在绍兴三年至五年。那么连南夫知信州自然是这以前的事情了。即其知信州，在绍兴元年至三年间。

连南夫升任宝文阁学士、知广州的时间，是绍兴六年五月己卯。《建炎以来系年要录》卷一百一记其事，只是己卯误为乙卯。不过六年五月不是连南夫卸知泉州任的时间，虽然五年九月，连南夫还拥有知泉州的官衔，但是实际上他已提举宫祠，他的全部官职是：显谟阁直学士、知泉州、提举江州太平观。绍兴五年九月以后，实际主持泉州政事的是陈桷。陈桷和陈机是亲叔伯弟兄。陈机是连南夫知信州的前任，陈桷是连南夫知泉州的后任。连南夫和陈氏兄弟有缘。

连南夫在泉州政事可考者，第一件事情是置办旧船以节省用度。陆心源《连南夫传》引《福建通志》："朝廷下福建造舟以备海道，遣使督促，连南夫奏言：舟用新木，难猝办，且湿恶易败。不若以度牒钱买商船二百艘，可收其用，又省缗钱二十万。从之。"当时是战争时期，处处用钱，连南夫的意见，是既办成事情，又要节约用度，为国理财，尽心竭力，忠办时事，颇有可取。

陆心源所引《福建通志》的记载，只是稍为变化《连公墓碑》文字而成。《连公墓碑》的原文是：

> 移泉州。朝廷下福建造舟以备海道，遣使督促。公曰：舟用新木，难遽办，且湿恶易坏。若以度牒钱买商船二百艘，则省缗钱二十万矣。从之。

试比较《福建通志》所载，基本相同。所以，《福建通志》这段文字，来源就是韩元吉的《连公墓碑》。

以韩元吉的说法，为泉州奉命造舟备海道，连南夫会办事，事情办得漂亮。买船二百艘，省钱二十万，名副其实高效。节用而高效，办事能力十分突出。

当时，朝廷命造海舟以备海道，只见于连南夫生平和事功。时，朝廷有无此项诏令？间接证据，证明确有此事。连南夫知泉州的时候，知福州，亦即福建路的帅臣是张守，守字子固，亦字全真。故宋代文献中凡言张全真者，即指张守。张守是毗陵人，所以他的集子就叫《毗陵集》。《毗陵集》卷五《乞裁损买翎毛札子》，"贴黄：臣本路节次承准指挥，打造甲叶、箭镞，乃变卖度牒，起发海船，制造战舰"，证明当时的确有"造舟"的通知。而且，据张守所说，还不是一般的海舟，而是"战舰"。武装起来的海船，就是战舰，差别也不会很大。此处，只有一个问题可以存疑，就是泉州买船二百艘，数字有无夸大？如果福建沿海都接受造船任务，那么宋代水军规模该是非常之庞大的。所以，我认为，造船的事情是有的，规模则未必如是之庞大而可观。

据张守的说法，当时有变卖度牒、起发海船、制造战舰三大任务，连南夫将度牒变现，直接买船，以为新造战舰，是三件事，一气呵成。这中间的运作，需要智慧。连南夫也的确有政治智慧，有经济头脑。

上文说到张守和连南夫都受到奖励。连南夫受奖，原因是尽起本郡经制常平钱。张守晋资政殿大学士，则是缘于输送了巨额金钱。《宋史》卷三百七十五《张守传》，"以变易度牒钱百余万缗输之行在"，这是很大的成绩，很吸引人的眼球，于是张守就晋升为资治殿大学士。大学士可不是等闲除授的，只是本传语焉不详。《建炎以来系年要录》卷八十四，绍兴五年春正月记载：

> 资政殿学士、知福州张守，充资政殿大学士。显谟阁直学士、知泉州连南夫，进职一等。守奉诏变易度牒，得钱百余万缗。会有旨调海船百艘，守因请以其舟载钱三四十万，应付朝廷使用。南夫亦尽起本郡经制常平钱赴平江。中书门下省奏二人供亿调度，曾不愆期。

这是"忧国爱君"，所以大加褒赏。

奖励是绍兴五年正月的事，那么变易度牒、打造战船就是上个年度的事了。《张守传》所说的百余万缗，并非一次性上交。整个福建路才调海舟百艘，泉州一地便买二百艘，固然二百艘不会全部调走，但是这中间总有一些不大对头的地方。所以，我怀疑泉州买船二百艘，或许不无张大其词。

第二件事，招降朱聪。

朱聪是海盗，时称海贼，活动在福建、广东沿海，他在海上劫掠，也上岸骚扰，有很多案底，宋廷也很头疼。真德秀《西山文集》说，"绍兴间，海贼朱聪炽甚"，可见其势力不小。《建炎以来系年要录》卷八十四，绍兴五年正月，"海贼朱聪以海舟自潮州入广东，焚掠诸县"。同上书卷八十七，绍兴五年三月，"诏广东、福建路招捕海贼朱聪"。《宋史》卷二十八《高宗纪》记朱聪事说：

> 五年春正月庚午，命王进合江西广东诸将兵讨周十隆，海贼朱聪犯广州，又犯泉州。……三月壬辰，命广东、福建路招捕朱聪。……八月丙寅……海贼朱聪降，命补水军统领。

朱聪的事情，进入高宗本纪，正说明兹事体甚大。《建炎以来系年要录》卷九十四，绍兴五年冬十月癸丑日下记述朱聪受招事宜：

> 癸丑，保义郎朱聪充都督府水军统领。初，聪率其徒数百人掠滨
> 海州县，诏以承信郎招之，聪不满意。知泉州连南夫恐其逸去，以便
> 宜补聪武节郎，聪喜，乞以所部海舟三十屯镇江，故有是命。

绍兴五年二月庚子朔，癸丑为十四日。朱聪为祸甚烈，受招以后，被补为水军统领。统领的级别在统制之下，在准备将之上，由"海贼"摇身一变而为统领，可谓一步登天。但是，说连南夫补朱聪为"武节郎"，这个"武节郎"却是不甚可靠。

绍兴武阶官，太尉之下，有横行十三阶，诸司正使八阶，横行副使十二阶，诸司副使八阶，其下为大使臣，再下为小使臣。承信郎系武阶官末级，也是小使臣末级。保义郎为倒数第三级。武节郎为诸司副使，高出承信郎十四级。武阶官倒第二阶是承节郎。连南夫所补，应为承节郎。承节郎至保义郎，又升一级。若所补为武节郎，又为保义郎，是连降十三级，没有这个道理。所以，此处武节郎是承节郎之讹。

守镇江，就是守长江，需要水军。朱聪所部船舰三十，便横行海上，扰乱福建、广东，很有战斗力。镇江是韩世忠的大本营，渡江就抵瓜州，瓜州再往前就是扬州。南宋时，扬州和镇江是一个战区，既防守淮南东路，又扼守长江。南宋兵制，都统制驻镇江，副都统制驻扬州。韩世忠有时也过江驻高邮。朱聪调赴镇江效命，此后不再见于载籍。不过，这个都督府，朱聪去的都督府，并非指韩世忠的驻地。绍兴五年，都督诸路军马的是张浚。当时，张浚的头衔是"尚书右仆射、同中书门下平章事、兼知枢密院事、都督诸路军马"，所以，都督府，就是张浚的都督诸路军马府。

连南夫在知泉州任上，招降朱聪，让其由海贼一变而为防守大江的官军军官，实是点石成金，变废为宝。

第三件事情是加强沿海民兵建设。宋朝除了禁军、厢军以外，还有乡兵，就是民兵，边远地区还有蕃兵，沿海民兵，则不见于记载。连南夫知泉州，有海上民兵建设的举措。见于《建炎以来系年要录》卷八十八绍兴五年四月戊午记事：

> 诏福建广东帅臣措置团结濒海居民为社，擒捕海贼。时宝文阁直

学士连南夫论海寇之患，以谓国家每岁市舶之入数百万，今风信已顺，而舶船不来。闻有乘黄屋而称侯王者，臣恐不易招也。愿明下信令，委州县措置团结濒海居民，五百人结为一社，不及三百人以下附近社，推材勇物力人为社首，其次为副社首，备坐圣旨，给贴差捕。盖濒海之民，熟知海贼所向，平时无力往擒尔。今既听其会合，如擒获海上首领，许保举优与补官，其谁不乐为用。

乃下张守、曾开相度，如所请。

这段文字，一共有三层意思。一、下诏给福建、广东两路帅臣，内容是措置团结濒海居民为社事。二、加强沿海民兵建设，是宝文阁直学士连南夫的建议，目的是保护海上贸易。五百人为社云云，是具体办法。社首是有干才的富人，即所谓材勇物力者。就是说，出任民兵组织头领，必须既有能力，又有物力。谁人符合这个条件？土豪。三、诏书是给张守和曾开的。此时张守就是福建帅臣，曾开就是广东帅臣。绍兴六年，连南夫知广东，为广东经略安抚使，就是曾开的后任。

连南夫组织沿海民兵，打造海上长城，是为了保护滨海人民，也是为了发展海上贸易事业。他主张"擒获海上首领，许保举优与补官"，有其积极的一面，朱聪的事，就是一个显证。

组织滨海民兵事不见于《连公墓碑》。

《玉海》卷一百三十九，"绍兴五年四月戊午，诏，福建广东帅臣措置滨海居民为社"，可与此处互参。当时诏书只提出大政方针，并无具体实施措施，具体的组织措施，是连南夫提出来的。这个精神状态，很是宝贵。

第三，连南夫重视海上贸易，对泉州市舶建设颇有贡献。《宋史·食货志》说：

（绍兴）六年，知泉州连南夫奏请，诸市舶纲首能招诱舶舟抽解物货，累价及五万贯十万贯者，补官有差。大食蕃客啰辛贩乳香直三十万缗，纲首蔡景芳招诱舶货，收息钱九十八万缗，各补承信郎。

蔡景芳补官的事情，详见《建炎以来系年要录》卷一百七绍兴六年十二月十四日丁未记事。《宋会要辑稿·职官》四四之一九则系于十三日。二书都谓其收息钱九十八万缗系建炎元年至绍兴四年累计款数。连南夫后知广州，对广州市舶建设也有贡献，可见他注意经济，注重招商，重视外贸，是国家的干臣。

啰辛补承信郎，见《建炎以来系年要录》卷一百四，绍兴六年八月戊午。啰辛的全名是蒲啰辛，《宋史·食货志》脱"蒲"字。岳珂《桯史》说，番禺外贸商人，最豪者为蒲姓，居广州。"赀乙于蒲"家的是尸罗围，在泉州。岳珂是岳飞的孙子，岳霖的儿子。岳霖曾知广州，其时岳珂方十岁左右，亦在广州。他说蒲家在广州，可据文献记载，大食蕃商蒲啰辛，在泉州贩货贸易得官。岳珂和《宋史》都是以中国习惯称呼外国人名译音，称蒲姓、蒲家、啰辛，即其例，此正如有人以高尔基为姓高，呼卡斯特罗为老卡一样，不必深究。朱彧说，中国人货贩去外国，经年不返，叫做住蕃；外商在广州，常年不去，谓之住唐。广州住唐的人很多；泉州住唐的也大有人在。《诸蕃志》一书记载，泉州有丛冢，就是专门葬埋那些终老于泉州的蕃客的。在汉语里，丛冢原是乱葬坟的意思。不过，泉州丛冢，专葬蕃客，据说很讲究，不是一般意义上的丛冢。《诸蕃志》说，创建丛冢的人叫施那帏，就是岳珂笔下的"尸那围"。

宋代设置市舶机构的地方有四，广州、泉州、杭州、明州。其中，以泉广二地，尤显重要。由于政策和管理上的原因，舶客有时到这个地方多一些，有时又到另一个地方多一些，迭有盛衰，这是市场经济常规。也与政策环境有关。连南夫组织滨海民兵，招捕海贼，给创造利润价值的纲首蕃客委以官职，在促进海外贸易上，是有贡献的。

绍兴五年九月，陈桷知泉州，六年连南夫知泉州，其职衔有提举江州太平观。所以，连南夫在绍兴五年十月以后至六年知广州以前一直是提举江州太平观，即提举宫祠。而其生活地，确实是在泉州。这一时期，连南夫不论以知泉州名义干什么事情，他的职衔都是宝文阁直学士、知泉州、提举江州太平观。他在泉州生活，是在待时。

果然，不久机会就降临了。绍兴六年五月，连南夫受命升任宝文阁学士、知广州。连南夫离开泉州时，当地官员为他举行了相当规模的送别宴会。李邴就是李汉老，以《玉蝴蝶》词为之壮行：

壮岁分符方面，蕙风草偃，禾稼春融。报政朝天，归去稳步鳌宫。望尧甍、九重绛阙，颁汉诏、五色芝封。湛恩浓。锦衣槐里，重继三公。

　　雍容。临岐祖帐，绮罗环列，冠盖云丛。满城桃李，尽将芳意谢东风。柳烟轻、万条离恨，花露重、千点啼红。莫匆匆。且陪珠履，同醉金钟。

　　这首词最初收入宋人吴曾《能改斋漫录》，序云："宝文阁直学士连南夫鹏举罢守泉南，李右丞邴汉老送之，以词寄《玉蝴蝶》云"。宝文阁直学士就说明这首词写于连南夫知泉州提举宫祠尚未到广州时。"稳步鳌宫""颁汉诏、五色芝封"，显然喜上眉梢，满腔高兴。"蕙风草偃，禾稼春融"，是说治泉德政。"绮罗环列，冠盖云丛"，是说到会的有各级官员，还有侍姬歌女。词是唱的，《玉蝴蝶》的调，现在已经失传，当时宴会上肯定有人唱。是李汉老亲自唱，还是歌女们唱？都有可能。《词苑丛谈》载有这首词，并说"妓女能歌之"，可见其当时影响之大。"柳烟轻""花露重""莫匆匆"，繁促音节，但若配以舒缓音律，轻歌曼舞，当是声情并茂，另具意境。

　　李邴是山东人，崇宁五年进士，曾任尚书右丞、参知政事。绍兴五年，上"战阵""守备""措画""绥怀"各五事，没有得到响应，如石沉大海。此后闲居一十七年，自号云龛居士，终于泉州。这首词应该是他参加泉州各界欢送连南夫赴广州任的宴会上即席之作。李邴南渡以后，空有补天之手，而最终壮志难酬。

　　像李邴这种情况，在南宋不乏其人。即其他历史时代，也并不罕见。纵观历史，从来就是不缺能战之兵，而缺能战之将；不缺能战之将，而缺能战之君。没有有为之君，就不可能有生动活泼的主动之局。秦桧是起过很坏的作用，但是秦桧所能起的作用是有限的，南宋政局大坏，只归罪于秦桧，实在是太不够了。

　　有一种观点，说连南夫于绍兴九年"被革职"，还说连南夫被"贬知泉州"。这完全是子虚乌有。连南夫绍兴八年底提举江州太平观，还带着宝文阁学士、知广州的官衔，这是提举宫祠，不是革职。他更没有被贬知泉州，就是说连南夫没有再知泉州。

那么，连南夫"被贬"再知泉州的空气是从哪里冒出来的呢？是从《三朝北盟会编》来的。绍兴九年正月，连南夫上表批评和议："虽虞舜之十二州，昔皆吾有；然商於之六白里，当念尔欺！"所有文献都说是知广州连南夫所上，只有《三朝北盟会编》说是知泉州连南夫。《三朝北盟会编》的这条记载显然有误。今者有人依据错误的文献作出了错误的解读。以为连南夫离开广州任所，又到泉州任职，这个结论是错误的。知广州任末，连南夫自请宫祠，没有再知泉州。

持连南夫再知泉州观点的人，还忽略了连南夫曾知信州的经历，说连南夫"在泉州四年"，也是不对的。韩元吉《连公墓碑》说南夫"在泉州二年"，是很准确的历史记载，不可漠然视之。绍兴元年，连南夫离饶州任，提举临安洞霄宫，不久知信州。大约在绍兴三年冬季开始知泉州，绍兴五年冬提举江州太平观，六年五月知广州，这个脉络很清楚，连南夫人生轨迹也很清楚。清修《江西通志》古迹门君子亭条下注文有连南夫知信州的记载，可作为连南夫知信州的佐证。

当连南夫受命出知泉州的时候，任命通知上特别提到，泉南货通而民富，险阻而敌不至，"富则易骄，寇不至则怠而莫之备"，这是提醒，这话也很有辩证思维，起草文件的张守是很有见地的。

连南夫莅泉州任，一如既往，夙夜在公，真抓实干，修习战备。可是，他并没有因此而被赏，反而缘此而被追责，岂非咄咄怪事？

连南夫被问责，信息见于李纲《梁溪集》，纲有《应诏条陈八事》，其第七件事说"连南夫以修泉州城，委官体究"。"委官体究"，就是派员追究责任，事情显得还很严重。当金兵围城的时候，李纲是东京防守的中流砥柱、抗金领袖。后来虽受挫折，却一直不改其报国之志，忠义之心，矢志不回，是主战派。连南夫因备战被问责，墓碑是不写的，同时的人也未记录，只有李纲打抱不平，把这件事揭了出来。李纲就是李纲，果然与众不同。

李纲说，由于连南夫修城被问责，体究，导致了很严重的后果，"州郡望风畏缩，不敢复议修城"。不仅不修，连议也不敢议了。"体究"有导向作用，把州郡官员都引向了不再修、不敢复议修城的方向，那事情就真的不可收拾了。

建炎年间，再造的宋室政权，外有强敌，内有"群盗"，李纲写这个条陈的时候，已是绍兴年间，其时金人虎视，刘豫坐大，当时虽说是守淮河，实际是守长江。无淮则与敌共有长江，无长江就无江南。城池不修，以退避为上策，以修城为生事，甚至以口头上的刺激为"引惹"边事，都是当时的怪事。李纲说，"沿江表里，数十州郡，荡无城池可守"，相比较而言，连南夫在泉州有所作为，自是特立独行，巍然独立。因而，宋廷就以他当出头鸟，敲山震虎。

古代，城池的战略地位比今为高，战略作用比今要大。那时，没有机关枪，没有火箭炮，没有无人飞机，没有巡航导弹，所以城池就是要塞，有城就能守，无城就无以守。《墨子·七患》，首当其冲第一患就是"城郭沟池不可守"。"城郭沟池"简称就是城池。城池，从一开始就是立体防御体系。城池打造得好，胜算就大。楚国"方城以为城，汉水以为池"，气吞万里，无人能及。城是战略要地，政治、经济、文化中心，池是护城河水，所以说到城防坚固，总是金城汤池。杜甫《潼关吏》诗，"大城铁不如"，"铁城"就是金城。《世说新语》"汤池铁城"，杜诗有来历。有城，有粟，有人，城方可守。连南夫修习战备，受到责难，实际上反映了当时的政治生态。南宋高宗得有大位，一直想与金人谋和，并无决心恢复。总是看敌人脸色行事，担心一不小心刺激了敌人，这是当时的悲哀。

所以，连南夫遇到了是非颠倒的事情，也是无法可想。在泉州任，连南夫办了很多实事，成就斐然。任满，提举宫观。不久，起而知广州，那是他人生际遇、平生事业的顶峰。

12

分符南海

——连南夫广东用兵录

连南夫是绍兴五年调往广东任职的。他上任以前，广东的形势，极其严峻。

《建炎以来系年要录》卷八五绍兴五年二月下说：

> 韶、连、南雄，近为郴寇所挠，韩京虽屡小捷，而军威不振。循、梅、潮、惠，又苦虔寇出没。重以土豪残暴，民不聊生。广东州府十四，惟西江四郡，粗得安堵。其他，盖无日不闻贼报。十百为群，所至焚劫。而惠州河源县凌竦、曾衮二项人数最多，衮尝就招安补官，为归善巡检。顷复归河源，其徒居于水上，自惠至广相属也。郡守监司，幸其不入州县，各侥幸罢去，无肯任其责者。故惮于上闻。一方闵闵，无所告诉。

当时广东的形势很不乐观，十四州府，只有"西江四郡，粗得安堵"，其余地方，是无处不冒烟，无处不冒泡。此处不说郴寇，不说虔寇，只说惠州的曾衮。曾衮就是惠州河源县人，作乱时间较长，叛了服，服了叛，为害一方。"郴寇"威胁的是广东湖南邻近地区，"虔寇"扰乱的是广东江西相邻地区。惠州的曾衮，不出广东范围，自惠州至广州，都是他的地盘，势力猖獗，闹得一方鸡犬不宁。调连南夫入广东，任务之一，就是剿平曾衮。

曾衮尝试就招安补官。接受招安是一回事，补官又是一回事。招安补官，说明二事紧密相连。

关于曾衮受招安并补官，见于《宋史·张致远传》：

> 改广东转运判官，招抚剧盗曾衮等，贼众悉降。

又见《宋史·季陵传》：

> 先是，惠州有狂男子聚众数千，僭号作乱。陵入境，诱其徒曾衮，令以功赎罪，不旬日擒之。

《建炎以来系年要录》卷六十一绍兴二年系此事，说季陵招降曾衮。綦崇礼《北海集》卷三十五季陵墓志铭，载有招降曾衮事，大致相同。

上文张致远招降曾衮，与季陵招降曾衮，是同一时间同一件事。只不过，张致远传于招安曾衮后，接续写绍兴四年事。可知绍兴二年招安曾衮，是季陵和张致远共同所为。

《建炎以来系年要录》说，绍兴二年，曾衮接受招安，补承信郎，充归善巡检。

宋制文散官二十九阶，武散官三十一阶。元丰改制，文官三十七阶，武官五十二阶。承信郎属五十二阶武官中的第五十一阶。绍兴厘正，承信郎为最末一阶，为小使臣的最末一阶。土兵是州县招的地方武装。在县一级，土兵归知县或县令管，弓手归县尉管。《水浒传》武松做阳谷县都头，管理的就是土兵。曾衮并不安于做归善县的巡检，又回了他的河源县，重操旧业，再做冯妇。这一次，事情闹大了，惊动了连南夫，牵出了韩京，引出了知惠州陈居仁，还出了一个英雄的效用战士易青。

王德为时名将，也是大将，当代有人把他派做连南夫的老部下，那是一厢情愿，不是历史真实。连南夫知广州，同时也是广南东路安抚使，而且不是单纯的安抚使，他是经略安抚使。作为知广州，他管广州的军政以及劝学劝农事。当时的广州管辖南海、番禺、东莞、新会、信安、增城、清远等八县。南渡后，无信安，增香山。广州是南海郡，清海军节度。可它不与一般节镇同。它是都督州。所以无事时，知广州就是知州事，有事时就是都督，可以提领三军作战，横扫狼烟。

大观三年（1109），就是连南夫成为进士之年，广州升为帅府。其实早在唐代，广州就是大都督州。经略安抚使，是经略使安抚使合二而一。它的办事机构叫做经略安抚司。《宋史》卷一百六十七《职官七》说：经略安抚司，经略安抚使一人，以直秘阁以上充，掌一路兵民之事。《宋史》卷九十《地理六》：广州旧领广南东路兵马钤辖，兼本路经略安抚使。所以连南夫一旦被任命为知广州，自然而然就是广南东路的经略安抚使，绝对不是《连战家族》一书所说的连南夫赴知广州任途中，"忽然又有一骑快马传来一道急旨，在连南夫前职后面加上广南东路经略安抚使兼转运使"。当时的广南东路，辖十四州四十三县，南渡后领肇庆、德庆、英德三府，广、韶、循、潮、连、封、新、恩、梅、雄、惠十一州。权力很大，势压南天。雄州，开宝四年（971）加"南"字，所以广南雄州就是南雄州。所以要加"南"字，是因为河北有雄州，地名相同，必须有所区分。

连南夫到知广州任上，与韩京有一次大的军事行动，就是到惠州讨伐叛军曾衮。详情见于《宋史》卷四百四十九《易青传》：

> 易青者，为都督行府摧锋军效用。初，广东贼曾衮本军士也，已受招复叛。绍兴六年十月，经略使连南夫与摧锋军统制韩京会于惠州，督诸兵讨之。京募敢死士七十三人，夜劫衮营，青在行中，为所执。贼驱至后军赵续寨外，谓续曰："汝大军为我所擒者甚众。"青大呼曰："勿信！所擒者我尔。"贼又言："吾不汝杀，第令经略持黄榜来招安。"青又呼曰："勿听！任贼杀我，我惟以一死报国。"贼怒焚之，青死，骂不绝口。青无妻子。事闻，特赠保义郎、阁门祗候，官为荐祭焉。

《宋史·忠义传》之《易青传》言简意赅，叙事极有条理。一代名臣连南夫与大将韩京，《宋史》之中都未立传，其事迹倒是附见于其部下殉难士兵的传中，真的不知道此是幸也还是不幸也。

易青是惠州归善县人，在家乡门口被焚而死，以死报国。他的身份是摧锋军效用。摧锋军是岳飞部下的一个军种，韩京曾是岳飞部将，这支军队随韩京镇守岭南，多立战功。效用是什么？

李心传《建炎以来朝野杂记》甲集卷十八"诸军效用"条说：

效用者，诸军皆有之，不涅其面，禀赐厚于正军。建炎间其数犹
少，绍兴七八年后则渐众矣。

效用月给钱五千，米给五斗，又先给利物三缗。宋代有一个时期，招
募新军比例是三七分，即七分正军、三分效用。这样看来，效用有些类似
今日的士官了。他的待遇在大小使臣之下，正兵之上。绍兴十年
（1140），刘锜在淮北宣抚判官任内，招使臣三百人，效用一千人，正军
八千余人。（《玉海》卷一四五）绍兴四年（1134）高宗在内殿检阅神武
中军将校及效用一千四百七十人。总之效用是士兵中的高级阶层，不及将
校，而待遇优厚，高于一般士兵。

绍兴十三年（1143）就是连南夫谢世的那一年，主管步军司赵密说：
"招收白身效用，填马步军使臣缺。"可见效用是可以做使臣的。使臣有
小使臣八个名目，即从承信郎到从义郎。大使臣只有内殿崇班、内殿承旨
两个级别。那么，效用所填的缺，当是小使臣的初阶而不大可能一下子就
到大使臣的行列。易青追赠的保义郎，是小使臣从下往上的第三级，即原
来的右班殿直。

效用原有八资，南宋孝宗淳熙三年（1176），枢密院定格，效用共分
十资，分别为：一资守阙毅士，二资毅士，三资守阙效士，四资效士，五
资守阙听候使唤，六资听候使唤，七资守阙听候差使，八资听候差使，九
资守阙准备差使，十资准备差使。而在绍兴五年（1135），效用则分八
资，其中包含守阙进勇副尉和进勇副尉。进勇副尉和守阙进勇副尉都是无
品阶武官，而大小使臣是有品阶的。招聘效用可以补使臣之缺，这是很诱
人的出身。占全部士兵的十分之三，是军中骨干，也是优先提干的对象。
易青的身份是摧锋军效用，牺牲之后，获赠小使臣中的保义郎。《水浒
传》中梁山首领宋江的外号叫呼保义，那个"保义"就是保义郎的简称。
金人围攻开封，道君皇帝就是退位的徽宗，与蔡攸及一二近侍微服乘花纲
小舟东下，至泗上，徒步到市中买鱼，酬价不谐，卖鱼的人称呼徽宗为保
义，也是称他为保义郎的意思。所以，就宋代整个国家机器说，保义郎是
最底层，可以说连一颗螺丝钉都够不上，可在老百姓眼里，那已经是不得
了的高官。可能像今天对于办事员称为科长一样，已经拔高了好多"级"

了。以道君皇帝之尊，哪里理会得这个？因而当时徽宗的反应只是笑着对蔡攸说："这汉子够毒了！"

南宋的军政都很腐败，就是这个效用的招募，也有很多关系和后门，所招新兵效用，并不能都保证其真的有战斗力。那时，腐败滋生蔓延，也是无孔不入。

韩京是洛阳人，南渡以后，率部下二千多人驻在衡州的茶陵县。后来成为岳飞的部下，岳飞对他的部队整编沙汰，挑选一千多人，组成摧锋军，就让韩京做统制。岳飞的孙子岳珂《金陀粹编》关于韩京及摧锋军有丰富史料，可以参考。韩京曾随岳飞在九江驻扎。韩京还曾在李纲手下带过兵，李纲的文集《梁溪集》也有关于韩京的丰富史料，可以参考。韩京进入岭南，较连南夫为早，时在绍兴四年（1134），其时知广州的是季陵，那时，连南夫还在知泉州任上。韩京到广州，头衔有二，一是广州兵马钤辖，一是摧锋军统制。摧锋军属于御前军马，所以做广州兵马钤辖的同时，他还是御前摧锋军统制。到了后来，韩京做到广南东路马步军副总管，但是还一直拥有摧锋军统制的头衔。这是实职，拥有一支精锐部队，近二十年而不变，对韩京是相当有意义的。韩京的摧锋军很有战斗力，镇压广东各地"叛军""叛匪"，保护岭南平安，是作出了重大贡献的。不过，一个大将，长期任一个大区的军事主官，也容易出毛病。

不仅如此，韩京所部对于岳飞之能够独立成军，也有重要意义。

《建炎以来系年要录》卷九十六，绍兴六年十二月庚子日条下，说神武系北齐军号，久欲厘正，宜以行营护军为名。神武前军改称中护军，左军称前护军，后军称后护军。刘光世人马称左护军，吴玠所部人马称右护军，并听本路宣抚招讨司节制。王彦所部人马称前护副军，听荆南安抚司节制。中护军者，本张俊所统信德府部曲，后以忠锐诸将，及张俊亲兵，与张用、李横、闫皋之众隶之。前护军者，本韩世忠所将庆源军部曲，后以张遇、曹成、马友、李宏、巨师古、王燮、崔增之众隶之。后护军者，本岳飞将河北部曲，后以韩京、吴锡、李山、赵秉渊、任士安之众隶之。……至是，俊与光军最多，玠次之，飞又次之，彦兵视诸将最少。

韩京所部，经过岳飞拣选训练，成了一支劲旅。这支劲旅，是岳飞集团军中除了河北部曲岳飞赖以起家的老底子以外，位列其余诸部之冠。可见其战斗力之强大和地位之重要。韩京所部可能受到当权者的猜忌，以《建炎以来朝野杂记》所载，这支部队不止一次地被肢解，每次都是只余其半。最后剩了三千多人，分散在广东各地二十余处。所以，韩京的摧锋军最盛时，前后累加计算，兵力可能达八千人上下。

易青是韩京部下的摧锋军效用，而摧锋军则属于"都督行府"。广州是都督府，《宋史·易青传》说是"都督行府"。宋代其他文献，提到易青殉难事时，都说是都督府摧锋军效用。连南夫是帅臣，也是都督。南宋高宗，偏安临安，称行在所。沿江设都督府，比葫芦画瓢，叫做"都督行府"，这是有圣旨任命，即有据可查的。广州设有都督府，连南夫离开都督府，到惠州前线，那个临时都督办公地就叫都督行府，这与皇帝的行在、枢密院的枢密行府有相同来历。用"都督行府"，比"都督府"准确。在这一点上，《宋史》为优。而说易青至"后军赵续寨外"，《建炎以来系年要录》作"后军将赵续"，则又是《建炎以来系年要录》为长。

韩京长期镇守循州，与福建路、江西路搭界，位于三路结合部附近，战略地位十分重要。由于韩京的尽心尽力，尽责尽职，盗贼不起，治安良好。却受到权臣的猜忌。此人不是别人，又是秦桧。当陈橐知广州，郴寇骆科犯广西，有命令调韩京到广西平定暴乱。陈橐说全赖韩京在循州，敌稍知畏，若韩京摧锋军移屯广西，则广东危矣。（《宋史》卷三百八十八《陈橐传》）。秦桧以为陈橐为韩京说话，就寻事降陈的职，一贬再贬，陈不得不致仕。看来秦桧要下韩京的药，也是蓄谋已久。后来，绍兴十九年（1149）薛弼新知广州，秦桧亲自向薛弼明示机宜，说韩京"难制"，让其图京。因为薛弼是帅臣，绍兴十九年七月到达南雄州时，韩京来谒，"弼即席中谕京丐罢"，这也是杯酒释兵权。同时，立即选人送之出岭，"亟令别将驰入戍所统其军"，迅雷不及掩耳。（《中兴小纪》卷三十四）有的文献说是"卫送出岭"，实际就是押送出境，一刻也不准韩京在岭南停留。由此可见，秦桧忌讳韩京之深。同时也说明，若是以人划线，韩京绝非秦桧线上人。在秦桧父子权倾天下，炙手可热的年代，韩京没有趋炎，也没有逢迎，他是堂堂正正做人，堂堂正正做事，可到底为权奸所不容。此后，韩京只有虚职，没有实权。

连南夫知广州期间，韩京支持连南夫的工作，没有二心。对连南夫前后任官员的工作韩京也是支持的。岳飞、李纲对于韩京也都比较重视。记载韩京生平事迹的宋代史籍和宋人文集也相当多，都有很高参考价值。其中不免亦有些许微词，足可发人深思。清人所修《广东通志》，一方面固然对连南夫褒奖有加，另一方面，对韩京则可谓毁誉参半。统观有关韩京的全部文献，总觉《广东通志》对韩京的评价不够公正，不够客观。我为韩将军惜。

王德不是连南夫的部下，韩京倒实实在在是连南夫的下级。

因为荡平曾衮有功，韩京受金束带战袍银笴枪之赐。(《建炎以来系年要录》卷一百九，绍兴七年二月丙子条)《宋史·高宗纪》亦记韩京袭破曾衮事。解决了曾衮，连南夫也受赏赐，获得奖励的时间，较之韩京整整晚了半年。《建炎以来系年要录》卷一百一十三，绍兴七年八月癸丑："宝文阁学士、知广州连南夫特进一官，仍赐诏奖谕，以招捕惠贼曾衮之劳也。后数日，南夫言，今水陆别无大寇，乞收回便宜指挥。从之。"这里透露了两个信息。一、以前都说曾衮出降，此处说是招捕。二、连南夫都督行府出征作战，获准便宜指挥，得胜以后，又交回此权限。只是不明白为什么连南夫的获得奖励时间会晚半年？

那么，招捕曾衮的是谁呢？陈居仁。居仁字安行，《宋史》卷四百六有传。本传称："后知惠州，单马造曾衮垒，譬晓之，贼气夺而降。"陈居仁单骑说降曾衮，按说是奉连南夫之命行事，但是本传的说法，好像是陈居仁独往独来，自行其是。这种行文方式，很有意思。

将有关连南夫、韩京和陈居仁的文字排列一下，会发现很有意思。各人有各人的事情，只突出自己，不张显别人。中心思想很明确，很突出。同是一件事情，各有各的视角。这就很值得玩味。但是，也是正常的史笔。

不仅如此，清雍正年间修的《广东通志》卷三十九《名宦志》在陈膏条下说：

> 莆田人，绍兴间，知惠州。广贼曾衮犯惠，经略使连南夫会诸郡

兵攻之，弗克，膏单车诣垒，谕降之。

陈膏是陈居仁的父亲。说陈膏知惠州，误。绍兴间知惠州的是陈居仁。《广东通志》误把儿子知惠州头衔，安到了父亲头上。这里有经略使连南夫攻之弗克的话，为他文献所无。不过从连南夫的"招捕"，从陈居仁的单骑径造衮垒，《广东通志》的说法无大误。如果攻之即下，当然不必再遣人晓谕。

所以，我觉得古人行文很有意思。好像每人都不愿把话说完，使人只能管窥蠡测，难以把握全局。

《连公墓碑》是写连南夫的，关于连南夫扫平广东的乱象，《连公墓碑》说：

> 岭南水陆盗贼充斥，刘宣自章贡扰揭阳，郑广、周聪抄海道，而曾衮据釜甑山者七年。其余妄称大王、太尉、铁柱、火星、飞刀、打天之号凡十八火，动数千人也。即起公经略安抚广东，进宝文阁学士兼措置虔闽盗贼。公入境，召大将韩京激厉使之，且按诛惠州孔目吏与曾衮表里者，合诸郡兵以次年平定。降者遣诣密院，或分置军中，擒获者戮于市，胁从者还其业，岭峤遂清。诏书奖谕，迁官一等。

总结得十分全面，连南夫的善后举措，也非常合宜。降者送到枢密院，让他当兵去，捉获的杀掉，胁从者不问，处置得宜。这就是墓碑文字，有史有论，有其事，少过程。

大致在一年之内，平安广东乱象而开创新的局面，取得很大的成绩。有人说，王德是连南夫部下大将，说得不对。如果说连南夫部下有大将的话，那么此人非韩京莫当。

连南夫广东用兵，最典型事例，是招安曾衮。只是同一事也，诸人记载多有不同。古人说，偏听则暗，诚哉斯言。年深月久，文献散佚，得其全豹，的确不易。应该尽力避免一偏之见。

13

有誓兮尽敌　无望兮凌烟

——协助连南夫赈灾之高登

连南夫帅广东，新会县发生饥荒，高登卸富川主簿任，路过广东，连南夫就委托高登赈济灾民。高登尽力为民，全活万计。第二年，大丰收，百姓如数还清灾荒年景贷款，并且请求高登留任，连南夫便令高登终其任。选择高登赈灾，可谓识人善任。赈济成功，是南夫的善政，也是高登功德，二人同心合力，可称功德无量。这位高登并非等闲人物，乃是与陈东一起伏阙的太学生领袖人物之一

登字彦先，漳州漳浦人，今属福建。他少游太学，与秦桧相识；长为进士，二人势若水火，他最后被秦桧迫害而死。高登虽然官职卑微，却是大名人，他与陈东是同一战壕的战友，生死不渝。值靖康之祸，他与陈东一起上书，乞斩六贼；朝廷罢种师道、李纲官，高登与陈东伏阙，百姓不期而聚者数十万人，遭到宋廷镇压，王时雍辈肆虐，面对霜锋雪刃，高登、陈东等十人，不动如山。后来，高宗上台不久，陈东、欧阳澈等学士领袖还是被杀掉了。陈东赠官以后，高登有《陈少阳赠官》诗以忆其事：

> 书成数千言，挥翰捷如飞。
> 明朝伏阙下，儒冠翕相随。
> 种李夺兵权，愤痛社稷畏。
> ……
> 时雍恣凶暴，纵兵欲屠之。

马前森利刃，此时命垂丝。

要领两不顾，相视情怡怡。

……

壮哉欧阳生，舍生诚所宜。

圣主图兴复，忠诚蒙诛夷。

男儿倘得死，其死甘如饴。

君死逾生荣，我生叹奚为？

九原如可作，微君谁与归？

陈少阳就是陈东，东字少阳，宋润州丹阳人，徽宗时入大学，钦宗即位，陈东率大学生伏阙，请诛六贼，以谢天下。靖康元年，金人困开封，宰相李邦彦、黄潜善，罢李纲、种师道，割地议和，东又率太学生于宣德门上书，军民云集响应，坚决要求罢免李邦彦、黄潜善，复用种师道、李纲，钦宗乃复李纲职。高宗即位，召陈东赴南京，适李纲罢职，东又上书，力言李纲不可罢，黄潜善、汪伯彦不可用，请亲征迎二帝，为高宗所杀。欧阳生就是欧阳澈，澈字德明，宋抚州崇仁人，靖康初三次上书，提出改革政治和抵抗金人的主张，高宗即位，澈徒步赴行在，伏阙上书，批评黄潜善、汪伯彦主和误国，与陈东同时被害。陈东、欧阳澈被斩，是高宗亲自决策。表面原因，是说怕再有伏阙击鼓事，即群体性上访闹事事件，实际上，亲征迎二圣才是高宗大忌。高宗登基，没有抗金表示，却先诛杀力主抗金的陈东、欧阳澈，此高登深所不解，即"圣主图兴复，忠诚蒙诛夷"，这是多么的不谐调啊！高宗甫一上台，对内高压、钳制舆论，对外屈辱退让，内心实以保皇位为宗旨，绝不允许提及二帝，已表现得淋漓尽致，《宋史》陈东传说三年后高宗悟，追赠陈东、欧阳澈官，这个"悟"字用得古怪。斩陈东、欧阳澈是用心深刻的决策；三年后追赠二人官职，亦是用心深刻的计谋。三年不飞，一飞冲天；三年不鸣，一鸣惊人；三年不悟，一悟以掩天下人之耳目。高宗真的以为一悟便可以塞天下悠悠之口？杀陈东、欧阳澈，成就其名。高宗封赠，是因事乘便，削减其影响而已。

陈东是建炎元年八月十五日到达行在所的，"凡十日而得罪死"，只有十天就被处斩，欧阳澈同时被害。说明，高宗真的忍无可忍了。关于陈东、欧阳澈的遇难，当时记载，并不十分明晰，扑朔迷离。然而，一定出自高宗决策。其余官吏，任其位高权重，也只是执行者而已。宋太祖有誓碑，"不得杀士大夫及上书言事之人"。建炎元年七月，曹勋自燕山逃归，向高宗报告，传达当了俘虏的徽宗的话："归可奏上，艺祖有约，藏于太庙，誓不诛大臣、言官，违者不祥。"这是誓约，还带有诅咒。可是高宗仍然不顾一切杀了二人。建炎三年，高宗又为二人赠官，岂非古怪。所以，杀二人，是为己；封二人，是为己。

高登忆往昔诗，基本上是写实，语言质朴，感情真挚，长歌当哭，只见平铺直叙，没有装腔作势，他是历史大事件的主角，更是历史大事件的见证人。但是，就是这样一位历史代表人物，并没有受到宋室重用，而是处处受制，时时为难。不明白高登的命运为什么总是多舛，他的一生，除了挫折，还是挫折；除了屈辱，还是屈辱。与时不合，直道而穷。

绍兴二年，高登廷对，甚有可观，又上万言书，却完全没有回音。在高宗的特别关照下，得为富川县主簿，后兼贺州学事司。高登清贫，居官廉洁，任满离开贺州时，同僚凑得五十万金以相赠，为高登作行旅之费，高登苦辞不获，最后以此款购置书籍留在贺州州学，以嘉惠后学。登亦有诗以记此事，诗前有序说：

> 顷罢官临庆，士民丐留不果，乃持金赆行，勤勤之意，既不可却，复不当受，固请买书，置之郡庠，以遗学者。作诗谢之。

其诗则云：

> 刘君政成俄及瓜，合境观谣腾载道。
> 民不见吏犬无声，特以百钱劳父老。
> 嗟我官卑志未申，于人何德人称好？
> 腾牒当途愿丐留，馈赆交驰杂金宝。
> ……

诗的文字风格与高登其他诗词有些不类，尤以首联十四字为可疑。这是从高登《东溪集》中抄来的，此处不作辨析。末言"别后青衿倘见思，窗前黄卷宜探讨"，倒是合乎本诗的主旨。

高登离广西东归，遇到连南夫，到新会县赈饥，一年后即留任新会。连南夫是绍兴八年年底提举宫祠，而高登则于八年再赴广西做古县令。古县隶于桂州，就是现在的桂林，在宋代是级别最低的下县。而知桂州是兼广西路经略安抚使的，那是位高而权重的。

高登与秦桧，在东京开封时曾经相识，高登做古县令时，却又一次与秦桧发生了交集。原来秦桧的父亲也做过古县令，古县县衙实是秦桧的出生地。高登为县令时，广西的帅臣是胡舜陟，胡大帅要高登在古县为秦桧的父亲建立祠堂，遭到高登的强烈反对。于是胡大帅就找了个茬子，逮捕高登治罪。

其时高登生母病死，高登正由海道回福建葬母，捕差追上高登船只，高登就在水滨葬埋母亲，然后航海到临安，要求"纳官赎罪"以终丧，得到时人同情，但终不免被逮，关进广西桂林狱中。政治冷酷无情，以至于斯。胡大帅用尽手段，摧残折磨高登，然而不意胡氏也为人所攻讦而下狱，猝然而死，高登冤狱始得白而幸免。

不久，受广南东路转运使司之命，高登摄归善令。归善县属惠州，连南夫帅府的摧锋军效用易青，就是归善县人。摄就是代理，摄官是宋代一种特殊的任命管理制度，只在广南东路和广南西路实行，由转运使司任命，不须向中央政府报批。就是说，这个任职资格是"地方粮票"，不是"全国粮票"。摄官经过一任或两任可以转正，转正就得报中央政府批准，高登摄归善令，由广东转运使司任命，是正常运作。不过，考虑到高登曾在连南夫统帅广东期间在新会赈饥，而此时连南夫卸广东帅司任不久，所以，广东转运使司聘任高登，虽系正常运作，亦不排除连南夫在其间曾发挥过积极作用。毕竟连南夫在广东的人脉还在。他做过广南东路帅司，而转运使司只是漕司，在帅司之下。因而高登在广东的再"就业"，不排除有连南夫的影响或作用。这个摄归善令，应是连南夫直接交办的。

绍兴十四年，高登到潮州做考官，就是主考大人，他出的考题，不合时宜，一个题是《论直言不闻之可畏》，另一为《第闻浙水涁之所由》，桧益怒，削官贬死容州。（《黄氏日抄》卷三四）即被人报告给秦桧，秦桧大怒，将高登"削籍"，就是开除出公务员队伍，并"流容州"。绍兴十五年正月，高登到容州流放地。三年后竟死在容州。

宋人罗大经著有《鹤林玉露》，罗大经在高登身后做过容州法曹，所及"容士犹能言其风猷"。所以《鹤林玉露》中关于高登的多处文字，资料详实，语言生动，足资参考。比《宋史》高登本传更鲜活，更有可读性。

如果说有什么人在高登生平资料上做出过特别贡献的话，那么此人则诚非朱熹莫属。朱熹著有《东溪高先生言行录》《高东溪先生祠记》《乞褒录高东溪忠义传》，文献价值很高。朱熹还是高登平反工作的直接推动者，高登身后五十年，沉冤莫雪，是朱熹大力奔走呼吁，始获昭雪，并予赠官。所以高登一生忠义而宋室亏欠高登者实多。研究高登，《宋史》本传、朱文公的集子、《鹤林玉露》、《粤西文载》以及高登的文集，都是必不可少的参考文献。

高登的文集以其号命名为《东溪集》，也有称《高东溪集》的，清四库馆臣辑本只有两卷，显然佚失较多。就《东溪集》现存文章奏疏诗词等来看，还是能给人以许多启发和深思的。

比如高登的《好事近》，其下半阕说：

> 囊锥刚强出头来，不道甚时节。欲命巾车归去，恐豺狼当辙！

"不道甚时节"，"恐豺狼当辙"，是高登对时局的判断。"豺狼当辙"，就是"豺狼当道"，这是一句很严重的评价时局的话。高登累受挫折，不是一个消极的人。连他都讲出了这种话，可见形势的无望。王明清《挥麈录》后录卷十，载胡诠与张元干的唱和词，与高登词极为相近，此处不作辨证。

上述那首词，不清楚写于何时，只能从中约略了解作词时高登对当局已经完全失望。高登词作注明时间的，有一首《渔家傲》：

> 名利场中空挠挠，十年南北东西道，依依绿山尘扑帽。空懊恼，羡他陶令归来早。
>
> 归去来兮秋已梢，菊花又绕东篱好，有酒盈樽开口笑。虽然老，玉山犹解花前倒。

这首词注明"绍兴甲子，潮州考官作"，此时做主考大人，心境特好，所以词句显得很明快，虽然是从陶诗中化来的，虽然说到"空懊恼"，但是掩不住满腔欢愉之情，可惜乐极生悲，他马上就有削籍之厄和流徙容州的厄运了。

绍兴甲子就是绍兴十四年，当1144年，时连南夫已谢世一年，高登是年得罪，明年即十五年正月到容州。绍兴戊辰即十八年（1148）闰八月初三，高登病逝。他自知死日时刻，毫发不爽；处分后事，无一语及于私。他生前留有《自写真赞》：

面兮纤冷，髭兮虬卷。

性兮火烈，心兮石坚。

有誓兮尽敌！无望兮凌烟！

第一句说相貌特征，第二句说性格特点，第三、四两句自述宏图大志，只望消灭全部敌人，而不望图像凌烟阁。可知高登只为国，只为民，不图名，不图利。可惜的是，高登虽然有雄图大略却最终化为流水。高登特别说到他的髭须，与众不同，顾影自怜，虬结而卷。朱熹说高登自测明日申刻死，明日正襟危坐，髭张口开，冥然而逝，刚及申时，真是奇哉壮哉！也特别说到他的髭。子不语乱力怪神，朱文公也记传奇，怪哉妙哉！

罗大经说，同时还有一个叫吴元美的三山人，家立潜光亭，又建商隐堂，合起来就是李商隐。他的对头，摘以告秦桧，"亭号潜光，盖有心于党李；堂名商隐，实无心于事秦"。李谓李光字泰发，是秦桧的政敌之一，于是吴元美亦被削籍流容州以死。当时这个秦相，真的很惹不起。

当靖康之变，高登、陈东等太学生伏阙上书，种师道、李纲复起，抗金有人，民气可用。然而后来局势大坏，不可收拾，徽钦被虏，社稷颠覆，高宗不思恢复，一退过淮水，再退过长江，避敌入海，偏居临安，先杀陈东，使士不敢言；再杀岳飞，自毁长城。高登与陈东并肩携手，一时豪杰，而沉滞下僚，下僚亦不可得，必欲其流容州以死。高登说当时豺狼当道，并没说错。无望于凌烟，果无缘于凌烟阁；有志于杀敌，竟不能遂其志，这才是高登真正的悲剧。连南夫作为一方诸侯，想用高登，所起作用，终亦有限。

高以下为基，王以民为天。要想成事，必须民心可用，民气可用。而涣散民心，压制民气，必不能有所作为。不与民同心者，民贼也；不与民同气者，民敌也。高宗患得患失，所关注的只是帝位，而不是国是，也不是民利，所以最终只能是偷安岁月而已。连南夫与高登，在这样的最高统治者手下想有所作为，岂非不识时务？

高登、陈东伏阙上书，群情汹涌，势不可挡，以布衣进退大臣，名标日月，声动天下，然而最终没有扭转历史的车轮，难道不应该有更深层次的思索吗？难道不应该有更高层次的思考吗？

君与民，利益不总是一致的，国与民，利益也不总是一致的。君王与国家，利益也不总是统一的。君王不可有私，有私便要坏事。残民以逞者，不能代表人民。宋高宗约束抗金军民，不许北向收复疆土，屈己事敌，苟安一方，只算是延其残喘而已。

历史总是向前发展的，青山遮不住，毕竟东流去。人民，只有人民，才是历史发展的动力。有功于民者，有功于国者，不论其职位高下，都是民族的脊梁，国家的精英。得人者昌，失人者亡。得人者，得人心也，失人者，失民心也。王利要统一于民利，而不是让民利从属于王利。王利从属于民利，得人心也。民利从属于王利，失人心也。天地间，民为大；万事中，民为重。人天一也，天道即人道。要安天，先安民，民安而天安。妄图损民害民以安天者，天必不得安。

14

淮西兵变　南海讨贼

时间：绍兴七年。

事件：郦琼挟淮西全军叛投伪齐。

连南夫的对策：以刘光世为前驱，讨伐郦琼。

文献出处：《连公墓碑》"郦琼既叛，公（连南夫）又言：豫贼得琼，正在疑贰，愿以刘光世为前驱讨焉"。"豫贼"指伪齐刘豫。

郦琼是刘光世部下统制官，与王德不相上下，名副其实的刘光世的左右手。《宋史》卷三百六十《赵鼎传》叙述郦琼叛变事：

> 七年，上幸建康，罢刘光世，以王德为都统制，郦琼副之，并听参谋、兵部尚书吕祉节制。琼与德有宿怨，诉于祉，不得直，执祉以全军降于伪齐。

赵鼎传，述琼之叛，极其简略，而且对于一些重大关节，又明显地加以掩饰。所以，它虽然说出了一个大致梗概，但是总的说，是语焉不详。

绍兴七年郦琼之叛是一严重事件，淮西全军除王德部八千人奉调返回建康，其余四万余人，全部由郦琼带领，降于伪齐。试想建炎绍兴之初，金兵频频发动攻势，宋人几乎很少有还手之力。及至绍兴六年，岳飞已能反攻，收复汉上六郡，说明敌我双方势力消长，大致势均力敌。所以郦琼之叛，对于刚刚在东南站稳脚跟的南宋政权，不啻天塌地陷。这一严重事件的祸首固然是郦琼，而其直接责任人则是张浚。张浚以宰相身份都督诸路军马，大刀阔斧，整顿士马，他的指导思想和举措，都是有些问题的。

《宋史》卷三百六十一《张浚传》无法回避淮西事变，浚传有如下说法：

> 刘光世在淮西，军无纪律，浚奏罢光世，以其兵属督府，命参谋、兵部尚书吕祉驻庐州节制。而枢密院以督府握兵为嫌，乞置武帅，乃以王德为都统制，即军中取郦琼副之。浚奏其不当，琼亦与德有宿怨，列状诉御史台，乃命张俊为宣抚使，杨沂中、刘锜为制置判官以抚之。未至，琼等举众叛，执吕祉以归刘豫。

南宋中兴诸大将中，刘光世军无纪律，避敌不战，确是事实。张浚奏罢光世，名正言顺。但以其兵属督府，却不免露出了张浚急于拥有军权的心理。张浚位高权重，可惜没有自己的直属部队。他想把刘光世的淮西军纳入自己的麾下。代表张浚莅临淮西军的，是张浚都督府的参谋、兵部尚书吕祉，淮西军驻在淮南西路的庐州，吕祉就到庐州赴任。当时，吕祉以都督府判官身份君临淮西军。

王德、郦琼，资历不相上下。王德代替刘光世出掌全军，郦琼等不服，向御史台，向都督府告状，王德也告状，相互攻击，那是很热闹的。张浚调王德一军八千人回建康，任都督府的都统制，吕祉在庐州以敷衍郦琼。同时，调张俊为淮南西路宣抚使，杨沂中为制置使，刘锜为淮南西路判官，张浚传没有说，同时还调吴锡一军向庐州运动。种种迹象都表明，张浚是准备对郦琼等采取断然行动，以军事手段解决之。加之，吕祉的机密报告落入郦琼之手，吕祉的书吏又漏泄机要，人证物证都被郦琼所掌握，于是郦琼就决计叛逃了。《宋史》张浚传说"浚奏其不当"，那是回护之词。因为，很多"不当"，都是张浚自己所造成的。

据绍兴七年上半年统计数字，刘光世部共 52312 人，马 3019 匹，郦琼叛变以前，王德所部八千人已经转回建康府，淮西军大将张景、乔中福被琼所杀，其余靳赛、王照等都随郦琼降于伪齐。郦琼带走的宋兵四万余人，当时宋军全部人马也不过十六七万，一下子损失四万精壮，造成淮南西路无人防守，事态的确空前严重。

王德如果不离庐州，郦琼或许还会有所顾忌。吕祉虽有权，却压不住郦琼。张景、乔中福，靖康就随刘光世勤王。所以郦琼先杀二人。

宋代文献对于吕祉之忠，给予了充分的肯定，然而对于吕祉的行事风格，却是多有指摘。总括起来，无非是说吕祉"举止骄傲，不谙军旅"，以及"无驭将治军之才，诸将皆恣横"之类。但由于他是张浚所信任的人，所以付之以不可负荷的重任，以致误事。

若依我看，在处理刘光世军权的问题上，张浚怀有私心，就是变淮西军为都督府的军队，由自己的参谋官吕祉去担当监军。在此之前，绍兴七年的上半年，张浚曾派出自己都督府的参谋官、兵部侍郎张宗元为湖北京西路宣抚判官监岳飞军，其目的也是夺岳飞的军权。张浚有三个参谋，很有名，一个叫刘子羽，另两人就是张宗元和吕祉。张浚使用自己的参谋，显然并非全部出自公心。

绍兴六年，岳飞进驻襄阳，派王贵等进入河南境内作战，收复卢虢等地。卢是卢氏，虢是虢略。虢略就是弘农，避赵弘殷讳改虢略。年底，赴平江（苏州）觐见高宗，后扈驾到建康。七年初，高宗与岳飞谈话，岳飞发表他那有名的"马说"，得到高宗的赞赏。高宗当时曾决定将恢复大计交于岳飞。宋人黄元振说：

> 先是朝廷罢刘光世军，欲以公代之，并军大举。公既扈从至建康，太上知公之可大任也，独召至寝阁命之曰：中兴之事，朕一以委卿，除张俊、韩世忠不受节制外，其余并受卿节制。已而有忌公者，沮止之。公忽召先父，出示张都督简板，乃却公宫祠之请。公曰：其所条具交军事件，一日可办。今乃令某先行，留属官以待，此必事已中变，故令某先行，功不成矣。某所以乞祠也。公不乐而先行……已而，朝廷乃以吕祉代刘光世，遂致郦琼之叛。盖光世之军，多陕西之盗贼，最为糅杂而难治。西人重世族，光世乃世将，故仅能总统之。郦琼、王德皆光世之爱将也，二人平日不相上下。若得威名之将以代之，则可以驾驭而立功。朝廷始以公代光世，得之矣。已而中变，易以吕祉，故二将无所忌惮而斗，琼惧而谋叛。刘豫又以高官重禄以诱之，所以丧淮西之一军。不然，公成恢复之功矣。

黄元振是黄纵的儿子，黄纵是岳飞的幕僚。黄元振写这段话的时候，称高宗为"太上"，那是孝宗时的事了。黄元振所说的"寝阁之命"，确有其事。而且，为了便于岳飞接收淮西军的方便，高宗还有手诏给岳飞，让王德等见诏"如朕亲临"。说明高宗此时很严肃，很认真，绝非儿戏，不是玩笑。当时都督府甚至开具了移交岳飞的淮西军人马清单。

清单的名称叫《督府令收掌刘少保下官兵札》，督府就是张浚的都督府，刘少保就是刘光世。此札亦收在岳飞孙子岳珂编的《金陀续编》中，见于卷八，所列刘光世部下诸将官人马如下：

王德 5731 人，马 287 匹

郦琼 5515 人，马 345 匹

王师晟 4890 人，马 231 匹

靳赛 5721 人，马 282 匹

王照 3128 人，马 130 匹

王志 4172 人，马 196 匹

乔仲福 2038 人，马 363 匹

张景 6946 人，马 869 匹

王世忠 1476 人，马 207 匹

李进彦 5152 人

赵四臣　康渊

共 52312 人，马 3019 匹

可见当时让岳飞掌管淮西军马是准备动真格的，不是虚文。其时，命令、指挥都是秘密下达给岳飞，只等合适机会便要采取雷霆行动。但是，事情忽然中变，不再让岳飞接管，而是都督府自己管辖。黄元振说"有忌公者，沮止之"。岳珂《金陀粹编》说这个人是秦桧。《宋史·岳飞传》记述了这个过程：

> 浚谓飞曰："王德，淮西军所服，浚欲以为都统，而命吕祉以督府参谋领之，如何？"飞曰："德与琼素不相下，一旦撅之在上，则必争。吕尚书不习军旅，恐不足服众。"浚曰："张宣抚如何？"飞曰："暴而寡谋，尤琼所不服。"浚曰："然则杨沂中尔？"飞曰："沂中视德等尔，岂能驭此军？"浚艴然曰："浚固知非太尉不可。"飞曰："都督以正问飞，不敢不尽其愚。岂以得兵为念耶？"

张浚的谈话，实际上否决了把淮西军交给岳飞指挥的成命。岳飞确实没有"得兵"的念头，张浚则不一定没有得兵的想法。与张浚谈话之后，岳飞立即上表，乞解军职，且不俟回复，即弃军，归庐山，为母亲守孝。他的部众，则由张宪权摄。张浚立即派张宗元赴鄂州，雷厉风行。只是张宗元的行事与吕祉不同，得以度过危机。联系刘光世部众的情况，张浚有意直接掌管从武昌到建康的大军，是显而易见的。所以，阻止岳飞接管刘光世军队的，不止有秦桧，还应包括张浚。而且其时张浚的地位和权势，还都在秦桧之上。沮岳飞的，应含张浚，而且其时张浚应该最具影响力。让岳飞接管和收掌刘光世官兵，命令由张浚都督府下达，张浚当然一切早已了然于胸，对策早就想好了的。岳飞弃军，早在张浚算中。

　　郦琼叛后，宋高宗有诏给岳飞，其中说道："近日郦琼领军北去，止缘除杨沂中为淮西制置使，众情猜虑。虽琼忠义有素，而不能自信，仓促之间，遂成大变。朕降亲笔，与琼委曲晓喻之，使知朝廷本意，乃已不及。闻琼与卿同乡里，又素服卿之威望，卿宜为朕选一二可委人，持书与琼，晓以朕意：若能率然还归，不特已前罪犯一切不问，当优授官爵，更加于前。朕已复诏刘光世，不晚到行在。琼之田产布在淮浙诸郡，已降指挥，令元佃人看守，以待琼归。"

　　高宗有点病急乱投医，于郦琼率大军叛变不敢出一语谴责之，仅谓之"领军北去"，字斟句酌，委曲求全，低声而且下气。又处处为琼田地，称其"忠义有素"，其本意是要岳飞将这些意思差人告知郦琼。高宗降诏，让岳飞选派可靠人员，持书与琼。理由有二：一、琼与岳飞同乡里，二、琼素服岳飞之威望。关于其一，郦琼与岳飞只是大老乡，岳飞是相州汤阴人，郦琼是相州临漳人，同属相州，说是同乡里，只是大老乡，这是一种公关手段。关于其二，郦琼素服岳飞威望，既捧岳飞，又捧郦琼。郦琼与岳飞在对金作战中，有过交集。绍兴四年，岳飞收复襄汉六郡，刘光世派郦琼率兵为岳飞后援，虽然迟到，岳飞还是为郦琼请功。所以，高宗的话，也不是没有根据。

　　岳飞遵照高宗指示，将信息传给了郦琼，郦琼有回信，是死心塌地地投身效命伪齐。郦琼，《宋史》无传，《金史》为之立传。郦琼曾募得七百人的义军从宗泽，"泽署为七百人长"——这是《金史》的说法。宋兵制没有"七百人长"这种称谓。他是勤王义军，也做过群盗，随刘光世防守淮西，与刘豫交战，有战功。绍兴七年投伪齐，金废刘豫，他又仕于金。从政治操守上说，是不足道的。

张浚深受高宗倚重，每每授以高位，只是张浚拥有大权之后，又往往误事。他的重大失误，前有富平之役，后有淮西之变。张浚集结重兵，与金人战于富平，就是今天的铜川，一战败北，反而杀曲端以诿过。如果不是吴玠在和尚原拼死血战，则川蜀几乎不保。至绍兴七年，先有意夺岳飞兵权，后有心拥有刘光世部，终于激出岳飞弃军，淮西兵叛，所以，这不是方法问题，不是措置失当问题，这是根本指导思想上出了偏差。宋高宗以其祖宗的传统，重忌武臣，怕其尾大不掉，张浚则有意拥有实际的兵权，派他的参谋官控制一个方面军，一而再，再而三。早期的刘子羽立有战功，张浚任宣抚使，刘子羽先做参议，后做判官，张浚有事只和刘子羽商议，让那个宣抚副使只有个空名。中间的张宗元，为岳飞说过好话，那是违背了张浚的本意；后来的吕祉努力贯彻张浚的意图，则引出了无法掌控的后果。所以，张浚用都督府参谋官谋取兵权，是一贯的做法。

绍兴七年，郦琼兵变，连南夫正在南海，在知广州的任上。连南夫打报告给高宗，说应该乘伪齐疑贰之际，派遣刘光世讨焉。疑贰之际，是说郦琼所挟叛军人数之多，连刘豫都不敢相信，金人也颇为疑惑。由刘光世征讨，无非是借用刘光世余威去争取淮西军。其时淮西防线出现大片空虚，自固尚且不暇，哪有多余兵力用于征讨？所以，此计除了说明连南夫与刘光世关系不错以外，其可行性实在太小。

绍兴七年十一月，刘豫被废，距郦琼降伪齐，刚刚两个月光景。事情变幻，令人目不暇接。其中，原因固然很多，但总是脱不了物极必反那句话。

有一句话，叫做人算不如天算；还有一句话，叫做螳螂捕蝉，黄雀在后。如果以这两句话形容绍兴七年的波谲云诡，还真是比较贴切的。纵观这一年的大事，岳飞的弃军，与淮西的军叛，不是孤立的两件事情，其间是有内在联系的。起初，是有一项决策，让岳飞接掌淮西军，让岳飞与张俊、韩世忠并列，且指挥两个方面军，这本身就是一种制造矛盾的办法。中途又突然变卦，激怒岳飞愤而辞职，这件事情或许一开始就居心叵测，岳飞早已落入算中。张浚在岳飞的使用问题上，是有私心的。在图谋军权上，也是有想法的。他的办法，是派出自己都督府的参谋，去控制一个大的方面军。古语说，一之谓甚，岂可再乎？张浚恰恰就是一而再再而三地做此类事。只是当时的大形势离不开岳飞，致其夺取岳飞兵权的想法没能如愿。至于淮西，刘光世是按既定方针免职了，在欲军事解决郦琼的前夕，郦琼携全军叛去了。郦琼叛国，固然罪责难逃。但是，张浚的处置也确有不当。张浚在主持都督府事务时，调整军事部署，有无夹杂着个人私心呢？我看不能排除。

［附注］

①郦琼叛降刘豫，所带淮西军马，各书所载不同。本文取四万人说法。

②绍兴四年，岳飞收复襄阳六郡，刘光世派郦琼出援。虽然后期三天方至襄阳，岳飞仍然为郦琼请功。

15

昔皆我有　岂忘尔欺

绍兴九年正月，宋金和议赦文下，连南夫有贺表，见《建炎以来系年要录》卷一二五，连南夫又为贺表曰：虽虞舜之十二州，昔皆吾有；然商於之六百里，当念尔欺！

《宋史·秦桧传》载此语，作：

> 不信亦信，其然岂然。虽虞舜之十二州，皆归王化；然商於之六百里，当念尔欺！

《文献通考》引陈振孙《直斋书录解题》：及和议成，南夫知泉州上表，略曰："不信亦信，其然岂然。"又曰："虽虞舜之十二州，昔皆吾有；然商於之六百里，当念尔欺！"今按：陈振孙的说法，固然是节录，极为简略，他是目录，准确地说，是提要目录，能抓住几个关键词，已是十分可贵。陈振孙的确抓住了要点，他所采用的几句话，与《三朝北盟会编》所载，大致相同。《三朝北盟会编》卷一九二说：

> 臣持橐西清，分符南海，茂著蕃宣之效，敢忘献纳之诚。惟虞舜之十二州，昔皆吾有；然商於之六百里，当念尔欺！莫知其是，不信其然。固知既来而则安，或且宁许以负曲。有若食其之说，无忘韩信之谋。愿益戒于不虞，庶免贻于后悔。

此外，在《三朝北盟会编》卷二二五载有湘山樵夫的《绍兴正论》，其中说到连南夫绍兴九年的贺表：

连南夫知泉州，上表贺大金许割河南，其略云：不信亦信，其然亦然。又云：虽虞舜之十二州，昔皆吾有；然商於之六百里，当念尔欺！

比较以上各家记载，《秦桧传》与所有各家不同，在于那个"昔皆吾有"，到了《秦桧传》就成了"皆归王化"，文字有所篡改，篡改的结果，有美化秦桧的成分。秦桧虽然入了《宋史》的《奸臣传》，他卒于绍兴二十五年，那时，他的子侄、门生、故吏，遍于朝野，势力很大，他的家庭给史馆提供的生平行状文字材料，自然也是一派称扬之词。所以这个"皆归王化"，应该是这时来的。后来修《中兴国史》，于秦桧传虽然有所剪裁加工，但于"皆归王化"四字，毕竟失于检点，没有予以订正。就宋人的记载来看，这四个字，本作"昔皆吾有"。写作"皆归王化"，只见于秦桧传，而这是美化秦桧等主和归地事宜的。《建炎以来系年要录》《三朝北盟会编》《直斋书录解题》《绍兴正论》四种书籍，都是宋人著述。《文献通考》作者马端临，虽然入元，但他是宋相马廷鸾之子，对宋朝感情甚为深厚，他的《文献通考》，其主要贡献，就在于宋代文献和制度。关于连南夫的贺表，他只引用了陈振孙的说法，没有加以任何引申。所以，陈振孙的《直斋书录解题》是解题性书目，马端临的《文献通考·经籍考》就是辑录性书目。

元人编有《宋史全文》，《宋史全文》载有连南夫绍兴九年贺表也是极其简略，只有二十二个字："虽虞舜之十二州，昔皆吾有；然商於之六百里，当念尔欺！"与《建炎以来系年要录》卷一百二十五所载完全相同。在这一点上，《宋史全文》是袭自《建炎以来系年要录》吧。有人说《宋史全文》于高孝二朝，史料一般采自《中兴两朝圣政》，而这一条却是与《建炎以来系年要录》一致。《建炎以来系年要录》于连南夫语后有"秦桧大恶之"五字，《宋史全文》亦完全相同。

今人辑《全宋文》，第176册有连南夫文，所载连南夫贺表，大体同《三朝北盟会编》，其文如下：

臣持橐西清，分符南海，蔑著蕃宣之效，敢忘献纳之诚。虽虞舜之十二州，昔皆吾有；然商於之六百里，当念尔欺！莫知其是必有是，不信其然岂其然？固知既来而则安，或且宁许以负曲。有若食其之说，无忘韩信之谋。愿益戒于不虞，庶免贻于后悔。

文字基本同《三朝北盟会编》，但是，也有很大的不同。这表现在《三朝北盟会编》"莫知其是，不信其然"，《全宋文》"莫知其是必有是，不信其然岂其然"，《三朝北盟会编》八字，《全宋文》十四字。那么，"莫知其是，不信其然"与"莫知其是必有是，不信其然岂其然"相比较，哪一种说法正确？我以为后者正确。理由何在？理由是，后者有出典。"不信其然岂其然"，是孔夫子的话，语见《论语》的《宪问篇》：

> 子问公叔文子于公明贾曰："信乎，夫子不言不笑不取乎？"公明贾对曰："以告者过矣。夫子时然后言，人不厌其言；乐然后笑，人不厌其笑；义然后取，人不厌其取。"子曰："其然岂其然乎？"

文中第一个"子"指孔子，最后一个"子"指孔子。其余两个"夫子"都指公叔文子。公叔文子名公孙拔，春秋卫国的公族。文是他的谥号。

孔子问公明贾，有人说先生（指公叔文子）不言、不笑、不取，是真的吗？公明贾回答说：告诉你这话的人说过头了。先生言不轻发，该说的时候才说，所以大家不厌烦他说话；先生在真正高兴的时候才笑，不看人脸色，所以大家不讨厌他笑。先生不贪得，合于义才取，所以大家不厌恶他取。孔子听后说：原来是这样。难道真的是这样吗？

连南夫使用这个典故，用得非常之好。特别是加了"不信"二字于原典之首，更能显示出他的用意之深。此处见机智，见机锋，见学问，见功力，与一般的掉书袋不同。千万不可将此仅仅视作文字技巧。

贺表起首"持囊西清，分符南海"，是表明身份，亦是用典。"分符"是说分符建节，掌管一个大州，南海在此处指广东，即广南东路。"持囊西清"，是说曾为中书舍人。连南夫的同时代人汪藻汪彦章，也用过持囊和分符的典故。汪藻《谢除龙图阁直学士表》说：

> 剖符方面，两膺南国之除；持囊禁严，四玷西清之选。

剖者分也，剖符就是分符。汪藻、连南夫都用分符和持囊，说明学问成熟之时，殊途同归。"持囊"典出《汉书·赵充国传》，说"张安世持囊簪笔事孝武帝"。孝武帝就是汉武帝。持囊的"囊"，又叫锲囊，应该是盛放书写工具的囊。当时，文字的载体是竹木简牍和缣帛。书写工具，是笔和刀。笔是书写用的，刀是削订正误用的。所以古语有"笔则笔之削则削之"的话。我以为锲就是锲。所以，锲囊就是书写文具袋。颜师古注，囊所以盛书也。我以为，囊是盛放书写材料的，一有皇帝指示或机密事项，马上掏出书写，以备顾问。《隋书》卷六《礼仪志》"紫荷执笏"，紫荷就是笔囊。同上书卷十一说：笏，中世以米，惟八座尚书执笏。笏者，白笔缀其头，以紫囊裹之。其余公卿但执手板。荷紫者，以紫生为夹囊，缀之服外，加于左肩。同书同卷又说：百官朝服公服皆执手板。尚书录令、仆射、吏部尚书，手板头复有白笔，以紫皮裹之，名曰笏。朝服缀紫荷。录令、左仆射左荷；右仆射、吏部尚书右荷。紫荷就是锲囊。据宋程大昌《演盘露》，紫荷之制，早在萧梁之时，便已有之，非自隋朝始也。因此，最初，锲囊有实用价值，后来，荷紫已转化为礼仪之具，及至宋代，持囊只剩典故。

在古文献当中，西清、西掖、右曹，都是说中书舍人。汪藻和连南夫都是做过中书舍人的，所以都以西清自况。蔡京是做过中书舍人的，所以席益说他在过西掖。清代有一部很有名的书，叫作《西清古鉴》，所著录的是内府所藏古代器物，该书编于清廷南书房，南书房是当时翰林学士舞文弄墨之所，即古之掖垣也，故有是名。除此而外，清代还有几部书以西清名，同样是因为这些书籍编于南书房。

"固知既来而则安"，用的是孔子的话，见于《论语·季氏》。原话很有名，也较长，是说："有国有家者，不患寡而患不均，不患贫而患不安。盖均无贫，和无寡，安无倾。夫如是，故远人不服，则修文德以来之，既来之，则安之。"孔夫子这个思想很重要，影响中国文化几千年。毛泽东是一代伟人，前无古人，也是用过"既来之，则安之"这句话。连南夫"固知既来而则安"，用的正是孔夫子语。"或且宁许以负曲"，则是另一个典故，即蔺相如的故事。战国，赵惠文王时，得和氏璧，秦昭王愿以十五城易璧，价值连城即由此出。时，秦强而赵弱，赵王恐秦取璧而不予城，白白受人之欺。蔺相如对策：秦以城求璧，赵若不许，其曲在赵；赵予璧，而秦不予城，其曲在秦，"均之二策，宁许以负秦曲"。让秦国去担那不讲信用的恶名。连南夫此处用典，减了一个"秦"字，是文字对仗的安排，同时也不无回避时任宰相秦桧之姓的用意。倘若触了秦氏的逆鳞，那后果也是相当堪忧的。

"有若食其之说，无忘韩信之谋"，说的是刘邦与项羽争天下，派韩信下齐的故事。汉王刘邦拜韩信为相，使击齐，未渡河，郦食其奉汉王命已下齐七十余城，齐王田广信郦食其，不再设防，韩信乘机进兵，摧枯拉朽，围击临淄。连南夫此处引用这个故事，不是说韩信陷郦生于死地，而是说要防金人继之以兵。通观连南夫贺表，虽然委婉道来，却是实实在在地以和议为非，压根儿就不相信金人所说的条件。史称秦桧见到连南夫的贺表"大恶之"，连南夫贺表也的确是打脸。

当时，与连南夫同时上表反对和议的，还有徐俯和岳飞，他们的表文也很有价值。徐俯贺表说，"祸福倚伏，情伪多端，恐未尽于事机，当复劳于圣虑"，也是从根本上否定和议的。岳飞是统兵大帅，志在恢复，坚欲抗金，反对议和，贺表措辞，威风八面，与常人又自不同，其贺表说："救暂急而解倒悬，犹之可也；欲长虑而尊中国，岂其然乎？"又说："谓无事而请和者谋，恐卑辞而益币者进，愿定谋于全胜，期收地于两河。唾手燕云，终欲复仇而报国；誓心天地，当令稽首以称藩。"史称秦桧读之大怒。岳飞后来有必死之道，恐即肇端于此。和议不是秦桧所能决定的，最终决定权在高宗手里，秦桧只是具体办事人。岳飞叫板的对象是高宗，所以终于不免一死。谁能救得岳飞？

虽有贺表，连南夫犹觉言犹未尽，不吐不快，于是又有上封事之举。关于其上封事书，将于下一章阐发研究之。

现在所能见到的连南夫绍兴九年贺表，都是节文，且有异文。其最重要的是，《三朝北盟会编》"茂著藩宣之效"，《宋史全文》"茂"字作"蔑"，按作"蔑"是。茂是盛大的意思，蔑是没有的意思，自称功劳很大，自吹自擂，没有这个道理，故而当作"蔑"。

16
不信亦信　其然岂非

绍兴九年，连南夫上封事。

绍兴九年，宋金讲和赦下，连南夫有贺表，接着又上封事，贺表已见前。今人编《全宋文》，收录连南夫贺表，无上封事书，好生令人不解。本章研究其绍兴九年上封事书。上封事书，文字较长，各书所载，又详略不一，且有讹误。今于需订正处，或以表，或以文，分别考定，而最后附之以新订之文。先作三书同异表。

表一

《建炎以来系年要录》	宝文阁学士、知广州连南夫上封事
《宋史全文》	知广州连南夫上封事
《三朝北盟会编》	知泉州连南夫上封事

按，连南夫时已提举宫祠，仍可用宝文及知广州衔。说知泉州者，误也。《建炎以来系年要录》更为全面。

表二

《建炎以来系年要录》	臣窃惟：大金素行欺侮
《宋史全文》	臣窃惟：大金素行凶诈
《三朝北盟会编》	金人素持奸计

《三朝北盟会编》所载不用"臣窃惟大金"五字，而改用"金人"二字。时有诏不得诋斥大金，故连南夫封事原文当是"大金"。改用"金人"，

是《三朝北盟会编》作者的政治态度。《三朝北朝会编》"素持"二字，《建炎以来系年要录》和《宋史全文》都作"素行"，疑当作"素行"。末二字，《建炎以来系年要录》作"欺侮"，《宋史全文》作"凶诈"，《三朝北盟会编》作"奸计"。三书作者，都有所本，绝非向壁虚构，而其不同如此。

表三

《建炎以来系年要录》	无
《宋史全文》	无
《三朝北盟会编》	恐朝廷堕其奸谋，故谢表有曰

按，《三朝北盟会编》此处录连南夫谢表"臣持囊西清"及其以下共八十七字。其下，又有"南夫继上封事"，亦为《建炎以来系年要录》和《宋史全文》二书所无。"继上封事"是说在贺表之后，再上封事，不是说二上封事。

表四

《建炎以来系年要录》	比年以来，两国皆堕其术中，大概彼以和议成之，此以和议失之
《宋史全文》	同上
《三朝北盟会编》	同上

按，"比年以来"及其以下二十一字，三书相同。但在此前，《三朝北盟会编》有一段文字，今照录于下：

> 臣闻老子之言曰：不信者吾亦信之。又闻孔子之言曰：不逆诈，不亿不信。抑亦先觉者是贤乎，此皆大圣人之用心。陛下纳金国和议之约，允蹈其言。又闻信不足，有不信。又闻言不必信，唯义所在。此皆神圣通变之道，《易》曰"几者动之微"，《传》曰："知几其神乎？"大金素行叵测。

以上共一百有三字，《建炎以来系年要录》《宋史全文》二书失载。从行文风格和所涉及的学问道德，是连南夫的文章，没有疑问。可见，《宋史全文》与《建炎以来系年要录》所载连南夫文字，都是节文，而且取舍各有侧重。

"不信者吾亦信之"，是老子的话，见《道德经》第四十九章，原文说：圣人无常心，以百姓心为心。善者吾善之，不善者吾亦善之，德善。信者吾信之，不信者吾亦信之，德信。（鲁阳附记：此处两"德"字，皆"得"字）孔夫子"不逆诈，不亿不信"，见于《论语·宪问》。逆是逆料，亿是臆度。不逆诈，不臆不信，大致可解为不恶意地估计别人。连南夫是正话反说，实际上所表达的是最大化地不相信宋金和议。

"几者动之微"，在中国传统文化里，几是非常重要的范畴。《易》是讲变化的，"生生之谓易"。什么变化？阴阳变化，"一阴一阳之谓道"。将变未变之间就是"几"。几在有无之间，所以"几者动之微"。这个事物还没有出现，但是它确实已经发动了，只是些微的发动，这就是几。这个几无法测量，无法度量，但却可以预知，可以感知，不是所有的人都可以预知，靠人的智慧，靠人的能力，可以预知、感知，这个精微的东西，一般人做不到，所以"知几其神乎"，知几不容易，但是确实是存在的。中国易学，一方面说"阴阳不测谓之神"，另一方面又说"知几其神乎"，二者结合，才是完整的中国易学，积极的人生哲学。

表五

《建炎以来系年要录》	今陛下果推赤心信之，以其割河南之地，遂恩之乎？臣知陛下知几，有不信也
《宋史全文》	同上
《三朝北盟会编》	今陛下果推赤心，以其割河南之地，遂恩之乎？臣知陛下知几，有不信也

表六

《建炎以来系年要录》	何以言之？丙午之祸，父兄母弟，六宫九族，咸被驱掳，逮今十四年，辱莫大焉
《宋史全文》	无
《三朝北盟会编》	何以言之？丙午之祸，父兄母弟，六宫九族，咸被驱掳，逮今十四年，辱莫大焉

按，表六这段文字，《建炎以来系年要录》《三朝北盟会编》同，《宋史全文》无。靖康丙午，1126年，靖康元年。

《建炎以来系年要录》"辱莫大焉"之下，接述"使太上圣躬无恙，随所割地，全而归之，十四年羁縻隔绝之恨，念之犹且心折。得梓宫犹不足为恩，得土地顾何足为恩乎？况陛下于太上有终天之恨"，共五十八字，"况"（含）字以前四十八字为《宋史全文》所无。"恨"字，《宋史全文》作"别"。此五十八字，《三朝北盟会编》同《建炎以来系年要录》校，有一重要倒误，即倒"十四年"为"四十年"，当予乙正。时徽宗已逝，故称梓宫，言"终天之恨"。用"别"字与"恨"字意相近，但激烈程度有所不及。如果说文字的删芟可说是剪裁布局的因素在起作用，那么改"恨"为"别"就只能用有意讳改来解释了。

表七

《建炎以来系年要录》	于大金有不共戴天之仇。方且许还河南之地，许还梓宫，许还渊圣、六宫
《宋史全文》	于金人有不共戴天之仇。方且许还河南之地，许还梓宫
《三朝北盟会编》	于大金有不共戴天之仇。方且许还河南之地，许还梓宫，许还渊圣、六宫

这几句话《建炎以来系年要录》与《三朝北盟会编》同。"许还渊圣、六宫"六字，为《宋史全文》所无。

表八

《建炎以来系年要录》	彼其计，实老子所谓将与取之，必姑与之……
《宋史全文》	彼其计，实老子所谓将与取之，必姑与之……
《三朝北盟会编》	彼其计，实老子所谓将与取之，必姑与之……

其下，"彼其计，实老子所谓将与取之，必姑与之，兵法所谓不战而屈人兵之术也，谁不怒发冲冠、握拳啮齿而痛愤哉！"共四十三字，三书所载完全相同。"怒发冲冠"即发上指冠，用蔺相如故事。"握拳啮齿"，"握拳"是颜真卿故事，啮齿用张巡故事，只是"啮"字误，当用"嚼"字。苏东坡在海南，曾有"张睢阳生犹骂贼，嚼齿穿龈；颜平原死不忘君，握拳透爪"联。连南夫帅广东，领有儋耳，应是了解这些故事。

表九

《建炎以来系年要录》	借使尽得所许，彼何加损
《宋史全文》	无
《三朝北盟会编》	借得所许，彼何加损

按，此句，《宋史全文》无。《三朝北盟会编》所载，不及《建炎以来系年要录》文气完整。二书相较，《建炎以来系年要录》优。

表十

《建炎以来系年要录》	汉王语吕后曰：使赵王有天下，顾少乃女乎
《宋史全文》	无
《三朝北盟会编》	汉王语吕后曰：使赵王有天下，顾少乃女乎

按，此句，也是《建炎以来系年要录》与《三朝北盟会编》有，且同，而《宋史全文》无。赵王指张敖，高祖刘邦与吕后长女鲁元公主为赵王敖后。赵王部下有人谋刺高祖于柏人，高祖心动而去，拷掠赵王属官，吕后以鲁元公主故，劝高祖不宜过于追究。高祖怒而言云云。连南夫引用此典，指金还六宫事。此固人所难言之者。

《建炎以来系年要录》接着说：

> 臣窃恐陛下天性孝弟，方感其恩，遂无赫怒整旅之志。盖用心不刚，则四肢委靡，将士虽欲断发请战，有不可得，谁为陛下守四方者？

《宋史全文》无"臣窃恐"三字。《三朝北盟会编》"赫怒整旅"句作"王赫斯怒，爰整其旅"。以连南夫的文风，在引用典故成语时往往全引，此句似当以《三朝北盟会编》所载为是。

接着，《建炎以来系年要录》说：

> 是陛下十有余年宠将养兵殚财曲意之计，一旦积于空虚不用之地，倒持太阿，交手而付之矣。

按，此句《宋史全文》《三朝北盟会编》全同。

此下，《宋史全文》文字最短，其文如下：

> 臣伏读正月五日赦文曰"戢宇内之干戈"，又奉圣旨"不得诋斥大金"，如此直堕其术中，使忠义之士结舌而不得伸，忠良之将缩手而不为用。臣恐将士解体，鱼溃兽散，如张良所谓谁与取天下者。

《建炎以来系年要录》在这段文字之前，尚有一大段文字，是说：

> 昔，太祖皇帝之南征也，李煜遣其臣徐铉朝于京师。铉曰："煜以小事大，如子事父，未有过失，奈何见伐？"太祖曰："尔谓父子，为两家，可乎？"安知大金之计，不出于此乎？岂吾太祖行之，而陛下不悟者乎？

以上这段文字，亦是《三朝北盟会编》有，而《宋史全文》无。上文说到"六宫"女子事，我已说到，此事人固难言。此处南唐李煜以小事大，如子事父，同样亦是令高宗难堪之语。李煜惧怕新建之宋，改南唐为江南国，宋高宗与金讲和，被金人称为江南康邸，甚至与刘豫等量齐观。金国使臣到达临安，要求赵构跪拜如仪，对于高宗，可谓足够的屈辱了。绍兴八年、九年，在要求称臣和如仪的问题上，《宋史》和《金史》的记载有不同之处，只不过这是外交战，双方都要给足自己面子，所以双方的记述有所出入，反而是正常现象。上述关于连南夫上封事的这段文字，可以《三朝北盟会编》所记为准。

《建炎以来系年要录》于紧接上文之后，文曰：

> 伏读正月五日赦文曰"戢宇内之干戈"，又奉圣旨"不得诋斥大金"，如此直堕其术中，使忠义之士，结舌而不得伸；忠良之将，缩手而不为用。

《宋史全文》《三朝北盟会编》都有这段文字，三书在此处并无异同。只是在以上两段文字之间，《三朝北盟会编》独有一段，为《建炎以来系年要录》和《宋史全文》所未载，文很重要，全文是：

> 昔，唐高祖借兵于突厥，尝父事之。至颉利为太宗所擒，后世称之为英主。陛下肯出太宗下哉？臣伏见生灵戴宋几二百年，沦肌浃髓之恩，视陛下为亲父母。不幸为干戈之所扰，视大金为畏惧。韩退之曰："叛父母，从仇雠，非人之情。"民情大可见，大金岂不知之？
>
> 昔，耶律德光之击晋也，述律尝非之曰："吾国用一汉人为主，可乎？"德光曰："不可。"述律曰："然则汝得中国不能有，后必有祸，悔无及矣！"许还之约，安知不出于此乎？使大金用述律之言则可，窃吾太祖之言用之，无乃不可。是说也，陛下圣性高明，固知之

矣。知之不信，审矣。

然臣犹不能无疑者。

此下，方接"伏读正月五日赦文"。

以上这一大段，说了三个历史大事件以为镜鉴，《建炎以来系年要录》仅选其一，《宋史全文》则一字不见。我以为，当据《三朝北盟会编》所记，尽可能补全绍兴九年正月连南夫上封事文。

在上文"忠良之将，缩手而不为用"之后，《三朝北盟会编》说：

范增之说项王曰："天下大定矣！君王自为之！"可不鉴哉！此臣所以昧死上愚衷，愿有献纳。臣闻张良为汉王借前箸，以筹挠楚权之谋，为汉王不能制项王死命，遽欲效武王休马息牛，具陈天下游士各归事其主，陛下谁与取天下？审如诏旨，臣恐将士解体，鱼溃兽散，如张良所谓谁与取天下者。

《建炎以来系年要录》录有这段文字，《三朝北盟会编》与之相比，只少了"此臣所以昧死上愚衷，愿有献纳"十三字。《宋史全文》于这段文字，只取一句"如张良所谓谁与取天下者"，可谓删略殊甚。自此而下，《三朝北盟会编》所载连南夫上封事文，尚有905字，《建炎以来系年要录》所载仅212字，《宋史全文》所载更少，只有141字。

比较《三朝北盟会编》《建炎以来系年要录》《宋史全文》三家关于连南夫的上封事文，以《三朝北盟会编》所载最为完整，是以应以《三朝北盟会编》所载为底本，参以《建炎以来系年要录》及《宋史全文》，成《新订绍兴九年连南夫上封事文》。而将以上《三朝北盟会编》等三家相关原文录入本书《连南夫文献经眼录》。

《三朝北盟会编》所载连南夫上封事文，此下有云：

然则计将安出？臣方闭户深念，不觉大喜曰："河南之复，殆天授，非人力也。"传曰："天与不取，反受其咎。时至弗行，反受其殃。"又曰：机不可失。愿陛下因而图之，大事济矣。似闻彼国新主厌兵，乃有此议。

今按，以上文字，共计七十余字，《建炎以来系年要录》只浓缩为"然则计将安出？谓彼国新主厌兵，乃有此议"，只余一十七字，真真实实的头上一句，脚上一句。《宋史全文》于此段一字不取，连一丝一毫的影响都没有。"彼国新主"，谓金熙宗完颜亶。完颜亶于金太宗天会十三年（宋绍兴五年）接班称帝，用天会年号至十五年，然后方改天眷元年，当宋绍兴八年，废伪齐刘豫，与宋和谈，所以连南夫说"彼国新主厌兵"。

《三朝北盟会编》接着说：

> 臣谓使其果有厌兵之心，政当乘其懈而击之。如其不然，先发制人，后发制于人也，陛下必知其决择矣。
>
> 议者若曰：强弱大小，犹且不侔，未宜轻举。臣闻汤以七十里，文王以百里，所谓在德不在众。汉高祖以亭长除秦暴，唐高祖以一旅取孤隋，光武接十二帝之统而起自单微，以至中兴。今陛下复河南之地，实以圣继圣，德新又新，挺真主之姿，应帝王之运，六师方张，旧民协力，抑又多助之至。此臣所以愿陛下图之也。

于以上这一大段，《建炎以来系年要录》只作：

> 臣谓使其果有厌兵之心，还当乘其懈而击之。如其不然，先发制人，后发制于人，陛下必知所决择矣。

在以上文字中，连南夫列举了许多历史典故，学有渊源，博闻强志。《建炎以来系年要录》所采用的几句话，尚可谓抓住了要点。就这一点上说，《建炎以来系年要录》编著者，眼界更高一些。

《三朝北盟会编》接着说：

> 臣闻陛下方遣侍从、宗臣，祗谒宗庙陵寝，将亲见宫室之禾黍，陵寝之盗掘，此政诗人彷徨不忍去之，恐有扶老携幼感泣而听诏者。少者之哭，哭其父与兄也；老者之哭，哭其子也。戏笑甚于裂眦，长歌过于恸哭，天地日月亦必为之凄惨郁结。陛下闻之，追悼其因，是谁之过与？

按，《建炎以来系年要录》有此段文字而略简，又将"诏"字形误为

"语"，《三朝北盟会编》优。又，宋陵在河南巩县，今称巩义，有孝义、芝田二陵区。孝义、芝田是北宋二县名。今巩义市即合巩县、孝义而成。盖巩县改市，治所由巩县迁孝义，故称巩义。绍兴九年初，宋廷派侍从、宗室谒宋陵确有其事。宋高宗派出的祗谒陵寝使者，是宗室、同判大宗正事赵士㒟和兵部侍郎张焘。赵、马奉使，路过鄂州，岳飞派大将护送，因而对岳飞有所了解，因此后来，绍兴十一年，赵士㒟仗义执言，营救被陷害的岳飞，也是事出有因。只不过高宗杀心已动，士㒟虽贵为皇叔，说话也不管用。

宫室禾黍，诗人彷徨，说的是同一件事。《诗》有《黍离篇》，咏平王东迁，宗周丘墟，宫室尽为禾黍。诗中浩叹者三："知我者，谓我心忧，不知我者，谓我何求"。又呼天者三："悠悠苍天，此何人哉。"连南夫引《黍离》，其椎心泣血，情状可知。北宋亡，宋陵被金人发掘，岂止禾黍而已。

现在，继续向下看《三朝北盟会编》文字：

> 还地孰少孰多？而我河南之氏，何啻百万？昔者乐生，今日效死，因民欲向为百姓请命，而以王师甲兵之众随之，此皆尽锐愿战之师，彼皆悲歌感慨之士，河南起而河北应，箪食壶浆以迎。孟子之言，于今有验；世宗之举，不约而同。此臣所以愿陛下图之也。

按：《建炎以来系年要录》于这段文字，作：

> 还地之恩，孰少孰多？而河南之民，何啻百万？昔日乐生，今日效死，因民之欲，北乡为百姓请命，而以王师甲兵随之，河北之民，必有箪食壶浆以迎王师者。此臣所以愿陛下因而图之也。

《宋史全文》此段文字与《建炎以来系年要录》同。

比较三书所载，仍以《三朝北盟会编》文字最多，《建炎以来系年要录》和《宋史全文》所载虽短，却有优长的地方。《三朝北盟会编》"河南之氏"，"氏"为"民"之讹。唐人避李世民讳，改民为氏，如婚字，上应作民，今用氏，是仍为李世民讳。但宋人不讳民字，故氏字讹。"因民欲向"，"欲"前脱"之"字，"向"前脱"北"字。"箪食壶浆以迎"，《建炎以来系年要录》及《宋史全文》都有"王师"二字，应当据以补字。《孟子》原话本有"王师"二字。《三朝北盟会编》"昔者乐生，今日效死"，"者"字《建炎以来系年要录》及《宋史全文》都作"日"字，以行文偶文考虑，错落为文，又是《三朝北盟会编》为优。所以，仍然是三书各有优长。因而，只能择善而从。总之，于《三朝北盟会编》这段文字，当改"氏"为"民"，补"之"字，补"北"字，且补"王师"二字。只有如此，才较为接近连南夫文字原貌。

《建炎以来系年要录》和《宋史全文》所引连南夫绍兴九年上封事文至此而止。而《三朝北盟会编》此下尚有四百五十余字，今且移录于下：

> 臣平居尝谓，不复中原则不可以立宗社，不有四海则不可以子万民。今有幸会，遂得河南归我，凡属同体，岂不中应？大河安得而断间哉？此臣所以愿陛下因而图之也。
>
> 臣伏仰陛下英武天纵，孝弟性成，抚艰运于一纪，来和议于此时。然不知陛下愿为英武主乎？愿为孝弟主乎？臣昔守建业，获望清光，首为陛下陈尧舜之道，非谓垂衣拱手坐视夫民而名尧舜也。愿陛下效汉高祖、唐太宗之英武败敌迎父母，以成尧舜之道也。今陛下俯首议和，端为父兄，是孝弟既如此；臣愿陛下乘机应变，席卷两河，摅祖宗之宿愤，扫天地之兵氛，英武又如此。使天下万世，皆仰陛下圣而不可知之神矣。越汉唐之所谓孝弟英武，顾不韪哉！其如应变于耳目之前，或且经营于年岁之后，皆在陛下惟断乃成，抵掌而决。期月而已，臣犹迟之。
>
> 昔李渤上平贼三策，攻不失战，虞不失守，固河南以连河北，三策具存，乃敢以献。欧阳修曰："世徒见周师之出何速，而不知述律有可取之机也。"是时，述律以为周师所取皆汉故地，不足顾也。然则十四州之故地，皆可指挥而取矣。使新主果有厌兵之心，事亦类此。
>
> 臣区区之心，发于忠愤。若谓不识大体，不省几事，欲逃万死之罪，宁能远走高飞，不在人间乎？方今堂下有耆老硕辅，阃外有良将奇兵，更乞睿慈，付之公议，熟计而行之。臣不胜战汗待罪之至。

这最后一大段，除极个别地方，总的来看，文从字顺，结构完整，特别是文末有"臣不胜战汗待罪之至"，这是奏章的结语。有了这句结语，上封事文，才称结构完整，它与起首"臣窃惟"，首尾照应而呼应。文中很重要的一件事，是连南夫提到了建炎年间知建康府时和宋高宗议政的往事，这很重要。《连公墓碑》提及此事，是谓有据。

连南夫文中所说李渤平贼三策，《新唐书》卷一百十八李渤本传作平贼三术，"一曰感，二曰守，三曰战。感不成不失为守，守不成不失为战"。《三朝北盟会编》"攻不失战，虞不失守"，似乎有些似是而非。由于没有更多依据，姑且仍旧文而不改。

又连南夫文中所说欧阳修"述律有可取之机"的说法，见于《新五代史》卷七十三《四夷附录》第二，"述律"，《新五代史》作"舒噜"，此是译写不同。"不足顾也"，《新五代史》"也"字作"地"。

综合以上文字，谨将连南夫绍兴九年上封事文校订于下，以供参考。

17

新订绍兴九年连南夫上封事文

　　臣窃惟：大金①素行奸计。臣闻老子之言曰：不信者吾亦信之。又闻孔子之言曰，不逆诈，不亿不信。此皆大圣人之用心。陛下纳金国和议之约，允蹈其言。又闻信不足，有不信。又闻言不必信，唯义所在。此皆神圣通变之道。易曰"几者动之微"，传曰："知几其神乎？"大金素行叵测。比年以来，两国皆堕其术中。大概彼以和议成之，此以和议失之。今陛下果推赤心信之，以其割河南之地，遂恩之乎？臣知陛下知几，有不信也。何以言之？丙午之祸，父母兄弟，六宫九族，咸被驱掳，逮今十四年，辱莫大焉。使太上圣躬无恙，随所割地全而归之，十四年②羁縻隔绝之恨，念之犹且心折。得梓宫犹不足为恩，得土地顾何足以为恩乎？况陛下于太上有终天之恨③，于大金有不共戴天之仇。方且许还河南之地，许还梓宫，许还渊圣、六宫，彼其计，实老子所谓将欲取之，必姑与之，兵法所谓不战而屈人兵之术也，谁不怒发冲冠、握拳嚼齿而痛愤哉！借使尽得所许④，彼何加损？汉王语吕后曰：使赵王有天下，顾少乃女乎？臣窃恐陛下天性孝悌，方感其恩，遂无王赫斯怒，爰整其旅之志。盖用心不刚，则四肢委靡，将士虽欲断发请战，有不可得，谁为陛下守四方者？是陛下十余年宠将养兵殚财蓄力之意，一旦积于虚空不用之地，倒持太阿，交手而付之矣。

　　昔，太祖皇帝之南征也，李煜遣其臣徐铉朝于京师。铉曰："煜以小事大，如子事父，未有过失，奈何见伐？"太祖曰："尔谓父子，为两家，可乎？"安知大金之计，不出于此乎？岂吾太祖行之，而陛下不悟者乎？

昔，唐高祖借兵于突厥，尝父事之，至颉利为太宗所擒，后世称之为英主。陛下肯出太宗下哉？臣伏见生灵戴宋几二百年，沦肌浃髓之恩，视陛下为亲父母。不幸为干戈之所扰，视大金甚为畏惧。韩退之曰："叛父母，从仇雠，非人之情。"民情大可见，大金岂不知之？

昔，耶律德光之击晋也，述律尝非之曰："吾国用一汉人为主，可乎？"德光曰："不可。"述律曰："然则汝得中国不能有，后必有祸，悔无及矣。"许还之约，安知不出于此乎？使大金用述律之言则可，窃吾太祖之言用之，无乃不可。是说也，陛下圣性高明，固知之矣。知之不信，审矣。

然臣犹不能无疑者。伏读正月五日赦文曰"戢宇内之干戈"，又奉圣旨"不得诋斥大金"，如此直堕其术中，使忠义之士，结舌而不得伸；忠良之将，缩手而不为用。范增之说项王曰："天下大定矣！君王自为之！"可不鉴哉！此臣所以昧死上愚衷，愿有献纳。臣闻张良为汉王借前箸，以筹挠楚权之谋，为汉王不能制项王死命，遽欲效武王休马息牛，具陈天下游士各归事其主，陛下谁与取天下？审如诏旨，臣恐将士解体，鱼溃兽散，如张良所谓谁与取天下者。

然则计将安出？臣方闭户深念，不觉大喜曰："河南之复，殆天授，非人力也。"传曰："天与不取，反受其咎。时至弗行，反受其殃。"又曰：机不可失。愿陛下因而图之，大事济矣。似闻彼国新主厌兵，乃有此议。臣谓使其果有厌兵之心，政当乘其懈而击之。如其不然，先发制人，后发制于人，陛下必知其决择矣。

议者若曰：强弱大小，犹且不侔，未易轻举。臣闻汤以七十里，文王以百里，所谓在德不在众。汉高祖以亭长除秦暴，唐高祖以一旅取孤隋，光武接十二帝之统而起自单微，以至中兴。今陛下复河南之地，实以圣继圣，德新又新，挺真主之姿，应帝王之运，六师方张，旧民协力，抑又多助之至。此臣所以愿陛下因而图之也。

臣闻陛下方遣侍从、宗臣，祗谒宗庙陵寝，将亲见宫室之禾黍，陵寝之盗掘，此政诗人彷徨不忍去之，恐有扶老携幼感泣而听诏者。少者之哭，哭其父与兄也；老者之哭，哭其子也。戏笑甚于裂眦，长歌过于恸哭，天地日月亦必为之凄惨郁结。陛下闻之，追悼其冤，是谁之过与？还地孰少孰多？而我河南之民，何啻百万？昔者乐生，今日效死，因民之欲，北向为民请命⑤，而以王师甲兵之众随之。此皆尽锐愿战之师，彼皆悲歌感恸之士，河南起而河北应，箪食壶浆以迎王师者⑥。孟子之言，于今有验；世宗之举，不约而同。此臣所以愿陛下因而图之也。

臣平居尝谓，不复中原则不可以立宗社，不有四海则不可以子万民。今有幸会，遂得河南归我，凡属同体，岂不中应？大河安得而断间哉？此臣所以愿陛下因而图之也。

臣伏仰陛下英武天纵，孝弟性成，抚艰运于一纪，来和议于此时。然不知陛下愿为英武主乎？愿为孝弟主乎？臣昔守建业，获望清光，首为陛下陈尧舜之道，非谓垂衣拱手坐视夫民而名尧舜也。愿陛下效汉高祖、唐太宗之英武，败敌迎父母，以成尧舜之道也。今陛下俯首议和，端为父兄，是孝弟既如此；臣愿陛下乘机应变，席卷两河，摅祖宗之宿愤，扫天地之兵氛，英武又如此。使天下万世，皆仰陛下圣而不可知之神矣。越汉唐之所谓孝弟英武，顾不韪哉！其如应变于耳目之前，或且经营于年岁之后，皆在陛下惟断乃成，抵掌而决。期月而已，臣犹迟之。

昔李渤上平贼三策，攻不失战，战不失守，固河南以连河北，三策具存，乃敢以献。欧阳修曰："世徒见周师之出何速，而不知述律有可取之机也。"是时，述律以谓周师所取皆汉故地，不足顾也。然则十四州之故地，皆可指挥而取矣。使新主果有厌兵之心，事亦类此。

臣区区之心，发于忠愤。若谓不识大体，不省几事，欲逃万死之罪，宁能高飞远走，不在人间乎？方今堂下有耆老硕辅，阃外有良将奇兵，更乞睿慈，付之公议，熟计而行之。臣不胜战汗待罪之至。

[简注]

①臣窃惟：大金　《三朝北盟会编》止作"金人"，此依《建炎以来系年要录》及《宋史全文》。盖时有诏"不得诋斥大金"，连南夫行文只能用"大金"字。

②十四年　原作"四十年"。按，从丙午岁至此只有十四年，没有四十年。上文正作"十四年"。"四十"乃"十四"之倒误。今予乙正。

③终天之恨　此从《三朝北盟会编》。《宋史全文》"恨"字作

"别"。此句，《三朝北盟会编》为优。

④借使尽得所许　　"使尽"二字，据《建炎以来系年要录》补。

⑤北向为民请命　　此从《建炎以来系年要录》，《三朝北盟会编》无
"北"字。

⑥箪食壶浆以迎王师者　　此从《建炎以来系年要录》。《三朝北盟会
编》无"王师"二字。《孟子》原文："以万乘之国，伐万乘之国，箪食
壶浆以迎王师。"此句以《建炎以来系年要录》为优。

18

壮怀自感中流楫　旧爱今存岘首碑

——李弥逊挽宝学连公诗解

　　宝学连公指南宋名臣连南夫，宝学是宝文阁学士的简称。宋代有阁学士，以龙图阁学士、天章阁学士和宝文阁学士最为尊崇。连南夫生前做过宝文阁学士，所以李弥逊称他为宝学连公。诗虽只有二首，价值却是极高。

　　连南夫是南宋建炎绍兴间名臣，是中华连姓文化史上的闻人，是当今连战的先祖。他是北宋徽宗朝进士。至于是哪一年的进士，迄今有不同说法。为连南夫作墓碑文字的宋人韩元吉说，连南夫二十四岁时成为进士，这个说法极为可靠。理由在于，韩元吉撰写《连公墓碑》是根据南夫长子所提供的南夫行状写成的，本身可靠。但是，自清以来，从《福建通志》开始，中经陆心源的《宋史翼·连南夫传》，直到今天，韩元吉的说法隐而不彰，充斥于书刊和新闻媒体的，都是另外一说，都说他是徽宗政和二年进士，甚至今人编《全宋文》也持此说。今按：此说较韩元吉的说法，连南夫成为进士之年要晚三年。从理论上说，韩元吉的说法正确，不足的是缺少旁证。幸运的是，在连南夫不幸长逝的时候，作为他的好友，而且曾经同朝为官，又同被权相所迫害同样居于福建的李弥逊，以极其沉痛的笔触写了两首悼念的诗章，题为《宝学连公挽诗二首》，保存在李弥逊的《筠溪集》卷二十。诗曰：

> 男儿死尔不应悲，可惜胸中尚有奇。
>
> 绝域英声宜早岁，楚廷高议补明时。

壮怀自感中流楫，旧爱今存岘首碑。
天独不能遗此老？盖棺两鬓未全丝。

弱冠论交老更坚，平生风义想前贤。
银峰告政一千里，雁塔联名四十年。
漫许赤心酬雨露，终成白发傲林泉。
酸风送子寒山暮，鸣壑摇松亦泫然。

挽诗弥足珍贵，因此也很重要，保存着重要而珍贵的历史信息，有着很高的研究价值和文献价值．不仅可以把连南夫成为进士之年做成铁案，而且还可以解决其他许多问题，因此试为诠解。

同连南夫一样，《绍兴正论》中赫然有李弥逊的名字在内。

李弥逊字似之，苏州吴县人，大观三年（1109）上舍第一。宣和末，知冀州，弥逊城守有方，邀击金人游骑，颇有斩获。次年，兀术北还，戒其部属，不敢犯冀城。政和中，李弥逊官起居郎，上封事，直言朝政，被贬任外职几乎长达二十年之久，至绍兴七年（1137），才复召入为起居郎。看来这位李弥逊干工作是可以的，升官就不那么行，二十年转了一个圈，又回到了原来的出发点，而脾气又不改，“直前论事，鲠切如初”。即奏六事，为户部侍郎。秦桧再相，唯弥逊与吏部侍郎有忧色。绍兴八年，赵鼎罢相，秦桧专国，决策通和，枢密院编修官胡铨上书乞斩秦桧，校书郎范如圭以书斥责秦桧“曲学背师，忘仇辱国”，礼部侍郎曾开亦抗声引古谊以折秦桧。三人者相继皆被贬谪。弥逊不为秦桧威逼利诱，反对屈膝议和，绍兴九年出知端州，改知漳州。十年，归隐福州连江西山，自称筠溪真隐。十二年，秦桧指示言者论弥逊与赵鼎、王庶等四人同阻和议，于是弥逊落职。绍兴二十三年，李弥逊卒。李弥逊生年晚于连南夫四年，卒年晚于连南夫十年。李弥逊与连南夫同以大观三年上舍登第，同样居于福州。绍兴十三年，连南夫逝，绍兴十五年十一月十五日葬，李弥逊挽诗“酸风送子寒山暮”，好像是亲与葬礼。但也不一定。所以尚无法确定挽诗所写时间，是连南夫病逝之时，还是连南夫下葬之时。李弥逊所作挽诗二首，即《筠溪集》中所载之《宝学连公挽诗二首》。李弥逊与连南夫惺惺相惜，心有灵犀，反对秦桧专权误国，沉痛悼念连南夫的凋谢，挽诗所表达的，是真情实感。

南宋楼钥为李弥逊《筠溪集》作序，称弥逊"弱冠"为大观三年上舍第一人。《宋史》李弥逊本传也说他"以上舍登大观三年第"。这些信息，不独对研究李弥逊生平行实必不可少，而且，对于研究连南夫也具有举足轻重的意义。例如，韩元吉《连公墓碑》说连南夫年二十四，进士上舍，是说他也是从太学上舍毕业。连南夫生于北宋元祐元年（1086），那么二十四岁，正当大观三年。可是清人所修《福建通志》却说连南夫是政和二年进士。政和二年为公元 1112 年，是年连南夫已经二十七岁，二者不同如此，孰是孰误？当然韩元吉的说法正确。但是，自清以来，包括陆心源《宋史翼》中的《连南夫传》以及今人的著作文章，无不称连南夫是政和二年进士，这就不得不认真对待了。那么，连南夫到底是哪一年的进士呢？可以肯定地说，他是大观三年进士。可以这样理解，韩元吉的《连公墓碑》给予连南夫成为进士之年一个严格的理论上的时间界定。而李弥逊挽诗，则给了连南夫为大观三年进士的一个直接证据。这个证据非同一般，可称之为铁证。

李弥逊挽诗说"雁塔联名四十年"，雁塔联名就是同年进士一起在雁塔题名，是唐代文人雅事，也是唐人盛事。进士既捷，在慈恩寺塔上题名纪念，所以雁塔联名就是同年题名。现在，参加高考被录取，要在报纸和网络上公布姓名，可视为雁塔题名在新时代的再现。李弥逊说雁塔联名，就是说他与南夫是同年。二者珠联璧合，天衣无缝，使连南夫二十四岁成为进士的说法，得以证实。所以连南夫是徽宗大观三年进士，而且与李弥逊同榜进士。李弥逊是这一榜的第一名，就是上舍魁。这年的进士六百八十五人，宗室上舍四十二人，上舍魁李弥逊，状元是贾安宅。同年上舍魁这么发话，难道还有疑问吗？

弥逊挽诗所说"弱冠论交老更坚"，是说大观三年李弥逊二十岁，那年他成为进士第一名并与连南夫订交。至于"四十年"，我以为应视为约数。因为自大观三年至连南夫过世的绍兴十三年（1143）只有三十四年，至绍兴十五年连南夫下葬，也只有三十六年，都不及四十年。因为若以四十年计，则要到绍兴十八年方才足数，所以如果是举成数而言之，则李弥逊的挽诗应写于连南夫辞世后不久。若是确数，则诗写于绍兴十八年。究竟哪一种可能性大？我以为应是绍兴十三年。什么根据呢？根据是李弥逊的诗"盖棺两鬓未全丝"，连南夫临终之时鬓发没有全白，是李弥逊亲眼所见。李弥逊绍兴十二年落职，隐于福建福州的连江，连南夫绍兴十二年被剥夺宫祠，也隐于福州，而且有一说也说他隐于连江，这一时期，二人应该见过面。李弥逊的诗一方面证实连南夫绍兴十三年谢世时，健康状况并非十分恶化，那么他的死亡就绝非正常，确实很大程度上是受秦桧迫害而心情郁结的结果。另一方面也确然证实连南夫与李弥逊在退隐福建时是保有密切联系的。同是，也不排除李弥逊到连府吊唁的可能。所以李弥逊的二首挽诗，写成于绍兴十三年初。

李弥逊隐于连江，连南夫也隐于连江，和隐于福州，以及卒于福州，并不矛盾。因连江隶于福州，故隐于连江可称隐于福州。大家都知道，苏东坡卒于常州，其实，苏东坡是卒于常州的义兴，而且是义兴的阳羡山。常州，毗陵郡，所以也说苏东坡卒于毗陵。这些道理相同。

"银峰告政一千里"，是说连南夫与李弥逊手足情深，息息相关。告政的事典，起源甚古。春秋时期，天子告朔告政。诸侯即位，则告政于邻国，表示继先君之政，不敢轻其事，且表示继续保持和发展与邻邦的友好关系。《春秋·昭公三年》韩宣子来聘，且告为政，他是大夫而行诸侯朝聘之礼，被视为僭越。李弥逊用"告政"一词，全没有这种意思，此由"银峰"二字可知。"银峰"说的是银峰山，在饶州德兴县，苏东坡长子苏迈曾为"饶之德兴尉"（苏轼《石钟山记》），说的就是这个德兴。德兴在唐代叫乐清，县有银峰山，山有银矿，每年产银十万两，税利很是可观。宋代银峰山银矿继续开采，坑业也很发达。建炎三年（1129），连南夫知饶州，此前李弥逊也知过饶州，"银峰告政一千里"，是说连南夫到饶州任后，曾派专使千里迢迢向李弥逊告知在饶州任职的消息。用属县即德兴之银峰山代指饶州，是诗律与"雁塔"对仗的需要，也是李弥逊文字老辣的生动体现。连南夫莅任，告政于李弥逊，二人的关系亲密，感情深厚，果然不同一般。上文说到，天子告政，诸侯告政，而大夫不可以告政。此处连南夫为知州，掌管方面，相当古之诸侯，所以李弥逊用告政这个名典，并无不妥。

李弥逊挽诗二首，第一首是对连南夫的人生评价，第二首是追忆二人私交。前者是公心，后者是个人情谊，应该说公谊甚厚，私交甚笃。"绝域英声宜早岁"，说的是连南夫宣和六年奉使金国，庭折廷争，不辱使命。这也从一个侧面证明韩元吉《连公墓碑》所说连南夫舌战北廷，当时影响匪浅。连南夫宣和六年年初出使，到达北廷，金人以祭吊合一为言。这是什么意思？祭说的是祭奠金太祖阿骨达；吊说的是吊慰，对象是金国。前者是对逝者，后者是对活人。金人怪罪宋朝派遣连南夫一身而兼二任，是外交礼仪上的挑眼，有其政治目的，用心相当险恶。连南夫以金国告哀使在宋廷停留时间短暂，自己受命仓促上路，续命兼任二使相解，金人无语。金人又以纳张觉相诮诘，咄咄逼人。连南夫回应，宋朝兵多将广，岂缺一张觉？力挫金人锋芒。

张觉是什么人？张觉原是辽的进士，为辽的兴军节度使，燕王耶律淳死后，他保守一方，后受金人封号，继又叛金，归附宋朝。金人追究，宋又杀张觉并以其首函送金人。我们姑且不论此事的是非曲直，也姑且不论宋朝中央政府招降纳叛反复无常失宜与否，只说在宋金两国之间，张觉事件是一件已经平息的事情，现在旧事重提，不是别有用心，又能作何解释？李弥逊"绝域英声"的评价，与韩元吉《连公墓碑》说连南夫论辩不屈，成礼而还是相一致的。连南夫奉使归来，在赵州桥歇马题辞"连鹏举使大金至绝域，实居首选"，意气昂昂，扬眉吐气，可见一斑。

值得注意的是，李弥逊挽诗中的"绝域"二字，连南夫使金归来在赵州桥上的石刻题辞，也有"绝域"二字。恐怕不可用偶然相合来解释这件事，这说明二人一直保有密切联系。而且，李弥逊手中应当持有连南夫的著作。史称连南夫著述三种，即《宣和使金录》及其文集和奏议。现在三书皆佚。从道理上说，这个题辞，可入《宣和使金录》，也可收入文集。无论是在连南夫的哪一种著作里面录有这通题词，都说明李弥逊确实握有连南夫的著作，这一点绝对可以成立。

"楚廷高议补明时"，是说连南夫在江南地区任职议论时政，是有益于解决时局难题的嘉谟良策。连南夫曾先后在江南三州为政，就是任职。三州分别为濠州、饶州和信州，古代都属楚地。连南夫在这三州做官，为政方面有所建树。宋人张纲起草的连南夫任知泉州的任命书中说："朕尝考汝江左三州之政，其施设不同，而民皆有惬志。"（张纲《华阳集》卷一《连南夫知泉州》）所充分肯定的是连南夫在以上三个地区的政绩，还不是李弥逊此处所说的"楚廷高议"。那么，李弥逊所说的楚廷高议具体指什么？

连南夫的楚廷高议，具有非常丰富的内涵。今仅撮其大者，略为之论述如下。当靖康东京金兵围城之时，钦宗讲和敕下，连南夫在知濠州任上，上疏《论敌十二患》，主张"愿因诸道兵未遣亟击之"，可惜未被采纳。1127年，赵构在商丘登极，是为南宋高宗，宋高宗再次明确连南夫知濠州。连南夫即上疏"祈幸关中"。当年金兵南下，如狼似虎，宋室国力不张，风雨飘摇，种师道曾有此动议。靖康建炎，虽然时间不长，却是时移事乖，连南夫的主张，与种师道已大不相同。盖关中为种师道的根据地，请皇帝临陕西自是第一选择。同样的道理，张叔夜请求皇帝幸襄阳，那是因为张叔夜身为南道都总管，坐镇邓州，襄阳是他鞭长所及之地。这都是可以理解的。建炎元年，知同州唐重也主张高宗西迁。当时很有影响力的大臣李纲，也有迁都的主张。李纲主张设三都，以西安为西都，襄阳为南都，南京为东都，可称为建三都。所有这一切，都是新形势下的产物。所有这些建议，都是退出中原，避开金人锋芒。这也难怪，北宋国家颠覆，南宋再造，重建防务，军不成军，防线千疮百孔，要面子定都中原，显有不妥。所以，各种建议的出台，都是时代的产物，不足见怪。连南夫的意见，只是其中一说而已。

连南夫还有《捍御策》四十条，韩元吉说，连南夫认为，秋高马肥，金兵必为渡河绝淮之计（韩元吉《南涧甲乙稿·连公墓碑》），其内容已不可考。倒是他移书李刚、郭三益，那个意见很有特色，颇值得研究。简单地说，连黥布韩彭之法。具体地说，其要点有三。①以燕云致其豪杰；②以辽东致高丽；③以契丹故地致契丹遗族。就像当年楚汉相争，汉王让韩信、彭越、黥布在项羽背后开辟第二战场，让项羽陷入两面作战，腹背受敌，疲于奔命，而自顾不暇，终于败亡。连南夫的目的是争取与国，形成盟邦，在宋金之间建立缓冲地带，为宋取栗。建议是好的，惜无可行之人。是时金人已拥有东北全境，高丽根本无力与之抗衡。为了生存，首鼠两端，依违其间，朝秦暮楚寻常事，岂肯为宋出死力？燕云两地，处于宋辽之间，久罹兵革之患，饱受战乱之苦，从未享受过宋室实惠，凭什么为宋藩篱？耶律大石鼓众西行，间关万里，已经建立西辽，是其精英尽去，故地虽有遗族，却也群龙无首，宋亦无强力可以策动。所以，鲁阳以为，连南夫这一主张，虽然出人意表，而实无可行之人。而且，进一步说，即使连南夫的梦想成真，也只是回到北宋中期，只是有了一个至两三个可起缓冲作用的中间地带，与一个强大的统一国度，仍有很大的差距。天下大事，全由自己作主。实力不足，借力打力，不是不可，而是最终难有完胜。相对来说，完颜阿骨打起兵反辽，历时十一年，大战十一场，力摧强敌，灭人之国，乃是大英雄。成就大事业者，必须靠自己的实力和智慧取胜。指靠他人，最终靠不住。求人不如求己。

"壮怀自感中流楫"，用祖逖击楫中流典故，以说明连南夫不附和议，誓与金人周旋到底的英雄气概。"旧爱今存岘首碑"，是说连南夫为政有惠于民，遗爱尚在，人民会记着他，有如岘山羊太傅之有碑。"天独不能遗此老？盖棺两鬓未全丝"，"可惜胸中尚有奇"，表达了李弥逊对于连南夫胸中才学未能施展，天妒英才的满腔悲愤。上天啊，为什么偏偏要此人早逝？他还不算太老，还能建功立业。李弥逊痛悼同年，真的是情发于中，肝肠寸断。

挽诗之二主要是叙述李弥逊与连南夫长达三四十年的同窗之谊，同年之情，"漫许赤心酬雨露"，二人本来是忠心为国，冲天有志；没有想到，残酷的现实，竟然是"终成白发傲林泉"，报国无门。林泉，用竹林七贤故事。其原因是受到权相的迫害，二人相继落职，归隐田园，欲报国而无方，只能啸傲林泉，这不是逍遥之咏，而是狂歌悲啸。"酸风送子寒山暮，鸣螯摇松亦泫然"，李弥逊痛伤连南夫之陨落，说长风为之呼号，松楸为之鸣咽，山鸣谷应，草木摇落，天地同悲。他真的悲愤难抑。这与他挽诗之一首句"男儿死尔不应悲"形成了极大的反差。那是说大丈夫死便死了，不必悲伤；此则是壮志难酬，国是日非，所以，这是为天下一哭，为同年一哭。这极度的反差，所表达的，正是李弥逊的真情实感；为国为友，在李弥逊的笔下，达到了高度的统一。

连南夫与李弥逊大观三年同年登第，二人忠心为国，正气堂堂，大义凛凛，当年太学上舍有此二人，可谓有人；大观三年同年登第，可谓得人。得此二人，当年的考试选拔，亦即可谓成功。

宋代文献散亡很多，连南夫的文集是失传了，李弥逊的《筠溪集》也难保是完帙。否则，本来我们是可以得到更多宝贵的信息的。现在所能看到的，只能算是劫后遗珍了。其中保存的《宝学连公挽诗二首》，于研究连南夫生平，有很高的史学价值和文献价值。李弥逊与连南夫弱冠论交，雁塔联名；关注和欣赏连南夫的绝域英声，楚廷高议；二人志同道合，情好莫逆，连南夫银峰告政，李弥逊亲临吊祭，都是十分宝贵的文献信息，应予高度重视。

［附录］

以李弥逊挽宝学连公诗证连南夫史事研究

萧鲁阳

（河南省社会科学院，河南郑州471000）

摘要： 连南夫字鹏举，湖北应山（今广水市）人，生当两宋之交，为南宋建炎绍兴间名臣，是当今连战的先祖，近1000年内中华连姓文化史上的闻人。他力主抗金，反对和议，在宋人编的《绍兴正论》中排名第五，《宋史·秦桧传》中所记反对议和者当中位列第二，排名尚在岳飞之前。及其绍兴十三年（1143）为权相秦桧迫害而死，时贤并为南夫知交的李弥逊有挽诗二首，对于研究连南夫行年和政绩极具价值。

关键词： 连南夫 李弥逊 宋史研究 连战先祖 湖北先贤

中图分类号： K245　　　　**文献标识码：** A

文章编号： 1003 - 8477（2011）06 - 0098 - 04

宝学连公，指的是南宋名臣连南夫（1086～1143年）。他是欧阳修《连处士墓表》所表彰的连处士连舜宾的曾孙，当今连战的先祖。连南夫生于北宋元祐元年，历哲宗、徽宗、钦宗、高宗四朝，为绍兴名臣，是中华连姓文化史上的闻人。从绍兴六年（1136）起，连南夫拥有宝文阁学士职衔，故李弥逊挽诗称他为宝学连公。他反对议和，力主恢复。高宗讲和敕下，时为宝文阁学士、知广州兼广南东路经略安抚使的连南夫上封事说："虽虞舜之十二州，皆归王化；然商於之六百里，当念尔欺！"秦桧切齿。①乃为其迫害而死。南宋有一部叫做《绍兴正论》的书，共收录30位因反对议和而遭到秦桧迫害的臣僚的事迹，连南夫名列第五。《宋史·秦桧传》载反对议和的代表人物共3人，连南夫位居第二，岳飞名列第三，可知其在当时的隆隆声望和巨大影响。

同连南夫一样，《绍兴正论》中赫然也有李弥逊的名字。李弥逊字似之，苏州吴县人，北宋徽宗宣和末年，知冀州。弥逊城守有方，邀击金人游骑，颇有斩获。次年兀术北还，戒其部属，不敢犯冀城。政和中，李弥逊官起居郎，上封事直言朝政，被贬任外职几达20年，至绍兴七年（1137），才复召入为起居郎。看来这位李弥逊干工作是可以的，升官就不那么行了，20年时间转了一个圈，又回到了原来的出发点，而又依然故我，"直前论事，鲠切如初"[1] (p11775)，脾气仍然很大。即奏六事，为户部侍郎。秦桧再相，唯弥逊与吏部侍郎有忧色。绍兴八年（1138），赵鼎罢相，秦桧专国，决策通和。枢密院编修官胡铨上书乞斩秦桧，校书郎范如圭以书斥责秦桧"曲学背师，忘仇辱国"，礼部侍郎曾开亦抗声引古谊以折秦桧，三人者相继皆被贬。弥逊不为秦桧威逼利诱，反对屈膝议和，绍兴九年出知端州，改知漳州。十年（1140），归隐福州连江西山，自称筠溪真隐。他的集子便叫做《筠溪集》。十二年（1142），秦桧指示言者论弥逊与赵鼎、王庶、曾开四人同阻和议，于是弥逊落职。绍兴二十三年（1153），李弥逊卒。李弥逊生年晚于连南夫4年，卒年又晚10年。

绍兴十三年（1143）正月，连南夫之逝也，李弥逊曾往吊唁，并有挽诗二首，即《筠溪集》中所载之《宝学连公挽诗二首》，其诗如下。其一："男儿死尔不应悲，可惜胸中尚有奇。绝域英声宜早岁，楚廷高议补明时。壮怀自感中流楫，旧爱今存岘首碑。天独不能遗此老？盖棺两鬓未全丝。"其二："弱冠论交老更坚，平生风义想前贤。银峰告政一千里，

---

① 脱脱：《宋史》卷四七三《秦桧传》第39册，中华书局，1977，第17356页。此外，李心传《建炎以来系年要录》卷一二五《绍兴九年正月戊子》以及徐梦莘《三朝北盟会编》卷一九二，皆载此联，而微有不同。

雁塔联名四十年。漫许赤心酬雨露，终成白发傲林泉。酸风送子寒山暮，鸣螰摇松亦泫然。"挽诗保存着重要而珍贵的历史信息，用以证连南夫行状史事有很高的研究价值和文献价值。

一　证连南夫"年二十四进士上舍"确定无疑

宋人韩元吉之《连公墓碑》，说连南夫"年二十四进士上舍"，据此，连南夫是徽宗大观三年（1109）进士[2]（p299），这本来是可靠而又可信的。因为墓碑文字是韩元吉根据南夫长子所提供素材写成的。可是，自清以来，从《福建通志》开始，中经陆心源的《宋史翼·连南夫传》①，都说连南夫是北宋徽宗政和二年（1112）进士。此谬说流传，致使韩元吉的正确说法反倒隐而不彰。充斥于书刊和新闻网络媒体的，都说他是徽宗政和二年进士，甚至今人编《全宋文》也采此说。② 今按：此说较韩元吉连南夫成为进士之年说要晚 3 年。从理论上说，韩元吉的说法正确，倘若有旁证支持，岂不更好？幸运得很，在连南夫不幸长逝的时候，作为他的好友，而且曾经同朝为官，又同被权相所迫害且同居于福建的李弥逊，极其沉痛地写了两首悼念连南夫的诗章，其中便含有连李二人同年登第的重要信息。

李弥逊挽诗说："雁塔联名四十年"。雁塔联名就是同年进士一起在雁塔题名，是唐代文人雅事，也是唐人盛事。进士既捷，在慈恩寺塔上题名纪念，所以雁塔联名就是同年题名。现在，参加高考被录取，报捷的方法，是在报纸和网络上公布姓名，可视为雁塔题名在新时代的再现。李弥逊说雁塔联名，就是说他与南夫是同年。二者珠联璧合，天衣无缝，使连南夫"二十四岁进士上舍"的说法，得以证实。所以连南夫是徽宗大观

---

① 陆心源：《宋史翼》卷九《连南夫传》第三册，清光绪丙午（1906）年红本，第 1 页。是书参用山经地志、姓氏族谱，有其所长，但于所用文献，没有辨析，缺乏校理，正误参半，不可尽据。

② 曾枣庄：《全宋文》卷三四九《连南夫文》第 176 册，上海辞书出版社、安徽教育出版社，2006，第 101 页。此书辑《连南夫文》，有连南夫介绍文字，可视为连南夫小传，惜乎亦有此瑕疵。安徽方志工作者、湖北史志工作者关于连战家族的小册于此皆误。福建龙溪新建连南夫文物保护碑，更将此说高揭于碑端，亦为一奇。

三年进士，而且与李弥逊同榜。李弥逊是这年进士上舍第一名，就是上舍魁。连南夫与李弥逊是同榜进士。同年发话，别人还能置喙吗？"弱冠论交"，说的是大观三年李弥逊上舍第一时年方弱冠，刚好 20 岁，不是说是年连南夫 20 岁，那一年连南夫 24 岁。

至于政和二年，连南夫已是 27 岁，与《连公墓碑》的说法相左，不能成立。韩元吉的说法，是给了连南夫成为进士之年一个理论上的科学界定，而李弥逊的挽诗，则是给了此说一个直接支持的证据。而且这个证据非同一般，可称之为铁证，它让除此以外的各种说法，统成谬说，不足为据。

二　证连南夫生于宋哲宗元祐元年岁系丙寅

确定了连南夫成为进士之年的时间坐标，再回头审视连南夫的生年，那就相当容易确定了。因为韩元吉说连南夫"年二十四进士上舍"，自大观三年上溯 24 年就是连南夫的生年，这应是明白无误的事情。但是，检查相关文献，却发现以往关于连南夫的生年，被弄成了显然有误的问题。迄今为止，所有介绍连南夫的文字，都说连南夫的生年是公元 1085 年，即北宋元丰八年。包括《连战家族》《追寻连氏家族之根》两部出版物以及福建龙海连南夫文物保护碑，都是如此说的。至于铺天盖地的网络传媒文字，凡言及连南夫的生卒时间，更是无不以 1085 年为连南夫的生年。这是互相抄传以讹传讹、人云亦云的结果。这些说法都是不对的。连南夫的生年，应是哲宗元祐元年，而非元丰八年，即当公元 1086 年。我所考定的连南夫实际生年较媒体所说相差 1 年。

我的根据是，中国古代习惯以虚岁计算年龄。若以连南夫生于 1085 年计，则大观三年即 1109 年已是虚岁 25，至其卒年南宋高宗绍兴十三年即公元 1143 年，其虚岁已是 59，与《连公墓碑》所说"春秋五十有八"不合。所以，我认为，不能以今天的习惯去衡量古人，而应该用历史的习惯的方法看待古人的年龄，尽可能地恢复历史的本来面目。据此，连南夫生于北宋哲宗元祐元年，即公元 1086 年。其年干支丙寅。所以，连南夫的生肖为虎。

三　证连南夫归隐之地在福州连江

李弥逊挽诗所说"弱冠论交老更坚",是说大观三年李弥逊 20 岁,那年他很荣耀地成为进士第一名,并与连南夫订交。至于"雁塔联名四十年"之说,则应视为约数。连南夫自是年,即大观三年至绍兴十三年(1143)弃世只有 34 年,不及 40 年。而若以 40 年计,则要到绍兴十八年(1148)方才足数。所以,如果举成数而言之,则李弥逊的挽诗应写于连南夫辞世后。以确数计,则诗写于绍兴十八年。也就是说,李弥逊的挽诗可能写于绍兴十三年,也可能写于绍兴十八年。究竟是哪一年?我以为挽诗二首之一应是绍兴十三年所写;之二则是绍兴十八年所作。什么根据呢?根据是李弥逊的诗"盖棺两鬓未全丝",可理解为连南夫盖棺入殓时,李弥逊就在当场。鬓发没有全白,是他亲眼所见。"酸风送子寒山暮",说明连南夫临穴下葬,李弥逊可能亲为送行,一直送到崇福山之原,风悲日曛,当是他亲眼所见。

我这样说的根据之一仍是李弥逊的挽诗,挽诗之一首句"男儿死尔不应悲",与挽诗之二末句"鸣蛩摇松亦泫然"是不协调的,这种不协调就是这二首挽诗写于不同时间的证明。根据之二,依照宋代习俗,官员死后三五年才下葬,也是常事,不乏其例。连南夫的父亲死后 17 年不葬[3](p3939),那是有些不正常。连南夫死于绍兴十三年,如果过 5 年即于绍兴十八年前后下葬,不能说不正常。

李弥逊绍兴十年(1140)隐于福建福州的连江,连江时隶福州。连南夫绍兴八年底提举宫祠,十二年七月被"特落职"剥夺宫祠。陆心源补《连南夫传》引《福建通志》,说他"隐于连州龙溪"。这个说法,问题颇多。因为宋时福建路无连州,时连州隶广东,而龙溪即今龙海则隶于漳州。所以,说连州龙溪,表面看来,确实大谬不然,难以成立。但是,如果这个"连州"是"连江"之误,那么就不仅不是谬误,却反而是很有些道理的了。那就是意味着,这一时期,连南夫和李弥逊二人都是居于福州的连江。这与韩元吉《连公墓碑》所说连南夫终于福州寓舍,葬于福州怀安县八座乡稷下里(今福州市郊东北宦溪镇)崇福山之原,不但没有冲突，反而可以帮助人们更好地理解李弥逊挽连南夫诗的时空背景。

现在看来，绍兴九年（1139）提举宫祠之后，特别是绍兴十二年秋落宫祠以后，连南夫十有八九也是隐于福州的连江。那么，李弥逊的诗一方面证实连南夫绍兴十三年谢世时，健康状况并非十分恶化，胸有锦绣未能尽用。那么，他的死亡，就绝非正常，确实很大程度上是受秦桧迫害而心情郁结的结果。连南夫是绍兴十二年（1142）秋天被秦桧借口寻事落去宫祠，仅仅半年就告不治，年仅 58 岁，这绝非正常的自然死亡。另一方面也确然证实连南夫与李弥逊在退隐福建时是保有密切联系的。二人同隐连江，连南夫病逝，李弥逊到连府吊唁过。所以李弥逊的二首挽诗，可以肯定是写成于绍兴十三年初及其后。其时连江隶于福州，隐于连江就是隐于福州，《连公墓碑》说连南夫卒于福州寓舍，逝于连江也可说是逝于福州。

说连南夫隐于"连州龙溪"，那是个牛头不对马嘴的伪命题。宋代连州无龙溪，龙溪属漳州，就是今天福建的龙海。就现有文献来看，说连南夫曾隐于龙溪，显为无据。连南夫研究在龙海遇到了很大的困惑。一方面，宋人文献不支持龙溪即今龙海和连南夫有任何瓜葛；另一方面，龙海和连南夫的确大有渊源。这到底是怎么一回事？

龙海有传为连南夫隐居地的尚书峰，有传为连南夫葬地的龟山连山，有清代乾隆年间所立连南夫墓道碑，这一切都不是空穴来风，而有它的出处来源。然而同时所有这一切与宋代原始文献所载又是那么地格格不入。龙海有清乾隆四十一年丙申（1776）立连南夫墓道碑，正面大字正书 3 行 21 字：宋宝谟阁学士任广东经略安抚使谥忠肃连公墓道。碑阴小字正书 7 行 112 字，署"清赐进士出身荣禄大夫礼部尚书郡人蔡新撰"。今按：连南夫做过徽猷阁待制、显谟阁学士、宝文阁学士，但没有做过宝谟阁学士。宝谟阁建于南宋宁宗嘉泰二年（1202），为宋光宗御极而建，是连南夫身后 60 年的事。说连南夫谥忠肃，不见于宋代文献，于史无据。所剩的只有那个"任广东经略安抚使"是正确的。碑阴文字说"赠太子少傅"也是文献无征。所以，上了书的刻了石的也未必可以全部征信。蔡新所述，当是来自连氏家族世代相传的口碑资料，或者出自连姓族谱的文字记载。自连南夫 1143 年之逝，至 1776 年蔡新镌墓道碑，中间经历 633 年有情岁月的磨洗，连南夫后人记忆已是依稀恍惚，谱牒文献也难免鲁鱼亥豕，是以龙海乾隆连南夫墓道碑显然也不可尽据。

我以为连南夫绍兴八年底九年初卸知广州，提举宫祠，没有再知泉州（另论），其后不久回到了福州，最后的日子与同年好友李弥逊卜邻居于连江，十三年初病逝，葬怀安县稷下里崇福山之原。山多佛寺，风水很好，南夫葬此，求冥福也。按照宋人风习，当是在绍兴十三年以后绍兴十八年以前安葬。龙海不是连南夫的退隐之地，而是他的子孙后裔的生活居地，所以于此建坟立祖就很正常了。连南夫后裔是从龙海走向台海，在海外创业发展的。因此，在连姓发展史上，福建龙海自有其辉煌的地位。前此，龙海对于连南夫研究颇有贡献，而连江和福建市郊，相对地却显得颇为寂寞。作为有连南夫同时代人明确记载为其安葬地的福州市郊宦溪镇，以及可能是连南夫最后居住地的连江县，确实应该奋起，在连南夫研究上有所建树。

四　李弥逊高度肯定连南夫辉煌人生

"银峰告政一千里"，是说连南夫与李弥逊手足情深，息息相关。告政的事典，起源甚古。春秋时期，天子告朔告政。诸侯即位，则告政于邻国，表示继先君之政，不敢轻其事，且表示继续保持和发展与邻邦的友好关系。《春秋·昭公二年》韩宣子来聘，且告为政。李弥逊用"告政"一词，全没有这几种意思，此由"银峰"二字可知。此处的"银峰"说的是银峰山，在饶州德兴县，苏东坡长子苏迈曾为"饶之德兴尉"[4]的德兴，就是这个德兴。德兴在唐代叫做乐清，县有银峰山，山有银矿，年产白银十万两，税利相当可观。宋代银峰山银矿继续开采，坑业就是矿业也很发达。建炎三年（1129），连南夫知饶州，李弥逊也知过饶州，"银峰告政一千里"，是说连南夫知饶州到任后，曾派专使千里迢迢向李弥逊告知在饶州任职的消息。用属县即德兴之银峰山代指饶州，是诗律与"雁塔"对仗的需要，也是李弥逊文字老辣的生动体现。连南夫莅任告政于李弥逊，二人的关系亲密，感情深厚，果然不同一般。上文说到，天子告政，诸侯告政，此处连南夫知饶州，掌管方面，相当古之诸侯，所以李弥逊用告政这个名典，并无不妥。

李弥逊挽诗二首，第一首是对连南夫的人生评价，第二首是追忆二人私交。前者是公心，后者是个人感情，应该说公谊甚厚，私交甚笃。"绝域英声宜早岁"，说的是连南夫宣和六年（1124）奉命出使金国，庙折廷争，不辱使命，在外交战线上的辉煌往事。这也从一个侧面证明韩元吉《连公墓碑》所说连南夫舌战北廷，当时影响匪浅。连南夫宣和六年年初出使，到达金邦，金人以祭吊合一挑刺。这是什么意思？祭说的是祭奠金太祖阿骨达；吊说的是吊慰，对象是金国。前者是对逝者，后者是对活人。金人怪罪宋朝派遣连南夫一身而兼二任，是外交礼仪上的挑眼，有其政治目的，用心相当叵测。连南夫以金国告哀使在宋廷停留时间短暂，自己受命仓促上路续命兼任二使相解，金人无语。金人又以纳张觉相诮诘，咄咄逼人。连南夫回应，宋朝兵多将广，岂缺一张觉？力挫金人锋芒。

张觉是什么人？张觉原是辽的进士，为辽的兴军节度副使[5](p2843)，耶律淳死后，他保守一方，后受金人封号，但是接着又叛金归附于宋朝。金人来追究，宋迫于外交压力，又杀张觉，并以其首函送金人。这个张觉及其同时代的燕人马植、郭药师，在北宋覆亡这件事情上都是起过作用的。我们姑且不论此事的是非曲直，也且不说宋朝中央政府招降纳叛反复无常的措置失宜与否，只说在宋金两国之间，张觉事件是一件已经平息的事情，现在旧事重提，不是别有用心，又能作何解释？李弥逊"绝域英声"的评价，与韩元吉《连公墓碑》说连南夫论辩不屈、成礼而还是相一致的。连南夫奉使归来，在赵州歇马，于桥上题词说"连鹏举使大金至绝域，实居首选"[6]，其意气昂昂，兴高采烈，真可见一斑。

值此可知，李弥逊挽诗中的"绝域"二字，其出处就是连南夫使金归来在赵州桥上的石刻题词。这说明二人一直保有密切联系。而且，李弥逊手中持有连南夫的著作。史称连南夫著述三种，即《宣和使金录》及其文集和奏议。现在三书皆佚。从道理上说，这个题辞，可入《宣和使金录》，也可收入文集。无论是在连南夫的哪一种著作里面录有这通题词，都说明李弥逊确实握有连南夫的著作。

连南夫出使金国，仅此一番，没有第二次，安徽和湖北两地的方志学界，有说连南夫连续二次马不停蹄赶到长白山下，其说没有道理，也没有根据。待另文再加以辨析。

"楚廷高议补明时"，是说连南夫在江南地区任职议论时政，是有益于解决政局难题的嘉谟良策。连南夫曾在江南三州为政，就是任职。三州分别为濠州、饶州和信州，古代都属楚地。连南夫在这三地做官，政绩突出。宋张纲拟连南夫任状说："朕尝考汝江左三州之政，其施设不同，而民皆有惬志。"[7]充分肯定的是连南夫在以上三个地区的行政能力，还不是李弥逊此处所说的"楚廷高议"。那么，李弥逊所说的楚廷高议具体指什么？

连南夫的楚廷高议，具有非常丰富的内涵。今仅拣其大者，略为论述如下。当靖康东京金兵围城之时，钦宗讲和敕下，连南夫在知濠州任上，上疏论敌十四患，主张"愿因诸道兵未遣亟击之"，可惜未被采纳。1127年赵构在商丘登极，是为南宋高宗。宋高宗再次明确连南夫知濠州，连南夫即上疏"祈幸关中"。当年金兵南下，如狼似虎，宋室国力不张，风雨飘摇，种师道曾有此动议。建炎元年，知同州唐重也主张高宗西迁。当时很有影响力的大臣李纲，也有迁都的主张。李纲主张巡幸，以长安为上，襄阳次之，建康又次之。[8](p11251)所有这一切，都是新形势下的产物。所有这些建议，都是退出中原，避开金人锋芒。这也难怪，北宋国家颠覆，南宋再造，重建防务，军不成军，防线千疮百孔，要定都中原，显有不妥。所以，包括连南夫意见在内的各种建议的出台，都是时代的产物。

连南夫还有《捍御策》四十条。[2](p299)韩元吉说，连南夫认为，秋高马肥，金兵必为渡河绝淮之计，其内容已不可考。倒是他移书李纲、郭三益，那个意见很有特色，颇为值得研究。简单地说，就是汉王捐关东以予黥布韩彭之法。具体地说，其要点有三：一是以燕云之地给燕云的豪杰；二是以辽东地方交给高丽；三是以契丹故地交给契丹遗族。连南夫的主张是在宋金之间建立几个缓冲地带，并在金人腹心地带燃起战火，以为宋取栗。当时，北宋覆亡，中原板荡，高宗南渡，士大夫自顾不暇，像连南夫这样积极虑事、锐意进取、有志恢复、重整河山、再铸金瓯的人，实在不多。所以，连南夫这个从历史经验中生发出来的建议，十分可贵。当然，要认真实施连南夫的建议，并非万事俱备，反而困难重重。是时，金人已拥有东北全境，高丽根本无力与之抗衡。为了生存，首鼠两端，依违宋金之间，朝秦暮楚寻常事，岂为宋人出死力？燕云两地人民，处于宋辽之间，久经兵革之患，饱受战乱之苦，从未享受过宋室实惠，凭什么为宋藩篱？辽的耶律大石鼓众西行，间关万里，建立西辽，精英尽去，故地无人。虽有遗族，但已群龙无首。这些还可以说是次要的。只要宋国有人，时事就绝非不可为。连南夫要挽狂澜于既倒，并非完全不可能。但是，要命的是，南宋最高统治者既无恢复中原之志，更乏恢复中原之策，连南夫的建议虽好，奈无实行之人何？我以为，连南夫的这一主张，虽然出人意表，而实无可行之人。北宋后期，不是以我为主，只想借用外力，结果是引狼入室，以中原大好河山让人。北宋灭亡，军政不修，是其重要原因，最高统治者没有强国战略，只有投机心态，才是最根本的问题。就南宋建炎绍兴的军政举措看，高宗掌控全局能力很强，可他绝无恢复之志。高宗的核心利益是帝位，他只愿偏安以保帝位。凡有触犯这两条之嫌疑者，各种打击和祸患，便会接踵而至。几乎就在连南夫"虞舜十二州""商於六百里"的名言上奏的同时，连南夫就被迫提举宫祠，而且从此时起至其弃世，整整4年，宋代史籍，宋人文集，都不再有连南夫议论时政的记载。史称连氏南夫"气正言直"[2](p299)，今竟4年不言，不是不愿言，是不能言也，亦诚难言也。

"壮怀自感中流楫"，用祖逖击楫渡河典故，以说明连南夫坚决不附和议，誓与金人周旋到底的英雄气概，同时也隐喻连南夫之殁确是忧于国是的结果。"旧爱今存岘首碑"，是说连南夫为政有惠于民，遗爱尚在，人民会记得他，有如湖北襄阳岘山羊太傅之有碑。"天独不能遗此老？盖棺两鬓未全丝"，"可惜胸中尚有奇"，表达了李弥逊对于连南夫胸中才学未能施展、天妒英才的满腔悲愤。二人心有灵犀，惺惺相惜，李弥逊所表达的是真情实感。

挽诗之二主要是咏叹李弥逊与连南夫长达三四十年的同窗之谊、同年之情。"漫许赤心酬雨露"，二人本来是忠心为国，冲天有志。没有想到，残酷的现实，竟然是"终成白发傲林泉"，其原因是受到权相的迫害，二人相继落职，归隐田园，欲报国而无门，只能啸傲林泉。这不是逍遥之咏，而是狂歌悲啸。甚至连白发啸傲林泉也不可能，只能继之以死。"酸风送子寒山暮，鸣蛩摇松亦泫然"，风悲日曛，伤心惨目，有如是也。李弥逊痛伤连南夫的陨落，天地同悲。他真的悲愤难抑，这与他挽诗之一首句"男儿死尔不应悲"形成了极大的反差。挽诗之一是说大丈夫死便死了，不必悲伤，固是愤极之语。此则是说壮志难酬，国是日非，人天同悲，所以，这既是为同年一哭，也是为天下一哭。

宋代文献散亡很多，连南夫的文集是失传了，李弥逊的《筠溪集》中所保存的《宝学连公挽诗二首》，对于研究连南夫生平，有很高的史料价值和研究价值。李弥逊与连南夫弱冠论交，雁塔联名；关注和欣赏连南夫的绝域英声，楚廷高议；二人志同道合，情好莫逆，连南夫银峰告政，李弥逊亲临吊祭，都是十分宝贵的文献信息，应予高度重视。

参考文献

［1］脱脱：《宋史》卷三八二《李弥逊传》第 34 册，中华书局，1977。

［2］韩元吉：《南涧甲乙稿》卷一九《连公墓碑》，《文渊阁四库全书》第 165 册，台湾商务印书馆（影印），1980。

［3］徐松：《宋会要辑稿·职官六九之一九》第 4 册，中华书局，1957。

［4］苏轼：《经进东坡文集事略》卷四九《石钟山记》，《四部丛刊初编》，商务印书馆，1923。

［5］脱脱：《金史》卷一三三《张觉传》第 8 册，中华书局，1975。

［6］楼钥：《攻媿集》卷一《北行日录》，《丛书集成初编》第 2022 册，商务印书馆，1935。

［7］张纲：《华阳集》卷一《连南夫知泉州》，《四部丛刊三编》，商务印书馆，1936。

［8］脱脱：《宋史》卷三五八《李纲传（上）》第 32 册，中华书局，1977。

（原载《湖北社会科学》2011 年第 6 期）

19
历史关头　英雄本色

连南夫是中华连姓史上的一位杰出人物，是今人连战的先祖，他于北宋徽宗朝进入仕途，在南宋高宗朝建炎绍兴之间活跃于政坛之上，在各个历史紧要关头，都有闪光的表现，值得深入研究。

北宋哲宗元祐元年，即公元1086年，连南夫生于荆湖北路安州应山县（今湖北省广水市），终哲宗一朝，至元符三年，当1100年，年方一十五岁，虽已记事，而于哲宗一代政治生活无预也。元祐更化，绍圣绍述，新党旧党，打得热火朝天，闹得一塌糊涂，皆与南夫无涉。徽宗建中靖国元年即公元1101年，南夫一十六岁，翩翩美少年也，次年即崇宁元年。连南夫曾在太学读书，大观三年（1109）上舍释褐，成绩优秀，但不是第一名，第一名为李弥逊氏。南夫从此步入仕途。至宣和五年（1123），为秘书省校书郎，六年使金，因此卷入历史漩涡，方与大的历史事件相联系，在诸多重大社会历史紧要关头，他的表现都很突出，见机极快，应对适当，忠直敢言，可圈可点。

宣和五年是一个值得重视的年份。是年，金的阿骨打攻下辽的上京，辽天祚帝耶律延禧逃往山后，张觉内附，宋以张觉所守平州为泰宁军节度，即拜觉为节度使。金兵围平州，张觉不能归，乃匿燕山府王安中军中，金人来索，王安中不能应，竟斩觉而函送其首予金人，致宣和四年降宋之辽常胜军统帅郭药师寒心，常胜军将士解体。此一阶段，宋之政治、军事、外交可谓一团糟，乏善可陈，因此宋、辽、金三方在燕京城下周旋，北宋焉有不败之理？

韩元吉《连公墓碑》说连南夫到达金国，金人"以纳张觉与燕山之民有所诮诘"，指的就是上述事件。张觉也作张毂，辽平州义平人，辽的进士，此人倒有文武干才，知辽必亡，他练兵聚粮，为一方之备，保境守土，是地方实力派。金以他为临海军节度使，知平州，后升平州为南京，加同中书平章事。时燕民流徙，就是燕人由燕迁金，流离道路，他与翰林李石合谋，杀降金之辽相左企弓，纵人归燕，复称辽保大年号。宋徽宗让王安中讽而招之，张觉九死一生，至王安中军中，竟为王安中所杀，宋的政治没有远见，没有成算，全靠投机，可见一斑。金人为张觉事，与宋反复交涉，《连公墓碑》所述，语气甚缓，南夫所答，也是正常的外交辞令，"成礼而归"，固然是南夫的成功，也是此时金人尚不知宋人底细，没有作出攻宋的决策的表现。当宣和七年十月以后，金人与宋交涉有关事务，便咄咄逼人，与此完全不同。那是金国已决意攻宋而不再有回旋的余地。

连南夫使金归来，向宋徽宗报告出使情况，讲了好几重意思，其中之一是说，"朝廷所仰大将则郭药师，兵则常胜军"，"愿选中国将帅以制药师，练中国士卒以制常胜军"。后来事实证明，连南夫的这一见解，的确十分重要。

郭药师是辽铁州（今营口东南）人，辽国募辽东饥民为怨军，以挡新兴之金，郭药师就是怨军的渠帅。后来，耶律淳将怨军改称常胜军。宣和四年九月，郭药师率所部常胜军八千人降宋，献袭燕之计，曾首先进入燕山，又被逐出。郭药师官至燕山路安抚副使，同知燕山府。与王安中、詹度等争权。阿谀童贯，买通宦官，扩充常胜军，器械精良，河北防务完全委之郭药师。至宣和七年，宗望攻宋，郭药师迎降，引导金兵南下，围攻东京，割地纳金，种种计谋，多出于这个郭药师。宗望靖康元年北归，尽杀常胜军，任他为燕山留守，但不预府事，后来干脆将其囚而禁之。

按照墓碑的说法，连南夫对"将则郭药师""兵则常胜军"的畸形防御态势感到担忧，主张选将以制郭药师，练兵以制常胜军，确实是正常见解。此前曾有人提过此类问题，但没有被采纳。郭药师初降，有位名叫任谅的官员便断其日后必叛；药师来朝，何灌更主张留而不遣；所有制约郭药师的举措，不是没人提过，只是完全不被采用，终于酿成恶果。相较之下，金国宗望杀常胜军，囚郭药师，是何等的明决！何等的果决！新兴的金，与没落的宋，对待郭药师的举措，真的有天渊之别，形成鲜明的对比。

北宋建国以后，面临着削平四方割据诸国，并收回石晋献给契丹的土地，一统宇内这样一个历史使命。当时，赵宋太祖与大臣赵普有一番有名的谈话，叫做一天下之策，其核心是先北后南，还是先南后北？后来实行的是先南后北的政略，经太祖、太宗两代，统一周边诸国。其中有用军事手段解决的，也有用不流血的手段完成的。唯有北边燕云等州的问题，一直没有解决。宋太宗北伐，伤股而还，说明无力与辽争长天下。真宗时澶渊一役，双方结盟，宋辽成为兄弟之邦，用今天的话说，就是战略伙伴关系，以白沟为界，各守边疆，这是双方势均力敌的体现，谁也吃不掉谁，只好承认现实，和睦共处。仁宗时，西夏多事，耗费了北宋许多军力和财力。英宗在位时短，可以不论。神宗时王安石变法，改革与反改革，新党与旧党，斗争不息，余绪不断。哲宗朝整个就是翻烧饼，翻过来再掉过去，从来就不见有经纬天下的战略考量，经济怎么发展，人民怎么富裕，军队怎么建设，北方领土怎么收回，从来没有人提及，可谓从来没有强国发展方针。到了宋徽宗继位，口号是丰亨豫大，实在是骄奢淫逸，表面是繁华的，而潜伏的危机却是深重的。童贯攻西北，则西北交恶；朱缅取石于东南，而东南流血。宋室不思改良内政，以强国强军，却有意约金，夹攻以取辽国，不知是一种什么心理在作怪。近来有人发表文章，说北宋初年是"和平统一"，甚至说宋代是"和平崛起"，这些话依我看，只有小部分是对的。诚然，北宋初年有不经过"战争"而"纳土"的事情，但是军事上有先声后实，没有战争形式，也就没有和平形式，和平形式，是以战争形式为前提的。北宋经济确实发达，经济文化也确实繁荣，可共生的腐败和奢靡之风，也很惊人。评判宋代历史，不可只看到一面而不顾及另一面。

北宋建国以后，有以不流血形式统一周边地方政权的实例，我以为有两个重要因素，一是北宋国家军事机器表现出了对周边地区政权的压倒优势，让地方割据政权清楚抵抗统一趋势只能是徒劳的；二是当时的地方政权，都承认中原汉族政权是正统，这个理念很要紧，这是个基础，没有这个基础，其他事情就无从谈起。实质上，就是承认是一个中国，而且承认中原地区汉族政权是当时整个中国的代表。当时，中原地区是中国的主体部分。宋人强调正统论，有他的道理。正统以外的呢？正统以外的就叫偏霸杂伪。北宋初年，能够在部分地区实现不流血的和平统一，和这种理念有很大关系。当时，不只中原人民有这种理念，南唐、吴越、陈洪进等控制下的地方，也都有这种理念。这才是和平统一的基础。

契丹即北方少数民族政权的势力，在五代时期进入中原，影响中原的政治生态和中原人民的社会生活。石敬瑭甘做儿皇帝，留下千古骂名，那也是咎由自取。可是也是形势使然。后周太祖开始把契丹势力和影响向北驱逐，北宋建立以后，采用先南后北的策略，说穿了是当时还没有和北方强邻摊牌的本钱。宋太祖设封桩库，拟用以换燕云十六州，说起来很浪漫，就是用金钱赎买。如若不然，就用这些钱招募勇士，以换敌方的人头。这些说起来慷慨激昂，听起来也令人神往，可是终宋之世，未见其效。所以，对于这些说法，还有慎重对待的必要。宋太宗是御驾亲征过的，但是大败而归。为什么这个"和平统一""和平崛起"，在北方就行不通？难道不应该深入思考吗？

北宋时期，有过太多的辉煌，值得回忆。但是，更重要的，北宋积一百六十余年的繁华和繁荣，说垮台就垮台，说完蛋就完蛋，与它的社会腐化，政治腐败，喜欢高消费，追求享乐，军力不张，有直接关系。南宋与北宋相比，失故地之半，只保有淮河以南地区，比北宋困难得多。人们常说南宋政权"苟延残喘"，可是这个"苟延残喘"的政权，抗击金兵，抗击蒙古，居然也维持或坚持了或支撑了一百六十年，试想世界上有这样"苟延残喘"的吗？所以，我认为，关键是南宋军队的战斗力，要强过北宋。北宋长期的和平环境，军事能力消磨得不堪战斗。而南宋一直与强邻周旋，军队是经过血与火的考验的，是从战争中打出来的。蒙古军队进入欧洲，横扫一切，如入无人之境，而南宋，是经过数十年的较量后方才得手。所以，对于南宋军队的战斗力绝对不可以低估。军队是打出来的，实战，对于高阶军官和基层士兵，都是极其宝贵的。没有实际作战经验的军队，所谓不战而屈人之兵，只能是一句空话。没有能战和善战的前提，就没有"不战"的本钱。

金即女真，至阿骨打，崛起于白山黑水之间，铁蹄纵横，骤若狂风暴雨，自徽宗政和四年（1114）起兵反辽，至天辅七年（宋宣和五年，辽保大三年，1123）攻下燕京而卒，前后十年，竟灭辽国，其崛起不可谓不勃，不可谓不速。金国兴起，代辽而成宋国北方的强邻，而强邻化为强敌，只需一个晚上就完成了。

政和初年，童贯曾出使辽国，夜宿卢沟，燕人马植求见，因献灭燕之策，贯遂与俱归，易名李良嗣，徽宗纳其言，为赐姓赵，此后即称赵良嗣。宣和二年，使金争议，亦颇尽力。反对接纳张觉，被夺职，靖康元年，贬逐柳州，后被处死。

宋室无人，用燕人马植而马植误国；纳燕人张觉，而引起宋金两国之间的外交麻烦，成了金人攻宋的口实；用辽人郭药师，而郭药师叛，并导引金兵南下。金兵至汴郑间，先据牟驼岗，此处有战马二万匹，刍粮山积，宋人不以为资，反让金人据以围汴。据说，郭药师入朝见宋徽宗，曾于此处击鞠，窥知实情，而告金帅。郭药师叛变之后，宋徽宗尚欲秘其事，而欲以郭药师为"燕王"，世有其地，当然前提条件是挂上大宋的旗号。当时的宋徽宗，只要有燕，就什么条件都不讲了，一国元首，没有操守，竟至于斯，那能成什么事？

北宋自己没有实力，总想借助外力，甚至不惜招降纳叛以取巧，军国重事，岂是靠取巧所能成功的？北宋自立国至亡国，历时一百六十八年，一百六十八年而无强国战略，其亡也，固宜。然而，这责任只能由帝王将相负，而不该由天下百姓承担。最高统治者不依靠人民，不为人民，那个国家政权，就没有不亡的。人民不应负责，却深受其害，难逃苦海。岳飞《满江红》词"靖康耻，犹未雪"，固然在说宋室之耻，而更重要的，是说天下人民在流血。

当金人重兵围京师，钦宗皇帝讲和敕下，连南夫即上《论敌情十患》，愿因诸道之兵未遣亟击之。（见韩元吉《连公墓碑》）当时，提出这种主张的，也不乏其人。可惜连南夫的《论敌情十患》全部佚失了（无以知其秘要）。宣和七年，金兵南下，一路置真定等重镇于不顾，直扑汴京。次年（靖康元年）正月，道君皇帝（徽宗）车驾南奔，钦宗顺应民情，放朱缅，责王黼，以李纲为尚书右丞。其间，钦宗亦欲出奔，赖李纲等死谏而止。钦宗命李纲为亲征行营使、侍卫马步军都指挥使，即把除了诸班、诸直以外的京城禁兵和防务，都交给李纲了。

到正月十四日以后，各地勤王之师陆续到达，二十一日，河北河东路制置使种师道、武安军承宣使姚平仲，率泾原秦凤兵亦到开封，各路勤王之师已达十万余人。于是金人将其围城部队，稍稍后撤，集结大军于牟驼岗，准备迎战。钦宗则命种师道为宣抚使，姚平仲为都统制。宣抚司统四方勤王兵，又拨在城禁军前后军隶之。于是李纲的行营司所辖的就是李纲所能指挥的，就只有左右中三军了。而且行营司与宣抚司并行分立，不相统属，军事防务，不知如何协调。宋人军政措施乖张，至此不见更改，以致种师道欲待姚古之至，而姚平仲则先期劫营以败。说到底，纯是私心作怪，皆不欲他人成功，终于败坏大局。

宋无兴国强军战略方针，不思强己，而欲以接纳三二辽人以取辽，实在是最大的失策。燕云之地，事关国家命脉，必须制定大战略收复之。宋君不作为，侥幸冒险，终于亡国，真是神仙也救不了。

高宗建炎登极，连南夫即上疏祈幸关中。按幸关中的建议，最早是靖康元年种师道所提出，后来张叔夜又提出幸襄阳。西北是种师道的根据地，故主张幸关中；张叔夜是南道都总管，因而主张幸襄阳。建炎建元，知同州唐重主张高宗西迁；而李纲则主张以长安为西都，襄阳为南都，建康为东都。所有这些建议都是退出中原，避金人锋芒。这也难怪，北宋国家颠覆，南宋再造，防务重建，千疮百孔，定都中原，显有不妥。连南夫的建议，亦是其中一说。

连南夫有《捍御策》四十条，其详细内容已不得而知。而其复移书李纲、郭三益，"宜用汉高捐关东以与黥布韩彭之策"，倒值得研究。韩谓韩信，彭即彭越，韩信、彭越、黥布这三支力量，是在项羽后方活动的三路大军，卒灭项王。连南夫建议的要点是：①以燕云致其豪杰；②以辽东致高丽；③以契丹故地致契丹遗族。《连公墓碑》说"其论甚壮"，诚或如此。连南夫这个建议的目的，是在金人势力范围内建立几个缓冲区，或作为宋金之间的隔离带，或作为对金战争的牵制力量。此时，金已拥有东北全境，高丽根本无力与之抗衡。燕云两地为金所有，且是金重兵集结之处，为金南侵南宋策源之地，以此处致燕云豪杰，很难实现。燕云之地百姓饱受战乱之苦，从未享受过宋室的实惠，凭什么为宋藩篱？辽耶律大石鼓众西行，间关万里，建立西辽，是其精英尽去，故地群龙无首，宋亦无强力可以策动。所以，鲁阳以为，连南夫氏欲效汉王捐地之策虽好，而实无实行之人。设若此种局面能够出现，也只是回到北宋中期的状态，只是多了一个可起缓冲作用的燕云地带，它与一个统一的国度，仍有很大距离。

北宋从来没有在统一问题上下真功夫。燕云地区是北宋北部边防生命线，一直掌控在敌国手中。徽宗想把这块土地拿回来，想法是好的，可是并无具体的策略，他有不切实际的一天下之志，却绝无一点一天下之策，致使大好河山易主，实亦不可避免。其欲效唐玄宗传位于肃宗事，依样画葫芦，禅位于钦宗，孰知此方不灵，终不免国亡而有万里为虏之行，南宋臣民视之为深仇大耻，也属自然之理。而高宗不记国恨家仇，只图保住皇位，美其名曰"屈己"以讲和，是以受到抗金军民的强烈反对。和与战，一直是南宋一个无法避免的话题。连南夫始终主张抗金，大节不亏。当然，他的有些论证，似也缺乏科学依据，如他说宋为火德，敌方国名为金，火克金，所以金国最终不能成为国家大患。这种说法，便是拘泥于阴阳五行，世界上的事物复杂得很，好多问题不是靠这个五行生克所能够解决的。应该说，连南夫生不逢时，他反对议和，主张抗金，而主张议和的不是别人，正是高宗赵构。宋高宗掌控全局的能力极强，所有主战派、主和派，甚至为金人效力的最大的间谍，都在他的掌握之中。宋高宗确实握有帝王之术，他所处心积虑的，孜孜以求的，就是保住自己的帝位。他是极端自私而又用心深刻者。

绍兴七年，郦琼叛变。郦琼为相州人，尚气敢为，为众所服，为建炎群盗中之势力强大者，建炎四年为刘光世招安，光世甚信赖之，以其为副都统制。绍兴七年，刘光世罢官，王德总其军。郦琼职位原与王德等夷，愤愤不平，二人互相攻击，王德以本部兵入卫。吕祉奉张浚之命前往节制，密奏罢琼兵权，事泄被杀，琼遂引淮西兵四万余人，裹挟百姓十余万，渡淮投刘豫而去，豫以其为靖难军节度使。此八月间事也。南宋朝野震动，淮西门户洞开，若金人与刘豫乘机南下，则时事将有不可收拾者。

其时金人确实狐疑，不知郦琼之来有无其他计谋。只是观望，未敢轻举，给宋室一个喘息的机会。此时连南夫正在广南，上言"豫贼得琼，正在疑贰，愿以刘光世为前驱讨焉"。今按：若能在郦琼投敌之后，乘刘豫等疑贰之际，派一上将，提一劲旅，突入刘豫伪齐之境，未尝不是兵家出奇制胜之法，纵使不能收复中原，亦足以打乱敌人部署，作一时之气。然而宋无兵可出，自顾不暇，安能北向？连南夫积极虑事，努力进取，是他的性格特点之一，但是当轴者总是与他格格不入，总是让他的建议落空，这就是"形势比人强"。连南夫事事尽心，时时尽力，处处尽忠，然而无法扭转乾坤。高登说过，靖康年间，"金人败盟，京阙失守，捐君父如路人，奉符玺于异姓者，皆平时崇资显秩之人"（高登《东溪集·忠辨》）。这是愤极之语，也不失为经典之说。国事之坏，不在百姓，确实在于"崇资显秩之人"。连南夫字鹏举，典出《庄子》，抟扶摇而上者九万里，至于南溟。这些都对，为官广南，也是巧合。然而时时受到制约，使南夫才难尽施，壮志难酬。《连公墓碑》没有说朝廷对连南夫上言有所反应，就是没有下文。

靖康年间，宋朝政府对于是战、是走、是和、是守，举棋不定，最后以投降亡国了事。进入南宋以后，实际上宋金之间一直是且战且和，宋室高宗一直留有后路，并没有立志恢复中原。绍兴年间，大的和议有两次，一在绍兴七年，其时金完颜昌掌权，遣宋使王伦南归，许宋和议，八年，秦桧再相，与金达成和议。主要内容有：①宋对金纳贡，称臣，贡岁币银绢各二十五万两匹。②金将原由伪齐管辖的陕西、河南地归还宋国，宋金以黄河为界。③金国送还宋徽宗灵柩、钦宗、高宗生母韦氏与宗室。此时连南夫正在广南，知广州，帅广东。《连公墓碑》说："逮河南故地暂得，公亦进封事，以为殆天授我，机不可失也。正不可以得地小恩而忘二圣播迁大耻，当乘其未备击之。复提举太平观。"连南夫此次提举江州太平观，在绍兴八年十有一月。（《建炎以来系年要录》卷二百二十三）

而据《建炎以来系年要录》《三朝北盟会编》《宋史全文》诸书，连南夫上封事乃在绍兴九年正月，即高宗欢呼和议成功，下诏大赦而且大庆，兴高采烈之时，连南夫的贺表和封事，给高宗浇了一盆冷水，上书极言和议之失，那个"虽虞舜之十二州，昔皆吾有；然商於之六百里，当念尔欺"的名联，即出于贺表之中。虽然现存宋代各种文献所载小有异同，但其大致意思都极相似。今人有引连南夫上封事中的话说，"我国皆堕其术中"，"我国"是"两国"之误。连南夫所说"两国"，谓宋与辽两国。今人不解，误改为"我国"。史称对于连南夫的言论，秦桧"大恶之"。

然而，绍兴八年宋金和议的结果或协议，并没有完全落实，就中途生变，原因是绍兴九年，即金天眷二年，兀术，就是宗弼，发动政变，杀掉完颜昌，十年五月，出兵重新夺取陕西、河南两地，八年的和议，遂成废纸。时兀术为金国都元帅，统兵南下，旬日而定河南，兵势甚锐，幸刘锜阻兀术于顺昌城下，稍挫其狂悍之气。

此后，南宋全线出击北伐，京东宣抚使韩世忠命将自楚州北进；淮西宣抚使张俊遣王德等出兵北上，攻克宿州、亳州。岳飞自武昌北进，先后在郾城、颍昌间获得大捷。这时的形势的确有利于宋军，岳飞前部兵锋已直指开封，刘锜所部也已逼近东京，张俊大军虽然扼宋淮河南岸，而前锋仍在宿州。然而宋廷恰于此时命岳飞、刘锜退军，岳飞说"十年努力，毁于一旦"，说的就是这件事情。此时的连南夫已是提举宫祠，如此胜捷，未见连南夫的态度，这和他的性格不相一致。史籍于此或有缺文。但是，更大的可能，则是连南夫绍兴八年末九年初言事之后，受到政治高压，不能再发表不同政见。

由于绍兴十年中原的角力，金的兀术意识到尚无力灭宋，于是有十一年的宋金和议。兀术为了议和，一面派人与宋交涉，一面不断发动攻势，迫使宋人就范，用现在的话说，就是"以战促和"。宋高宗则一方面罢免诸大将兵柄，另一方面议和。甚至高宗对金称臣的誓表和赐死岳飞的命令，也在同一时间发出。足见宋廷只是委曲求全，屈辱求和。宋高宗自建炎登极，无时不准备和议，其小者从未间断过，其大者为绍兴八年及十一年的和议。绍兴十一年的和议，是南宋抗金诸将力战的结果，也是宋金实力消长的结果。对兀术，是不得不耳，对高宗，是求之不得也。对于此次和议，也没有见到连南夫有何议论。或亦史籍有遗乎？而最大的可能则是绍兴九年正月上封事后，连南夫受到打击压制，无法再言。

综观连南夫的一生，波澜壮阔，每个历史紧要关头，都能明辨时事，直道而行，竭尽心力，为国为民。他的议论文字，也多有可观。可惜其大多已散失，今所能见者，吉光片羽而已。然即此亦可见南夫之为人，是亦可贵也。

大观进士　元祐降生

近年关于连南夫基本情况的研究，有不少不准确处，比如，关于连南夫的生年及成为进士之年，便是如此。

[01] 连南夫生于哲宗元祐元年（1086）

现在所看到的几个材料，例如东方出版社的《连战家族》，九州出版社的《追寻连氏之根》，以及福建省龙海市人民政府2001年树立的重点文物保护碑连南夫碑，都说连南夫的生年是公元1085年，没有分歧。没有分歧，并不代表就没有问题。上述三家定连南夫生年在1085年，我想他们的依据都是韩元吉撰《连公墓碑》。韩元吉说连南夫卒于南宋高宗绍兴十三年，寿五十八，绍兴十三年为公元1143年，减以58，等于1085，好像没有问题呀。但是，这是不对的。正是这看似没有问题的地方，出了问题。

说他不对，是上述计算方法所得出的结果，是周岁，而中国古人习惯是不讲周岁的。所以计算连南夫的生年，应该是卒年减以在世年数再加1，按照这种方法计算，连南夫的生年是公元1086年，当北宋哲宗元祐元年，其年丙寅。连南夫卒于南宋高宗十三年癸亥。所以，连南夫的一生历经北宋哲宗、徽宗、钦宗以及南宋高宗四朝。生年当公元1086年，卒年当公元1143年。

［02］ 连南夫是大观三年进士

连南夫是哪一年的进士？这又是一个好像没有争议的问题，迄今所能见到的文献，都说连南夫是政和二年进士，从清人修的《福建通志》，到陆心源的《宋史翼·连南夫传》，今人曾枣庄主编的《全宋文》，以及近年涉及连南夫的两部书——《连战家族》和《追寻连氏家族之根》，以及其他所有研究连南夫的文字，都是这么说的，异口同声，没有二致。

宋人韩元吉《连公墓碑》说连南夫是进士，说到了连南夫成为进士之年，据此可以给其成为进士之年精确定位。韩元吉说，连南夫"年二十四进士上舍"，据此我们考定，连南夫生于公元1086年，那么他二十四岁就是1109年，即北宋徽宗大观三年。而政和二年，则为1112年，彼时，连南夫已经二十七岁，与韩元吉所说二十四岁成为进士时的年龄不合。所以连南夫是大观三年的进士，而不是政和二年的进士。

李弥逊有挽连南夫诗，其中说："银峰告政一千里，雁塔联名四十年。"雁塔联名是用唐人雁塔题名的典故，那意思明明是说李弥逊和连南夫是同年进士。李弥逊是大观三年上舍第一名，二人既是同年，连南夫当然也是大观三年进士。

从现有文献看，说连南夫为政和二年进士，以《福建通志》为最早，其他所有文献之说是否该它负责呢？后来文献凡注明《福建通志》的，当然是受它的影响所致。问题是《福建通志》何所据而云然？《福建通志》没有说明它的文献来源，而传世宋人文献中除了韩元吉的《连公墓碑》，再没有文字涉及连南夫的生平履历。所以，《福建通志》关于连南夫是政和二年进士的说法，应来自福建通志馆的采访文献。福建是连南夫曾经的仕宦之地，晚年居住之地，又是其殁后长眠之地，其后人的流寓之地，所以福建通志馆的这些采访文献中可能会有连氏族谱以及传说，而这些又含有口耳相传的成分，不甚可靠，是以讹误至今。族谱、碑传、方志，同样皆具两面性，弄得好，可以补正史之不足，正正史之所误；弄得

不好，也可能画蛇添足，以讹传讹。关于连南夫的政和二年进士之说，就属于后者。

连南夫二十四岁，进士上舍，为北宋徽宗大观三年，而非政和二年。所以，连南夫是大观三年的进士。

21

南夫妻族　酸枣后裔

连南夫的妻族，是文化世家，在宋代，颇有名气，有一连串的名人。

韩元吉《南涧甲乙稿》卷十一《连公墓碑》说，连南夫"娶王氏邻臣之女"。王邻臣者，何许人也？

王邻臣，字光辅，安陆应山人，与连南夫是同乡里。宋代文献关于王邻臣的记事，见于李焘《续资治通鉴长编》卷四百九哲宗元祐三年（1088）三月庚午条，王邻臣为特奏名进士。同样的记载，又见于《太平治绩统类》卷二七。哲宗元祐三年三月戊申朔，庚午是二十三日。

宋哲宗元祐三年三月，王邻臣特奏名。不久，王邻臣就因意外，骑马摔伤，而告不治。此事见于宋人王得臣的《麈史》卷二：

> 余弟光辅邻臣，郡以经行应诏，元祐丁卯，赐第，归。未几，因出坠马，伤甚，十一日而卒。年四十八。

元祐丁卯是元祐二年，与上文《续资治通鉴长编》说法相冲突。幸而同上书卷三，较为详细地述说了此事：

> 予仲氏光辅，元祐丁卯应诏。季道辅饯于郊，举光辅诗曰："仲舒窥园三年废，东野看花一日多。"光辅笑曰："我尚能为此耶？"明年失意。会有诏，经行士未得黜落，具名以闻。于是有旨，令与特奏名。唱名第一，赐明经出身。予时自唐易邠，待次。光辅荣归，为学尚不辍。八月末，视亡妻孙氏墓地。还次近郊，马逸而坠，内伤殊

甚，十日而亡。"看花一日多"遂成其谶耶。

就是说，应试在二年，特奏名在三年，坠马受伤也在三年。

经行是经明行修的简称，是进士诸科之一。王邻臣是安陆郡推荐的，但是落榜了。刚好遇上有旨，应经行科的不让黜落，有旨参加特奏名考试，他很幸运，唱名第一。特奏名唱名第一，与正奏名进士二甲第五名相当，的确荣耀得很。只是这一年中，王邻臣的命运大起大落。荣归以后，即因马逸受伤，以致"十日而亡"。王得臣说，其时为"八月未"。"八月未"者何意？"八月未"的未字，可能是"末"字的形误。然而也有可能是干支纪日的未日。元祐三年八月辛酉，大月，甲戌朔。这个月有两个未日，即初十癸未，二十二日乙未。王得臣记其弟坠马受伤而亡时间，具体到月日干支的可能性非常大。所以，此处，未字之前，可能脱了一字。因此，王邻臣坠马，不是癸未，就是乙未。二者之中，又以癸未的可能性为大。理由是，如果是乙未日，再过八天，就进入九月了。王得臣说其弟受伤，十日而卒，显然没有进入九月。为什么未字作干支的可能性更大一些，而作为"末"的形误可能性小呢？这就要从行文规范考量了。一般地说，古人认为单字不文，为文必用偶数。"八月未"系三字奇数，所以，更大的可能，是"未"前有脱文。而所脱者，极有可能是"癸"字。

宋人胡宿《文恭集》卷十三，有《王邻臣可殿中丞》制书一道，可能是另外一个同姓名者。王得臣的弟弟王邻臣元祐三年特奏名不久即死，不大可能为殿中丞。王邻臣在特奏名以前，也没有仕宦的记录，因而《文恭集》中的王邻臣，或是另外一人。

王得臣笔下的"郡以经行应诏"的"郡"，指安陆郡。北宋安州为安陆郡。宣和年间，安州升德安府。建炎年间，陈规守德安府，抗击群盗，获得胜利，总结经验，写成一部书，那部书就叫《德安守城录》。这个书名，准确地反映了行政地理区域变动，可见古人行文用词，相当科学。

上文"仲舒窥园三年废，东野看花一日多"，语有出典。上句仲舒，谓董仲舒。《汉书》卷五十六《董仲舒传》说，仲舒"孝景时为博士，下幄讲诵，弟子传以久次相授业，或莫见其面。盖三年不窥园，其精如此"。颜师古注：虽有园圃，不窥视之，言专学也。下句东野，即孟东野，就是唐人孟郊。郊字东野。孟郊的诗"慈母手中线，游子身上衣。临行密密缝，意恐迟迟归"，脍炙人口，流传千古，可说是有普世价值。孟郊的《登科后》诗："春风得意马蹄疾，一日看尽长安花。"喜不自禁，跃然纸上，被人批评为器宇不宏，气度狭小，一日看尽，又为太速，有人以为孟郊结局不好，已兆于此。王得臣以一日看花不是吉祥语，是从孟郊本事而起的。不过，王得臣只是略一提及，并没有完全肯定"看花一日多"就是诗谶。所以，还不能因此就说王得臣就不是旷达之士。

王得臣弟兄三人，长得臣，字彦辅；仲邻臣，字光辅；季道辅，失其名。以得臣、邻臣例，道辅名中亦应有"臣"字。

《广群芳谱》载王道辅《蝶恋花》词二首；《山堂考索》卷一九九收录王道辅《蝶恋花》词一首。宋人董逌《广川书跋》卷一，有《书杨杰摹地狱变相后为王道辅跋》。这个杨杰，应该是擅画鬼神的杨杰。见《画继》。此外，还有一个杨杰，字次公，《宋史》卷四四三《文苑》有传。据此，这位王道辅，词写得好，而且性喜收藏。他的词作和收藏见于记载，说明造诣很深，成就非同一般。从宋至今，多少文献散佚失传，王道辅事迹能够见于载籍，大非易事。这也可谓之沧海遗珠了。

在王邻臣、王得臣弟兄三人中，王得臣的成就最高，名气最大。《四库全书总目提要》关于王得臣的述评，参考价值甚高，今采摘于下：得臣字彦辅，自号凤台子，湖北安陆人，嘉祐四年（1059）进士，官至司农少卿。陈振孙《直斋书录解题》以为王铚性之伯父。案书中神受门第七条称王乐道幼子铚少而博学，善持论；又诗话门第十九条称王铚性之尝为予言。谀谤门第三条称王莘乐道奉议，颍人也。则与铚父子非一族。陈氏误也。是书前有政和末自叙，称时年八十，追为之序，书中称予在大农，忽得目疾，乞宫观，已而挂冠，年六十二。以政和五年乙未（1115）逆推至其六十二，时为绍圣四年丁丑（1097）。成书当在其后。是时，绍述之说方盛，书中于他人书官、书字、书谥，惟王安石独书名，盖亦耿介特立之士。考所自述，初受学于郑獬，又受学于胡瑗，其明义一条，复与明道程子问答，疑为洛党中人。《麈史》所记凡二百八十四事，分四十四门，凡朝廷典故，耆旧遗闻，耳目所及，咸登编录，其间参稽经典，辨别异同，亦深资考证，非他家说部惟载琐事者比。

今按，《四库提要》的说法，主要依据《麈史》一书，以及陈振孙《直斋书录解题》等目录书籍。考订大体正确，也有所不足。例如，宋代权威的史学著作《续资治通鉴长编》，似乎就没有为四库馆臣所参考。今查《续资治通鉴长编》，有关王得臣的记载，至少有五次。

第一次，见于《续资治通鉴长编》卷三百二，神宗元丰三年（1080），王得臣为秘书丞，受命与太常博士路昌衡定群牧废监及诸军班牧地租课。这件事情牵涉北宋马政。第二次，见于《续资治通鉴长编》卷三百一十三，元丰四年六月，时王得臣为提举开封府界常平等事，受诏赴开封府属县灭蝗。此亦关乎民生大事。第三次，《续资治通鉴长编》卷三百二十三，元丰五年十月，王得臣受诏搜捕河东、陕西两路逃亡士兵。其时，王得臣仍在开封府界。此事关乎军令政令。第四次，《续资治通鉴长编》卷三百六十九，哲宗元祐元年（1086）王得臣为开封府判官。第五次，绍圣四年（1097），同上书卷四百九十一，时王得臣为司农少卿，管勾崇禧观。就《续资治通鉴长编》一书所载王得臣的仕宦履历来看，王得臣的官职，与经济事务相联系者居多。

王得臣《麈史》一书，于其所任官职，亦有记载，足资参考。

比如《麈史》卷一：得臣管干京西漕文字，居洛。管干的"干"字本应作"勾"，此作干，是南宋避高宗讳改。这是王得臣身后事。漕就是转运使。这是说王得臣其时在京西北路转运使司管勾文字，是机要工作，很受信任。驻地是洛，就是北宋的河南府，今日河南洛阳。

卷一又说：绍圣初，予备位金部。按哲宗绍圣初元是 1094 年。金部是户部的下属机构。备位金部，是说任金部郎中。

还是卷一："后，予奉使于闽。"闽即福建路。据《福建通志》，王得臣曾为福建路转运判官。转运使司的长官为转运使，副长官为副使，其下即转运判官。

《麈史》卷二，关于王得臣的职官的记述有以下诸条。

1. "治平中，予令岳州巴陵。"治平是英宗年号，总共四年，从 1064 年至 1067 年。王得臣的官职是县令。他从嘉祐四年赐第进士，八年而至县令，可谓正常晋升。

2. "予元祐丁卯，假守唐州。"元祐丁卯，是元祐二年，当 1087 年。此事可与上文王邻臣事同参。王得臣守唐州之后，受命知邠州。王得臣说到"待次"，到邠州任否？没有说。不过，王得臣知邠州，是有正式任命的。宋人刘攽《彭城集》卷二十一有《知唐州王得臣可知邠州制》，可知此事是有皇命的。

3. "陕州灵宝县西有涧曰洪溜……予预修本州役书。"按照宋制，役书是要路一级转运使修的。北宋大修役书，有两次，前一次是王安石当政，后一次是司马光掌权。说是转运使修役书，转运使不可能亲自动手。动手撰修的只能是诸州诸县。王得臣就充当了这个角色。北宋的陕州，就是古之周召分陕处，属陕西路，就是今天河南省的三门峡市。《麈史》卷三说："熙宁初，予官陕郊。"正说明王得臣预修役书，是王安石变法时期的事情。

此外，《麈史》卷二还有两条与王得臣历官有关。一条说"予奉使闽部"，当即上文所说为福建路转运判官事；另一条说"予守官洛中"，当即上文管干京西文字事。据《麈史》，王得臣奉使闽部，是元祐年间事。

《麈史》卷三，记王得臣仕宦者亦有数条。

其一，"熙宁初，予为岳之巴陵令"。与上文同看，卷二记治平中，王得臣令巴陵，至熙宁初，仍在任上。由此可知，王得臣应是任满成资而去。然后去了陕州。

其二，"予在开封南司"。《宋史》卷一百六十六《职官六》说，开封府，"其属有判官、推官四人，日视推鞫，分事以治，而佐其长。领南司者一人"。与此上文同参，殆即为开封府判官事。

其三，"盛武仲知夔州，过江夏，予宴之"。

此条与《麈史》卷二所说"武功苏秘进之，子美子也，任湖北运判，按行至鄂，予时守郡"条同参。鄂州，江夏郡，就是今天的武汉三镇。王得臣作为鄂州守，《四库全书总目提要》没有提及得臣守鄂州，是重大疏忽。贺铸《庆湖遗老集》有鄂州八咏碑，注文提到王得臣守鄂，是个旁证。苏秘字进之，是苏舜钦的儿子。舜钦字子美。据欧阳修《苏长史舜钦墓志铭》，舜钦有三子，长曰泌，次曰液，次曰激。此处"秘"字当作

"泌"。因为苏舜钦三个儿子的名字都从水，"秘"字破格。所以，此处"苏秘"乃是"苏泌"的音讹兼形误。准确的写法，当作苏泌。虽然如此，王得臣的记载仍然有着重要价值。那就是关于苏秘的字和其湖北运判的官衔，都是由此保存下来的。"湖北运判"，全称是荆湖北路转运判官。

其四，"谏议大夫贾昌衡君尹洛日，予管干文字"。

上文已经述及，王得臣管干京西漕文字。京西路北有河南府，南有襄阳，分称京西北路和京西南路。此处的管干文字和上文卷一的京西漕管干文字，应是同一官职。据《续资治通鉴长编》，贾昌衡以左谏议大夫知河南府，在熙宁十年（1077）左右。贾昌衡知河南府时，只有转运副使，未见转运使，贾昌衡很可能兼代京西北路转运使衔。北宋时，知青州例带京东东路转运使，所以，贾昌衡知河南府带转运使衔，也不算破例。所以，《麈史》说王得臣在洛阳为官，应该就是贾昌衡知河南府时间段内。而且，他就是路昌衡手下的管干文字。

《麈史》一书，还透露了王得臣家庭的一些重要信息。例如，据《麈史》记载，王得臣的父亲皇祐间做过信阳军尉。北宋的信阳军，就是现在河南省的信阳，信阳军同下州，级别不高。所辖地土不广，只有两个县。尉是县一级官职，究属信阳军的哪个县，他没有说。皇祐是北宋仁宋年号，当1049年至1054年间。

又如，《麈史》卷三说，王得的长子王渝尝为寿春令。寿春今属安徽。前人已经注意到，王得臣《麈史》中没有出现攻击元祐党人的名字，王得臣也没有入元祐党籍，而是波澜不惊，平安度过一劫。可事实上，王渝和苏东坡是有交情的。宋吴自牧《梦粱录》卷十一，有苏东坡同王渝等元祐五年三月三日同游三竺过麦岭题石。潜说友《咸淳临安志》也载有此事。至于《四库提要》说王得臣于他人称字称谥，惟独对王安石直呼其名，则未必是深思熟虑的结果。《麈史》一书，的确有数处直书王安石的名讳，但也有一条，称"荆公王安石"，这在一书之中，前后是一种不和谐的声音。那么，怎么看待这种现象？

《麈史》称"荆公王安石"的那一条，还出现了潞公、温公字样。潞公就是文彦博，温公则是司马光。说潞公、温公，宋人都知道是谁人，原无需指名道姓的。荆公就是王安石，也是名满天下，尽人皆知，也是无需指名道姓的。然而偏偏在"荆公"之下，出现了"王安石"三字，这与本条体例不合拍，这得如何解释？这说明该书初稿，可能只有荆公二字，与温公、潞公并行而书，这是正常现象。

我以为，王得臣的书，当然是在其生前写的，但其流布人间，当是南宋以后的事情。"管干"一词，从"管勾"来，明显是避宋高宗讳"构"而改。谁改的呢？王得臣无先见之明，不可能知道他的身后赵构会当皇帝，而预为之讳。对此，只有一个解释，即他的《麈史》曾经其子孙后代加工。《麈史》书中"管干""管勾"同用，透露了时代变化和后人曾经订正的信息。

同理，《麈史》将荆公与王安石并称，也反映了宋代的政治生态的变化和政治剧震。王安石曾经被尊为荆公，被封为舒王，可是靖康之变以后，宋人痛定思痛，一股脑儿把北宋社稷覆亡，中原板荡的责任，全都推到了王安石的身上。所以，《麈史》直书王安石，也应不是王得臣生前的事情，而同样大约是其后人所为。极有可能，王得臣《麈史》就像书写温公、潞公一样，原稿都写的是荆公，入南宋后，其后人都厘定作王安石。但改订不够彻底，才露出了"荆公王安石"的马脚。否则，当王安石正在主持天下大政的时候，王得臣居然直书王安石，这太有点不合情理。王得臣何苦平白无故地去得罪王安石？若果如是，王得臣也不可能在熙宁元丰间的官场中混下去。以王得臣的仕宦履历看，他是无灾无难，相当平安地向前发展的。所以，仅以《麈史》对一个人的某些称谓就判定一个人的全部，这种急遽归纳的办法，不免有冒险的成分在其中。

《麈史》一书证明，王得臣学问博洽，处处留心，学风甚笃。他为官唐州，就唐州的建置沿革，有深入考订。他任职陕州，就洪溜涧这个小地名穷搜根底。他守鄂州，就江夏掌故，著有《江夏辨疑》一卷。这都说明，王得臣以居官之便，地近易核，实地考察，这种求实的精神、严谨的学风，值得称道。

《四库全书总目提要》说，王得臣初学于郑獬毅夫，又学于胡瑗翼之。郑獬是安陆人，是王得臣的乡里乡亲。其从郑獬学，不在故里，而在开封。其从胡瑗学，亦在京师，而且是在当时国家的最高学府太学。胡瑗治《易》，名声很大，人称安定先生。王得臣的易学修养，也很深邃。王得臣的易学渊源，一半来自胡瑗，一半当是家传。因为他的祖上，是有名的酸枣先生王昭素，《宋史》卷四百三十一《王昭素传》说他博通九经，兼究庄老，尤精《诗》《易》，且有专门著述。《宋史·艺文志》著录王昭素《易论》三十三卷。王昭素是易学大家。

酸枣，县名，就是现在河南省的延津县。延津县古有酸枣，长成森然大树，与他处酸枣为小灌木者大不相同，因而汉代设县为酸枣。县境有黄河流过，有延平津，与白马津、黎阳津，并为黄河上古渡口。白马津在今滑县，黎阳津在今浚县，由于黄河在历史上多次改道，现今延津县境只有黄河故道。1968 年至 1969 年，我曾在延津黄河故道附近生活、锻炼、种地、养马，黄河故道只有丈许宽窄，蜿蜒北去，两岸十数里外，便有沙丘，沙子很细，风起沙动，能看到流沙在呼呼前进。本来一片绿油油的麦田，一个晚上就会被流沙淹埋殆尽。这就是所谓"活沙丘"，活沙丘可怖，原来如此。不过，黄河故道的河水清且涟漪，鳞潜羽翔，鱼儿肥美，偶有回旋，形成湖泊和湿地，常有天鹅和鸿雁栖止。黄河故道两边，无人无沙之处，有茂草，无长林；有野兔，无狐狸。距今仅五十载，那里还保有一片原始生态。只不过此处不见泰山如砥，只余黄河如带。

宋人陈振孙《直斋书录解题》，说王得臣是王铚的伯父，是有根据的。根据便是王明清《挥麈后录》卷八的一段话：

> 伯祖彦辅，以文学政事扬历中外甚久……徽庙登极，已而遇八宝恩，转中大夫。又以其子升朝，迁太中大夫。又数年，年八十一，乃终。伯祖名得臣，自号凤台子。

王得臣字彦辅，号凤台子，这些都很正确。王明清称王得臣为伯祖，应该不会弄错。从祖父到己身，年代并不久远啊。

徽庙就是宋徽宗。徽宗是庙号。"八宝恩"的"八宝"，指徽宗时的八颗印玺。不是私印，是皇帝的印玺。古代天子八宝，宋代在徽宗以前，只有六宝，宋徽宗在大观元年（1107），又制两颗印玺，合称八宝，这件事成了当时政治上的头条大事，百官都沾恩晋级，就是所谓的"八宝恩"。王得臣因此成为中大夫。中大夫在宋代文散官中为从四品。太中大夫为从四品上阶。陆游《老学庵笔记》卷八，元丰官制行，以通直郎以上朝预宴坐，仍谓之升朝官。在宋代二十九阶文散官中，通直郎是从六品。按照宋制，从三公到升朝官，"祖考母妻"都有褒赠。故而儿子升官，王得臣也提了一级，由中大夫晋升为太中大夫。

王明清《挥麈前录》卷一，说到王昭素是他的远祖：

> 明清五世祖拾遗，开宝八年，以布衣荐，自布衣召对，讲《易》于崇政殿，然后命官。崇政殿说书之设，肇建于此。

宋太祖召见王昭素，确有其事。只是王明清的这段表述，有些扑朔迷离，不是十分清晰。"五世祖拾遗"，"拾遗"是官职名，此以官职代王昭素，可王昭素见宋太祖，命为国子博士，见于宋代国史本传和实录。元修《宋史》卷二《太祖纪》，宋太祖召见王昭素，赐国子博士，致仕。时在开宝三年（970）三月，此云八年，有误。李焘《续资治通鉴长编》卷十一，开宝三年三月辛亥日下，注明此事。说王昭素官拾遗，是宋代宝训的说法。我以为，《宋史》王昭素本传记载为是。王明清说王昭素讲《易》于崇政殿，不确。宋太祖时，没有崇政殿，只有讲武殿。崇政殿是太平兴国年间宋太宗所改。《宋史·礼志》说，讲武殿又名崇政殿，是反映了这种沿革变化的。王明清的说法，无大错，但不精准。崇政殿说书一职，设于北宋仁宗景祐元年（1034），最早为崇政殿说书的，是贾昌朝。从渊源上说，可说王昭素是崇政殿说书之始，但非严格意义上的。严格地讲，尚很难说王昭素是崇政殿说书之始。说书是官职名称，相对侍读和侍讲而言，资浅者为说书。这些地方，王明清是一家之言，他的说法，不是没有再加推敲的余地。《续资治通鉴长编》记载，王昭素对宋太祖问时说："治世莫若爱民，养身莫若寡欲。"可谓千古不磨之语。赵匡胤当时将这两句话书之座右，成千古佳话。这是言者亦有意，听者亦有心。

王明清自称王昭素为五世祖。陆游则说从王昭素到王明清已有六代。陆放翁《送王仲言卒泰州绝句》："汝阴太守万签藏，酸枣先生六世芳。"仲言是王明清的字。六世芳，就是第六代。王明清和陆放翁的计算方法不同。"万签藏"是说他们家富有藏书。

上文已经言及，王明清曾从郑獬学。獬字毅夫，也是安陆人，他是北宋仁宗皇祐五年（1053）进士第一名，就是状元。王明清的祖父王莘，亦曾从郑獬学。王莘初入仕途，做过安州应山尉。后来谪官，又到安州居住。这应是在困难关头投亲靠友。安陆王得臣的故乡，连南夫的故乡，曾是王莘的仕宦地和居住地。

王明清《挥麈录》三录卷一说："先子久居安陆。""伯父太中公与持正有旧。"自注："先人手记。"今按，此处的"先子"和"先人"，不是同一个人。"先人"指王明清的父亲王銍；"先子"是王銍的父亲王莘。"先子久居安陆"云云，是王銍的注。称"先子"，说明王銍写此文时，王莘已经作古。称先人，说明王明清写此语时，王銍也已仙逝。"太中公"，王得臣也。王得臣以其子升朝官为太中大夫，故称。王銍称王得臣为伯父，所以王得臣就是王明清的伯祖。王得臣是德安王家，王銍是汝阴王家。汝阴王家是酸枣先生后裔，王銍直认王得臣为伯父。所以，王得臣亦是王昭素后人。这个关系，可以称作名正言顺。

王得臣与"持正有旧"，持正就是蔡确，确字持正。"与持正有旧"，是说王得臣与蔡持正关系很深。

蔡确是福建泉州人，王安石新法的坚定支持者。为官，先后做到尚书右仆射兼中书侍郎，尚书左仆射兼门下侍郎，即俗称的宰相。哲宗元祐元年（1086），蔡确在政治斗争中失败，贬知安州。蔡确在安州即安陆，夏日游车盖亭，写了游车盖亭诗十首。知汉阳军吴处厚，认为其中五篇语涉讥讪，笺注以闻。于是蔡确得罪，被贬为英州别驾，新州安置。英州、新州，都在广南东路。"新州安置"，就是被赶到广东监管起来了。蔡确后来死于贬所。这是北宋很有名的诗案，就是文字狱。

王得臣与蔡确交非泛泛。《麈史》有关于蔡确的文字，可以作证。蔡确在安州的时候，王邻臣正在家乡读书治学，以其与得臣的关系，与蔡持正或有交集。王邻臣能诗，蔡确能诗，蔡确与吴处厚有文字缘，吴处厚之所以注释蔡确诗，很重要一个动因，是二人因文字缘而生恨怨。恩生害，害生恩，这种事情，历史上可说是不乏其例。

王銍认王得臣为伯父，顺理成章，王明清称王得臣为伯祖。其父子两代的文字，都证明汝阴王莘这一支，和安陆王得臣这一支，的确都出于酸枣先生王昭素之门。这二支都是诗书传家，都是文化人。安陆连氏，安陆宋氏，安陆郑氏，名人辈出。王得臣《麈史》，于安陆名家及仕宦流寓安陆的名家，多有记述，文化底蕴十分丰厚。汝阴王氏，汝阴常氏，都是名门。北宋文坛领袖欧阳修，对安陆和汝阴这些大家，多有宣传支持和造势。这个现象，应当重视。连南夫本身是安陆连氏，联姻安陆王家，这个情况，也应重视。

除了安陆王得臣家族，还有济南王衣家族，与汝阴王家，也有亲缘关系。

王衣字子裳，济南历城人，《宋史》有传。《建炎以来系年要录》卷三十五，高宗建炎四年（1130）七月记事说："铚，衣兄子也。"依据是王明清的话。王明清《挥麈后录》卷十，有"叔祖子裳"曲救王球的事。王衣是刑法工作者，《宋史》本传和墓志铭，载其办案事例，相当精彩。王明清说王衣救王球，时为大理卿，合乎王衣的身份，也与历史年代相符。

王得臣是王明清的伯祖，王衣又是王明清的叔祖，言之凿凿，不容人不相信。如此看来，王昭素的后人，不是二支，而至少是三支，即：汝阴一系，德安一系，济南一系。

汝阴一系和德安一系，与连姓有关联。惟独济南一系，未发现与连氏相关的信息。而且，据宋人纂崇礼所撰王衣墓志铭，王衣的曾祖讳继文，祖讳异，父讳宿。王衣的曾祖，相当王照素这一代，至王明清已历六世，按理已出五服。王明清称王衣为叔祖，辈分是如何确定的？又，王衣的先祖河北冠氏人，与王昭素的里籍酸枣不同地域，这又是怎么回事？所有这些，都应继续探索。

王明清认王得臣为伯祖，有根有据。王明清认王衣作叔祖，自当也是证据确凿，王家是名门，王明清父子祖孙，都是名人，文字传家，著述甚丰，不至于闹出错认祖宗的笑话。现在，因为文献不足，造成一些不可解，这是我们的学力不足，学识不够，此正是需要再作努力探讨处。

所以，连南夫的妻族，涉及安州王得臣一系，便是涉及酸枣先生，便牵涉到汝阴王氏，间接也波及济南王衣一族。王明清的祖父王莘是写过《连都官墓志》的人，的确与连家有关，而且关系匪浅。至于王得臣的

《麈史》，不论是出自乡土观念，也不论是出自亲戚情谊，书中写了许多连家的故事。关于连氏"连底清""连底冻"这样的传奇，也是始见于王得臣的手笔的。

王氏家族的社会影响和人脉资源，对连南夫而言，堪称足够的强大和丰厚。

22
南夫有后 三子二女

连南夫有后代，有子有孙，现据宋代文献，就连南夫后代子孙问题作一探讨，在此，亦将涉及网络传媒上的一些文字。为了讨论的方便，现分作几个小题目，分别研究和论述。

[01] 宋代文献中连南夫三子的名字

韩元吉《连公墓碑》说连南夫有三个儿子，两个女儿。墓碑是根据连南夫长子提供的材料撰写而成，无疑相当准确和可靠，可信度极高。这是后来的二手文献所无法比拟的。

连南夫长子连瓘，朝奉郎，权发遣邵州；次子连毅，承奉郎，监秀州袁步盐场；三子连莹，承奉郎。连南夫有二女，长女不幸病废，二女是将仕郎刘邍的妻子。连南夫的第三代，有两个孙子，九个孙女。就男女性别比例看，连南夫的第二代，大体平衡，第三代，则似乎失衡很严重，阴盛阳衰。这是截至南宋孝宗十一年即公元 1184 年的信息。这是《连公墓碑》撰成之年，连瓘尚在人世，连南夫谢世已告四十载了。此时，连毅、连莹以及连南夫的二女，都已下世，只有连瓘硕果仅存。

连瓘等三人的名字，见于《连公墓碑》，《连公墓碑》是根据连瓘提供的文字写成的。连瓘绝不至于将自己弟兄三人的名字弄错。是以在研究连南夫的时候，当以《连公墓碑》所说为准。即便遇到宋代其他文献，也当以此为准。更不要说后起的文字了。

[02] 连璧有字，字曰恭槛

古人有名、有字，有号，有的还有谥。

连璧有字，字曰恭槛。

连璧的字，见于宋人祖无择的文集。

祖无择是宋上蔡人，今属河南。无择字择之，有人说是闻鸡起舞、击
楫中流的祖逖的后裔，当然是名门之后了。祖无择曾经在洛阳为官，是洛
中司马光等九老会中人。晚年受到排挤，后来卒于知信阳军的任上，信阳
军，今亦属河南地。祖无择与连氏家族有旧，他的文集当中提及连氏的有
好几处。北宋时信阳军只领二县，级别同下州。无择的文集原名《焕斗
集》，系因欧阳修赠祖无择诗"西州政事蔼风谣，右掖文章焕星斗"而得
名。传世祖无择集只称《龙学文集》或《祖龙学文集》，这是以职官命
名，因为祖无择生前做过龙图阁直学士，故而称《龙学文集》。宋人只称
《焕斗集》，现在能看到的，只是《龙学文集》了。《龙学文集》并不涵括
《焕斗集》的全部文字。

《龙学文集》卷十三《祖仙传》，题华山郑隐撰。郑隐是宋人，华山
隐士，曾受宋真宗召见，见《宋史》卷八《真宗纪》和《宋史》卷四百
六十二《柴通玄传》。郑隐写过一篇《祖仙传》，这位祖仙姓祖名昷字伯
高，是祖无择的叔祖。祖无择于熙宁元年（1068）三月，将《祖仙传》
刊石立碑，文字拓片，其后有九通题跋，都收在《龙学文集》中。题跋
时间，最早的是建炎三年（1129），最晚的至淳熙六年（1179），按题跋
时序，连璧的跋位居第八，写于淳熙三年（1176）。所有这些跋，自然都
写于祖无择的身后。征集题跋的，自然是无择的后人。

连璧题跋只有一十三字："安陆连璧恭槛，淳熙三年季夏朔。"按孝宗
淳熙三年岁次丙申，四月甲午，朔日乙巳，这一天是公元 1176 年 6 月 9
日。这是连璧观看《祖仙传》拓片的时间。连璧能够看到《祖仙传》石
刻拓片，说明祖、连两家后人亲密无间，保有紧密的联系。

在《祖仙传》九通跋文当中，连璧的题跋，文字最短，跋后的注文，
却属最长。其文曰："连郡州是也。安州应山县人，显谟阁学南夫之子，

庶之侄孙。庶字君锡，昔日龙学与欧阳参政尝用荐举焉。"

注文自是祖无择的后人所书。值得注意的是，注文传递的信息，很是丰富，也很准确。注文第一句"连邵州是也"，是说连瓌的，说他是邵州的一把手负责人。第二句"安州应山县人"，说连瓌的祖籍，德安原来叫安州，这个说法不错。"显谟阁学南夫之子"，连南夫生前是显谟阁学士，这个说法不错。下句"庶之侄孙"，正确。连南夫父辈弟兄四人，连南夫是三门之子，连庶是长门，这个关系很清楚。末句说祖无择和欧阳修于连庶有推荐之力，提携之功。祖无择的后人，特别揭出祖连二家的关系渊源，有意思。所以，我说这个注文，信息量极其丰富，而且十分准确。

请务必记着，连瓌的字是恭槛。

[03] 权发遣邵州是什么官职

韩元吉撰《连公墓碑》说，连南夫的长子连瓌是"权发遣邵州"，"权发遣邵州"是个什么官职？

权发遣邵州就是知邵州，知邵州就是知邵州军州事，军是兵事，州谓政事。宋代的知州，其职责是：总理郡政，宣布条教，劝课农桑，旌表孝悌。所有赋役钱谷、狱讼之事，以及兵民之政，都归其管辖。下级官吏的监察举刺推荐等等也由其负责。

宋太祖陈桥兵变，黄袍加身，定鼎东都，坐镇中原，召集各镇节度使到京师，赐以豪华住宅，不再允许他们赴任，而派中央政府官员到各郡任职，称为权知军州事。后来，统称知军州事。其中二品以上官员以及带中书、枢密院、宣徽使职事的，称为判某州军州事。

和宋初权知军州事不同，后来的"权知"却表达了另外的信息。《宋史》卷一百五十八《选举四》说："淳熙三年，中书舍人程大昌言：旧制，选人改秩后两任关升通判；通判两任关升知州；知州两任即理提刑资序。除授之际，则又有别。以知县资序隔两等而作州者，谓之权发遣，以通判资序隔一等而作州者，谓之权知，上而提刑、转运亦然。隔等而授，是择材能也；结衔有差，是参用资格也。"即宋代官制规定，知县两任，可以任通判；通判两任，可以升任知州，知州两任可以升任提点刑狱。

"以知县资序隔两等而作州者,谓之权发遣,以通判资序隔一等而作州者,谓之权知"。这个资历要求很严格,规定很细密,在职官制度上,没有空白,堪称无懈可击。《宋史·选举四》说这是程大昌的话,而周必大《文忠集》卷一三九《选择监司郡守议》有注却说:此乃周必大等人所共议,非程大昌一人的见解。《历代名臣奏议》卷一六九及《古今事文事类聚》卷十二也都说是周必大的意见。《宋史》校点应于此处出校说明。

因此,"权发遣邵州"五字告诉我们,连南夫的长子连瑹是由知县资序直接越级出任知州事的,是在知县事任上才华出众的脱颖而出者。如果拿今天的事情打个比方,那就是说,连南夫的长子是由县处级直接越级提为正厅级的。

连瑹权发遣邵州,在自署名时,要带"权发遣"字样,而他人称呼或写入正史时,"权发遣"字样则可以省略,这是宋代的规矩。所以《龙学文集》中祖无择的后人称连瑹为连邵州,是正常称谓。但是,《连战家族》一书页318说:连南夫"男三,雍,朝奉郎,权发谴邵州","雍"和"谴"字都错了。"雍"当作"瑹","谴"当作"遣"。又同上书同页引"龙海连氏家族资料,云连南夫三子,长子雍字宇茹,邵州知州","雍"字亦误。"邵州知州"这种表达方式,说明其晚出,宋人不这样说。宋人只说知邵州,或者说知邵州军州事。甚至结衔还可以更长一点,叫做"权发遣邵州军州事兼管内劝农事",再加上兼驻军的什么职务。这都说明那个"龙海连氏家族资料"晚出的痕迹很明显。

这里又引出另外一个问题,即连端夫在《四贤堂记》刻石上署衔"权知南剑军州事",而不用"权知南剑州军州事",这牵涉到行文规范问题。连端夫结衔全称"朝散郎权知南剑军州事",这里的"南剑"就是南剑州。刻石落款全文二十字,即"宣和五年孙朝散郎权知南剑军州事连端夫立石",如果用"南剑州"则变为二十一字,奇数,不合规范。所以,此处实际是省了一个"州"字。可见连端夫在文字运用上,很是讲究。一本叫做《追寻连氏家族之根》的书,它的页66有一句话,引自《湖北通志》的案语,说是"二连之孙——朝散郎、南剑军州知事连端夫于宣和五年(1123年)七月一日立碑",我以为这样表述,有其不妥之处,容易让人误解,好像宋代有个行政区划叫做"南剑军州",其实宋代只有南剑州，没有什么南剑军州。连端夫结衔称"权知南剑军州事"，是说南剑州的军事、州事他都管了，不是说管"南剑军州"的"事"。另外，"州知事"，也不符合宋人职官称谓习惯，宋人说"知州事"而不说州"知事"，"知事"作为职官称谓，是金、元以后的事情。这是有时代特色的，也需注意。研究宋代事物应该尽可能地采用宋人的称谓习惯。时间、空间的特色，都不能搞错。

由上文可知，连璧权发遣邵州，是越级提拔，连端夫权知南剑州，也是超资使用。只不过连端夫只是超越了一级而已。

[04] 邵州的历史地位

连璧出掌邵州，是当局委以重任。

《宋史》卷八十八《地理四》说：

> 宝庆府，本邵州，邵阳郡……宝庆元年，以理宗潜藩，升府。……县二：邵阳、新化。（新化下注：熙宁五年收复梅山，以其地置县。有惜溪、柘溪、藤溪、深溪、云溪五寨。）

宋代的邵州，只辖二县。而当今的邵阳，辖区却很广大。只是宋代邵州领有新化，现在新化倒并不隶于邵阳，当今，新化是湖南娄底的属县。

宋时新化县有惜溪等五寨，是屯戍驻军之处，每寨寨名都带有溪字，因而很容易让人想起了五溪蛮。唐代杜甫《咏怀古迹五首》第一首说："三峡楼台掩日月，五溪衣服共云山。"说的就是五溪蛮。《三国志·蜀书》卷九《马良传》：刘备称王，以马良为侍中。"及东征吴，遣良入武陵，招纳五溪蛮夷"。这个五溪，在湖南辰州界，它的面积，比新化的"五溪"要大得多。不过，新化的"五溪"，也不能等闲视之。因为那里原先是梅山洞，此地不服王化，经常闹事，原本是让宋廷很头疼的一个地区。

梅山洞，也作梅山峒。《宋史》卷四百九十四，专门有梅山峒条：

> 梅山峒蛮，旧不与中国通，其地东接潭，南接邵，其西则辰，其

北则鼎澧，而梅山居其中。……熙宁五年，乃诏知潭州潘凤、湖南转运副使蔡烨、判官乔执中同经制章惇招纳之。……籍其民，得主客万四千八百九户，万九千八十九丁，田二十六万四百三十六亩。……筑武阳、关硖二城，诏以山地置新化县，并二城隶邵州。自是鼎澧可以南至邵。

潭州就是今天的长沙，势控湘江上游，极其重要，是荆湖南路的治所。开梅山道，是北宋的一件大事。熙宁五年以前，梅山峒"不与中国通"，且阻潭邵之间之通，威胁四面，常出劫掠，就连潭州等地也不得安生。但是，这样"不与中国通"，从道理上是说不过去的。在北宋广袤的国土上，在富庶的荆湖南路，就在军事重镇潭州之旁，怎么会有一块"不与中国通"的割据之地呢？实际上，是宋廷因噎废食，政策上出了问题。同上书同一条说：太平兴国二年（977）左甲首领苞汉阳、右甲首领顿汉陵寇掠边界，朝廷累遣使招喻，不听，命客省使翟守素率潭州兵讨平之。自是，禁不得与汉民通。所以，这个"不与通"，的确有北宋政权措置不当的因素在内。其实，梅山峒人民，绝不是恃山为险，抗拒天兵，他们是真心要融入当时的社会。熙宁五年（1072），开梅山道，"蛮徭争辟道路，以待得其地"。（《宋史》卷四百九十四《梅山峒》）是欢迎，而不是对抗。所以，当时开梅山道，真是大势所趋，人心所向。由对抗到转而亲密合作，可见政策和策略的重要。

梅山峒民在宋时被称为"蛮徭"，实即当今苗族的先民。人说此处是蚩尤故里，是苗族文化的发祥地。连罴做这个地区的军政长官，责任不小。今人有说梅山文化范围，或以为其地域北依洞庭，南界五岭，在湘、沅二水之间者，是也。此可见梅山地区在当代之重要地位与价值。

[05] 连蓬州

"连邵州"，就是连罴知邵州，广为人知。而其曾知蓬州，知者就为数不多了。连罴知蓬州，见于南宋周必大《跋张魏公与连罋帖》。所谓张魏公帖，其原文是：

富贵不足道，孝名忠信，可以垂名百世，利泽万物。绍兴辛酉，重阳前一日。书赠连君几宜。紫岩张德远。

绍兴辛酉是绍兴二十三年，德远是张浚的字，紫岩是张浚的号。张浚籍贯绵竹，其地有紫岩山，因以为号焉。以家乡山川为号，气象博大，意旨深远。浚在南宋，力主抗金，为时人望，进封魏国公，故周必大称浚张魏公。

但是张浚只说到"连君几宜"，并没提及连璧知蓬州，连璧知蓬州，见于周必大的跋文：

应山连处士，一布衣耳。既没，而乡人发其孝友礼逊，凡鳏寡孤独之人皆追思之。欧阳文忠公表其墓，谓行之以躬，不言而信，盖实录也。有子四人，而宝文公，则第三子之孙，以文章赞书命，才略典方州，克孝而忠，大其家声。今几宜君复蒙圣上拔擢，守蓬守邵，进用未已，施于有政，岂如处士居乡而已乎？举斯心加诸彼，则上不负天子，下不负张忠献公之言矣。淳熙癸卯腊月丙寅。

淳熙癸卯即孝宗淳熙十年，十二月乙丑大，辛酉朔，丙寅为初六日，这一天是公元 1184 年的 1 月 20 日。周氏跋文书于张浚致连璧帖后三十年。忠献是张浚的谥号。

周必大跋有几层意思。第一，说到欧阳修《连处士墓表》；第二，说到"宝文公"，即连南夫，连南夫生前为宝文阁学士，故有此称。"文章赞书命，才略典方州"，评价之高，无以复加。苏东坡的传论有"入掌书命，出典方州"八字评语，周必大变换为十字，是直追苏轼了，其景仰之意由此可见。宋人史传，称典方州者，大有人在，而云赞书命典方州者，实在罕见。以文章赞书命，是说任过中书舍人。宋的中书省，有中书令、中书侍郎和中书舍人，"皆承制画旨以授门下省。令宣之，侍郎奉之，舍人行之"。舍人行之，叫做书行。《宋史·洪迈传》说：三省事无巨细，必先经中书书黄，宰执书押，当制舍人书行，然后过门下。舍人不书行，事情就办不成。张琪攻徽州，知徽州郭东弃城而去，又知台州，胡斐不书行，真是说不行就不行。不行要执奏，就叫缴驳。连南夫做过中书舍人，又知州事，所以是入掌书命，出典方州。就宋代而言，典方州、使一路，是政治上很大的成功。连南夫知广州，实领广南东路，因而周必大的评语，也是实事求是之语。"宝文公则第三子之孙"，连南夫是连庸的孙子，连庸是连处士的第三子。这个世代次序，正确无误。"守蓬守邵"，说明先后做过蓬州和邵州的长官。守蓬在守邵之先。邵是邵州，蓬为蓬州。

据《宋史》卷八十九《地理五》：蓬州，咸安郡，领县四，南渡后，增县二。领县四，谓蓬池、仪陇、营山、伏虞四县。增县二，谓良山、相如二县。县名相如，据说该地是西汉司马相如故里，设相如县就是为了纪念司马相如。当然，设相如县，同时不可避免地也惠及卓文君。

蓬池是蓬州的治所，就是汉代的阆中。良山，就是汉代的宕渠县。所以，此地大致就是汉代的巴郡地。《三国志》张飞守阆中，与张郃大战，所以，此亦古战场。宋代，蓬州隶于利州路。清人顾祖禹《读史方舆纪要》卷六十九说，蓬州"南屏果渝，北控利阆，山川奇秀，雄峙东隅"。果、渝、利、阆，都是州名。从军事地理学上看，此州有重要地位。因之，连璧出典蓬州，是重任在肩。

[06] 几宜君

"几宜君"，"几"字疑当作机，习惯上，都用机宜，周必大写作"几宜"，如果他是忠于原著，那么，张浚所书，本来就是"几宜"。"几"与"机"，字通。由此可见，张浚，周必大，字学功夫，都相当了得。

称几宜君，就是做了有关文字机宜的官职。宋代，与机宜文字有关的官职有两个，一个叫做主管机宜文字，另一个叫做书写机宜文字。有时只称机宜文字，有时合称主管机宜文字。宋制，经略司、宣抚司、都督府、留守司、招讨使、镇抚使、安抚司、帅府，都有主管机宜文字。机宜文字，顾名思义，就是机密、机要文字。做机宜文字的，肯定是亲信、亲戚，甚至是子弟。北宋曾有圣旨，禁绝用亲戚主管机宜文字。然而此可能徒具虚文，禁而不绝。例如，岳飞的长公子岳云，披坚执锐，冲锋陷阵，是一名悍将。可是，据《金陀粹编》记载，在岳飞任湖北京西路宣抚使时，岳云就是宣抚司书写机宜文字。主管机宜文字、书写机宜文字，可以是一人，也可以分置。岳飞任招讨使，其下主管机宜文字和书写机宜文字，就是分置。主管机宜文字，说是一人，实际上有任命多人的。文彦博受命讨平河北王则之乱，一下子同时任命三个主管机宜文字，即是其例。

绍兴七年（1137），淮西郦琼兵变，后果严重，政局震动，张浚承担政治责任，被贬出国门。绍兴二十三年，张浚在荆湖南路的永州。当时，潭州的负责人是秦桧的亲信，对张浚，直欲置之死地而后已。至二十五年秦桧病死，张浚才得以幸免，得以"自便"和"复官"。是以张浚给连玺书写那个帖的时候，正是在永州期间，当时正处于危难之中，也是朝不保夕的时候，而写给连玺的帖，文意雅致深远，大气磅礴，当世高人，自是与众不同。连玺任机宜，是主管机宜，还是书写机宜？是在哪个地区、哪个部门做机宜工作？这一连串问题，都没有找到旁证资料予以解决。现在只能暂付阙如，姑且称之为主管机宜吧。不过，按照惯例，做主管机宜文字的官，都是被上级主管看好的，是被重视的。另外，凡做主管机宜的，一般都有过曾任判官、推官的资历。有此二点，足可证明，连玺有干才，才华过人。同时也说明，连氏在政界有人。而此时距连南夫之逝，也就是十年左右。十年前连南夫被夺职，郁郁而终；十年后连机宜奋起，步入政界。失马得马，否泰相随，是自然规律。

连玺主管机宜文字，在绍兴年间，时间顺序上，在出典蓬州和邵州之前。

其时，连玺的阶官是朝奉郎，朝奉郎还是员外郎，是从六品。连毂和连莹都是承奉郎，承奉郎是从八品。

［07］连南夫三子名字正读

连南夫有三个儿子，分别叫做连玺、连毂和连莹。三子名字，都含玉旁。这一点很重要。近些年来，一些研究连姓的文字材料，忘了这一点，于是就在连南夫三个儿子的名字上，造成了许多不可解的结。

爱子心切，连南夫视长子为连城之器，名之曰玺；得次子，视为双璧，是以名之曰毂；后得第三子，命之为莹。莹是似玉之石。南夫命季曰莹。足见舐犊情深，爱怜不已，绝无轻视之意。

瑴的本意是双玉。《左传·僖公三十年》"请纳玉予王及晋侯，皆三十瑴"，就是这个瑴。瑴字音觉，瑴与珏通。《左传·庄公十八年》"皆赐玉五瑴"，《释文》说："瑴字，又作珏。""瑴"字又有"穀"音，"穀"今简化字作"谷"。于是，就出现了一误而读"连瑴"为"连穀"，再误而书"连穀"为"连谷"，这就叫做错上加错。

据我所见到的研究连南夫的书籍，所引连氏家谱族谱，以及一些网络文字，谈及连瑴的时候，几乎千篇一律地都写成了"连谷"，当然都是一错到底，谬之千里。从连南夫三子名皆以玉来看，连瑴可以写作连珏，但不能写成连穀，更不能写成连谷。写成连谷，就是一无是处。

除了连瑴，连南夫长子连璧的名字，也被一些文字弄得面目全非。有两部研究连姓的书籍，都把连璧写成"连雍"。"雍"同"邕"，有和的意思。但"雍"字无"玉"，不合连南夫的初衷。也有将"璧"写作"壅"的，一般来说，字的偏旁、土、石、山，可以互换，但是用土与玉互换，未曾见过。所以，我仍然以为，连南夫长子的名称，只可写作"璧"，不能写成"壅"。璧字恭槛，换成土旁，就是不恭。上文引周必大的跋，用了"壅"字，这是照抄景印文渊阁《四库全书》的结果。《四库全书》所载《连公墓碑》，用的是"壅"字。

有几个地方，研究连姓，都把连南夫三子的名字，分别写成连雍、连谷和连莹。这是把连南夫三个儿子的名字，弄错了两个，也太有些不成体统。连南夫命子，意旨深远。今人不知，莫名其妙，轻易改字，全无义理，近乎妄下雌黄。

宋人祖无择字择之，与连庶是同年进士，祖无择的后人编无择集子《龙学文集》，收有连璧题跋，"连璧恭槛"，就是说他的字是"恭槛"。

连璧的名，在宋人文集中凡三见，一是《南涧甲乙稿》，一是《龙学文集》，还有周必大的跋，而其字则仅仅一见。连姓谱牒所谓字宇茹云云，是另外一个系统。那个系统非常完整，非常庞大。例如，关于连南夫三个儿子的字，分别叫做宇茹、宇芹和宇茝，字皆从草，自成一体，看来创造这个体系的人学识也相当渊博。只是这体系和传世文献，似有不十分协调处。辨章学术，考镜源流，殊非易事。对于这个体系的学习和消化，也是需要时日的。

愿俟高明。

[08] 思量

综合上文，有几件事情，需要注意。

一是连南夫三子，其名见韩元吉《连公墓碑》，流传至今，广为学界所知，研究者大都引用，正确无讹。

一是连南夫长子，至南宋孝宗淳熙十年左右尚在人世，其时，至少也是六七十岁的老人了。

一是南夫长子做过主管机宜文字的官，说明他既具才干，又蒙重视，只是不知他的伯乐为谁。由此，也可以大致推断其仕宦经历。

一是南夫长子，先做机宜，后任蓬州，再知邵州。过去只知连邵州，今据文献，知有连几宜，连蓬州。此所谓学无止境，应当不断深入，继续用工。学不可以已。

一是连雝的字，明明白白载于宋代文献，后起文字与其不侔，二者关系如何处理，大费斟酌。

一是学须静心，且忌浮躁，网络传媒关于连姓研究，固然有许多佳构，展读有益；但也有一些无根之谈，让人警醒。后来居上。

一是事关繁简文字转化，必当尽心。连“雝”之省为连“雍”，连“穀”之讹为连“谷”，皆属不当。

一是职官制度，有时代特点，有地域特点，且须谨慎。否则，就是时代混淆，地域不明。地域不分，时代不清，就是操觚以率尔，不免捉襟而见肘。

一是连雝历官，拙文有所补辑，仍有缺遗，当继续广搜博采。

一是连雝任职蓬州，任职邵州，都是繁剧之地，皆系军事要冲。特别是邵州，属县新化本是梅山峒苗民领地，乃蚩尤故里，此事应予重视。

一是连雝与张浚的关系，应予重视。张浚是南宋抗金领袖人物，虽经秦桧长期压制，终于度过劫波，重披战袍，再上前线。中流砥柱，一时人望。张浚写帖与连璧，有着怎样的背景，应予探索。

最后，祖无择是宋代文人，与连庶同年。至连璧，是第四代。两家世交，至第四代，仍紧密来往，此亦可发人深思者。

以上共十二点，意思既粗且浅，仅供参考云耳。

［延伸］

《宋史·兵志》所载梅山洞剩员一条编排有误。

《宋史》卷一百八十九《兵三》厢兵载有梅山洞剩员，连上下文，顺序为：庆成，注庆成军；梅山洞剩员，注丹；捉生，注延。今按，此处编排顺序有误。庆成军即河中府，在陕西；延即延州，亦在陕西。丹是丹州，也在陕西。梅山洞不属陕西，此处的丹州，是南丹州，不是陕西的丹州。南丹州在广南西路。这说明《宋史》编修时误将南丹州当作陕西的丹州了。雍正《陕西通志》抄《宋史·兵志》梅山洞剩员丹，同误。整理《宋史·兵志》，当于此处出校。

23

南夫无传　万夫有幸

连南夫，《宋史》无传。

连氏南夫，自非等闲之辈，以他的资历、能力、名声、地位，正史为之立传，可谓理所当然。然而，《宋史》竟无连南夫传。而名声、地位、影响远不及南夫的所谓其弟连万夫，却见于《宋史·忠义传》。连万夫传中有句话，说万夫"或曰南夫弟"，就是说有人说连万夫是连南夫的弟弟。这是个不确定语，而且即便这个不确定语，也是有来历的。它的来历见于宋人李心传的《建炎以来系年要录》卷三十一：

> 群贼犯应山，土居宣教郎连万夫，率邑人数千保山寨，贼不能犯。有寇浪子者，以兵至，围之三月，卒破其寨。贼知万夫勇敢有谋，欲留以为用，连万夫厉声骂贼，为所害。后，陈规言于朝，赠右承务郎，官其家一人。（注：规奏赠官在绍兴二年十月辛亥。按万夫居德安，恐是南夫之弟，当考。）

注文和按语，都是李心传所加。"恐是南夫之弟"，即"疑为南夫之弟"，亦是不确定词。李心传怀疑万夫为南夫弟，乃是从他们的姓名和籍贯来，即名皆从夫，地皆德安。"当考"二字，突出显示了李心传治史态度谨严，然而后来没有机会再做此事，或者是没有发现新的史料，于是此事也就没有了下文。这种因时过境迁而不了了之的半拉子工程，在学术史上真的比比皆是。《建炎以来系年要录》系此事于建炎四年三月最后一日。这种情况历史上多有，不足为奇。我们自己从事研究和文字撰写，不是也常有半拉子工程吗？所以，这种情况一点也不奇怪。

《宋史》卷四百五十三《忠义八》连万夫传说，"连万夫，德安人，或曰南夫弟也。补将仕郎。建炎四年"，其下除了无"后陈规言于朝"以外，全同《建炎以来系年要录》所载。可知《宋史·连万夫传》与《建炎以来系年要录》同出一源，而《宋史》所说"或曰万夫弟也"的"或曰"，就来自李心传在《建炎以来系年要录》中所加的按语。在《宋史》的修纂者，也是谨慎之至。而到了清雍正修《湖广通志》卷第六十《忠臣志》，则直云万夫"南夫弟也"，此后的地方志大多抄《湖广通志》，今人更是径称连南夫有弟名万夫。其实，万夫到底是不是南夫的兄弟，南宋人李心传已经无法证实，后人怎么能够确定？若以连万夫应山人，名字中有"夫"字来看，万夫肯定是南夫族人，而且是同辈。不过与南夫成为同父同母兄弟的可能性不大，而作为其堂兄弟的可能性倒是极大。连庶、连庠、连庸、连膺弟兄四人，我以为连万夫是连膺后人。

关于连万夫的身份，《建炎以来系年要录》说是宣教郎，《宋史》说是将仕郎，其中必有一误。哪一个对呢？作将仕郎对。根据是连万夫的赠官。赠官右承务郎，尚在宣教郎之下，万夫保境卫民，殉难牺牲，赠官低于生前品阶，没有这个道理。生前本是宣教郎，死后赠官承务郎，这哪里是褒赠，分明是贬降嘛。徽宗政和以后，迪功郎（宣教郎）是七阶选人的最低阶，将仕郎则是奏补无出身官人。所以连万夫的生前品阶应是将仕郎，而不是宣教郎，在这个问题上《宋史》正确。

连万夫事迹入《宋史·忠义传》，说明连万夫事迹由于陈规上奏及朝廷褒奖封赠，其事迹得入史馆，后修高宗一朝正史，或者四朝正史，抄入就行了。元人修《宋史》，照样抄宋朝国史即可。以《宋史》与《建炎以来系年要录》比较，文字几无出入，足证二者同出南宋史馆档案，而《宋史》更直接来源于高宗中兴国史，比《建炎以来系年要录》多了一番剪裁功夫。《四库全书总目提要》说元人修《宋史》，以宋人国史为稿本。宋人好述东都故事，史文较详，建炎以后稍略，理、度两朝宋人所记载，故史传亦不具首尾，《文苑传》止详北宋，而南宋仅载周邦彦等数人。《循吏传》则南宋更无一人，是其明证。就是说，宋国史有的，元人修宋史就有，反之亦然。现在，有研究连南夫者，怀疑元人修《宋史》底稿有连南夫传，定稿时删去了，是不知《宋史》史源学的表现。宋国史本来就不可能为连南夫立传，你让元人修《宋史》时，从何说起？

宋人修史制度极为完善，对于当代史学的编纂尤为重视，著述体裁上，有起居注，有日历，有时政记，有实录，有国史，还有会要，等等。宋的国史，是纪传体，即纪、志、表、传齐全。单说南宋，就有《四朝正史》或《四朝国史》之说，四朝谓高、孝、光、宁四朝。《宋史》卷三十八《宁宗二》说，嘉泰二年（1202）二月丁亥，修高宗正史、宝训。李心传《建炎以来朝野杂记》甲集卷十说，陆游以七十八岁高龄，又落致仕，还参与修高宗正史。四朝正史有本纪，有专志，列传870，最后完成在洪迈手中。当然，所有这些工作，全都以史馆档案文字为依据。史馆没有入藏的，就无法编入宋代国史，后来元修《宋史》，也就无所参考而修订之。

北宋曾巩《元丰类稿》卷三二，关于编修英宗实录的申请，可以帮助我们了解宋人编修当代史的文献征辑和参考范围。他一共列了十五六项，其中最重要的一项是一定品阶的文臣武官的行状、墓志和神道碑。以连南夫的品级，他的行状、墓碑提交史馆，资格足够，没有问题。但是，当绍兴十三年（1143），连南夫谢世的时候，什么官职都没有了，连那个宫祠也都被剥夺了，只剩戴罪之身，所以已经没有资格将有关身世材料呈交史馆。直到四十多年后的淳熙十一年（1184），连南夫的儿子连瓙，才将南夫行状送给韩氏元吉，然后才有《连公墓碑》的撰写，所以可以肯定，宋代史馆没有关于连南夫生平历官的系统的文字档案。行状也冇，墓碑也冇。

而且还有更为重要背景，不容连南夫的生平档案进入史馆，即使进入史馆，也肯定面临被毁的命运。按照宋代制度，上相提举国史修纂，次相同提举。绍兴八年十一月以后，秦桧监国史。绍兴九年三月以后，秦桧以尚书右仆射监修国史，秦桧的儿子秦熺提举史馆实录院。父子二人把持国史实录纂修。

《宋史》卷四百七十三《秦桧传》说：

> 桧乞禁野史，又命子熺以秘书少监领国史，进建炎元年至绍兴十二年《日历》五百九十卷。……自桧再相，凡前罢相以来诏书章疏

23

南夫无传 万夫有幸

227

稍及桧者，率更易焚弃，日历、时政亡失已多，是后记录皆熺笔，无复有公是非矣。

秦桧父子弄权，不是一手遮天，而是父子二人，二手遮天。遮了一重又一重，造成重重黑幕。秦始皇焚书叫做秦火；秦桧焚弃当代于己有关文字，也是秦火。秦始皇的秦火，祸及前代；秦桧的秦火，则祸及当代。南宋以后史文较略，除了战争的原因，亦拜秦桧秦火所赐。二番秦火，都是祸延后世。连南夫作为被迫害对象，丢官罢职，郁郁而死，他的行状，或者家传，怎么可能进入秦桧父子把持下的国史馆呢？后来元人修的《宋史》中没有连南夫传，责任不在元人，也不是有初稿，定稿时换掉了，而是压根就没有连南夫传。不仅元人修《宋史》中没有连南夫传，而且南宋人修《高宗正史》就没有连南夫传。不止是南宋修《高宗正史》无连南夫传，而是秦桧当权时史馆本来就无有连南夫的文字档案，没有行状，没有家传，没有墓碑，也没有墓志。

鉴于以上原因，所谓的连南夫谥忠肃，赠兵部尚书，亦不知出自何种文献，有何根据。但有一点可以肯定，就是在绍兴十三年，绝无此种可能。若以韩元吉《连公墓碑》为据，最迟在淳熙十一年以前没有追谥和追赠的事。淳熙十一年，连玺已是权发遣邵州，但《连公墓碑》中没有说谥忠肃和赠兵部尚书的事，可见淳熙十一年以前，尚无其事。至于以后有无其事，则不得而知。总之此事只见于后来的文字，而不曾见于宋人史籍和文集。

24
同试同荣　累世交好

祖无择字择之，宋蔡州上蔡人，曾从穆修学古文，又从孙复受《春秋》，他是进士，诗文俱佳，仕宦经历也很丰富，做过龙图阁学士，所以他的集子就叫《龙学文集》，宋人陈思编《两宋名贤小集》，无择的集子叫《祖龙学集》，也是因龙图阁学士而来的。《龙学文集》卷二有《赠商水连尉同年》诗，连姓很稀见，做过商水尉的连姓士人只有连庶，所以祖无择的同年不是别人，正是连庶。祖无择的文集，有两个鲜明的特点，一是关于祖姓文献，网罗无遗，二是关于文章写作时间及背景资料出现在注文中者，极其详尽和准确。有些是无择自注，有些可能是他的后人编辑无择集子时所注，不论哪一种，都很准确。这种现象很少见。

出现在祖无择《祖龙学集》和《龙学文集》的，除了他给连庶那首诗以外，与连姓有关的，还有他给李泰伯的信函，还有一篇《连席秀才字序》，以及连南夫长子连璧的一个跋，至少有这四件文献，都很有价值，现就我的粗浅的理解，分别论述如下。

[01]《赠商水连尉同年》臆说

祖无择《赠商水连尉同年》诗的原文是这样的：

> 场屋相知最有情，去年同试便同荣。
>
> 神仙史籍输梅福，典册文章滞马卿。

泣玉泪收休积恨，掷金词在蔼新声。

公卿好致归台阁，莫遣同劳浩叹生。

这首诗的前两句比较好理解以外，后面则一连串用了不少典故。即便把这些典故都弄明白了，仍然有一些背景资料只有连、祖二人知道，我们终究无法明白他具体所指的是些什么事情。所以，它是模糊的，朦胧的，也是隔膜的。不是我们不努力探索，不是我们不下功夫求取真解，只是因为祖无择和连庶之间的原始材料，佚失太多，我们囿于见闻，限于学力，虽然问心无愧地尽力而为了，却仍然不能尽如人意。所以，这一段只是大致的一个揣测，只能归之于臆说。鲁阳以为，只有这样，才能加深对连庶生平的理解，否则便是云封雾罩，不知祖无择氏所说究为何事。

这是一首奇怪的诗，也是一首非常不合情理的诗作。祖无择与连庶登进士第的第二年，如果无缘无故写这样一首诗，那就是大煞风景的事情，那就是不和谐的音调，而且更进一步说，这首诗还有那么一丝丝不祥之兆。因此，我要说，祖无择写出这样的诗，一定有一些我们现在还不了解的背景资料。祖无择应是有所指而发。否则，除非祖无择发了疯，因为在一般情况下，这首诗真的是十分古怪，十分的不合情理。

诗的第一句"场屋相知最有情"，第二句"去年同试便同荣"，都不难理解。同年情深谊厚，要休戚与共。虽然说的是"共荣"，但是，实际上是包括"荣"的对立面在内的，同甘苦，共命运，休戚与共。不可理解为只能共富贵，不能同忧患。这是写诗，诗有自己的语言，无法说那么透。所以，说到"共荣"，已经足够。当然，也可作另一番理解，所谓"同荣"，是说二人都成了进士。

第三句"神仙史籍输梅福"，梅福就是梅子真，西汉九江人，做南昌县尉。连庶举进士，为商水尉，因而祖无择就用了一个做县尉的古人典故。梅福不与王莽合作，弃官而去，成了神仙，过着隐逸的生活，高尚其志，不事王侯。祖无择的意思，做县尉，也是挺光彩的。实际上，举进士而为县尉，是十分正常的任命。只是无择或者无意间树立了一个弃官而去的县尉的榜样，不料连庶后来竟真的入了《宋史·隐逸传》，这就是所谓的诗谶吧？

第四句"典册文章滞马卿"，用司马相如的故事。相如字长卿，故可称为马卿，在此是为了入诗的需要。

《史记》卷一百一十七《司马相如列传》，相如蜀成都人，"以赀为郎"，事孝景帝，为武骑常侍，非其好也。景帝不好辞赋，司马相如去了梁，梁就是后来河南的商丘，与梁效王学士游。汉武帝读到司马相如的《大人赋》，自叹不能与同时，狗监杨得意说，那是我的老乡司马相如的作品，武帝大为惊喜，马上召其入朝，上有所感，辄使赋之，"司马相如盖为文而迟"（《汉书》卷五十一），不是迟，而是迟而善。"诏册文章"是说司马相如起草诏书诰命。当时，河间献王刘德，富于文献，皇帝给刘德的诏书，都要先让司马相如视草，然后才行文。《汉书》卷二十八上说，"司马相如游宦京师、诸侯，以文辞显于世"。参酌以上所述，"典章文章滞马卿"，应是司马相如为文而善，并非是由于文章迟滞了仕途。而是说人因文章而重，就是名因文章著。这一句诗是称赞连庶文章出色。

细味祖无择赠连庶诗，我总觉得他的第五句有些出格，第五句"泣玉泪收休积恨"，"泣玉"用的是卞和的故事。楚人卞和得璞，献之于王，玉人以为是顽石，王怒，刖其左足。新王登基。和再献王，玉人仍以为石，王怒，刖其右足；至又一新王继位，卞和抱石，哭于荆山之下，泪尽，继之以血，王使玉人理之，得价值连城的宝玉，就是后来成了传国之宝的和氏璧。卞和所哭的荆山，又叫景山，距安陆应山不远，但是这与连庶有什么关系呢？只是因为他们的地域相近，都是楚人吗？若真是这样的话，那也太无的放矢了。祖无择才高天下，会粗疏到这个地步吗？怎么会出现"泣玉泪收休积恨"呢？真的令人不解，真的叫人看不懂，真的令人好生困惑。难道连庶有什么握瑾怀玉的良策没有被当时的领导人采纳吗？不能这样说，也不能这样想，所以"泣玉"一词出现在这里，很是让人费解。因怀才不遇发牢骚，是大忌，何况进士做县尉，是正常除授。

若事情到此为止，那也还罢了，沿着祖无择诗句穷究下去，"泣玉积恨"是另外一个典故，而那个典故是要让人瞠目结舌的。因为那个典故，见于另外一首诗，是唐人纪唐夫所作，全诗如下：

> 何事明时泣玉频，长安不见杏园春。
>
> 凤凰诏下虽沾命，鹦鹉才高却累身。
>
> 日饮醽醁消积恨，莫言黄绶拂行尘。
>
> 方城若比长沙远，犹隔千山与万津。

"远"字有的本子作"路"，这是纪唐夫给温庭筠的送行诗。温庭筠字飞卿，唐人，温彦博的裔孙。胸有锦绣，口吐霓虹，笔走龙蛇，才思敏捷，每当作诗，八叉手而八韵成。是以人称"温八叉"。但是"有才无行"，不一定是"无行"，聪明才智都用到文章上了，不会处理人际关系，有名的典故"悔读南华"就是说他的。被贬到随州做尉，尉是九品，是官品的末流。温庭筠被贬，离开长安时，好多人去送行，送别的诗作中，以纪唐夫的这一首最为精彩了。诗中用了卜和泣玉的典故，也用了贾谊贬为长沙王太傅的故事。又说及了方城，这个方城说的是楚国方城以为城、汉水以为池的方城，随在楚的方城以内，贬到随地，比长沙还隔着千山万水，离帝都长安较近。是不幸中之大幸。因为诗中用了"方城"，有人就误以为温庭筠被贬到了方城，有些书中这首诗的题目作《送温庭筠贬方城尉》，就是这种误解的表现。试比较祖无择和纪唐夫的诗，祖无择的诗是从纪唐夫的诗脱出来的。

祖无择才高八斗，满腹经纶，只因连庶和温庭筠都做县尉，就如此生吞活剥。温庭筠是贬官，连庶是初入仕，二者不可同日而语，说一句冒犯古人的话，"泣玉""积恨"用在这里，很不合适。除非另有隐情，在连庶身上发生了其他什么惊心动魄的大事件，否则，便不大好理解祖无择的诗。此诗可说是连庶的文章优秀，也可说是连庶的良策尚在，掷地有声。顺绎原诗文意，我以为可以作如此解。当然，这只是一偏之见。

第七句，"公卿好致归台阁"，就是无灾无难至公卿，飞黄腾达，官运亨通。第八句"莫遣同劳浩叹生"，"遣"是发生的意思，陆机《文赋》"歌应弦而遣声"，祖无择诗中的遣字也当作如此解。"同劳"，指君臣，指上下，指大人与小人，这里可粗略地解为上上下下。这是温言相劝连庶正确对待，不要让上上下下、亲朋好友为他担心。

连庶与祖无择同年进士，入仕第二年，连庶还在商水县尉的任上，无择便来了这么一首以温庭筠温飞卿被贬的诗来说事，这事情一定很严重。虽然具体是什么事情，我们已经不得而知了，但是可以肯定的是，这一件事情，绝对不可漠然视之，万万不能等闲视之。

祖无择的这首诗，给人们留下了遐想的空间。

以上想法，都是因"泣玉"和"积恨"而起。如果不计较这两个词语，那么全诗就更易说通。"共荣"就是二人都成了进士，"输梅福"是说做了县尉，名气还不及梅福大，"滞马卿"则是将来入掌书命比司马相如还要厉害，"滞"者重也。"泣玉泪收"是说皇帝识货，连庶多年的抱负可以实现。但是"休积恨"三字和"浩叹生"三字却有些无法和谐。也许我对这一句看得太重了些，以致对原诗的理解有些失于偏颇，但愿如此。

祖无择与连庶交情甚笃，曾向李觏推介连庶。

祖无择与连庶是同年进士，有《赠商水连尉同年》诗为证。《龙学文集》附录，祖无择是宝元元年（1038）进士第三名，那么，连庶也应该是宝元元年进士，而不是《应山县志》所说的庆历二年进士。连南夫生于哲宗元祐元年，当公元 1086 年，其时距连庶成进士之年，已经四十八年。连庶是在监陈州税任内请求致仕的，据郑獬《送连君锡分司归安陆序》说连庶请求分司回家乡的时候刚刚"六十岁，齿牙完利"，健康状况良好，本来还可以工作几年，可是他毅然决然地归隐林泉了。当时官员一般是七十岁致仕，所以连庶六十岁就要求休息，是相当引人注目的。

《龙学文集》中，祖无择有《与盱江李泰伯五启》，其中之一、之二两通书启，都是推荐连庶的。其一说："法掾连君锡，仆之故人，有文而善与人交。"其二说："君锡行日，曾托奉书，必得通上。"又说他作有《爱堂铭》和《文爽序》，都在连庶处，可以观览，并请"幸示"。

李泰伯就是李觏，他的《盱江集》中有《君锡宰寿春》诗一首：

> 沦落多愁笑不成，水边还是送君行。
>
> 官为令长前程好，地近乡关喜气生。
>
> 百里有人观惠术，三年唯我见交情。
>
> 山中后夜思贤处，风月犹应似旧清。

"百里"是说一个县的领地就是百里见方，"三年"是说连庶为寿春令是成资而去了。上文说到法掾，就是法曹掾，法曹掾是法曹的资格浅者。连庶与李泰伯相识相知，祖无择是中间人。

[02] 连南夫长子与祖无择的关系

连南夫长子与祖无择相比，时代要晚得多，是曾孙辈。二人生不同时，祖无择与连庶同年，其年纪相差当不致太远，而连南夫是连庶的侄孙辈，即连南夫大体与祖无择的孙子辈相后先，连南夫的儿子不可能与祖无择见面，无论祖无择多么长寿，两人见面的机率也仍然是零。

然而南夫长子还是与祖无择发生联系了，不是二人见面，而是南夫长子在祖家的文字材料上题跋。《龙学文集》中有一篇《祖仙传》，是写无择祖父辈的祖伯高的，祖伯高就是祖岊，据说成了神仙，郑隐写了一篇《祖仙传》，祖无择为之刊石立碑。有好多名人题跋，收在《龙学文集》中的共九款，其第八款是南夫长子的题跋，非常简略，全文共十二字：

> 安陆连壆恭榏，淳熙三年季夏朔。

其下有注文云：

> 连邵州是也。安州应山县人，显谟阁学士南夫之子，庶之侄孙。
> 庶字君锡，昔日龙学与欧阳参政尝用荐举焉。

淳熙是南宋孝宗年号，三年丙申，季夏即五月甲午，朔日乙巳，这一天是公元 1176 年 6 月 9 日。

跋文的重要，是除了《连公墓碑》以外，所见到的有关连壆的另一宋人文献。它写在《连公墓碑》成文之前八年。安陆原称安州，宣和元年（1119）改德安府，建炎四年（1130）复为安陆，所以跋署安陆不误。注文说"安州应山县人南夫"亦不误。

注文所说都是，称"连邵州"是连壆知过邵州，"应山县人"，说的是其祖籍，示不忘本也。"庶之侄孙"，严格地说，连南夫是连庶的玄孙辈。但是古人行文，讲究偶数，此处若说是"庶之侄玄孙"，不仅无此例，且破坏行文规矩，且"孙"以下仍可称孙，有时称裔孙，有时省裔字。比如上节说到的温庭筠。有说是温彦博孙子，有说是温彦博裔孙，所以这里说"庶之侄孙"，不误。这段注文当中唯一可议之处是，连南夫的带职最高者是宝文阁学士，此处称"显谟阁学士"，然而连南夫确曾做过显谟阁学士，所以也不算误。另外，连南夫生前宝文阁学士职衔，是被剥夺了的，所以注文用显谟阁，当是另具深意。

跋文的注文很准确，作注的人了解时事，熟悉掌故，说明编祖无择《龙学文集》的时间，与这个跋的时代很近。《龙学文集》注文精准，说明编辑工作者祖无择的后人祖行业务能力极精极强。称"龙学"是他的后人的口吻，这个龙学是龙学公的简称。称"祖龙学"则是他姓所编，这种区别是很明显的。《龙学文集》的编者是无择的曾孙祖行，编于绍熙三年（1192）。祖行的文献工作做得很到位。称官职，避家讳，是正常现象。祖无择后人称无择就是龙学公。

最后要说的是"恭槛"二字，从古人的行文规矩上说，恭槛应是连璧的字，这个跋提供了重要佐证。这一点有意义。连姓族谱中有连璧字宇茹的说法，看来要打个问号了。

祖无择与连庶同年进士，连姓后裔为祖家文献题跋，说明到南宋孝宗时代，两家还有联系，连璧和祖行有交往，这就是所谓世交。

［03］连席，何许人也

《龙学文集》有一篇《连席秀才字序》，全文如下：

> 名之于身，必存乎义。无义不足以为名。故字者所以明乎义之所存也。夫《春秋》之法，书字者贵之也。书之为贵，则不书者贱可知矣。噫！字之用亦大矣。古之人名而不字者有矣，字而注乎名者有矣。苟名与字存乎义甚大，而人不有其道，又何所取焉。上党连君，学贤人者也。学贤人者，将有为也。将有为则其思虑深，其志意广。精鹜乎尧舜之道，思虑不得不深；心入乎尧舜之道，志意不得不广。连君学贤人，勤且久而不渝其心，允乎贤人也。其名席，席之义亦

大。昔鲁哀公问儒于孔子，孔子曰："儒有席上之珍，以待聘。"郑氏谓席犹铺陈也。铺陈往古尧舜之善道，以待见问也。夫尧舜之道存乎典，盖百王之所不可易之法也。人苟能得其道而铺陈之以事其君，不亦孔子之心乎？今连君之名席，岂无意哉。无择敢请字之曰公珍。惟公珍有可为之材，当可为之时，又将居可为之位，必能铺陈善道以事其君。亦朋友望于公珍也，公珍其勉诸。

检索宋代文献，连席这个名字，仅此一见，因而无法做更多的研判。为保存文献，以俟来者，特转录如上。现在所能说的，只有三点意思。

一、连席为"上党连君"，说明上党是连席的郡望，未必就住在山西。应山连氏，也是上党连氏。所以这个连席与应山连氏是同族。

二、连庶兄弟四人，庶庠庸膺，据名皆从广（音岩），席字亦是从广，可知其为连庶的兄弟行。但是，不是亲兄弟，应该是堂兄弟。《连处士墓表》说连舜宾弟兄二人，其弟居云梦，这位连席，很有可能就是连舜宾居住在云梦的弟弟的儿子。

三、连席请祖无择为其送一个字，应是通过其从兄弟连庶或连庠的绍介。

祖无择的著述甚丰，由于南渡乱离，祖行所能收集到的无择的文字，只是一小部分，堪称遗珍，十分可贵。关于连席，目前所知，止有这一点点。进一步的开掘和研究，有待来日了。

作为连庶同年的祖无择，在其所保存和留传下来的文字中，有四则关于连姓家族的文献，一是他给连庶的一首诗，二是连庠的一份题跋，三是祖无择给连席的字序，关于连席字序那篇，囿于闻见，更多的研究，只有留待来日了。四是他和李觏通信，推介连庶，通信同时保存在李觏的《旴江先生集》中。总之，这一切都显示连祖二家世交不绝，交非泛泛。祖无择说"去年同试便同荣"，是肺腑之言，不是随便说的。

[延伸]

一个出典捉摸不定的成语——悔读南华。成语"悔读南华"，是温庭筠的故事，事见《唐才子传》，说的是唐宰相令狐绹问玉条脱事，温庭筠对以出《南华经》，且曰：非僻书，相公燮理之暇，亦宜览古。又有言"中书省内坐将军"，讽绚无学，由是渐疏之。飞卿自伤云："因知此恨人多识，悔读南华第二篇。"《南华》指《南华真经》，就是《庄子》，《庄子》第二篇是《齐物论》，内无玉条脱事。《庄子》即《南华经》中无令狐绚故事答案。宋人王楙《野客丛书》卷一四指出，玉条脱事在《真诰》第一篇中，谓《华阳》第一篇可也。又言：飞卿集有题《李羽故里》一诗，尾句曰"终知此恨难尽销，悔读华阳第二篇"之句，"南华第二篇"之句得非别诗乎？此事数处所载，率有异同。

玉条脱亦作玉跳脱，就是臂钏。今查温庭筠集，亦无玉跳脱事。其《李羽处士故里》诗全文作：

> 柳不成丝草带烟，海槎东去鹤归天。
>
> 愁肠断处春何限？病眼开时月正圆。
>
> 花若有情应怅望，水因无事莫潺湲。
>
> 须知此恨难消得，辜负南华第二篇。

《才调集》飞卿此诗题作《宿杜城李羽处士故墅》，杜城，就是下杜城，周代杜伯封地，其地在今西安东面灞桥附近。《山堂考索》卷一百五十六录此诗，脱一"处"字，成了"李羽士"，把李羽处士变成了李姓道士。温庭筠集中提及李羽的，有好几处，李羽不是道流。

传世文献和王楙所说，又有不同。成语"悔读南华"，流传既久且广，而且已经深入人心，虽然已经无法确切考知它的出处，但也不影响它的使用。

25

如椽大笔写青史

——《连公墓碑》撰稿人韩元吉

撰写《连公墓碑》的韩元吉，《宋史》无传，却是宋代的超级名人之一。他有着显赫的家世，书写着前辈的辉煌，有着一连串的伟大历史记忆，让人浮想联翩。元吉的先人是韩维，维字持国，占籍开封雍丘（今河南省杞县），而其先是河北真定灵寿人，是韩亿的儿子，韩绛的弟弟。以这样显赫的家族平台，注定他一生必有非凡的遭际。果然，神宗赵顼为淮阳郡王及颍王时，他都是记室参军，得以与国之储君研讨议论天下大事，为神宗以后登基做实习准备。元祐元年（1086），维拜门下侍郎，在宋代，这个职务就是执政之一，与宰相合称宰执。有说元吉是韩维的儿子，有说是玄孙，年代久远，文献不足，无法准确考定，但有一点可以肯定，即元吉是韩维的直系后人。另外还有一点我们可以肯定，韩元吉绝对不是韩维的儿子。因为韩维卒于 1098 年，时年 82 岁，已是高寿，而韩元吉撰写《连公墓碑》在南宋孝宗淳熙十一年（1184），其间相隔几近百年，不容元吉有任何可能成为韩维的儿子。韩维的子侄辈，名字都作宗某，元吉不在此列。韩维与王安石政见不合，却十分推崇王安石的《三经新义》，以为可与先儒之说并行。韩维后来是入了元祐党籍的，他的文字成果叫做《南阳集》。

韩亿字宗魏，咸平进士，真宗名相王旦，是他的泰山。为了回避与王旦的关系，直到旦卒，亿始入朝做侍御史知杂事，此前皆为外官。亿敢于执法，不为权贵所挠，累官同知枢密院事、参知政事。他有纲、综、绛、绎、维、缜、纬、缅八子。八子人人争气，个个成器。绛、缜为宰相，维为门下侍郎，四人为员外郎，一为大理寺丞。韩绛字子华，黄庭坚挽词说："八龙归月旦，三凤继天衢。"指的就是韩氏八兄弟。韩亿教子有方，要求十分严格。他的二儿子已经做了西京河南府的副长官，回东京办事，正好遇上喜庆家宴，今人叫做有口福。席间韩亿问及洛阳的一件人命官司，二儿子反应稍慢，说得不太清楚，韩亿大怒，推案而起，索杖便挞，骂道：你受朝廷爵禄，对百姓疾苦漠然视之，连大辟这种关乎人命的大事情都说不清楚，其他的事情更是可想而知了。韩元吉《桐阴旧话》说，韩亿教育儿子，"庶事皆须熟思，无致小有失错。至于断一笞杖或不当，明则惧于朝章，幽则畏于阴隙"。正是由于常有戒惧敬畏之心，所以，韩氏一门家风甚佳，口碑一直很好。

元吉字无咎，南渡后住在上饶，门前有溪，因而自号南涧，他又在河的对岸筑亭，名曰沧浪，其意即取自"沧浪之水清兮可以濯我缨，沧浪之水浊兮可以濯我足"。他的斋舍的名字叫做可止斋，宋人袁说友的《东唐集》有《题韩元吉可止斋》诗：

> 平生我亦爱知休，三径如公最早谋。
> 归隐酒醴何切切？宦情纸薄正悠悠。
> 书来诲语如亲面，别后光阴叹转头。
> 更为苍生须一起，志功元自合封留。

说友字起岩，福建建安人，韩元吉早年曾知建安县，二人交往，当是渊源有自。"三径"用陶渊明《归去来兮辞》"三径就荒，松菊犹存"典故，以喻元吉之遁隐。韩元吉做过权吏部尚书，所以，"更为苍生须一起"这句话，是符合元吉身份的，不是随便说说。

在南宋，韩元吉政事、文学、文献都相当有影响，为时所重。明人李日华《砚北杂志》载有韩元吉的《题北齐校书图并序》，就是一篇有关古代图书事业史的重要文献。他与陆游、陈与义都有诗词往来，与朱熹交情甚笃。以号名集，他的集子就叫做《南涧甲乙稿》。南涧还著有《桐阴集》，那是因为他在开封的老家院内有桐树。南涧在经书尤其在《尚书》的校订上下过功夫，宋人及后人多有记载。他有一个名叫元隆的兄长，生平无考。元吉有三个儿子，至少有两个女儿。他的乘龙快婿便是吕祖谦，也是一位超级大名人。

吕祖谦字伯恭，就是人们所说的大东莱，系吕夷简的后人，家富中原文献，博学多识，治经史以为用，反对空谈心性，《东莱集》有《悼南涧翁韩元吉》诗：

> 青云途路本青毡，圣学相期四十年。
> 台阁久嗟君卧疾，山林今叹我华颠。
> 伤心二女同新穴，拭目诸生读旧编。
> 斗酒无因相沃酹，朔风西望涕潸然。

"伤心二女同新穴"，说的是韩元吉把女儿嫁给了吕祖谦，可惜其寿不永，先祖谦而去。元吉又把另一个女儿嫁给了吕祖谦，不幸此女又在祖谦之前长逝。所以，吕祖谦此诗，极其深沉，极其哀痛，感情极其真挚。诸生是伯恭自称，南涧翁是韩元吉自号，吕祖谦称南涧翁则应有翁婿的翁意。诗题先称号，后称字，又加翁字，作为半子，吕祖谦对韩南涧恭敬有加，尊敬之至，礼也。

韩元吉三个儿子，分别名沇、济和琥，琥居中，字仲止，号涧泉，其文字结集就称《涧泉集》。《四库全书总目提要》说：以其兄弟的名字皆从水旁，琥字也应作水旁加虎。然而水旁加虎，有音无义，所以应该是水旁加彪。水旁加彪，字有流动意，与其号仲止相反而相成。其说似乎有理。其实，淲与滮，本来是可以相通的。《诗·小雅·白华》"滮池北流"，《说文解字·水部》引滮作淲。元吉的另外两个儿子，事迹无考。

韩元吉南渡后住在上饶，又是名家，连南夫是名宦，曾知饶州，饶州就是上饶郡。韩元吉还有一段和连南夫相似的经历：连南夫曾为贺金正旦使，著有《宣和使金录》。韩元吉则做过贺金朝皇帝生辰使，并有《金国生辰语录》之作。名臣身后由名人撰写墓碑，堪称难得，可谓相得益彰。有功可大，唯石可久，南夫与元吉，其皆不朽欤？

《连公墓碑》是韩元吉根据连南夫长子所提供的南夫生平资料写成的，系第一手文献，非常可贵，十分可信，是研究连南夫生平和思想的最基本文献。也是必须参考的文献。当然，其中有拔高部分，不可避免地也有美化的成分，但是，总的说，是可靠的和可信的。

凡撰写墓碑行状，必有某种亲缘渊源。连南夫长子向韩元吉求写墓碑，一定有可求的理由。只是韩元吉行文中没有透露，我们也就不得而知。倒是王明清《玉照新志》说过："持国夫人实祖母亲姑"。持国是韩维的字。王明清的祖父王莘，韩维夫人是王莘夫人的亲姑，就是王铚的姑奶了。这样计算，从韩维至王明清，大致是四代人。王莘与连南夫妻族王氏是一个大家族，都是酸枣先生之后。王明清认王得臣为伯祖，王得臣的弟弟王怜臣是连南夫的岳丈。王莘写过《连都官墓志》，王莘与连姓是有联系的。因此，通过王莘家族这个中介，连南夫长子联系上韩元吉，可能性也是存在的。但是，这种事情，曲折太多，太过迂曲。连南夫长子，或者有更直接的渠道直通韩元吉。在未查到直接的根据以前，姑且以此作为参考。

不过，南夫长子还真有联系上韩元吉的可能。祖无择和连庠是同年，连庠是连南夫的伯祖，连南夫长子和祖无择的后人有文字缘，因此，他和韩元吉熟识，也不是不可能。

陈振孙《直斋书录解题》卷七："《桐阴旧话》十卷，吏部尚书颍川韩元吉无咎撰，记其家世旧事，以京师第门有桐木，故云。元吉，门下侍郎，维之四世孙也。"前说维占籍开封雍丘，此又云颍川韩元吉，二者并无矛盾之处。盖韩维晚年家居颍昌。韩维家许的原因，是韩亿葬长社，长社就是今天河南省的长葛，与颍昌近在咫尺。所以韩元吉自称颍川韩元吉。韩元吉为吏部尚书，晋封颍川郡公，不是随便给个封号，古人在这些礼仪上很讲究。

按照陈直斋的说法，元吉是持国曾孙。现在有两个参考坐标，一是韩维高于王莘一辈，一是王德臣与莘同辈而长于莘。连南夫辈分低于王德臣，也低于王莘。这样比较起来，王明清可以与韩元吉同辈。连南夫长子的辈分从王韩关系方面考虑，尚略高于王明清这一代。当然，此乃据现有文献推测，聊备一说。

总之，即便从求写墓碑文字本身，也说明连韩二家关系既深且厚。

26
广搜文献补传记

　　陆心源（1834～1894）第一个为连南夫作传，功不可没，但是他采录文献有剪裁而无考订，致不免人云亦云、以讹传讹之失，可谓功过参半。

　　心源字刚甫，浙江归安即今湖州人，性喜藏书，有皕宋楼藏宋元刊本，势压黄丕烈的百宋一廛；还有十万卷楼，专藏明清精刻精抄；又有守先楼，对普通士子开放，此举在中国藏书事业史上，开近现代图书馆向民众开放之先河，那是很有意义的。陆心源酷爱宋史，广搜博采成《宋史翼》四十卷，补宋人传记近千篇，连南夫传赫然便在其中。

　　元人修《宋史》无连南夫传，韩元吉《南涧甲乙稿》有《连公墓碑》，当得一篇连南夫传，但他毕竟以墓碑名，而非正传，若为连南夫立传，是需作进一步的剪裁与制作。《福建通志》《广东通志》以及湖北《应山县志》中有连南夫传，不过那些所谓"传"都极简略，且不免讹误，都不能算是严格意义上的传记。陆心源在《宋史翼》中为连南夫作补传，是一篇名副其实的连南夫传，这是连南夫身后第一篇真正意义上的传记，所以从文献收集之富足、文字剪裁布局之功夫等方面看，陆心源都是付出了大量的心血，他所取得的成功与成果，无疑对于后来者具有较大的参考价值和启发作用。所以在连南夫研究上，早期七八百年间，有两个人功不可没，一个是韩元吉，其成果表现形式是《连公墓碑》，另一个就是陆心源，他的成果表现形式就是《宋史翼》中的《连南夫传》。

　　与陆心源的《连南夫传》相较，韩元吉《连公墓碑》的取材比较单一，他的资料来源，就是连南夫长子连璧所提供的相关材料，这可称为第一手材料，韩元吉所做的，就是材料的排比与有序的整合，并给以适当的华美的评价，其中自不免有拔高和溢美的成分，然而其基本的史实，应该是确定无讹的。换句话说，《连公墓碑》的文献价值较高，史料研究价值较高，可信程度也较高。

陆心源的时代较韩元吉生活的南宋，晚了整整700年，韩元吉的《连公墓碑》是陆心源作《连南夫传》的重要依据和主要参考文献。当然，陆心源作《连南夫传》时，参考文献甚夥，并不仅仅局限于《连公墓碑》，陆心源在《连公墓碑》之外，还参考和援引了李心传的《建炎以来系年要录》和杨仲良的《长编纪事本末》，这些都是重要的史学著作。陆心源引用了后来成书的《福建通志》，《福建通志》的采访文献，有不少不见于正史，不见于宋代文献，是从哪里来的？应是出自连姓后人所编撰的族谱。所以，陆心源《宋史翼》中《连南夫传》的取材，肯定有方志图经，而且不排除其取材有来自姓氏族谱者。

至于陆心源《宋史翼·连南夫传》的写法，他不是向壁虚构，空言立说，而是剪辑文献，连缀成文，就是说，陆心源撰连南夫传，是让史实说话，用材料说话，他的工作就是剪辑和连接。所以，陆心源撰著的功夫，是通过剪辑完成的。包括传主的评价，也是引用文献，而非自出心裁。这些都是他写作《连南夫传》时所表现出的特点。

第一次系统地相对比较完备地收集连南夫资料连缀成文，这是陆心源的贡献，也是他的特点。引用文献，随手注明出处，便于后人检阅，这也是陆心源《连南夫传》的优长之处。从这些意义上说，陆心源《宋史翼》中的《连南夫传》，确实有许多值得肯定的地方。

如果要说陆心源所著《连南夫传》有什么不足之处的话，那么我们不能不说，虽然陆心源作《连南夫传》，前无古人，功不可没，但他的不足也是十分明显的。首先，根据陆心源随文所注文章出处，没有见其采用《宋会要》的材料的痕迹。宋代会要内容丰富，不使用《宋会要》，无疑是一个重大缺遗。会要体史书的修纂，始见于唐代贞元年间，有宋一代会要之纂辑，前后共历十次，成书更达二千二百余卷之多，实开历代会要体史书之大成。宋代史学发达繁荣，断代的会要体史书与编年体的实录，以及纪传体的国史，鼎足而三，皆足以代表一代一朝之史实，是以价值很高,十分重要。宋亡于元,《宋会要》被元兵劫入燕京,元人修《宋史》,《宋会要》实为参考取材之一。元明易代,文献入明,明人修《永乐大典》,以文渊阁所藏《宋会要》残本修入。杨士奇编《文渊阁书目》,于《宋会要》残本二百零三册下注缺字,足见已是有录无书。至清嘉庆十四年(1809)即陆心源生前之三十五年,开全唐文馆,徐松任提调兼总纂,签注《永乐大典》时,见有《宋会要》文字,慧眼识珠,而无力置官书写,不得已而以全唐文资料名义授官录副,这就是今天所看到的《宋会要辑稿》中往往有"全唐文"三字的缘起。换言之,徐松是以修全唐文的旗帜,掩盖和保护其积累《宋会要》资料文献的行为。如许重大的文化工程在如许艰难的条件下进行,假公济世,真的令人浩叹。徐松录存的《宋会要》书稿,传播另有途径,陆心源无缘可睹,虽然无可厚非,但他毕竟没有看到《宋会要》中连南夫的资料,仍然是他的不足。

其次,陆心源撰写《连南夫传》时,采用了方志文献,这本来是一个优良的传统,但是陆心源使用山经地志时,只是照录文献,而缺乏必要的考订和辨证。如他的《连南夫传》说连南夫"政和二年上舍释褐"就大有毛病。政和二年为1112年,其年连南夫已届27岁,与韩元吉《连公墓碑》说连南夫"年二十四进士上舍"甚相凿枘,二者必有一误,而误在陆氏所采文献出自后来的《福建通志》,而这是完全靠不住的。陆心源没有做任何校订,便将其写入《连南夫传》,而贻误后人多多。现在,福建、安徽、湖北、山西的相关人士以及连姓研究连南夫的网站几乎一致地说连南夫是北宋徽宗政和二年进士,全是陆心源所引当年《福建通志》错误的余续。陆心源的失考在于尽信书,今人的失误也是由于泥古而不察,可见今天研究连南夫,对前人的成果,反复检讨,再三校订,仍是必要之举,而绝非蛇足。

《连南夫传》中,陆心源失于考订的地方,还有关于连南夫隐居处和丧葬地的记载,即所谓"隐于连州龙溪尚书峰之麓,绍兴十三年卒,年五十八,因名其所葬地曰连山"。陆心源自注,这段文字,也是出自《福建通志》。韩元吉《连公墓碑》中有关于连南夫墓葬地的记载,即"绍兴十五年十一月十五日葬于怀安县稷下里崇福山之原"。宋时稷下里属怀安县八座乡,现为福州宦溪镇。怀安县是福州附郭县,而连南夫是绍兴十三年正月二十六日终于福州寓舍。（见于《连公墓碑》）二者不同如此。《福建通志》与《连公墓碑》的文字，哪一个可靠可信呢？当然是《连公墓碑》可靠可信。为什么呢？根据是韩元吉在墓碑中所说：《连公墓碑》是淳熙十一年，连南夫长子连璵亲到韩元吉府上，请元吉作墓碑，元吉于是"考订其行事，叙而笔之"。韩元吉"考订其行事"的"行事"指什么？当是连璵所提供的连南夫的行状或者连氏家传，这是见诸韩元吉之文，而实则当是录自连璵之笔。所以它的可信程度、可靠程度，绝非后来的《福建通志》所能比附于万一的。说二者有天壤之别，那是一点也不为过的。至于《福建通志》所说的连南夫"夺职"即被剥夺宫祠以后"隐于连州龙溪尚书峰之麓"，也是明显错误的。为什么呢？因为宋代福建路没有连州。连州在哪里呢？连州在广南东路，位于连南夫知广州的广州境内。倘若连南夫隐于广南东路的连州，怎么可能辖及福建路的龙溪县的尚书峰呢？没有任何文献支持广东连州有福建龙溪这块飞地呀。连南夫卸广州任，携家北上，没有留在广东，没有在连州生活。

陆心源弃韩元吉的信史文献而不用，却宁可采用后出的《福建通志》的文字，我猜他的本意，是为了变化注文出处，以显示其见闻之博。然而由于他疏于考订，以至于出现史实解错而不能自圆其说。前文已经述及，我固疑《福州通州》之误非其自误，而是通志馆采访文献中有连姓族谱之误搀入所致。所以在使用方志、姓氏书籍时，必须十分地小心。今天研究连南夫，固然我们看不到古人所曾看到的资料，然而同时也能看到许多古人所看不到的今人的著作。今人著述，不可否认，有的有重要发明，然而也不必讳言，今人研究连南夫及连姓的成果中，确实存在不少人云亦云、以讹传讹、经不起推敲的地方。鲁阳认为，为了把连南夫研究做得更好，提高一步，需要进一步端正学风，进一步提高研究能力，进一步发扬科学精神。只有如此，才能对得起前人，对得起后人，也对得起时代，对得起自己。鲁阳企盼，连南夫研究能做得更好更科学，有更多的佳作问世。

最后，陆心源《连南夫传》叙事有含混不清处，在陆氏或者是明白的，但后人却未必明白；或者陆心源自己的表达就有问题，而其所注出处又不太清楚，贻误后人更多。前者的例证是连南夫传中的"诏切责世忠，南夫亦以'缓不及事'改知饶州"（《建炎以来系年要录》）。"缓不及事"是赵鼎批评连南夫的话，陆心源这样写，并不算错，顶多只是叙事有些交代不清，但遇到今人，不认真研究，不细察本末，在《连战家族》一书第 26 页就完全变味走样失真得不成样子，本来"缓不及事"是他人批评的话语，到了《连战家族》一书中却变成了"连南夫因为韩世忠亦是抗金名将，并不与之计较。反以'缓不及事'为由，主动请求改任濠州这个荒僻之地"。这样一来，把"缓不及事"说成了连南夫要求改职的理由。这个毫厘之差所致的千里之谬，真的太不应该。这件事情当然是今人太过马虎，但与陆心源说得不太清楚也有一定关系。

陆心源对宋史一些问题本来就可能没有弄清楚，写入了《连南夫传》，对后世的影响就更为深远了，这个影响当然是他要负责的。《连南夫传》说："（绍兴）六年五月，（连南夫）起为宝文阁学士知广州，旋兼广东经略安抚使。"今按这话是有毛病的，按照宋朝制度，知广州自然而然地就兼广东经略安抚使，并不需要"旋"。陆心源在上述文字之后自注《甲乙稿》，意即上述文字出自韩元吉《南涧甲乙稿》中的《连公墓碑》。其实《连公墓碑》中的文字与《连南夫传》是不同的。《连公墓碑》原文是："即起公经略安抚广东，进宝文阁学士兼措置虔盗贼。"并没有"旋兼"的问题。这件事情说明陆心源对宋代官制，某些方面还缺乏必要的知识准备。陆心源的说法，也影响到今人。不好意思，也很对不起，在此我们不得不再次以《连战家族》一书为例，该书第 29 页说：

> 南宋绍兴五年（1135 年）五月，朝廷调连南夫以宝文阁学士知广州。宣旨官刚走，忽然又有一骑快马传来一道急旨，在连南夫前职后面加上广南东路经略安抚使兼转运使。

这种写法，全是演义，不是历史，是没有根据而又违背历史真实的演义。这段文字至少有三处大的不妥。一、连南夫知广州，在绍兴六年五月，而不是绍兴五年五月，这个错误可能是笔下之误。二、又"一道急旨"加连南夫"广南东路经略安抚使"衔这一错误是抄自陆心源的《连南夫传》并予以演义化。三、在连南夫经略安抚使后又加转运使衔，绝对没有可能。按理，知广州可兼广东路转运使，可是连南夫知广州期间，有三任转运使，各有其人。所以，说连南夫兼转运使，没有根据。

陆心源的连南夫研究，成果形式为《连南夫传》。《连南夫传》的结构形式写作方法相当独特，他以系统的素材，巧妙地剪裁，连缀成文，连传主的评价也是离析前人文字而成，不仅独出心裁，而且匠心独运。他又注明出处，明示去取。所有这些，都是应予肯定的。他也有所不足，主要是对所引用的史志文献，缺乏考订和辨证。有些地方，还显示他的宋史知识准备似尚有所不足，至有一些不甚确切之说杂厕其中。总之，陆心源的《连南夫传》功过参半，今人在使用和参考他的研究成果时，要清醒，要谨慎，要自觉，要扬弃。对前人建树的一切，都要再检讨，这不是从猿到人的再进化，而是对待古籍起码应有的态度。

是为对陆心源《连南夫传》校读之记。

献芹

有一种传说，说的是连南夫的长眠之地在福建龙溪秀山对面的龟山脚下。其地原有一片建筑，叫做"连城"，有清礼部尚书蔡新所撰宋宝谟阁学士任广东经略安抚使谥忠肃连公墓道碑。而今，时移事易，连公墓道碑亦已移往马崎宗祠保存，代之而立的是 2001 年龙海市人民政府的重点文物保护碑。有本书，今隐其名，书上载其碑文曰：

连南夫，字鹏举（1085～1143），湖北应山人，生于元丰八年，政和二年进士，历任司理参军、教授、主簿、府尉，后除雍正礼制局检讨，殿前文籍校书郎，公"更京秩，天子记其才气可用"；宣和五年两次出使金国，使归，迁秘书郎暨起居舍人；七年拜中书舍人；除右文殿修撰知濠州；靖康二年进徽猷阁待制；建炎三年擢显谟阁学士知建康府安抚史，加兵部尚书兼建康府、宣、徽、太平州广德军制置使；绍兴初年改知信州；四年知泉州，诏以"忧国爱君"褒宠；六年进宝文阁学士知广州府，广东经略安抚使，兼广南东路转运使；九年，上书反对和议，力主抗战恢复奏事，适金人归还河南地，公又为表贺曰："虽虞舜之十二州，昔皆吾有；然商於之六百里，当念尔欺！"秦桧大恶之，贬知泉州，旋复夺职，谪居漳州，寻隐于龙溪之秀山，绍兴十三年卒，享年五十八岁，谥忠肃，赠太子少傅，葬龟山，后人因其居地改称"尚书峰"，其葬地曰"连山"，南夫公的子孙后裔皆称连山氏。宋末，五世孙连秀璇与文信国召募勤王，抵抗元兵，转战江西、福建、广东等地，于五坡岭一役，全族战死三十八人，文天祥被俘，宋亡，举族隐遁于月卷玉田；尚书峰麓连厝被元兵焚毁，连山连公墓、碑被破坏；现存墓道碑系清乾隆四十一年，文华殿大学士礼部尚书漳州蔡新重镌。

鲁阳按：上述这段文字，录自那本书，网络文字也是如此，未做任何改易。总体印象，碑文作者文字功夫不是太好，经不起推敲，然其大意可以概知。碑文所存在的问题，是其所涉及的史实需要订正者甚多，现拣其要者，分别叙列于下。

1. 连南夫的名、字、籍贯都正确无误，但说连南夫生于元丰八年（1085）则为不确。连南夫卒于绍兴十三年，当公元1143年，寿五十八，则其生年应是北宋哲宗元祐元年（1086），而非神宗元丰八年。古人习惯以虚岁计年，不像今人用周岁计年，这是有区别的。碑文作者按周岁计，致连南夫生年提前一年，应予更正。

2. 政和二年进士。误。韩元吉《连公墓碑》说连南夫年二十四，上舍释褐，以1086年出生，年二十四，当北宋徽宗大观三年即1109年；而政和二年当1112年，连南夫已届二十七岁，故连南夫是大观三年进士，而非政和二年进士。又：宋人李弥逊挽连南夫诗二首，说二人是同年，李弥逊大观三年上舍第一，连南夫亦当为大观三年进士。

3. 历任司理参军、教授、主簿、府尉。鲁阳按：连南夫做颍州司理参军，"颍州"不可省。鼎州教授，"鼎州"不可省。因为宋代的诸王府有教授，州学有教授，所以"鼎州"必不可省。连南夫为澧阳尉，此云府尉，没有府尉这种称谓。凡尉，都是县尉。像这种地方，不考不察，信笔而书，恐怕作者本人也不知道他要传递何种信息。

4. 后除雍正礼制局检讨。鲁阳按：雍正礼制局不辞。这句话是"后除辟雍正，礼制局检讨"的讹夺。辟雍是大学的外学，徽宗崇宁元年（1102）于汴京城南建辟雍，有屋一千一百七十二楹，可容纳各地贡士三千，原属太学的外舍生也转到外学就读。辟雍由国子监祭酒总管，另置司业、丞各一员，下有博士十员，学正、学录各五员。连南夫所任的辟雍正实为辟雍的学正。然而为什么韩元吉不称其为辟雍学正呢？这是行文规范所要求的。古人行文要求字数为偶数，韩元吉《连公墓碑》说"除辟雍正，礼制局检讨，补校御前文籍，遂为校书郎"，这句话共二十个字，是偶数。为了严守偶数为文，减了辟雍学正的"学"字。因为辟雍有学正，而无辟雍正，所以用辟雍正，宋人很清楚其所指。而今人再省一辟字，弄成了"雍正礼制局检讨"，就不知道它是何物了。

礼制局是另外一个机构，礼制局检讨是礼制局下属的职事官。礼制局属尚书省，政和二年（1112）置，宣和二年（1120）废，任务是讨论古今宫室、车服、器用、冠婚、丧祭等沿革制度。

5. 殿前文籍校书郎。鲁阳按：宋代没有"殿前文籍校书郎"这一说。校书郎是秘书省职官。"殿前文籍"是"御前文籍"之讹。韩元吉《连公墓碑》："补校御前文籍，遂为校书郎。"到了龙海文物保护碑变作"殿前文籍校书郎"，真的让人不知所云。"补校御前文籍"是宋徽宗宣和四年（1122）的事情，即《宋史》卷二百二《艺文一》所说的，徽宗时"更《崇文总目》之号为《秘书总目》，诏购求士民藏书……且以三馆书多逸遗，命建局以补全校正为名，设官总理，募工缮写。一置宣和殿，一置太清楼，一置秘阁。自熙宁以来，搜访补辑，至是为盛矣"。连南夫所参加的，就是这一伟大的历史工程。这一伟大工程的主持人，是"提举秘书省官"（《宋会要·崇儒四》）。韩元吉说是"补校御前文集"，《宋会要》说是"补完校正御前文籍"，《宋史·艺文志》作"补全校正御前文籍"，《玉海卷》五二、《文献通考》卷一七四都作"以补缉校正文籍为名"，《至大金陵新志》卷十三下之李琮传作"校证补完御前文集"。此外，在宣和初，秘书省有"补完御前书籍所"。怎么知道连南夫参与的是宣和四年的工程而非宣和初的事情？这是极易区别的。其区别就在于宣和初称"御前书籍"，宣和四年则称"御前文籍"。宋代文献中，凡说御前书籍的，都指宣和初事，凡说御前文籍的即指宣和四年事。

北宋辟雍止于宣和三年，礼制局废于宣和二年，校正补御前文籍事始于宣和四年，连南夫从事这三项工作的大体时间是明晰的。更重要的是，连南夫做这些工作，得近天颜，对他以后的仕进影响是不言而喻的。

6. 宣和五年，两次出使金国。鲁阳按：此说有误。宣和五年，连南夫在京师供职，一次也没有出使金国。连南夫仅有的一次出国使金，是在宣和六年。

7. 加兵部尚书兼建康府。鲁阳按：连南夫加兵部尚书，史籍未见。连氏族谱说是赠官，生封死赠。连南夫生前被剥夺所有职务，他去世的绍兴十三年，秦桧势力正炽，连南夫难有赠官的机会。连南夫的长子请韩元吉撰写墓碑，不提追谥赠官事，赠兵部尚书是大事，若有，不应不见于《连公墓碑》。若依现有文献，我以为基本上可排除连南夫任兵部尚书的可能。

但是，如果不是兵部尚书，而是尚书兵部，这个可能性是存在的。因为连南夫是做过起居舍人的，按照宋代官员的叙迁制度，起居舍人可转兵部员外郎（见《宋史》卷一百六十九《职官九》），而兵部员外郎的全称则是尚书兵部员外郎。我以为这种可能性是存在的，但是现有文献证据不全，支持力度不够，只好暂时存疑，以待来者。尚书兵部的"尚书"指尚书省，尚书省之下有六部二十四司。兵部尚书的尚书则是兵部的负责人。

8. 六年进宝文阁学士，知广州府，广东经略安抚使，兼广南东路转运使。鲁阳按：连南夫知广州，有没有兼广南东路转运使？按理，可以兼。不过，据《广东通志》卷二六，绍兴四年广东转运使是张致远，七年以后转运使是赵子严，十年起转运使是林积中。连南夫知广州期间，广东转运使都另有其人，可见连南夫没有做广东转运使。然而同上书卷三九连南夫传却说南夫"高宗时累官广东转运使，后知广州兼经略使"。鲁阳按：《广东通志》这一条资料尚须认真对待。绍兴六年，连南夫调任知广州，没有广东转运使衔，一上任就是知广州，所以《广东通志》所据的采访资料与后来龙海的文物保护碑同误。又：连南夫墓道碑上的宝谟阁三字有误，连南夫没有做过宝谟阁学士。

9. 秦桧大恶之，贬（连南夫）知泉州。鲁阳按：连南夫一生知泉州，只有一次，没有第二次。连南夫知广州任满，自请宫祠，提举江州太平观。连南夫绍兴九年为表讽贺，是以宝文阁学士、知广州、提举江州太平观身份所上，实已离开广州任所，他没有被贬再知泉州的经历。

10. 谥忠肃，赠太子少傅。鲁阳按：所谓谥忠肃，赠太子少傅，宋代文献未见。应是后出的连氏宗谱中的材料，疑误。《连公墓碑》说到连南夫身后事时只说有一个左正奉大夫的追赠。这一赠官，当系其长子任知州事后所得。

11. 其葬地曰"连山"，南夫公的子孙后裔皆称连山氏。鲁阳按：其葬地曰连山，其子孙后裔可称"连山连氏"，而不能称"连山氏"。连山氏在华夏文明史上，专指华夏文明始祖炎帝。连横说"系出连山氏，望出上党"，说的是湖北随州的烈山氏，即厉山氏，即列山氏，即丽山氏，而不是福建龙海的连山。连横学问究天人，绝不会做出这种把龙海连山称为连山氏的事。指龙海连山连氏为连山氏，是今人不知连山氏来历者之所为。说其子孙后裔因连南夫葬地连山而自称连山氏，是现代某些人不识连横"系出连山氏"的真诠而给出的想当然。

12. 清乾隆四十一年文华殿大学士礼部尚书漳州蔡新镌。鲁阳按：镌者刻也。《忠肃连公墓道》碑正面三行二十一字，应是蔡新所题，碑阴七行共一百三十字是蔡新所撰。蔡新不是刊字匠人，用"镌"字不妥。

连南夫是历史名人，南宋重臣，国士无双，有劳有勋，福建有责任进一步重视并努力做好连南夫研究。就龙海这通文物保护碑所反映出的情况看，那里的相关研究的确还有许多需要推敲的地方。如果我们总是停留在这个阶段上，恐怕将来不免有不长进之讥了。

福建和湖北，对于连南夫都是有特殊意义的地区。湖北是连南夫的族源地，是连南夫的祖居地，是连南夫的出生地，是连南夫的青少年生活居住地和成长地。而福建则是连南夫的祖居地，其先人连总连会川曾在福州生活；又是连南夫的仕宦地，他曾知泉州；又是连南夫的晚年居住地和身后长眠之地，又是他子孙后代的生活居住地。连南夫的后代是从这里走向台海的。所以，福建的连南夫研究下更大的力气，下更多的功夫，做更多的工作，是分内之事。我以为，这是一件合乎情理的事情，绝不能算是苛求。

在古文献中，连总又作连揔，总就是揔，连总和连揔是同一个人，唐懿宗咸通九年（868）进士。唐代诗人欧阳衮的儿子欧阳玭，咸通十年进士，《全唐诗》卷六〇〇有欧阳玭《新岭临眺——寄连总进士》诗一首，今采录于下，以供参考：

关势遥临海，峰峦半入云。

烟中独鸟下，潭上杂花熏。

寄远悲青萍，登临忆使君。

此时还极目，离思更纷纷。

　　传说连南夫的三个儿子流寓不同地方，各地关于此事的信息有些相互打架，事实应该只有一个，今人要多做努力，以恢复历史的本来面目。古人说过，十室之邑，必有忠信，上述事情应是不难解决的。还有连南夫的墓地究竟在何处？有人说《连公墓碑》的说法只是个"孤证"，我倒觉得这个所谓孤证最为可信。

　　因为他是连南夫的长子所提供的，他没有也不必在他老爹的埋葬地上造假。还有人说元人修《宋史》之所以没有《连南夫传》，是因为连南夫的后人连秀璇随文天祥在五坡岭抗元，一门数十口捐躯沙场，这理由也是不能成立的。因为若按这种逻辑，文天祥也不能在《宋史》中立传了。连南夫《宋史》无传的原因，实在是秦桧父子把持当时修史机构的直接后果。明白了这个道理，就会想明白连南夫身后的赠官和追谥都是不大可能的，至少在秦桧掌握大权时期是不可能的。还有材料说，连南夫病逝后，漳州府上奏朝廷，朝廷命漳州府举行葬礼，安葬这一天，还有"府兵""戒严"。其实这种资料，完全靠不住。绍兴十三年正月，被剥夺所有职务的连南夫，以得罪之身，郁郁而终，朝廷怎么有可能下令官府为他举行声势浩大的葬礼？怎么可能派兵"戒严"？又宋代漳州属福建路，辖龙溪等四县，不称府。福建路福州是大都督府，建州建宁府，其他无有称府者。元代称漳州路，明始称漳州府。说"朝廷命漳州府举行葬礼"，等于说让南宋高宗下令明代漳州府为连南夫办理后事，岂不是荒唐？所以，对于一些采访文献，方志文献，姓氏书籍，一些口碑资料，要尽可能地做些辨析和校订工作，写到书上的不见得都是信史！

　　类似这种把后代行政区化名称作为宋代地名使用的现象，在连南夫研究中还有一些，例如：《连战家族》一书 24 页说：

　　　　直到第二年五月，宋高宗赵构才在河南归德府建立南宋朝廷。改年号为建炎元年。

这一句话，值得讨论的问题很多，最重要的是说赵构在归德府建立南宋朝廷了。赵构那个时代，没有归德府。宋高宗不可能在归德府建立南宋朝廷。《宋史》卷八十五《地理一》说：

> 应天府，河南郡，归德军节度。本唐宋州。至道中（995～997）为京东路。景德三年（1006），升为应天府。大中祥符七年（1014），建为南京。熙宁七年（1074），分属西路。……县六：宁陵，宋城，谷熟，下邑，虞城，楚丘。

商丘原是周朝的宋国，汉代的梁国宋州，隋朝、唐朝也都叫宋州，五代的后唐改为归德军，赵匡胤在陈桥驿黄袍加身以前，是归德军节度使，赵匡胤做皇帝定国号为宋，就是由他是宋州地区的节度使而起。所以这个商丘对于宋朝是具有非同寻常的意义。宋高宗不回开封登基，也不在别的地方称帝，非要跑到商丘登上龙位称帝，就是因为宋朝的国脉是从商丘而起的。赵构在商丘称帝，说明他是大宋事业的继承人，太祖自归德军节度使而起，赵构也到商丘，这个吉祥再大不过了，这个象征意义再大不过了。商丘又是运河上重镇，水运方便，北有黄河之险，南可沿运河机动，退往江南，赵构选择在此登基，可说主要是出自政治上的考虑，同时也未始没有军事上的考量。

北宋建立以后，商丘只是一个州，属于京东路，到神宗熙宁七年，分京东路为京东东路、京东西路，商丘属京东西路。升为应天府的时间，是景德三年，景德是宋真宗的年号。应天府即应天顺人的意思。宋廷在此设有书院，因而就叫应天书院，是宋代很有名的书院，宋代好多具有重大影响的重量级人物都和它有关。大中祥符七年，升为南京，成了陪都，是北宋四京之一。其他三京分别是：东京开封，西京洛阳，北京大名。大中祥符也是真宗的年号，升商丘为南京，也是因为赵匡胤以归德军节度使身份开创宋朝的缘故。

终宋之世，商丘没有称过归德府。归德府这个地名，是金人占领统治中原以后才有的，所以，严格地说，所谓归德府，是金朝的事。元朝也称归德府，明朝又降为归德州，后又升为府。清称归德府。

宋人记载，都说赵构即位于南京，或说即位于商丘，宋人也称商丘为宋城，但无归德府这样的说法。

宋代商丘与归德相关的称谓，除了归德军节度以外，还有一个归德殿。

高宗登基的时候，还没有归德府这个地名，所以，说宋高宗赵构在归德府登基，当然不妥。怎么可以让宋高宗到金人统治的地区作登基大典呢？

总之，宋代行政区划，没有归德府，宋高宗是在商丘登基，不是在归德府称帝。研究宋高宗相关问题，涉及地名，应该采用宋代的地名，不宜用金元以后的称呼。

连庠文献研究

[01] 连庠系的重要文献

《连都官墓志》，是一篇关于连南夫家族的重要文献。墓主连都官即连处士连舜宾的次子连庠。连舜宾有四子：连庶、连庠、连庸和连膺。连南夫系连处士三子连庸之孙，所以连庠是连南夫的二伯祖。因此，这篇连都官墓志，从另外的视角，即从连庠这一系脉叙述有关事实，有其他系脉所没有的信息，因而自有其值得珍贵的地方。

根据《连都官墓志》，连庠于北宋英宗"治平四年（1067）六月二十二日卒于京师"即开封，"享年六十有二"。就是说，连庠生于1006年，当真宗景德三年，岁次丙午。而治平四年的干支，则是丁未。六月干支为乙未，辛未朔，二十二日为壬辰。连庠一生经真宗、仁宗和英宗三朝，连庠的卒年在连南夫生年之前20年。

连庠墓志说，他于仁宗庆历二年及第，时当1042年，连庠已经进入37岁，可说是壮年得志，称不上是早据要路。而且从墓志所述连庠的仕宦经历，他一生浮沉郡县，最高级别是郎，看来行政工作并非他的强项，虽然迄今所见所有文献都说他敏于政事。

《连都官墓志》说连庠进士及第以后，"调随之光化尉，移襄之宜城令，改秘书丞、太常博士、职方员外郎、屯田都官郎中"。随就是今天的随州，不过宋代的随州较今天的随州要大一些，宋代随州领有随、光化、唐城、枣阳四县。神宗熙宁五年（1072）光化县改隶襄州。襄州即襄阳，是京西南路的治所，于宣和五年（1123）升为襄阳府。随州隶属于襄州，因古语有"汉东诸姬，以随为大"的话，所以随州的郡名很是古雅，就叫做汉东郡。襄州领有六县，宜城为其一。连庠做光化尉，做宜城令，级别虽低，却都是实职。接着墓志说"改秘书丞、太常博士、职方员外郎、屯田都官郎中"，连庠生活在神宗元丰三年官制改革以前，自秘书丞至都官郎中，都是寄禄官，秘书丞是从七品，太常博士及各种员外郎是正七品，屯田、都官郎中都是从六品。这些官职都是领取俸禄用的，并不执掌有关实务。

此后，连庠先后知深州饶阳县，监定州便粜仓。深州、定州都在河北路，特别是那个定州路，是河北四路之一，又属对辽的边防重镇。虽然连庠在河北工作的时间，宋辽已在澶渊缔结盟好，桴鼓不鸣，和平相处，但是备战警惕，一直没有松懈。此后，连庠又知邛州依政县，又徙知茂州，依政县其地就是现在四川的邛崃，茂州就是2008年5月12日发生大地震的北川、汶川一带地方，北宋时候，连庠做过那里的州县负责人。

北宋时期，邛州、茂州都隶属于成都府路，成都府本益州，知成都府即知益州，按照宋朝体制，带本路安抚使，即管十二州三军一监共58县，所以那个知益州是相当显赫的职务。

按照宋朝常规，知州可由通判资序人担任，而不是相反。连庠卸知茂州以后，"监西染院"。染院负责染帛，隋朝有司染署，唐称染坊，宋朝太宗太平兴国三年（978）分置东西染院。谁去染呢？厢军。东西染院分别有使和副使，这是武职官。染院使是正七品，监染院，资历应高一些。所以此时连庠是武职官。我怀疑他在定州那个监便粜仓也是武职。他做过职方员外郎，虽是阶官，可职方属兵部，负责图经图籍，也和兵事有关。四川阿坝地区，至今还是民族自治州。历史上，这里就是少数民族聚居之地。连庠在那个地方为官，劳苦功高，回到朝廷任职，就是监西染院，其间丁其母李氏太君忧，为他的生母守孝，离开任所。守孝期满，"通判鼎州"。鼎州在今湖南，就是陶渊明所写《桃花源记》中的武陵源那个地方。不知是什么原因，连庠以知州经历，再做通判。这中间一定有什么原因，究竟为什么，不得而知。关于此事，现存宋代文献，没有任何线索可供索解，只好暂付阙如，而俟大雅君子于他日补正了。

连庠与其兄连庶均见于《宋史》卷四百五十八《隐逸中》，实际上，连庠只是附在其兄连庶传后，仅有一十六字："庠亦登科，敏于政事，号良吏，终都官郎中。"在一部五六百万字的大部头正史里，有十六字记录，可说是沧海之一粟。所以，《连都官墓志》关于连庠的仕宦经历，除了这个"都官郎中"，都可补正史之缺。仅此即可知王莘所撰连庠墓志的价值与重要性了。

[02] 勾当京北排岸司

亦有一部书，今亦隐其名，全文采录《连都官墓志》，于保存和传递文献，有其功绩，然而其有不尽完善之处。该书页 63 倒 10 行说：

> 勾当在京，比排斥，以疾致仕。

今按：此处"京"字下逗号当删，"比排斥"三个字错了两个。"比"是"北"字之讹，"斥"为"岸"字之误。原文应是"勾当在京北排岸，以疾致仕"。我覆勘了明代所修《应山县志》，的确就是"京北排岸"。只是那个"岸"字上边的"山"被放在了左半边，作"岍"而且不甚清晰，是很容易误识作"斥"。"比"字和"北"字字形又极相近，也容易致讹。于是，连起来就误成了"勾当在京比排斥，以疾致仕"，而令人不知所云。鲁鱼亥豕，司空见惯。此处举这些例子，是为研究，不是有意为难。

"京北排岸"，是"京北排岸司"的简称。北宋在首都东京设有四个排岸司，分别以京东、京西、京南、京北命名，隶属于司农寺。排岸司的职责是诸路纲船输纳，运到京师以后的分定交卸，以及负责交卸厢军役卒的指挥。因为当时京师人口百万，驻守军队数额庞大，再加上中央官僚队伍和皇帝皇室的生活供亿，全都依靠纲船运输，所以排岸司职责之重，应可想见。北宋时期，曾一度废除发运使，将其职责也纳入排岸司。元丰五年（1082），曾罢京北排岸司，后又复置。排岸司的主官由京朝官充，有时一员，有时二员。排岸司和京北排岸司主官不断见于宋代文献，而无连庠之名。所以《连都官墓志》在这一点上，也可以补正史之缺，是有价值的。

《宋史·职官志》说排岸司有四，说的是中央政府所在地有四个排岸司。还有文献说江浙地区设有排岸司，其实不止江浙地区有之。陆游《老学庵笔记》记载有南京排岸司负责人马从一的佚事：

> 绍圣、元符之间，有马从一者，监南京排岸司。适漕使至，随众迎谒。漕一见怒甚，即叱之曰："闻汝不职，正欲按汝，何以不亟去，尚敢来见我耶？"从一皇恐，自陈湖湘人，迎亲窃禄，求哀不已。漕察其语南音，乃稍霁威云："湖南亦有司马氏乎？"从一答："某姓马，监排岸司耳。"漕乃微笑曰："然则勉力职事可也。"初盖误认为温公族人，故欲害之。自是从一刺谒，但称监南京排岸而已。

漕就是转运司，漕臣即转运使，是路一级领导，位高权重，误读"监排岸司马从一"为"司马从一"，因而误以为他是司马光的族人，意欲加害。及知从一姓马，于是顿罢雷霆之怒，满面春风。马从一从此系衔只称"监排岸"，是个人行为，排岸司而简称排岸，与马从一无关。

南宋中央政府在杭州，称为行在，那里的排岸司就叫行在排岸司。

北宋排岸司的职责不止负责纲运等相关事务，还负责黄河防汛事宜，抗洪抢险所用人力就是排岸司管辖下的厢军役卒。李焘《续资治通鉴长编》卷一百七十三仁宗皇祐四年（1052）秋七月庚午条记事，河防军士，禁兵每日饭钱五十，八作司、排岸司所管厢军是三十个小钱，军兵都很高兴。为什么呢？原来此前的规矩是，黄河涨水，京师禁军及八作司排岸司厢军都要背土上堤，干满五日有特支，特支很丰厚。在堤上抢险不及五日，则没有赏钱。而河水时涨时落，士兵一会拉上去，一会又撤下来，数上数下，非常劳累，苦得要命，却不满五天，因而什么赏赐也得不到。皇祐四年，取消特支，采用新的激励措施。兵卒上堤防守，每天都有食钱，就是生活补贴。费用只有过去特支的十分之一，而防洪士卒却感到很满意。

宋代监排岸的官员中有一个叫做侍其曙的，有的文献上作侍其旭，这是同一个人，北宋英宗名曙，臣下不能再用曙字，只好改名为旭。宋代文献有时用侍其旭，有时用侍其曙，就是这个原因，这就叫避讳。

连庠最后一任的实际差遣，叫做勾当京北排岸。他是在任上生病致仕的，没有受到什么所谓排斥。勾当，是北宋的用法，赵构上台是为高宗皇帝，"勾当"二字不能再用，就改为"干办"。"干办"，就是北宋的"勾当"，这个也是避讳。

[03] 爱人以德尹师鲁

尹师鲁就是尹洙，洙字师鲁。洙水从曲阜流过，所以尹洙字师鲁，鲁城就是曲阜，背洙面泗。当然，师鲁说的不是师法鲁城，而是要师法孔圣人。因为孔夫子是鲁人。连庠识得尹洙，也认识王洙。王洙的洙也是洙泗的洙，王洙字源叔，是说他的一切都是从曲阜来的，就是从孔夫子出来的。连庠识得王洙，有其诗作《襄州守王侯洙复岘山羊公祠》为证。王洙是宋城即商丘人，一举进士，一中甲科，为南京留守晏殊所知，荐为府学教授，召为国子监说书，校过《史记》《汉书》，为天章阁待制，预修《崇文总目》，撰写《三朝经武圣略》等书。王钦臣是他的儿子，又是一个文献学家。王氏藏书达四万卷，那是当时所能网罗的天下全部书种了。现在常说的目录之学，就源于王洙向苏颂介绍其子王钦臣时所用的范畴。仁宗庆历七年（1047），王则在河北贝州闹事，王洙正在知襄州任上，是年连庠四十二岁，正是做宜城令的时候，宜城归襄州官辖，王洙正是连庠的顶头上司。清人王士禛《池北偶谈》卷九有《岘山幢宋人题名》，说"准庆历七年十一月六月中书札子，襄州奏当州城南五里有岘山一所，上有古祠碑，又有晋太傅"，以下文字俱磨，仅存"圣旨"字样。所以，王洙修复羊公祠是当时政界大事，是请示了中央政府并得到圣旨批准的。石幢上有"尚书工部员外郎、直龙图阁、知襄州事王洙七言古诗"，并有范仲淹诸人题名，连庠名在题名诸公最后，那是因为这个宜城令是复岘山祠石幢题名者中级别最低的缘故。连庠不仅题名，还写了一首诗，诗由《襄阳府志》得以留传。连庠的诗气势磅礴，初入仕者的开阔心胸，跃然纸上。王洙的诗、连庠的诗都写在庆历七年，即在王洙知襄州、连庠知宜城之年。

连庠识得尹洙，比识王洙要早，约在庆历五年（1045）。尹洙是河南洛阳人，天圣进士，做过馆阁校勘，有很强的信仰操守，有很高的人格魅力。仁宗景祐三年（1036），范仲淹以言事被贬，秘书丞、集贤校理余靖上疏论救，亦被贬。时尹洙为馆阁校勘，拍案而起，上言："仲淹直谅不回，某与之义兼师友，例当同贬。"于是亦被贬。欧阳修移书右司谏高若讷，指责若讷不能辨仲淹无辜，犹能以面目见士大夫，出入朝中，是不复知人间有羞耻事。于是欧阳修坐贬夷陵。欧阳修诗《戏答丁元珍》"春风疑不到天崖，二月山城未见花"，就是被贬夷陵时所作。丁元珍就是丁宝臣，元珍是他的字。蔡襄作《四贤一不肖诗》，传之四方。四贤指仲淹、靖、洙及欧阳修，一不肖指若讷。有一个地方官要求追究蔡襄，被韩琦以程序不合越级言事压下，蔡襄得以保全。中国人讲义气，墨子说"贵义于其身"，北宋的尹洙，是义薄云天的范例。

后来范仲淹去了西北前线，尹洙也去了西北地区工作，先后任知泾州、知渭州等，曾兼泾原路经略公事。经略公事就是经略使，因其资历浅，而称经略公事，这是宋人的规矩。他是北宋名将狄青的顶头上司。他以公使钱为部下偿还债务，后来偿还了，仍被追究责任，实际是当时政治斗争的牺牲品，又被贬为崇信军节度副使。崇信就是随州。尹洙在随州，住在城东五里开元佛寺的金灯院，并于其居所之北结茅为亭，后人称为尹公亭，曾巩为之作记。洙又被贬为监均州酒税，时在庆历五年（1045）。均州与随州同属京西北路，两地离邓州不远，而当时知邓州的正是范仲淹。范仲淹脍炙人口的《岳阳楼记》，就是庆历五年写于知邓州任上。连庠认识尹洙，即在尹洙做崇信军节度副使时，也即范仲淹知邓州之时，连庠可能仰慕尹洙的生平气节，主动结识尹师鲁。

尹洙在监均州酒税期间得疾，无钱医治，那时也没有医疗保险这种社会救济保障系统，只能硬挺坐以待毙，范仲淹就接尹洙到邓州养病。庆历七年（1107），尹师鲁宣告不治，临终处分后事，无一言及于私，对最小的儿子，也没有怜悯之色。范仲淹等与他告别后退出。尹洙过世，范仲淹等进来哭拜，尹洙复生说：希文，不必这样，刚才已道过别了。又说：既无鬼神，也无惊怕，只觉得身上愈来愈冷。言罢长逝。尹洙不是一般的临终不乱，他的定力，人所罕及。近来，研究人类濒死感觉，成了全世界的热门话题之一，尹洙的话，是中国历史上有关人类濒死感觉记载的最早文献之一。

由于尹洙是河南即洛阳人，所以他的集子就叫做《河南先生集》。其中收有给连庠的书札一通，题曰《送光化县尉连庠》，时间是庆历六年，尹洙在监均州酒税任上生病以前。这通书札，对于了解尹宋二人的关系以及研究尹洙晚年的心境，都有莫大的帮助。《连都官墓志》说连庠"平居以义命自处"，则其中未尝不是受有尹洙影响陶冶的结果。

尹洙一生，慷慨行事，有过坎坷，也有过辉煌，其为人也，义以为上，内刚外和，为人正直，很有定力。他给连庠的信，可说是用心良苦，深意存焉。其信文字不算甚长，堪称字字珠玑，现照录如下：

> 自西师之兴，金帛粮糗之积，资于兵者，其费益广；铁革干羽之用，须于兵者，其取益夥。费之广，则吏之聚敛者进焉；取之夥，则吏之干力者进焉。上任其能，下收其功，自监司所部及于郡县，由部任至于久任吏官，莫不以是为治之优，为政之先。于是，吏之强者益肆，弱者亦趋。甚者不恤困穷，不察有无，弹利以求精，严期以名勤，有以治体为言者，必诋之曰：方事之艰，当求所以富国强兵之要，乌体之为哉？故吏益材而民益愁。为吏者宁当然耶？连君，君子人也，其仕五岁矣。予质其为吏之术，大概本于仁而达下之情，其于民也，知利之与宽之而已。职事无废也，期会无失也，考于古之为吏者当以良称，而于今未得以材名也。

> 噫，古时未尝无兵者，我国家仁育天下几百年，今一方兴兵，其资于民役于民者，必视其货力，与之约束，岂重扰哉？而下之愁叹者，吏为之也。吏岂喜扰耶？亦欲以材自名而利其进也。是故奖材吏则士益偷，贵良吏则民遂其生。惟君子不可以利回，故乐与连君尽其说。

尹洙做过高级军政官员，有人伦之鉴，识人之明。他近距离观察了连庠，得出的结论是"连君，君子人也"。二人有过深入的交谈，"予质其为吏之术，大概本于仁而达下之情"，即仁爱而爱民。为民的官吏，仕途常常不顺，"其仕五岁矣"，一个县尉，干了五年还没有挪窝，即是说连庠在光化县尉任上干满了两个任期，才改任宜成县令。连庠庆历二年进士，任光化县尉五年，为庆历六年，所以尹洙的书信写于庆历六年。尹洙监均州酒税，是戴罪之身，不便向范仲淹推荐连庠，而以整个书札对连庠的评价，明明有举荐的意思。所以我认为，这是一封不名为推荐的推荐信。

尹洙和欧阳修是宋代古文运动的鼓吹者、推动者和实践者，当然在其之先有柳开和穆修。这通文字不算长的《送光化县尉连庠》，可见尹洙的古文修为。他在书中所表达的深邃哲理与深沉思索，尤当注意。他关于国家、人民、官吏三者关系的论述，至今还不乏重要的借鉴意义。尹洙说：官吏的毛病，大抵出在"欲以材自名而利其进也"。为了那个材之名和进之利，官吏忘掉了民生，这是最可怕的。与尹洙相比，连庠自是后进，尹洙谆谆言之，循循诱之，引导连庠在名利和为民之间正确把握自己，可谓君子爱人以德。

[04] 情义无价宋景文

连庠事迹附见《宋史·连庶传》。连庶传极简略，连庠事迹更简略，只有一十六字。欧阳修撰《连处士墓表》时，连庶为寿春令，连庠为宜城令。欧阳修说自连舜宾天圣八年（1030）卒至写墓表时二十年，则《连处士墓表》当写于庆历八年。南宋周必大说：欧阳修表连处士墓，盖实录也。而宝文公（即连南夫）则（处士）第三子之孙，以文章赞书命，才略典方面，克孝而忠，大其家声。连处士有四子，老大老二分别是连庶连庠，第三子就是连庸。

欧阳修绝非与连舜宾毫无干系的人。《宋史·连庶传》说："庶始与弟庠在乡里，时宋郊兄弟、欧阳修皆依之。及二宋贵达，不可其志，退居二十年。"宋郊就是宋庠。依《宋史》的说法，欧阳修、二宋早年都受过连舜宾教诲大恩，而"贵达"以后，"不可其志"四字，却大可玩味。"不可其志"放在"二宋贵达"以后，尤其令人浮想联翩。张耒就是张文潜，应连仲儒之请，撰有《二宋二连君祠堂记》，其中有言：

> 有宋氏兄弟者，讲学吾邑之法兴佛舍。其后两人皆取高等，有声名，久之并为大官，名尊益显……其居法兴时，有连氏兄弟者，与二宋君游相好也。其后亦登科，仕于朝。两人起寒家，仕不振，然视所同舍生富贵光显可攀为声势，而两人亦自力，不少屈己附之，其官终不显。

张文潜推崇连庶，定位在"不因宋君以显名当世，卒以湮没而不悔"，笔力很重。二宋事迹，当时就入了国史，"二宋公之行事爵里，书于国史，士大夫举知之"。张耒是看到了当时的国史的。现在所见到的元修之《宋史》，当即仍宋代《国史》之归。那么，《宋史·隐逸传》之连庶传，亦应见于宋之《国史》。

以我的理解，《宋史》和宋人的这种对连庶连庠兄弟的表彰之词，在一定程度上是会对二宋造成某种伤害的。有文献说，二连学于二宋，也有文献说，二宋二连都学于连舜宾。不论哪一种说法，似乎都在说，二连的"不可其志"起码部分的原因在于二宋。根据《连都官墓志》，其实并不然。

《连都官墓志》说：连庠徙知茂州，"宋景文守成都，为作诗以美之"。连庠监染院以前，知依政县及其后升任知茂州，其时宋祁正知益州。茂州是州，益州也是州，可是州与州不同。茂州虽也称州，可归益州管。原因是成都是益州的治所，又是成都府路的治所。知益州兼成都府路安抚使，管辖益州、茂州等十二个州。所以连庠知茂州，却是这位知益州的宋祁的属下。不仅如此，连庠曾知河北深州资阳县，又监定州便粜仓。而其时宋祁是知定州。知定州又带定州路都部署衔。那个监定州便粜仓，也该是定州路的下属机构。所以，连庠在河北定州路的任职，在茂州的任职，肯定都受到了宋祁的关照和提携，说不定，上述两处连庠的任命，都系宋祁推荐的结果。

监定州便粜仓时，连庠把升官的机会让给了同僚。《连都官墓志》说"粜有羡数，则例当受赏"，可是连庠不言，却把政绩让给他的同僚段绎，"绎因以迁官"，就是晋升了官职。段绎字释之，乡贯不详。宋祁、连庠在定州的时候，他与连庠是同僚。当宋祁知益州、连庠知依政知茂州的时候，段绎是邛州从事。在河北供职，三人都在河北；到四川仕宦，三人同在四川。你说这是偶然还是必然？我从其中看到的是宋祁对连、段二人的云天高义。宋祁谥号景文，他的集子就叫《宋景文集》，《宋景文集》卷四十作《西州猥稿系题》说：

> 西州者，益也；猥，杂也；稿，其未工之辞也。

这是宋祁在成都的诗作。他"自爱而不能弃"，"即教门人、邛州从事段绎书而刻之石，置大智禅房之亭"。这个段绎，后来做到提点刑狱，就是所谓监司中的宪司，其地位在路转运使之下。

据《连都官墓志》，连庠始娶朱氏，生一子仲熊，为开封雍丘（今河南省杞县）尉。一女，适进士李岘。李岘无考。再娶李氏，生一男仲熙，仲熙为成州同谷尉。宋代成州领同谷、栗亭二县，隶秦凤路。诗圣杜甫有《同谷七歌》，仿蔡文姬《胡笳十八拍》，很有名。杜甫还有《木皮岭》诗："首路栗亭西，尚想凤凰村。"可见他到过同谷、栗亭二县。同谷今为甘肃成县地，是陇东南门户。

李氏生有二女，次适进士李仲舒。李仲舒字汉臣，山阳人，初仕做过汝阴尉，信奉佛教，生平戒杀。事见宋人庄绰《鸡肋编》卷上。李氏所生长女，适宣德郎宋乔年。宋乔年是什么人？就是宋庠的孙子。乔年字仙民，其父名充国。后来宋乔年的女儿，就是连庠的外孙女，嫁给了蔡京的儿子蔡攸，是蔡京的儿媳。连宋蔡三家的联姻关系应该引起注意。因此，宋乔年的夫人，是连南夫的姑母，而蔡攸的夫人，是连南夫的表姐。

蔡攸字居安，是蔡京的大儿子。与乃父蔡京一起入了《宋史·奸臣传》。哲宗元符年间（1098～1100），宋徽宗为端王，道路相遇，蔡攸必定下马拱立，敬礼有加，赵佶知其系枢密承旨蔡京的孩子，很有好感，所以登基以后，"记其人，遂有宠"。阳翟大贾吕不韦见到在赵国作人质的秦的公子子楚，立刻认识到他的升值空间，是奇货可居，终于成为秦的相国。赵佶为端王，非必为储君，蔡攸识赵佶于藩邸之中，也可谓有识人之明，不可只以运气好坏去评价。赵佶一心想拥有大宝，派人遍访术人，朝士必有风传，蔡攸或有所闻，而有道路致敬之举。自然，这是长线投资。

《宋史·奸臣传》说蔡攸懵不知学，又说他蒙童不知事。他父子相残，兄弟相煎，伐燕之役，为宣抚副使，入辞之日，有两个美人侍在徽宗身边，攸指而说道："臣成功归来之日，乞请把这两个美女赏赐给我。"徽宗笑而不责。他得预宫中秘戏，或侍曲宴，短衫窄裤，粉墨登场，多道市井浪语，以蛊帝心。蔡攸传特别说其"妻宋氏出入禁掖"，宋氏就是宋乔年的女儿，连庠的外孙女。从辈分上说，她与连南夫同辈，是连南夫的表姐，连南夫是其表弟。蔡攸何以与连南夫水火不相容？仅仅是政见的不同，还是从其祖上传下来的隔阂？若是后者，则连氏长门连庠系与三门连庸和四门连膺系都有矛盾？还有，蔡氏一门后来是得罪被诛的，《连公墓志》一再细述南夫与蔡攸的矛盾，固然可能系历史的真实；但是，也无法完全排除蔡家受到惩处以后连南夫与其划清界限的可能性。起码这是一种政治表态。从连庠连庸兄弟这个关系看，连南夫和蔡攸是表亲。我以为上述那种情况，政治表态的成分居多。

此处不说宋蔡两家的关系，就连庠的女儿做了宋庠的孙媳这件事情看，连宋二家的关系，一直是亲密无间。所以，鲁阳认为，对于《宋史》的传论和其他文人的感慨，是不必十分看重的。至于宋家和蔡家联姻，那是因为二氏都是宰相家，门当户对嘛。

宋祁《寄连元礼屯田员外》诗首句"共忆西州把酒卮"，故人情深，可见一斑。连宋世交，谊存深厚，非外人所能知也。

各人人生轨迹不同，际遇不同，事业不同，成就不同，亲弟兄昆仲，也会不同，更何况同乡同年？一定说一方是尊显高官，另一方不屈己附之，在一定程度上恐不免有想当然的成分在内。表彰一方清高，不免伤害了另一方，此事古难全。检阅相关文献，我以为二连与二宋一直有着亲密而友好的关系。

[05] 文章传家王乐道

《连都官墓志》的撰著者王莘，字乐道，汝阳人，他是常秩的门人，事见王得臣的《麈史》卷三：

张师正《倦游录》说颍上常夷甫处士自经而卒，王莘乐道奉议，颍人也，从学于常，具道处士得病而卒。

奉议是奉议郎的简称，奉议郎是元丰三年改制后的寄禄官，相当于改制以前的太常丞、殿中丞或著作郎。王莘何年入仕，仕宦履历及官职都不详，只知道他做过知江州。此事见于王莘孙子王明清撰《玉照新志》卷二：

文肃罢相，迁宅衡阳。北归后，先祖守九江，遣先人访文肃于京口。

文肃指曾布，即曾巩的弟弟曾子宣，卒后谥文肃。曾布曾经被贬黜，自叹各地都去了，就是没有去过衡阳，不意后来竟被贬到衡阳，与他的梦境一般，曾布感叹认命罢，不去是不行的。后来北归，回到京口，就是镇江。为什么要到京口呢？曾布的三子曾纡，正在京口做官。王明清说的先祖就是王莘，先人指王铚。王铚字性之，是王莘的小儿子。王莘派王铚去京口，就是向曾氏求婚。曾纡的女儿是王铚的妻子，空青是曾纡的号。所以，曾布或曾文肃就是王明清的曾外祖，曾纡曾空青就是王明清的外祖父。曾布做过宰相，家里有许多一般人看不到的书籍和机密文件，王铚、王明清父子，都从其外家吸取了许多营养，述作也丰，而且有较高参考价值。王铚著有《默记》，明清著有《挥麈录》《投辖录》《玉照新志》等书。王铚《默记》有中华书局本，今人朱杰人先生点校，整理甚有功力，可以参读。

今人美称他人照片为玉照，王明清的玉照绝对不是这个意思。王明清得了一枚玉石制成的镜子，又得米南宫书玉照二字揭诸寓舍，因以名其书。要之，王莘父子祖孙，熟于典故，闲于文章，多所著述。以王莘的《连都官墓志》而言，引言极精确，千百言中得一句，必得精华，具见其提要钩玄，功力非凡。

建炎绍兴间知光州王莘，又有江阴人王莘，果州文学王莘，等等，都不是这一个王莘。这是在研究王莘时必须注意的一件事情。

王得臣《麈史》提到王铚，王明清著述也涉及王得臣，应山王家和颍阴王家确有来往，确有联系。陈振孙《直斋书录解题》，说王得臣是王铚的伯父，自有他的根据。《四库全书总目提要》否认二王是同族，那是提要作者有见不到处。王明清《挥麈后录》卷八说：

> 伯祖彦辅，以文学政事扬历中外甚久。元符中，为司农卿，哲宗欲擢贰版曹，已有定论，有卖卜瞽者过门，呼而问之，云何日可以有喜？术者云：目下当动，颇不如意。寿数却未艾。更五年后作村里从官。是时，伯祖已为朝议大夫，偶白事相府，言忤章子厚，遂挂冠去国。明年徽庙登极，已而遇八宝恩，转中大夫。又以其子升朝，迁太中大夫。又数年，年八十一，乃终。伯祖名得臣，自号凤台子。有注和杜少陵诗、《麈史》行于世。

这是王得臣和王莘同族的直接证据，陈振孙所说自然不误。

宋人王陶字乐道，两个王乐道即王陶和王莘，是有交往的，甚至王莘的字还是王陶赠予的。《玉照新志》卷六说：

> 先子旧字子野，未登第日，携欧文忠公书赍见王文恪于宛丘，一见甚青顾。云某与公俱六一先生门下士，他日齐名，不在我下。子野前已有之，当以吾之字为遗。先祖遂更字乐道。先祖位虽不及文恪，而名誉籍甚于熙宁符祐之时。文恪长子仲弓寔，韩持国婿，持国夫人实祖母亲姑。由是情益以稔熟。仲弓之弟即幼安，始名宁，后以有犯法抵死者，故易名襄，而仍旧字。靖康初，以知枢密院为南道都总管，辟先人为属偕行，有督勤王师檄文，荐绅皆能诵之。

由于这段文字的重要，请恕我不得不全段照录。王明清在这里传递了几个重要信息：一是王莘的字就是王陶的字；二是王陶、王莘都是欧阳修门下士；三是说韩维的女儿是王仲弓的夫人，王陶的儿媳，而韩的侄女则是王莘的夫人、王明清的祖母。这样看来，王莘娶的是宰相韩维的侄女，王铚娶的是宰相曾布的孙女。王得臣是王莘的兄长，王得臣弟王邻臣是连南夫的岳丈，连庠女儿又是宋庠的孙媳，而蔡京的儿子蔡攸又是宋庠外孙女的女婿。这样一个人脉关系，在当时是起作用，还是不起作用呢？

即便不讨论这些，仅就连姓后人请韩姓后人撰写墓碑，也有其道理在。

只是王明清说王襄为南道都总管，记忆有误。当时，南道都总管是张叔夜，王襄是两道都总管。

[06] 二宋二连君祠堂记

《二宋二连君祠堂记》就是连姓连氏研究者耳熟能详的《四贤堂记》，只是在方志文献中叫做《四贤堂记》，作者张耒，耒字文潜，号柯山，宋楚州淮阳军（今属江苏）人，熙宁进士，哲宗绍圣初年，以直龙图阁知润州，后坐元祐党籍，徙宣州，谪监黄州酒税，再徙复州。徽宗即位，起为黄州通判，入为太常少卿，出知颍、汝二州。崇宁初，因曾为苏轼"举哀行服"，再贬房州别驾，黄州安置，晚年得自便，居陈州（今河南淮阳）卒。他受知于苏轼苏辙兄弟，工诗赋能文章。他做过起居舍人，就是右史，因而他的集子就叫做《张右史集》，《四部丛刊》中张集称《张右史集》，而在《四库全书》中则以其号称《柯山集》。《四库全书》本《柯山集》和《四部丛刊》本《张右史集》中，都收有《二宋二连君祠堂记》，与方志文献中名《四贤堂记》有异。迄今为止，尚未见到有人注意二者内容上有所不同者。

世皆知有苏门四学士，乃谓张文潜、黄庭坚、秦少游与晁补之。二苏与黄庭坚、晁补之辈相继殁后，张耒仅存，士子就学者甚众。诲人作文，以理为主，尝著论云：

> 自六经以下，至于诸子百氏骚人辩士论述，大抵皆将以为寓理之具也。故学文之端，急于明理。如知文而不务理，求文之工，世未尝有也。夫决水于江、河、淮、海也，顺道而行，滔滔汩汩，日夜不止，冲砥柱，绝吕梁，放于江湖而纳之海，其舒为沦涟，鼓为波涛，激之为风飚，怒之为雷霆，蛟龙鱼鳖，喷薄出没，是水之奇变也。水之初，岂若是哉？顺道而决之，因其所遇而变生焉。沟渎东决而西竭，下满而上虚，日夜激之，欲见其奇，彼其所至者，蛙蛭之玩耳。

江、河、淮、海之水，理达之文也，不求奇而奇至矣。激沟渎而求水之奇，此无见于理，而欲以言语句读为奇，反复咀嚼，卒亦无有，文之陋也。（《宋史》卷四百四十四本传）

张耒主张，"学文之端，急于明理"，各种文字著作，都是"寓理之具"，即文字再好，只不过是工具而已。君子务本，本立而道生；知文而不务理，显为舍本逐末。意识形态、境界识见才是根本，文字技巧乃属末节，孔子说词达而已矣，张耒则是主张"理达"。张耒教人为文，讲述作文秘窍，发前人之未发，言他人所不言，可谓待人以诚，倾囊以授。曾记得学界有人说张耒"粗疏"，鲁阳愚鲁，窃以为谓其"粗疏"者乃其诚实之另一面也。人们爱听假话，遇上说真话者，不敢相信，而谓之粗疏。世间事大抵皆如此，真的让人无话可说。

张耒《二宋二连君祠堂记》是"寓理"和"明理"的典范。文章开门见山，开宗明义，要宣传或布达的道理，就是"治国有善政，不如在位有善人之化民速也；在位有善人，不如其乡有善人之化民易也"。"化民速""化民易"，是文潜立论的出发点，也是本文的核心观念，就是张耒为文所务的理。目的性强，中心思想突出，是张耒为文的鲜明特点。

对于二连与二宋，张耒的感知与他人有所不同，他隐隐约约，欲语还休。说到二宋，他说：有宋氏兄弟者，讲学吾邑之法兴佛舍。其后两人皆取高等，有声名，久之并为大官，名尊益显。语及二连，则云：

其（二宋）居法兴时，有连氏兄弟者，与二宋君游相好也。其后亦登科仕于朝，两人起寒家，仕不振。

这段文字所据版本是明嘉靖本《应山县志》卷下所载《四贤堂记》，日本藏中国稀见地方志丛刊本《湖广图经志书》卷五题为《新建四贤堂记》，与此处引文同。

但是，《四库全书》本、《四部丛刊》本以及《宋文选》卷二十所载，与上述引文不同。一是无"仕于朝"三字，二是无"寒"字。今按，无"仕于朝"和"寒"字，文气完足，文字规范。方志加此四字，反成蛇足，弄巧成拙。这就是说，应山县二连二宋祠堂即所谓四贤堂碑刻文字与张耒文稿是不相一致的。为什么会出现这样的不同？"仕于朝"和"寒"字是谁加上去的？

之所以认定"仕于朝"及"寒"字是后人所加，是因为一句话中两用仕字，以张耒之文章高手，应该不会出现这种词汇贫乏的现象。说方志所载出自碑刻，由汤起岩《重修四贤堂记》"有一力自应山来"，"手把欧阳文忠公《连处士墓述》、张右史《四贤堂记》二碑轴"可证，碑刻与张耒文稿不同，为什么会这样？

《四贤堂记》碑刻录文与张耒文稿相较，还有更为重大的删削。碑刻文字有言：

> 后五十年，宋景文之孙羲年令应山，以邑人之意，作祠堂于法兴方丈之西。

就在"令应山"和"以邑人之意"之间，《四部丛刊》和《四库全书》本都有"连君之从子仲儒缘"八字，即应山四贤堂碑刻删了七字，并改了一字，即改"以"为"缘"。这是谁改的？谁删的？为什么要这样做呢？

此处碑刻文字所删掉的是"连君之从子仲儒"，他叫连仲儒，是二连的侄儿。连仲儒其人，在宋代文献中仅此一见，但是这个人是确实存在的。就各种研究连姓成果文字看，皆无连仲儒之名。这是一件值得思考和玩味的事情。

连舜宾儿子辈名皆从广，孙子辈名皆从仲，曾孙辈名皆从夫，所以连仲儒是舜宾的孙子辈人物。他于连庶连庠是从子，就是侄儿，而于连南夫则是诸父行。可以确定，他不是连庶的儿子，也不是连庠的儿子。连庸的儿子是连仲涉。这样看来，连仲儒只能是连膺的儿子。在没有新的文献出现以前，可以认定，连仲儒是连膺的儿子。

张耒说宋羲年和连仲儒"缘邑人之意"，这是个托词，实际上说白了，应该就是宋羲年和连仲儒二人或连宋二家之意。删去了连仲儒，变成了宋羲年一人之所为，修建四贤堂的真相被进一步掩藏起来了。

请托张文潜撰《二宋二连祠堂记》的人，应该是宋羲年和连仲儒，或二人中的一人。但是现在完全看不出其中的关窍和痕迹。张耒文稿本来就语焉不是太明白，删改后的碑刻资料更是一点蛛丝马迹都找不见了。

如果从现在能看到的明嘉靖《应山县志》所收《四贤堂记》，会让人觉得请托撰记之人就是连端夫。因为《四贤堂记》后有"宣和五年孙朝散郎权知南剑军州事连端夫立石"字样，极易令人误解。《连战家族》一书页317《湖北应山连氏源流考察纪实》一节说，此文（按谓《四贤堂记》）末云："宣和五年孙朝散郎权知南剑军州事连端夫立石"。这个叙事不确，这一行二十字不是张耒《二宋二连祠堂记》的文字，而是《二宋二连君祠堂记》刻石立碑时加上去的，说的是刻石时间和立碑之人。连端夫不是请托撰记之人，宣和五年也不是张耒撰记之时，但是这二十个字，给人的感觉，连端夫是请托之人。删去连仲儒的名字的功效，在此显现出来了。

南剑州大致就是现代福建省的南平市。宋代南剑州剑浦郡，唐武德三年为延平军，南唐置剑州，太平兴国四年以四川有剑州，于此加南字以为区别。唐王勃《滕王阁序》："物华天宝，龙光射牛斗之墟"，他的出典就是这个南平南剑州，说的是西晋张华言斗牛之间有紫气，补雷焕为丰城令，掘狱基得双剑，一与张华，留一自佩。后张华死，失剑之所在。雷焕的儿子雷华带剑，行至延平津，剑忽跃入水，化龙而去，故此津名剑津，而州亦名剑州。元升为南剑州路，明为延平府。连端夫宣和五年系衔权知南剑军州事，就是南剑州的军政一把手。宋人规矩，权知、权发遣系衔时据实以书，入史时则可省去"权知""权发遣"字样。

因为连端夫刻石时的这个系衔，再加上张耒行文先写连庶，接着说"其仲讳庠"云云，这就是给人一个错觉，似乎《四贤堂记》专为应端夫请托而写，是以连庶为主而写，而且这个记好像就写于宣和五年。然而事实不是如此。

宣和五年当公元1123年，张耒卒于政和四年，即1114年。连端夫宣和五年将《二宋二连君祠堂记》改为《四贤堂记》刊碑立石，其时张耒已死十年。《四贤堂记》绝非应连端夫所请托而撰写。

连端夫很可能就是那个删掉连仲儒名字的人，同时也是改动张耒文字的人。他的目的是将张耒的《记》改得像是由他而请，并专门为连庶而撰一样，这是一种四两拨千斤的手法，效果也很神奇。只是可惜了连仲儒。

连庶之后隔代有连端夫，连庠之后有连仲熊，连庸之后有连仲涉，仲涉之后有连南夫。连舜宾四子，唯四子连膺之后不显。连端夫敢于且能够删除其诸父行连仲儒的名字，可见仲儒无权无势。建炎间应山有土居将仕郎连万夫，就是土豪，以名字看，是连舜宾的曾孙辈。有人猜测是连南夫的兄弟，我则以为他们只是堂兄弟。连万夫极有可能是连膺之子连仲儒的后人。我友、学者金德万君告诉我，湖北广水有连家岗，为连姓聚居地，自称是连万夫的后人，这就很有道理了。连膺一系亦即连仲儒一系，没有做官，也没有迁徙他乡，而是留在应山原籍繁衍发展。连万夫是身殉国难，但有后人，连家岗连姓为其直系后人，其说可信。

连南夫、连端夫、连万夫以及连南夫的哥哥连哲夫，除了南夫、哲夫是亲兄弟以外，他们相互间都在五服之内，血缘关系很近。

至于二连与二宋之间，张耒说二连"不少屈己以附之"，"不因宋君以显名当世，卒以湮没而不悔"，说的似乎太直白了一些。大丈夫处世，何必在这些细事上斤斤计较？何必孜孜以求？张耒一生，坎坎坷坷，翻上轱辘下，早应大彻大悟，还会有何想不开者？二连不求，当也；文潜不言，可也。今其所言，似已多矣。诸君以为然乎否也？

《二连二宋祠堂记》是张耒所作。连端夫将其改为《四贤堂记》而刊石立碑，文字上有所改动。从张耒书写文章到连端夫立石，有相当时间距离，但都在北宋。

[07] 汤起岩重修四贤堂记撰写时间小考

汤起岩《重修四贤堂记》第一句话："岁庆元上章涒滩，颛帝乘比，月旅大吕，元英将归，余日唯五。"这是一个时间表示，是嘉靖《应山县志》的文字，而据《日本藏中国稀见地方志丛刊》本《嘉靖山县志》所载，"岁"下有"在"字。今按：有"在"字是，没有"在"字，文气不足，不合行文惯例。故《日本藏中国稀见地方志丛刊》本在这一点上优于嘉靖版。

庆元是南宋继高宗、孝宗、光宗之后第四个皇帝宁宗赵扩的第一个年号。上章涒滩是岁星纪年法，它的意思就是庚申。庚申为庆元六年，当公元1200年。颛帝乘比，颛帝就是颛顼帝。吕不韦《吕氏春秋·月令》说：春则太皞，夏则炎帝，秋则少昊，冬则颛帝。"比"就是岁，岁就是时，颛帝乘比是说颛顼帝行令的季节，即冬季。月旅大吕，说的是月份。音律有六律六吕，六律谓黄钟等，六吕谓大吕等，六律为阳，六吕为阴，分配到十二个月份中，黄钟配子，大吕配丑，丑就是十二月。十二月的什么时间呢？"元英将归，余日唯五"，意思是说，新的一年就要到来了，庆元六年只剩五天了。按庆元六年十二月己丑，小月，癸未朔，当公元1201年1月17日，"余日唯五"，是指十二月的二十四日，即庆元六年冬十二月二十四日，论干支，此日为丙午，以公历计，则是1201年的1月30日。

汤起岩是应应山县令之请写《重修四贤堂记》的。《记》中说："君系陇西，绍祖其名。"陇西为李姓郡望，是说县令姓李，绍祖其名，是说县令的名字叫绍祖，合起来县令就叫李绍祖。

《重修四贤堂记》末题"嘉泰改元仲春"，这是汤起岩写成《重修四贤堂记》的时间，宁宗嘉泰元年的春四月。这个纪时和《应山县志》中张耒《四贤堂记》末行刊石时间不同，那个时间是连端夫宣和年间刻石时所加，不是张耒撰定祠堂记的时间。附记于此，请研究者注意。

> 猗与四公，棠棣之华。秀锋一时，茂兴二家。宋公联翩，鄂不相鲜。万里风云，上负青天。连公庚契，渊水澄结。进而蹩躠，砥砺其节，其光晔晔。追惟平生，法兴是仪，邑人之思，右史之词。雨箔风楹，岁环几经。筑此特堂，吾今令君。令君勤民，民燕其德。振滞补弊。此焉居一。干时四公，序集其觞。生气津津，冠佩有光。古之为政，崇德尚贤。居今笃古，令君有焉。君系陇西，绍祖其名。起岩作诗，辑和厥声。敢告典者，毋替其承。

"君系陇西，绍祖其名"，就是陇西李绍祖。《重修四贤堂记》写于南宋，时在庆元，距连端夫立碑，约及七八十年。难怪他要说"雨箔风楹，岁环几经"了。诗共三十九句，其中有三句一韵者一处，吓人一跳。

连庠墓志研究

萧鲁阳

（河南省社会科学院，河南郑州 450002）

摘要： 连南夫是绍兴名臣，欧阳修名篇《连处士墓表》所表彰的连舜宾的曾孙。处士四子：连庶、连庠、连庸、连膺。连都官就是连庠。连南夫是连庸的孙子。因此，连庠就是连南夫的二伯祖。《连都官墓志》是连氏家族重要的也是最基本的文献之一，有很高的研究价值和文献价值。

关键词： 连庠　连南夫　连都官

中图分类号： K244　　　　**文献标识码：** A

文章编号： 1003－0751（2010）04－0189－05

中华连姓文化史上，名人辈出，连南夫（1086～1143）是绍兴名臣，力主恢复，反对和议，为权相秦桧所不容，遭受迫害郁郁而终。连南夫的父亲连仲涉，祖父连庸，曾祖父就是欧阳修《连处士墓表》所表彰的连处士连舜宾。连舜宾有连庶、连庠、连庸和连膺四子。嘉靖《应山县志》有《连都官墓志》，连都官就是连庠，他是连南夫的二伯祖。《连都官墓志》是一篇关于连氏家族的重要文献，它从另外的视角，即从连庠这一系脉叙述有关史实，具有其他系脉所没有的信息，因而自有其特别的史学价值。

一　连庠系的重要文献

嘉靖《应山县志》载有王莘所撰《连都官墓志》，墓主连庠，是欧阳修《连处士墓表》所表彰的处士连舜宾的次子。《连都官墓志》称连庠于北宋英宗“治平四年（1067）六月二十二日卒于京师，享年六十有二”。据此，连庠生年当真宗景德三年（1006）岁次丙午。而治平四年的干支，则是丁未。六月干支为乙未，辛未朔，二十二日为壬辰。连庠一生经真宗、仁宗和英宗三朝。

连庠墓志说，他于仁宗庆历二年（1042）及第。时连庠已经进入 37 岁，可说是壮年得志，称不上是早据要路。而且从墓志所述连庠的仕宦经历，他一生浮沉郡县，最高级别是郎，不过，迄今所见所有文献都说他敏于政事。

《连都官墓志》说连庠进士及第以后，"调随之光化尉，移襄之宜城令，改秘书丞、太常博士、职方员外郎"。随就是今天的随州，不过宋代的随州较今天的随州要大一些，宋代随州领有随、光化、唐城、枣阳四县。① 神宗熙宁五年（1072）光化县改隶襄州。襄州即襄阳，是京西南路的治所，于宣和五年（1123）升为襄阳府。因古语有"汉东诸姬，以随为大"的话，所以随州的郡名很古雅，就叫做汉东郡。襄州领有六县，宜城为其一。连庠做光化尉，做宜城令，级别虽低，却都是实职。接着墓志说"改秘书丞、太常博士、职方员外郎、屯田都官郎中"，连庠生活在神宗元丰三年官制改革以前，秘书丞是从七品，太常博士及各种员外郎是正七品，屯田、都官郎中都是从六品。这些官职都是领取俸禄用的，并不执掌有关实务。

此后，连庠先后知深州饶阳县，监定州便粜仓。深州、定州都在河北路，那个定州路是河北四路之一，属对辽的边防重镇。虽然连庠在河北工作的时间，宋辽已在澶渊缔结盟好，桴鼓不鸣，但是战备警惕，一直没有松懈。此后，连庠又知邛州依政县，又徙知茂州，依政县就是现在四川的邛崃，茂州就是 2008 年 5 月 12 日发生大地震的北川、汶川一带，北宋时候，连庠做过那里的州县负责人。

北宋时期，邛州、茂州都隶属于成都府路，成都府本益州，知成都府即知益州，带本路安抚使，即管成都府路一府十二州三军一监共 58 县，所以知益州那个职务相当显赫。

连庠卸知茂州以后，"监西染院"。染院负责染帛，隋朝有司染署，唐称染坊，宋朝太宗太平兴国三年（978），分置东西染院。谁去染呢？

---

① 《宋史》卷八五《地理一》，中华书局，1977。

厢军。东西染院分别有使和副使，这是武职官。所以此时连庠是管军队的官员。我怀疑他在定州那个监便粜仓也是管军队的官员。他做过职方员外郎，虽是阶官，可职方属兵部，负责图经就是方志图籍，也和兵事有关。四川阿坝地区，至今还是民族自治州。历史上，这里就是少数民族聚居之地。连庠在那个地方为官，劳苦功高，回到朝廷任职，就是监西染院，其间丁其母李氏太君忧，离开任所。守孝期满，"通判鼎州"，鼎州在今湖南，就是陶渊明《桃花源记》所写的武陵源那个地方。

连庠《宋史》有传①，附在其兄连庶传后，仅有 16 字："庠亦登科，敏于政事，号良吏，终都官郎中。"在一部五六百万字的大部头正史里面，只有 16 字记录，可说是不及沧海之一粟。所以，《连都官墓志》有关连庠的仕宦经历，除了这个"都官郎中"，都可补正史之缺。仅此即可知王莘所撰连庠墓志的价值与重要性了。

二　勾当京北排岸司

有一本叫做《追寻连氏之根》的书，全文采录《连都官墓志》，于文献保存，固然有其功用，然该书第 63 页倒数第 10 行却有连庠"勾当在京，比排斥，以疾致仕"的话。

今按：此处"京"字下逗号当删，"比排斥"三个字错了两个。"比"是"北"字之讹，"斥"为"岸"字之误。原文应是"勾当在京北排岸，以疾致仕"。我覆勘了明嘉靖《应山县志》，的确就是"京北排岸"。只是那个"岸"字上边的"山"被放在了左半边，而且不甚清晰，是很容易误识作"斥"。"比"字和"北"字字形又极相近，也容易致讹。于是，连起来就误成了"勾当在京比排斥以疾致仕"，而令人不知所云。

"京北排岸"，是"京北排岸司"的简称，北宋在东京设有四个排岸司，分别以京东、京西、京南、京北命名，隶属于司农寺。排岸司的职责

---

① 《宋史》卷四五八《隐逸中》，中华书局，1977。

是诸路纲船输纳和运到京师以后的分定交卸以及负责交卸厢军役卒的指挥。因为京师人口百万，驻守军队数额庞大，再加上中央官僚队伍和皇帝皇室的生活供亿，全都依靠纲船运输，所以排岸司职责之重，应可想见。北宋时期，曾一度废除发运使，将其职责也纳入排岸司。元丰五年（1082）曾罢京北排岸司，后又复置。排岸司的主官由京朝官充，有时一员，有时二员。排岸司和京北排岸司主官不断见于宋代文献，而无连庠之名。所以《连都官墓志》在这一点上，可以补正史之缺，是有价值的。

《宋史·职官志》说排岸司有四，说的是中央政府所在地有四个排岸司。还有文献说江浙地区设有排岸司。其实不止江浙地区有之，陆游《老学庵笔记》便载有南京即商丘排岸司。南宋中央政府在杭州，称为行在，那里的排岸司就叫行在排岸司。北宋排岸司的职责不止负责纲运等相关事务，还负责黄河防汛事宜，抗洪抢险所用人力就是排岸司管辖下的厢军役卒。连庠最后一任的实际差遣，叫做勾当京北排岸。他是在任上生病致仕的，不曾受到什么所谓排斥。

三　爱人以德尹师鲁

《连都官墓志》云："河南尹师鲁称之曰：良吏也，君子人也！"引文准确。尹师鲁就是尹洙，洙字师鲁。洙水从曲阜流过，所以尹洙字师鲁。连庠识得尹洙，也认识王洙，王洙的洙也是洙泗的洙。连庠也识得王洙，有其诗作《襄州守王侯洙复岘山羊公祠》为证。王洙是宋城即商丘人，一举进士、一中甲科，为南京留守晏殊所知，荐为府学教授，召为国子监说书，校过《史记》《汉书》，为天章阁待制，预修《崇文总目》，撰写《三朝经武圣略》等书。宋代著名文献学家王钦臣就是他的儿子。王氏藏书达四万卷，那是当时所能搜罗的天下全部书种了。仁宗庆历七年（1047），王洙正在知襄州任上，连庠是年 42 岁，正是做宜城令的时候，宜城归襄州管辖，王洙正是连庠的顶头上司。清人王士禛《池北偶谈》卷九有《岘山幢宋人题名》，说"庆历七年十一月六日中书札子，襄州奏当州城南五有岘山一所，上有古祠碑，又有羊太傅"，以下俱磨，仅存"圣旨"字样。所以，王洙修复羊公祠是当时的一件大事，是请示了中央政府并得到圣旨批准的。石幢上有"尚书工部员外郎、直龙图阁、知襄州事王洙七言古诗",并有范仲淹诸人题名,连庠名在题名诸公最后,那是因为这个宜城令是复岘山祠石幢题名者中级别最低的缘故。连庠不仅题名,还写了一首诗,诗由《襄阳府志》得以留传。连庠的诗气势磅礴,心胸开阔。王洙的诗、连庠的诗都写庆历七年,即在王洙知襄州、连庠知宜城之年。

连庠识得尹洙在庆历五年,比识王洙要早。尹洙是河南洛阳人,天圣进士,做过馆阁校勘,有很强的信仰操守,也有很高的人格魅力。仁宗景祐三年(1036),范仲淹以言事被贬,秘书丞、集贤校理余靖上疏论救,亦被贬。时尹洙为馆阁校勘,拍案而起,上言:"仲淹直谅不回,某与之义兼师友,例当同贬。"于是亦被贬。欧阳修移书右司谏高若讷,指责若讷不能辨仲淹无辜,犹能以面目见士大夫,出入朝中,是不复知人间有羞耻事。于是欧阳修坐贬夷陵。欧阳修诗《戏答丁元珍》就是被贬夷陵时所作。蔡襄作《四贤一不肖诗》,传之四方。四贤谓范仲淹、余靖、尹洙及欧阳修,一不肖指高若讷。有一个地方官要求追究蔡襄,被韩琦以越级言事不合程序压下,蔡襄得以保全。中国人讲义气,墨子说"贵义于其身",北宋的尹洙,就是贵义于其身的范例。

后来范仲淹去了西北前线,尹洙也去了西北地区工作,先后任知泾州、知渭州等,曾兼泾原路经略公事,经略公事就是经略使,因其资历浅,而称经略公事,这是宋代的规矩。他是北宋名将狄青的顶头上司。他以公事钱为部下偿还债务,后来及时还上了,仍被追究责任,实际是当时政治斗争的产物,又被贬为崇信军节度副使。崇信军就是宋代随州军区,原名崇义军,避宋太宗赵光义讳改。尹洙在随州,住在城东五里开元佛寺的金灯院,并于其居所之北结茅为亭,后人称为公亭,曾巩为之作记。①尹洙又被贬为监均州酒税,时在庆历五年。均州与随州同属京西北路,两地离邓州不远,而当时知邓州的正是范仲淹。连庠认识尹洙,即在尹洙做崇信军节度副使时,也即范仲淹知邓州之时,连庠可能仰慕尹洙的生平为人,主动结识尹师鲁。

---

① 曾巩:《元丰类稿》卷一八,涵芬楼版,1929。

由于尹洙是河南即洛阳人，所以他的集子就叫做《河南先生集》。集中有给连庠的书札一通，题为《送光化县尉连庠》，对于了解尹宋二人的关系以及研究尹洙晚年的心境，都有莫大的帮助。《连都官墓志》说连庠"平居以义命自处"，则未尝不是受尹洙影响的结果。

尹洙一生，慷慨行事，有过坎坷，也有过辉煌，其为人也，义以为上，内刚外和，为人正直，很有定力。他给连庠的信，可说是用心良苦，深意存焉。其信文字不算甚长，堪称字字珠玑。

尹洙做过高级军政官员，有人伦之鉴、识人之明。他近距离观察了连庠，得出的结论是"连君，君子人也"。二人有过深入的交谈，"予质其为吏之术，大概本于仁而达下之情"，即仁爱而爱民。为民的官吏，仕途常常不顺，"其仕五岁矣"，一个县尉，干了五年还没有挪窝，即是说连庠在光化县尉任上干满了两个任期，才改任宜城县令。连庠庆历二年进士，任光化县尉五年，为庆历六年，所以尹洙的书信写于庆历六年。尹洙监均州酒税，是戴罪之身，但仍是敢言之士，对连庠的评价甚好。

尹洙和欧阳修是宋代古文运动的鼓吹者、推动者和实践者，当然在其之先有柳开和穆修。尹洙的《送光化县尉连庠》文字不长，可见其古文修为。他在书中所表达的深邃哲理与深沉思索，尤当注意。他关于国家、人民、官吏三者关系的论述，至今仍具有重要的借鉴意义。尹洙说：官吏的毛病，大抵出在"欲以材自名而利其进也"。"材之名"就是政声，"进之利"就是升迁，官吏忘掉了人民，这是最可怕的。与尹洙相比，连庠自是后进，尹洙谆谆言之，循循诱之，引导连庠在名利和为民之间正确把握自己，可谓君子爱人以德。

四　情义无价宋景文

连庠事迹附见《宋史·连庶传》。连庶传极简略，连庠事迹更简，只有16字。欧阳修撰《连处士墓表》时，连庶为寿春令，连庠为宜城令。欧阳修说自连舜宾天圣八年卒（1030），至写墓表时20年，则《连处士墓表》当写于庆历八年。南宋周必大说：欧阳修表连处士墓，盖实录也。而宝文公（即连南夫）则（处士）第三子之孙，以文章赞书命，才略典方面，克孝而忠，大其家声。周必大还解释，连庶连庠甚贤，而"修此表无一语及之，盖文体自应如此"①。

欧阳修绝非与连舜宾毫无干系的人。《宋史·连庶传》说："庶始与弟庠在乡里，时宋郊兄弟、欧阳修皆依之。及二宋贵达，不可其志，退居二十年。"宋郊就是宋庠。依《宋史》的说法，欧阳修、二宋早年都受过连舜宾教诲大恩，而"贵达"以后，"不可其志"四字，却大可玩味了。"不可其志"放在"二宋贵达"以后，尤有令人浮想的空间。张耒就是张文潜，应连仲儒之请，撰有《二宋二连君祠堂记》②，其中有言："有宋氏兄弟者，讲学吾邑之法兴佛舍。其后两人皆取高等，有声名，久之并为大官，名尊益显……其居法兴时，有连氏兄弟者，与二宋君游，相好也。其后亦登科……而两人亦自力，不少屈己以附之，其官终不显。"张耒推崇连庶，定位在"不因宋君以显名当世，卒以湮没而不悔"，笔力很重，二宋事迹当时就入了《国史》，"二宋公之行事爵里，书于《国史》，士大夫举知之"。张耒是看到了当时的国史的。现在所见到的元修《宋史》，当即宋代《国史》之归。那么，《宋史·隐逸传》之连庶传，亦应见于宋之《国史》。

以我的理解，《宋史》和宋人的这种对连庶连庠兄弟的表彰之词，在一定程度上是会对二宋造成某种伤害的。有文献说，二连学于二宋，也有文献说，二宋二连都学于连舜宾。不论哪一种说法，似乎都在说，二连的"不可其志"，起码部分的原因在于二宋。然而根据《连都官墓志》，其实不然。

《连都官墓志》说：连庠徙知茂州，"宋景文守成都，为作诗美之"。连庠监染院以前，知依政县及其后升任知茂州，其时宋祁知益州。茂州是州，益州也是州，可是州与州不同。茂州虽也称州，可归益州管。原因是成都是益州的治所，又是成都府路的治所。知益州兼成都府路安抚使，管辖益州、茂州等十二州，所以连庠知茂州，却是这位知益州的宋祁的属下。不仅如此，连庠曾知河北深州资阳县，又监定州便籴仓。而其时宋祁

---

① 《御选唐宋文醇》卷三一，第 1447 册，文渊阁四库全书。

② 张耒：《张右史文集》卷四九，《四部丛刊初编》第 115 函，涵芬楼版，1929。

知定州。知定州又带定州路都部署衔。那个监定州便粜仓，也该是定州路的下属机构。所以，连庠在河北定州路的任职，在茂州的任职，肯定都受到了宋祁的关照和提携，说不定，上述两处连庠的任命，都系宋祁推荐的结果。

监定州便粜仓时，连庠把升官的机会让给了同僚。《连都官墓志》说："粜有羡数，则例当受赏"，可是连庠不言，而让给他的同僚段绎，"绎因以徙官"。段绎字释之，乡贯不详，宋祁、连庠在定州的时候，他与连庠是同僚。当宋祁知益州、连庠知依政知茂州的时候，段绎是邛州从事。在河北供职，三人都在河北；到四川仕宦，三人同在四川。你说这是偶然还是必然？我从其中看到的是宋祁对连、段二人的云天高义。宋祁谥号景文，他有《西州猥稿系题》① 说："西州者，益也；猥，杂；稿，其未工之辞也。"这是宋祁在成都的诗作。他"自爱而不能弃"，"即教门人、邛州从事段绎释之书而刻之石，置大智禅房之亭"。这个段绎，后来做到提点刑狱，就是所谓监司中的宪司，其级别比转运使低半格。

据《连都官墓志》，连庠始娶朱氏，再娶李氏。朱氏生一子仲熊，为开封雍丘（今河南省杞县）尉。一女，适进士李岘。李岘无考。李氏生一男仲熙，仲熙为成州同谷尉。宋代成州领同谷、栗亭二县，隶秦凤路。诗圣杜甫有《同谷七歌》，仿蔡文姬《胡笳十八拍》，很有名。同谷今为甘肃成县地，是陇东南门户。

李氏生有二女，次适进士李仲舒。李仲舒字汉臣，山阳人，初仕做过汝阴尉，信奉佛教，生平戒杀，事见宋人庄绰《鸡肋编》卷上。李氏所生长女，适宣德郎宋乔年。宋乔年是什么人？就是宋庠的孙子。后来宋乔年的女儿，嫁给了蔡京的儿子蔡攸，是蔡京的儿媳。此处不说宋蔡两家的关系，就连庠的女儿做了宋庠的孙媳这件事情看，连宋二家的关系，一直是亲密无间。所以，鲁阳认为，对于《宋史》的传论和其他的文人的感慨，是不必十分看重的。

由于婚姻的纽带，连宋和蔡京家族关系很深，可是连南夫与蔡攸却势同水火，为什么？上文说到的《二宋二连君祠堂记》也是被人篡改了的，

---

① 宋祁：《宋景文集》卷四〇，《湖北先正遗书》第 10～11 函，慎始基斋版，1923。

又是为什么？关于个中原因，容当另文讨论，此处从略。

各人人生轨迹不同，际遇不同，事业不同，成就不同，即使亲弟兄昆仲，也会不同，更何况同乡同年？一定说一方是尊显高官，另一方不屈己附之，在一定程度上恐不免有想当然的成分在内。检阅相关文献，我以为二连与二宋一直有着亲密而友好的关系。

五　文章传家王乐道

《连都官墓志》的撰著者王莘字乐道，汝阳人，他是常秩的门人，事见王得臣的《麈史》卷三："张师正《倦游录》说颍上常夷甫处士自经而卒，王莘乐道奉议，颍人也，从学于常，具道处士得病而卒。"

奉议是奉议郎的简称，奉议郎是元丰三年改制后的寄禄官，相当于改制以前的太常丞、殿中丞或著作郎。王莘何年入仕，仕宦履历及官职都不详，只知道他曾知江州。事见王莘孙子王明清所撰《玉照新志》卷二："文肃罢相，迁宅衡阳，北归后，先祖守九江，遣先人访文肃于京口。"文肃指曾布，曾巩的弟弟，卒谥文肃。曾布曾被贬黜，自叹各地都去了，就是没有去过衡阳，不意后来竟被贬到衡阳，与他的梦境一般，曾布感叹认命罢，不去是不行的。后来北归，回到京口。为什么要到京口呢？曾布的三子曾纡正在京口做官。王明清说的先祖就是王莘，先人指王铚。铚字性之，是王莘的小儿子。王莘派王铚去京口，就是向曾氏求婚。曾纡的女儿是王铚的妻子，空青是曾纡的号。所以，曾布曾文肃就是王明清的外曾祖，曾纡曾空青就是王明清的外祖父。曾布做过宰相，家里有许多一般人看不到的书籍和文献，王铚、王明清父子，都从其外家吸取了许多营养，著作也多，而且有较高参考价值。王铚著有《默记》，王明清著有《挥麈录》《投辖录》《玉照新志》等书。王铚《默记》有中华书局本，今人朱杰人点校，甚有功力，可以参读。

今人美称他人照片为玉照，王明清的玉照不是这个意思。王明清得了一枚玉石镜子，又得米南宫书玉照二字揭诸寓舍，因以名其书。王莘父子祖孙，熟于典故，闲于文章，多所著述。以王莘的《连都官墓志》而言，引言极精确，千百言中得一句，必得精华，具见其提要钩玄，功力非凡。

建炎绍兴间有知光州王莘，又有江阴人王莘、果州文学王莘，等等，都不是这一个王莘。这是在研究王莘时必须注意的一件事情。

王得臣《麈史》提到王铚，王明清著述也涉及王得臣，应山王家和颍阴王家确有来往，确有联系。陈振孙《直斋书录解题》说王得臣是王铚的伯父，自有他的根据，二王当是同族。王得臣有《麈史》，王明清有《挥麈录》，书名都用"麈"字，恐亦非偶然。我还是赞成陈振孙的说法。

宋人王陶字乐道，两个王乐道即王陶和王莘，是有交往的，甚至王莘的字还是王陶赠予的。王明清说："先子旧字子野，未登第日，携欧公书见王文恪（陶）于宛丘，一见甚青顾。云某与公俱六一先生门下士，他日齐名，不在我下。子野前已有之，当以吾之字为遗。先祖遂更字乐道。先祖位虽不及文恪，而名誉籍甚于熙宁符祐之时。文恪长子仲弓寔，韩持国（维字）婿。持国夫人实祖母亲姑。"[1] 王明清在此传递了几个重要信息：一是王莘的字就是王陶的字；二是王陶、王莘都是欧阳修门下士；三是韩维的女儿是王陶的儿媳；四是王莘夫人的姑妈是韩维的夫人，王铚娶的是宰相曾布的孙女。今按：王得臣是王莘的族兄，王得臣弟王邻臣是连南夫的岳丈，为连南夫撰写墓碑的韩元吉又是韩维的后人。连庠女儿又是宋庠的孙媳，而蔡京的儿子蔡攸又是连庠外孙女的女婿。对于这样一个人脉关系，应该有足够的重视。

（原载《中州学刊》2010 年第 4 期）

---

[1] 王明清：《玉照新志》卷六，上海古籍出版社，1991。

29
连潜史料小札

　　顺昌发现宋代连氏名人墓，有人说"所发现石碑，就是连端夫的墓碑"。此外，还有"潜公，宋绍兴己未进士，任绍州通判，丁艰，来南剑州守父丧，侨寓顺昌，后家焉"的说法。

　　此处所谓的"潜公"就是连潜，连潜居顺昌，顺昌属南剑州，连端夫权知南剑军州事，殁后葬于顺昌，其子孙守制，留寓顺昌，属事理之常。连端夫宣和五年署衔权知南剑州，死后灵柩没有北返应山，或者是宋金争战，连氏子孙避地南方无暇北返所致。

　　关于连潜"绍兴己未进士"的说法，值得讨论。其为进士则是矣，绍兴己未则未必然。己未为绍兴九年，当1139年。《福建通志》卷三十三、卷三十四、卷二十六分别出现过连潜的大名。卷三十三说："靖康三年（戊寅）特奏名；延平府旧志：宋元进士之后，又载举人姓名，自靖康丙子至淳熙甲午，所书举人皆顺昌人，内有连潜。"今按，说连潜是顺昌人，完全正确。而说靖康三年则误。盖靖康无三年。靖康二年即改元建炎，何来三年？靖康无丙子，靖康丙子当系绍兴丙子之讹，绍兴丙子即绍兴九年。淳熙甲午为淳熙元年。《福建通志》卷三十四说连潜是顺昌县人，绍兴八年（戊午）特奏名，连续二次特奏名？令人费解。《福建通志》卷二十六汀州府下司法参军有连潜绍兴间任。延平府、汀州府这种称谓，都是明清之间才有，不是宋代的地理方域范畴，但绍兴间连潜做司法参军，则是有可能的。此外，《江西通志》卷一百七《祥异志》载连潜轶事一则，今录以备参考：

　　江西路（绍兴）二十一年（1151）春二月辛未，南安军大雷电，大庾令连潜初至，吏人抱文书环立，忽有黑气晦冥，咫尺不相视，掣雷电霆，仆群吏于地。令悸甚，匍匐案下。少倾乃霁，吏死者四人，昔皆为经界司吏云。

　　绍兴二十一年辛未二月壬寅朔，辛未为三十日。此日当公元1151年3月19日。若以《福建通志》所说，连潜绍兴九年进士，至绍兴二十一年即用了十三年时间，才至大庾县令，则其仕宦升迁之迟缓可知。按照宋朝官制，选人领县称县令，京官领县叫知县事。不过《江西通志》是后来所修，可能并不这么规范。

　　上文所说的经界司吏，是指南宋丈量田土，重定税额的举措，详见《宋史·食货志》。绍兴十二年（1142），就是连南夫被剥夺宫祠的那一年，李椿年言经界不正十害，朝廷遂命其措置，其运作过程中，颇多扰民之举。《江西通志》所载祥异一件，前经界司四吏一起被雷电震死，当是下层人民情绪的一种反映，至于是否真的被震死，则无须深究。土地是人民的衣食之源，保命之本，土地分配，必经吏手，则为吏者便可上下其手，扰民害民，花样翻新，也就丝毫不足为奇了。井田经界，被称为善政之源，安知其没有害民的一面？

　　顺昌所发现的宋代连氏碑，落款"裔孙清立"。这个连清不是连端夫的第三代，"裔孙"表示其代数已甚遥远，不能解为第三代。有一本书第102页说连潜四子：金玉庄茹。碑文刻孙名清，按谐音推理当为"金"误。今按此说无理。别人发音，可有谐音致讹，连清自己立碑，没有把自己名字写错的道理。连清就是连清，自署裔孙，他就不是连潜的嫡长子。否则，在连端夫之下自称裔孙，便讲不通。尧舜禹汤，尧在舜以前，到了夏孔甲即夏的第十三个帝王时，尧有裔孙刘累，所以裔孙并不是第三代。以"清"为"金"，是治清史者的习惯思维模式，但不适用此处。

　　同上引书89页，认为连端夫是连都官连庠之孙，我则以为未必然。《连都官墓志》着力所写的，是连庠，张耒《二宋二连君祠堂记》经连端夫的移花接木，显然重点写的是连庶。在其中连庠只处从属的地位，即行文表述为其仲讳庠字元礼。如果连端夫是连庠之后，这种表达方式是不可取的。

同上引书同页说端夫是字，名朴素，派荣十。这可能是所谓江西石城连氏族谱的体系，然而其间颇有值得存疑处。一说端夫是字，那么他在祖宗祠堂碑上字而不名，就是妄自尊大，就非常没有规矩，这是不被允许的。二是连舜宾曾孙辈名皆从夫，端夫也不例外，其他如南夫、哲夫、万夫都是名，端夫怎么例外成了字了呢？他们之间，尚在五服之内。所以，我认为，连端夫是名而不是字。他或许是连庶系之后，而不太可能是连庠系的后人。以现有文献看：连舜宾四子各自成为系统。可表示如下：

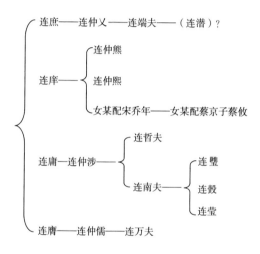

这个表与各地连氏族谱不同，但我认为或许此表更可靠，更接近历史的真实。

《四贤堂记》所记二宋二连，连端夫刻石，署名之前冠以"孙"字，他是二连之孙，祠堂兼纪念二宋，他在二宋之前也称孙，似乎隐隐有此不妥。连端夫此处表现有些顾此而失彼。

连潜官至绍州通判（以上所说的那本书89页转述《江西石城连氏族谱》语），通判则是矣，绍州却似有误。宋代行政区划中没有绍州，只有韶州，所以绍州通判之绍州，似当改为韶州。

一般，人们都说连端夫是连庠之后，上表系端夫于连庶之后。这是根据其将《二宋二连君祠堂记》改为《四贤堂记》时的一些情况而定的。

他改了文章题名，删了其诸夫行连仲儒的大名，文字上也有不同。但没有突出连庠。在二连中间，他仍用了张耒文字。以他的做派，他应该突出连庠，而且他也会这样做。但是，在二连之间，他毕竟仍然采用了张耒的记。所以，我将他系在连庶之后，连庠逝于熙宁间，葬于元丰八年，《连都官墓志》专写连庠，只及第二代，不述夫字辈有端夫，亦可概见。自元丰到宣和，四十年左右，连端夫做到知南剑州，有可能。如果他是连庶之后，年龄可能稍大了一些。作为连庶之后，又不见于连庠墓志，故且系于连庶之后。

连世瑜识小录

清光绪《乐清县志》的坊表门载有孝善坊，说是孝子连世瑜立，在岂前。

明人凌迪知《万姓统谱》卷二八连姓之下有连世瑜者，并说世瑜：

> 乐清人，居左源，同妻方氏事母至孝。母卒，刻像奉益恭。郡守张九成移文体访其人，王十朋亲到其家，询诸比邻，咸称世瑜事亡如存，晨昏馈食，经今十年，孝诚不替。九成馈酒礼之。淳熙中，世瑜死，方氏年逾七十，卒。其子士表、士则，供奉益至。郡守继上其事，下诏旌表其门闾。

今按：此处说张九成知温州，事情都对。九成字子韶，则他的名字出自箫韶九成，凤凰来仪。张九成是绍兴二年进士第一名，就是状元。《说岳全传》有新科状元张九成到岳飞军中的情节，那个“新科状元”确是有来历的。九成反对议和，饱受迫害，《绍兴正论》中也有他的大名。王十朋字龟龄，是乐清县人，乐清是温州的属县。这些关系都对。这段文字中，亦有可疑之处，就是连世瑜的名字和他的年龄问题。瑜字从玉，连南夫的儿子名字皆从玉，今人有说世瑜是连璧的儿子，父子名字中都含玉，怎么解释这个现象？当然，此非大事。《万姓统谱》说：“淳熙中，世瑜死，方氏年逾七十，卒。”韩元吉《连公墓碑》说连璧官至知邵州，人称连邵州，祖无择之曾孙祖行编《龙学文集》，淳熙三年，连璧有题跋，淳熙十一年，请韩元吉写南夫墓碑。而其子世瑜卒于淳熙中，即1163 年至

1189 年之间。如此看来，连世瑜之卒，尚可能在乃父之先。"方氏年逾七十卒"，如果也在淳熙年间，便大成问题。因为，若以淳熙最末一年 1189 年为方氏卒年，则其生在 1119 年，连世瑜与之当大致相后先，当宋徽宗政和二年，连南夫刚刚 34 岁，见到孙子的年龄稍有点早——不是没这个可能，古人早婚，有此可能。若再提前十年，设方氏卒于 1179 年前后，则其生年在 1109 年前后，连南夫只有 24 岁左右，有孙子的这种可能性几乎等于零。张九成，绍兴二年状元，王十朋绍兴二十七年状元，都是饱学之士，不应不知连南夫，二人表彰连世瑜，何以不提连鹏举？此亦殊可怀疑。

连氏网 20070612《浙江乐清虹桥镇连氏》有宋王十朋叙连世瑜夫妇事：

> 横山连孝子妻方氏者，事姑甚谨。姑死，刻木肖像事之，越十年不怠。郡守张公子韶下车，命诸邑访孝义，余被檄至其家，获睹木像，感叹不已，自出四十字。绍兴丙子七月十四日是也。

绍兴丙子即绍兴二十六年，张九成是年六月到知温州任所，只有几个月时间，就以眼疾谢任，不久，张九成双目失明。所以七月十四日还是张九成到温州任所不久，王十朋是遵张九成之命行事，张九成接获王十朋亲访信息具酒礼之，相互印证，应该确实是这么回事。但是旌表连世瑜孝善之家，则不是张九成的事情，而是他的后任。此外，绍兴二十六年七月十四日，是指夏历。今按绍兴二十六年丙子，七月大，庚子朔，当公元 7 月 19 日，则七月十四日癸丑，为 8 月 1 日。即王十朋的诗写于 1156 年 8 月 1 日。所以，连世瑜若是连璧的儿子，连世瑜的年龄有些问题。

这段文字的重要，是传递了连南夫第三代第四代的名字的信息。第三代连世瑜，第四代连士表、连士则。为其他文献所无，可以备参考。虽然其中不无可疑，仍然录以备参考。

连世瑜事母大孝的故事，又见于《浙江通志》卷一八六，引《万历温州府志》说：乐清人，妻方氏，事母孝。母死，刻像以奉。王十朋诣其家，询得实，白之郡，具酒礼之。联系上文《万姓统谱》的记事，则王十朋是按照张九成的"移文"指示亲诣"体访"的。反馈之后，"具酒礼之"的仍是张九成。

另外，淳熙十一年以前，连璧有知邵州的经历，有知蓬州的经历，有做机宜的经历，而他的儿子儿媳都在温州奉母及守孝，这显得有些牛头不对马嘴。所以，这中间肯定是因为文献缺环造成了链接有失，只有留待以后再研究了。有本书85页载宋高宗绍兴二十九所颁《孝善公诰敕》，"诰敕"用了《诗·蓼莪》之典，还用了二十四孝中丁兰的典故，都不算难懂。这篇诰敕的可信程度有多高，现在还不敢说。现在的问题是这段文字的标点有待商榷。其他的也还罢了，关键有两处，一是"特具奏闻"下，必须加一逗号；一是"令闻"二字上属。令闻就是美誉，就是好名声，必须上属。

古籍的标点很重要，也很繁琐，很不容易。宋朝穆修，当官以前在开封相国寺卖书，要价很高，别人杀价，穆修说："你要是能读成句，我白送你一套。"韩愈，文起八代之衰，道济天下之溺，也有"反复乎句读"的名言，可见古籍标点，向来称难。

有一本书，要追寻连氏家族之根，37页还有几处点不断处，顺便写在这里，如该书页16～17行说：

> 议者不过为朝廷惜，请给之费，宜听其权，而监司察其私。严其缪，举同罪之罚则无废事矣。

正确的标点应该如下：

> 议者不过为朝廷惜请给之费，宜听其权，而监司察其私，严其谬举同罪之罚，则无废事矣。

古文标点非常不易。马端临《文献通考·刑考》开头几个字，曾经被点作"律始李俚，法经商鞅"，乍看之下，文字对仗，铿锵有力，慷慨激昂，没有问题，其实大谬不然。《文献通考·刑考》这两句话的正确标点是："律始李俚《法经》，商鞅受之以相秦"，文字对偶有助于判断文章的意思，而有时对仗又可诱你入歧途，事情有时不可逆料，以至于斯。

另一本关于连战家族的书也有读破句的地方。该书页 317 倒 3 行说连南夫"高宗时累官广东转运使，后知广州兵马。钤辖韩京"云云。断句有误。这句话正确的标点应是：

（连南夫）高宗时累官广东转运使，后知广州，兵马钤辖韩京

连南夫没有做过广东转运使，史料辨证属另一问题，此处姑且不论。兵马钤辖是韩京的职务，有史实根据。连南夫知广州，按理可以知广州兵马，但是，既然明言韩京是广东兵马钤辖，那么连南夫便没有兼那个兵马钤辖。没有知广州兵马，把"兵马"与钤辖分属二人，不当。

检讨连世瑜文献，将相关想法，统写于此，以供参考。

上文所说，王十朋"自出四十字"，见于媒体，四十个字乃是一首诗，其文为：

纯希世所希，事亡人所难。堪嘉里孝子，况有妇丁兰。
守会方尊孔，乡间竟耸观。名将闻帝阙，旌表及门阑。

诗不见于王十朋的集子，是否龟龄的作品，无法确定。姑且认作王十朋的作品吧。诗中有两处文字疑误。一处，首句"纯希世所希"，"纯希"不词。"纯希"的"希"字应是"孝"字。此外，"守会方尊孔"的"会"字，应是"令"字。"守令"指郡守和县令，作"守会"则浑不可解。令、会二字，形近而讹。这是在繁简字转化过程中，把"令"字与"会"字简化弄混了。

方世瑜是"乐清人，居左源"，王十朋也是乐清左源人。孝宗朝，王十朋先后知饶州、知泉州，二州又是连南夫的仕宦之地，王十朋只说连世瑜，没有丝毫及于连南夫，这未免有些不合道理。

王十朋关于连孝子的诗文，都写于绍兴二十六年。前此三年，绍兴二十三年，张浚给连璧有帖，称其为机宜君，机宜君正在县级位置上。按王十朋的说法，连世瑜的妻子方氏事姑甚谨，"越十年不殆"，连南夫是绍兴十三年病逝，十五年下葬，至此也不过"越十年"而已。所有这些，都不免让人疑窦丛生。这是否意味着，连几宜在任，其妻跟着连世瑜在乐清，且可能已病故？这是否意味着，连南夫下葬的同时，连世瑜的母亲也

已弃世？

绍兴二十六年，张九成知温州，对连家"具酒礼之"，是他的指示。不久，九成患眼疾失明，辞职。旌表方氏，不是张九成任内事。据说，旌表方氏，时在绍兴二十九年。查绍兴二十九年任温州的，是周绾。《建炎以来系年要录》卷一百八十一、《南宋馆阁录》，都说绍兴二十九年知温州的是周绾。其时，周绾以集英殿修撰知温州，此前他的职务是权尚书吏部侍郎兼史官修撰。

此后，还有一个叫刘黻的高官注意连世瑜夫妇大孝的事情，那已是南宋末年了。刘也是乐清人。《明一统志》卷四十八说："左源山，在乐清县东三十五里，群峰环绕，中有田二千亩，山有四景，曰：梅溪、莼湖、左岭、小雁荡。王十朋有《四景诗》。"俨然世外桃源。

寻得桃源好避秦。

那么，连世瑜属左源，是为避地。动乱年代，连璧后代中的一支，到此生活，也有道理。其中，有一些东西对不上号，那是因为年深岁久，文献缺失所致。所以，更加深入发掘文献，仍是不可轻忽的事情。

绍兴二十三年，连璧为几宜，绍兴二十六年，连世瑜的母亲（应该就是连璧的夫人）已卒，世瑜刻木为像以事之。以这种时间和相关的人事关系，其间有一些不大平衡的地方。张九成绍兴二十六年知温州，这个时间坐标没有问题。王十朋就是左源人，熟知连世瑜的事情，存在这种可能性。连南夫在当时是有较大影响的人物。王十朋知过饶州，连南夫知过饶州，虽然中间隔了若干年，王十朋不应不知道连南夫。连南夫知过泉州，王十朋知过泉州。二人同在一地任职，虽然不同时，但是王十朋也顺便道及连南夫，是正常的。不提，反而不正常。诗文之中，也未涉及，也不正常。

系出连山氏　族源在随州

今人连战的祖父连横连雅堂，自署："系出连山氏，望出上党。"学问渊源极其深厚。然方志学界和姓氏研究者解读有误，尤以指连战先祖去解读，南宋名臣连南夫为连山氏为大误。其实，连横是说，连姓是列山氏炎帝之裔，族源在湖北的随州市。连横说"系出连山氏"，连山氏就是炎帝神农氏，不是传为连南夫葬地的福建龙海的所谓连山。姓氏郡望与姓氏起源相比，要晚得多。随州是连姓族源地，上党是连姓郡望地。广水是连南夫的祖居地、出生地、青少年成长地。连南夫的仕宦地甚多。据宋人记载，连南夫的丧葬地在福州怀安的稷下里崇福山。

连横手书《家乘》，自述称其家世"系出连山氏，望出上党"，这九个字很重要，因为它包着连氏的族根、起源地和郡望等极为宝贵的信息。

系即族系，说的是他的血统血缘和血脉的系属。连横说"系出连山氏"，是直接把族系的根本系到了连山氏炎帝的名下。

[01] 连山氏是炎帝神农氏

连山氏就是列山氏，也叫烈山氏，连山又叫厉山，也叫赖山，也叫丽山，连、列、烈、厉、赖、丽，都是一音之转，古音可通。古人于此有很多论证，今去其繁琐论证过程，我们只需记得连山氏就是烈山氏也就可以了。

连山氏就是炎帝，就是今天我们常说的炎黄二帝的炎帝。

炎帝就是神农，《世谱》等书说："神农一曰连山氏，亦曰列山氏。"宋人郑樵《通志》卷一：神农牛首人身，传帝临魁、帝承、帝明、帝直、帝釐、帝哀、帝榆罔，七代共五百年。《吕氏春秋》说神农有天下七世，三国时蜀汉谯周说神农相传八代共五百二十年。今按，不论是五百年，也不论是五百二十年，都不可作确数看，所谓相传八代，亦不可过于拘泥。因为八代，五百二十年，平均一代六七十年，每代都是从出生就做帝，一直到老死，哪里有这种道理？罗泌《路史》说炎帝传七十代，不知何所据而云然。总之，中间必有缺少的环节，往古渺茫，年深月久，事固不可尽究，且亦不可臆言。只能知个大概，后人的说法，越是详尽，越是成系统，我怕它越是靠不住。虽然，后出转精，后来居上者固然不少，却也不能不说后人没有浅妄之说。所以，鲁阳以为，历史上确有炎帝，确有神农，神农以农业立国，这是原始先民从狩猎时代过渡到农耕时代的开始。是种植业开启的时代。每一代炎帝神农都在农业生产的发展上做出了贡献，在炎帝五百年当中，奠定了全人类的后来的农业经济的基础。我想，这样理解，或许与远古的史实相去不远。

炎帝的后裔中间，有一个叫柱的，对农业发展贡献特别大，那也是炎帝部落的杰出人物了。宋人苏东坡《书传》卷七说：

> 《春秋传》曰：共工氏有子曰勾龙，为后土，后土为社。列山氏之子曰柱，为稷，自夏以上祀之。

这里所说的《春秋传》指《春秋左氏传》，即《左传》，所引事件见《左传·昭公二十九年》。这位叫柱的炎帝列山氏之子，在农业上的贡献，绝不亚于炎帝神农氏。宋人胡宏《皇王大纪》说：

> 神农遍阅百物，著其可食者与其可疗治者，使民知所用避……相土田燥湿肥硗，兴农桑之业，春耕夏耘，秋获冬藏。……有子曰柱，能治百谷百蔬，与民耕而食，发教于天下，使之积粟，国富民安，故曰神农氏。

上文已经言及，柱是神农氏之子，这个"子"不是儿子，而是后裔。由此可知，列山氏推行从狩猎向原始农业的改革，是到了柱的时代才基本完成的。班固《汉书》有言，神农之教曰："有石城十仞，河池百步，带甲十万，而无粟不能守也。"粟从哪里来？还不是靠农业生产来的。所以，国以民为本，民以谷为天。连山氏与柱有功于民，血食千秋，成了谷神，就是人民记着他。

有的文献于"昔列山氏之子曰柱，能植百谷"，作"昔列山氏之子曰农，能殖百谷"。"农"与"柱"是什么关系？"柱"与"农"当即一人，柱者其名，农则其官。上文说过，殷商以前，勾龙为社，社就是土神；柱为稷，稷就是谷神。有土地而后有五谷，有五谷方能养活人民，只有吃饱肚子，才能从事政治的文化的等等活动，即有土地有五谷方可以养民立国，土神的社与谷神的稷合起来叫做社稷，社稷就是国家政权，所以有江山社稷的说法。然而若究其源，本来是指土地五谷和人民。《宋书》卷十五，有五土之神，五谷之神，"国以人为本，人以谷为命"，柱为谷神，可见其历史贡献的伟大。柱之所以成为神圣，乃是他能够解决人民大众的吃饭问题。

稷为五谷之长，也是五谷之官，稷又是五谷之神，柱为稷，是说柱生为农官，死为农神，生而有施于民，故死而人民纪念他，祠之万代。

连氏始祖是连山氏，亦即炎帝，在人类由茹毛饮血进入农业文明的转变时代，有功于民，万世不朽。连氏是炎帝之后。

列山氏即连山氏。列山氏之后有列子，则列氏、连氏皆炎帝之后。炎帝之后为姜姓，所以姜太公是炎帝之后，齐国的公族及齐国公族分支所形成的姓氏，都是炎帝族裔。现在所看到的今人的一些新作，有人称连姓是黄帝之后，恐怕得再斟酌了。或许有一支连姓是黄帝之后，但是连横这一支不是黄帝之后。连横自称"系出连出氏"，以连横的学识学问，那是不会搞错的。以"系出连山氏"而论，自然而然的结论，就是连氏始祖是炎帝。连氏的起源地在湖北省的随州市。

[02] 炎帝起厉山，厉山在随州

迄今所有的古文献，都众口一词地说，炎帝起于厉山，厉山也作列山，也作烈山，也作丽山，宋人罗泌《路史》卷十二说，炎帝肇迹列山，故又以列山、厉山为氏。宋人刘恕《资治通鉴外纪》卷一说：神农本起烈山，称烈山氏，一称连山氏。厉山在何处？就在今天湖北省随州的厉山镇。厉与连通，厉山镇当然也可以称作连山镇、列山镇或烈山镇的。随州厉山镇是全世界连姓起源地。

厉山在湖北随州，向无异议。唐司马贞《史记索隐》说：神农本起列山，故左氏称列山氏民之子曰柱，亦曰厉山氏。并于《礼》"厉山代之有天下也"之下以按语形式引了两条古代文献，一是东汉郑玄的话"厉山神农所起"，二是晋皇甫谧说"今随之厉乡是也"。足见指随州厉山为列山，起源之古。北魏郦道元《水经注》卷二十二"溳水注"说：

> 溳水北出大义山，南至厉乡西，赐水入焉。水源东出大紫山，分为二水，一水西经厉乡南，水南有重山，即烈山也。山下有一穴，父老相传云，是神农所生处也，故《礼》谓之烈山氏。

郦道元说父老相传，可见郦道元之前，就有厉山神农穴的传说。亦可见其由来之古远。

更为可贵的是，郦道元还说，赐水西南流入于溳，即厉水矣。赐、厉声相近，宜为厉水矣。溳水又南经随县，注安陆也。应山即今广水，古代是属于安陆的，厉水流经安陆，连南夫生于应山，自称安陆人，那么也可以说他是生于厉水之旁的。

南朝刘宋盛宏之《荆州图记》有神农生于厉乡村的记载，唐、宋两代类书及地理书籍所征引。北宋初年乐史《太平寰宇记》卷一四四说：

> 厉山在（随）县北一百里，《荆州记》云：随地有厉乡村，有一穴，是神农所生穴也。穴口方一步，容数人，至今穴口石上有神农庙在。

北宋王存《元丰九域志》卷一也说"神农庙在厉乡村"，并说"此乃厉山神农所起也"。南宋罗泌著有《路史》，网罗历史文献极其丰富，汪洋恣肆，虽然不可尽据，但多可发人思考，他也说"神农井在赖山"，并说"今惟一穴，大木旁荫，即其处立社"。与别人不同，罗泌不是从文献到文献，他应是到厉山镇的神农穴实地考察过的，他说"大木旁荫"，当是亲见。这比那些只是纸上谈兵当然要实在得多，要高明得多，也珍贵得多。

关于神农穴，《太平御览》卷七十八说它高三十丈，长二百丈。也有文献说高三十丈，长二百尺的，不知孰是。

宋人记方域名胜、历史、掌故，非常系统，虽然那也是古代传说的记录，但比当代的故事新编，要雅训得多。

清人王夫之《春秋稗疏》卷一有言："厉"古与"赖"通。随州之厉，乃神农所生之厉，亦曰烈山。炎帝被称为列山氏、连山氏，乃因其所生地厉山之所致。

连横说"系出连山氏"，即脉自连山氏，连氏的起源地在湖北随州的厉山镇，当无可疑。

历史上，在随这块土地上，有隋国，有厉国，有唐国，现在我们已经不能确指其具体位置，可是它们都在随这块土地上是不错的。擂鼓墩出土曾国文物，有人说曾就是随。我则以为，古时国家很小，在今天随州土地上，古时有一个曾国，也不是不可能。就厉国而言，从《随州志》所载舆图看，有厉乡，有神农洞，有烈山，它们并不在一个方向，而是在随州州治以北，几乎从东北到西北，分布在好大一块区域里，我认为这是关于厉国历史记忆的一种反映。虽然我们不能据此重新划出当年厉国的行政疆域，但是总可由此知道古时厉国的大致方位，就是它相当于后来随县的北部区域，随国则在其南，唐国则在其西。就是那个厉山镇，也是一种历史的记忆，也是历代相传的结果。神农初起厉山，或者后来的厉国的国都，都当在厉山镇及其不远处。所以说随州是炎帝故里，说随州是连姓的族源地这话是对的。

[03] 连山氏不因连南夫葬地而起

近年来，关于连横所说的"系出连山氏"，有一种解释，说连山氏与福建龙溪连南夫的葬地有关。这种说法，初见于2001年福建龙海市人民政府所立重点文物碑，那个碑文说连南夫"葬龟山"，"其葬地曰'连山'"，他的"子孙后裔皆称连山氏"。还有就是2006年以后网络上的说法，有一篇题为《史志专家谈连战家族与福建连漳州马崎连氏渊源》的文章，其中有云：

> 著名史学家连横在《台南连氏家乘》手稿中写道"余姓连氏……系出连山氏，望出上党"。……何谓"连山氏"？×××介绍说，……"连山"位于今龙海市榜山镇翠林村，因连南夫葬此得名，尚存连南夫墓。连南夫子孙后裔不忘祖籍与中原，皆自称"连山氏"。

两个说法都出自龙海，相距时间也很近，是同一个时代的产物，人们有理由相信，二者应该同源，也很可能就是同一史志专家所说。然而我则认为这位史志专家的解释，是很靠不住的。我的理由是：

关于连南夫的葬地在龙溪就是龙海的说法，最早见于清人所修《福建通志》，时代甚晚。《宋史翼》中的《连南夫传》沿袭了这一说法，时代更晚。连南夫的始葬地，是福建怀安八座乡稷下里的崇福山。宋代的稷下里，就是今天福州市郊的宦溪镇。这是宋人韩元吉《连公墓碑》的说法。韩元吉是根据连南夫长子提供的文字材料写成的，应该是十分准确、十分权威的。根据宋梁克家《淳熙三山志》卷八，当时的怀安县确有稷下里，属八座乡，注：县东北三十里。稷下里注：北岭。又据同上书记载，崇福山有许多寺庙，香火很盛，那风水一定是好的。根据连南夫的生平和为人，比如他是相信因果的，到南方瘴炎之地，发誓不领官俸，愿以全族平安北返来看，选择这样一个冥地以求福报，应该是可信的。至于龙海的葬地，或许是迁葬地，或许是衣冠冢，而且其说甚晚，它很有可能是连南夫隔了若干代的后裔所造的墓，不可能是连南夫三子中的任何一人所为。而且根据韩元吉《连公墓碑》在撰写墓碑时已注明除其长子以外，其余二子皆前卒，因此，在韩元吉撰写墓碑即南宋孝宗淳熙十一年（1184）以前，可以完全排除连南夫葬在龙海龟山的可能性。

上文已经说到，连南夫葬在龙溪说晚出，而且应该是相当的晚。有根据吗？有本书82页说：

> 据宗亲会介绍，南夫公病逝后，漳州府上奏朝廷，朝廷命漳州府举行葬礼。

安葬这一天，府兵将龟山戒严……

今按：这只是一个善意的美好的传说。但是传说不能当历史事实。连南夫是在绍兴十三年年初去世的，其时刚刚受到剥夺一切职务处分，地方官不会也不可能奏报这一信息给朝廷。这一切都是不可能的。整个南宋灭亡以前，都没有这个可能。为什么？

因为福建在宋代只有两个叫做府的地方，就是福州和建州，除此之外，再没有第三处可以称府。元朝漳州为漳州路。到了明代，漳州才称府。在宋代，漳州只是漳州漳浦郡。因而，那个漳州府派兵戒严，为连南夫安葬的朦胧故事，如果确有其事，最早只能是明代及其以后的事情。可是明代凭什么要为连南夫补办这么隆重的葬礼？没有根据。清礼部尚书蔡新撰"宋宝谟阁学士任广东经略安抚使谥忠肃连公墓道碑"的时候是乾隆丙申，乾隆丙申为乾隆四十一年，当公历 1776 年。碑阴记录的连南夫后人有连士琼、连天柱、连宗英、连世选等。值得注意的是，墓道碑说连南夫是"宝谟阁学士"为误记。连南夫生前做过显谟阁学士。宝谟阁是为纪念宋光宗而立的，建于宁宗嘉泰二年，当公元 1202 年，此时连南夫已逝去六十年了。所以，蔡新所撰墓道碑，《福建通志》《宋史翼·连南夫传》中一些失实的记录，都应该是连南夫曾有的辉煌被逝去后数百年岁月磨洗，又被他的后裔模糊记忆所扭曲的结果，这些故事的产生时间，恐怕就在明清之际。另外，蔡新碑阴有"尚书峰"字样，《福建通志》《宋史翼·连南夫传》也有"尚书峰"字样，也发人深思，说明这些也都同源。

在以上同源的三件文字资料，即《福建通志》、蔡新碑和《宋史翼》，都避开了韩元吉撰写的《连公墓碑》，即有意无意地弃置了可信的原始文献，而使用了明显有漏洞的晚出的资料。这是值得深思的。应该相信哪一种，采用哪一种，应该是不言而喻的。据以上情况分析，蔡新及当时连南夫的后裔，都不曾知晓有韩元吉所撰《连公墓碑》，因而，蔡新等所传，并非信史。所以，并不是刻了碑，所有上了书的都一定是可信的。

《宋史翼》中的《连南夫传》，部分地抄录了清《福建通志》中的相关文字，而《福建通志》中关于连南夫的条目部分应来自蔡新的碑文，三者之间的脉络痕迹相当明显。把所谓连南夫隐居的龙溪秀山叫做"尚书峰"，把所谓连南夫的葬地龟山叫做"连山"，当然这都是后来的事情。

根据以上所述，我觉得可以这样理解，就是连南夫的后裔中的一枝，确实迁徙到了福建的龙海的十一都，在那里生存，在那里发展，在那里繁衍生息，其时间不会早于明代。连南夫的这枝后裔，并不知道有韩元吉《连公墓碑》这样珍贵的文献，很长时间内只有口传资料，所以不免有扭曲和失真。到清乾隆四十一年，连南夫后裔连胪生是蔡新的侄女婿，蔡新应邀为其书写墓道碑。

后人称连南夫的葬地为连山，未始不可。他的原意无非是连氏之山。就像"李家坡""张家山"一样。然而以其葬地称"连山氏"这个说法就太牵强了。此连山不是彼连山。连横所说的"系出连山氏"的连山氏，指的是肇迹随州的烈山氏，连山氏，也就是炎帝神农氏。肯定不是龙海的龟山，更不是连南夫。连南夫的后人可以称连南夫为霞漳之祖，但绝不会称连南夫是"连山氏"。有网络文章居然说连南夫就是连山氏，这真是一种无厘头式的不学有术了。

［04］连横学究天人，称"系出连山氏，望出上党"大有深意，不可做浅妄解

龙海的碑和中新社记者所引的"方志专家"的话，都是错误的。连南夫葬地龟山，因连南夫墓葬而称"连山"，不叫连山氏。连山氏是专指，只指炎帝神农氏。连横说"系出连山氏，望出上党"，说的正是炎帝的连山氏，而非福建龙溪的连山。

若说"系出连山，望出上党"，八字对仗，岂不甚好！但是连横不这样说，却偏偏表述为"系出连山氏，望出上党"九个字，这是大有深意的。连横知道其先祖连南夫葬地有连山之目，怕引人歧解，专门用"系出连山氏"来表达，却仍被有些后人，甚至包括一些所谓的专家所偏执地解错了，只是连横有先见之明而后人终不之觉。总之，连横所说的"系出连山氏"，只与炎帝有关，与湖北随州有关，而与龙海连南

夫葬地连山无关。说"连山氏"因龙海"连山"而起，是误读误判，误解误导。说一句不该说的话，说"连山氏因龙海"连山而起，是把学究天人的连横变成了不学之士。所以这件事情，必须明辨，以正视听。

人是先有姓氏，后有郡望，而不是相反。连姓出于炎帝，就是连姓出于连山氏。有文献说，炎帝姜姓，我则以为这个说法并不算太准确。如果说炎帝之后为姜姓，炎帝之后有姜姓，那就要好得多。炎帝之后，不止有姜姓，但只要说到姜姓，那就必然是炎帝之后。把炎帝和姜姓联系起来，二者密不可分，几乎等同，应该是姜子牙功高天下的结果。

姜子牙就是姜尚，其先人曾被封在吕，故称吕尚，辅佐周文王和平崛起，又辅佐周武王武装起义，推翻殷纣统治，功高比天。周文王初见姜子牙，说我太公望子久矣，所以姜子牙又叫吕望，又叫太公望，后人干脆以姜太公称之。完成灭殷兴周大业，姜太公被封到东海，建都营丘，他就是齐的开国君主。由于姜子牙的历史功绩，历史贡献，历史辉煌，齐国的悠久历史，太公的后裔，名人辈出，分门支派甚众，所形成的姓氏也多。就是说有许多姓是姜姓的分支，其中就包括连姓。

据笔者管见所及，研究连姓，有四个地方在努力中。一是湖北，主要是广水市和随州市。随州市是炎帝故里，乃列山氏所在，可称为连姓的族源地。广水市古称应山，乃连南夫的祖居地和出生地，在连姓研究中举足轻重。二是河南省的卫辉市，古称汲郡，也即汲县，也简称汲，乃是姜太公的故里，姜姓后裔在此地有纪念设施和碑刻资料，对研究姜姓之后姓氏演变，极有参考价值。三是福建的漳泉地区，乃是连南夫的仕宦之区，福建附近是连南夫晚年居住和长眠之地，漳州应是连南夫后人生活的地方。还有山西的上党地区，是连姓的郡望地之一。毫无疑问，这几个地区的研究著作，对于连姓的研究都是有贡献的。

河南的卫辉市，即古代的汲县，即古代的汲郡，是姜子牙姜太公的故里。据《水经注》卷九说，东汉汲县人、曾任过会稽太守的杜宣，告诉汲县令崔瑗，太公就是姜尚，生于汲，旧居犹存。你与齐的高氏、国氏同祖，都是太公之后，现在你做此地的领导，"以正其位，以明尊祖之义"，于是崔瑗就立了坛祠。西晋太康中，范阳卢无忌做汲县令，又立碑其上，称为吕望碑。崔姓与卢姓，都是太公的后裔之姓，是从姜姓里边衍生出来的。

东魏孝静定帝元善见元象五年（542）四月，重立太公吕望碑，录卢无忌原文，书碑的人是穆子容。毕沅《中州金石记》说《北史·穆崇传》云子容少好学，今按："子容"前应有一"子"字，因为穆子容为穆崇之子。这个碑的特点是碑的正面为卢无忌文，而碑阴则书"太公裔孙尚姓诸人"，记载姜太公之后姓氏演变，值得重视。

唐代封演《封氏闻见记》说太公之后共四十八姓，刻石为记。据《金石萃编》等书，唐京兆曹卢若虚，录太公后四十八姓，刻石于太公庙，由崔宗之制铭。现在所见《封氏闻见记》传本，不足四十八姓，当是流传过程中有所佚遗。封姓是炎帝之后，崔姓也是太公之后，卢姓也是炎帝之后。这位崔宗之，就是杜甫《饮中八仙歌》中所歌咏的"宗之潇洒美少年，举觞白眼望青天，皎如玉树临风前"的宗之。杜甫在同一首诗中还说："知章骑马似乘船，眼花落井水底眠。""焦遂五斗方卓然，高谈雄辩惊四筵。"与崔姓一样，焦姓和贺姓，也是太公之裔。

据说汲县有四十八姓碑，汲县今称卫辉，属河南省新乡市。据新乡地区研究，太公之后达四十八姓以上，内有连姓。现在有说太公之后有二百多姓，这是一个很大的成果。

姜姓之后，就是炎帝之裔。太公之后，就是姜姓。这两件事，是紧密相连的。而且这两件事，也是史不绝书。

司马贞《三皇本纪》说："州、甫、甘、许、戏、露、齐、纪、怡、向、申、吕，皆姜姓之后胤。"《文献通考》卷二六一说："州、甫、甘、许、戏、露、齐、纪、怡、向、申、吕，皆炎帝神农氏姜姓之后。"《文苑英华》卷九一六："浑氏，其先姜姓之后。"《齐乘》卷一："又有淳于，姜姓之后。"《兼明书》卷五："丘明出自太公之后。"《元和姓纂》：卢姓，太公之后；骆姓，太公之后；尚姓，太公之后。唐封演《封氏闻见记》："太公之后四十八姓。"今人研究成果称姜姓之后四十八姓以上，达二百余姓。按：炎帝之后二百余姓的说法，其实早已有之。明万历时随州知州王纳言，认为随州的厉乡就是古代炎帝神农氏的诞生地，其博览群书，撰《名疑》《炎帝系》二篇，《炎帝系》著炎帝姜姓之为支国者十有三，后世以功有国者七，其子孙之得氏者二百九十有七。（见清同治《随州志》卷一九《帝纪》）就是说：明人的研究成果，炎帝神农氏后裔已近三百姓，则今人说炎帝之裔达二百余姓，并不为多。上述二书是有刻板的，就藏在随州州衙，流传不广，随州或有其孑遗。如果随州的同志能在当地发现这两篇文章，那将是炎帝文化研究中的大事。现在看到的相关材料，说炎帝之后有二百四十多姓，比明人王纳言所知道的还有一些差距，说明今天的研究工作，还没有达到前人的深度，当然还有很大的研究余地，有很大的开掘的余地。同志仍需努力。

连横说"系出连山氏"，是说连姓是炎帝之后，所以是连山氏之裔，是姜太公之后。如果指的是福建龙海的人云"连山"的连山，那么它的出现远在上党郡望之后，在时间的逻辑上，它就不能放在郡望上党之前，那就应该倒过来把郡望放在前边了。

连横学问渊源深厚，述作严谨，他的文字文章都有深意，今人且不可作浅妄之解，以免有诬古人而见笑后人。现在有些地方确实存在浮躁的风气，但我相信，浮躁早晚是会被克服的，这也是历史的必然。一时不解，姑且待以时日可也。

［05］理性把握郡望，不必过度诠释

现在，该来讨论连横所说的"望出上党"了。

连横说"望出上党"，就是说连氏的郡望是山西的上党郡。什么叫做郡望？明凌迪知《万姓统谱》凡例中说：姓之有望，以其著名于郡，故曰望。本源则同，而支派各异，比如刘则十五望，王则二十一望，余或五望四望二三望者。

可知一个郡中的名门望族，这个郡就是他的郡望。比如萧姓的郡望是兰陵，郑姓的郡望是荥阳，李姓的郡望是陇西，王姓的郡望是太原等等，则分别称为兰陵萧氏、荥阳郑氏、陇西李氏、太原王氏等。上党是连姓的郡望，这是从唐代的《元和姓纂》到宋代的姓氏书以至元代的姓氏书籍都注明了的。所以宋代人写到连氏时，都写上上党连某，就是这个原因。不管你是否在上党生活过，只要姓连，那就是上党连氏。就像我们萧家一

样，并不见得在兰陵生活，一样可以自称兰陵萧氏。再举一个例子，清代经学大家毛奇龄是西河毛氏，伟大领袖毛泽东也是西河毛氏。不论二人在西河生活与否，都可以称西河毛氏。连横说"望出上党"，也是这个意思，并不一定要连光裕的先人在上党居住或生活过，才能称作上党连氏。有人因为连横的这句话，就拼命去找连光裕的先人何时从上党迁出，这是有点不懂郡望而走火入魔。

从网上搜索可知，有人在研究山西上党连氏，可是他那个研究，还是有些不对路。

比如那里的研究者介绍了上党襄垣地区出土的两通墓碑以证明上党是连称的采邑，或者以此证明连姓是上党的望族，一通是唐代飞骑尉连简的，一通是唐代龙骑尉连桂馨的。其实二人官职卑微，时代较晚，难以成为上党望族的代表。

唐宋元明姓氏书籍都说上党是连姓的郡望之一，必有它的依据，定有它的道理。只是这依据，我们现在还没有掌握。上党地区有连称的祠堂，应是连称的后人所立。这个后人，不是武则天时代的飞骑尉和龙骑尉。我想，与其随便找一个名不见经传的人作为上党连姓的代表，还不如继续深入发掘文献，或静待地下文献的出现。有篇叫《连氏发祥地及其盛衰考》的文章中有一句话颇为重要，值得重视，即它引《龙谱》："溯念吾祖，实属姜姓。"姜姓是炎帝之后，即与连氏出于连山氏的意思相一致。有人说，连姓是黄帝之后，看来靠不住。连姓应该是炎帝之后。

上党地区的同志关于连姓研究既做了工作也有成绩。只是从看到的资料看，那里在这方面的研究工作，还有许多需要加以改进和提高的地方，还得下更多的功夫。从网上看到的资料，那里对于出土的唐碑，标点方面还有一些问题，需要进一步斟酌处置，现在有些地方是读破句了，所以碑的原意就读不通了。还有把古代的地理范围也弄混了，比如说上党地区属齐国，这个话就靠不住。姜姓的齐国，立国在东方，那时候的国家都很小，天下国家也很多。就是到了桓公称霸，齐国成了超级强国，齐的势力也没有到达上党地区。上党不可能是连称的采邑。齐国也没有权力把连称封到上党。上党有连称祠或连称庙，只能说明连称的后人在上党生活过，立祠以纪念先祖，并不能证明那里就是连称的采邑。齐桓公上台以后，与连称一起起事的公孙无知是被杀掉了的，连称到哪里去了？连称的结果如何？史无明文。我则认为，他很难得到齐桓公的重用。齐桓公会把连称当作功臣看待吗？历史也无明文。连称、公孙无知的确给齐桓公创造了一个机会，然而二人的初衷，并不是要给桓公以机会，而是要无知自食其胜利果实，只是事情没按无知的想法发展。所以，什么公什么王会把连称封到上党是一件十分值得怀疑的事情。我认为，没有这种可能。

《东周列国志演义》是一部演义的书，不能说没有历史依据，可是它毕竟不是历史著作，用东周列国志作为考察历史人物连称的依据这种思维方式和行为方式都不合适。姓氏研究中也不可采用这种方式。小说、戏曲，不可以作为姓氏研究历史人物研究的依据。

历史名人研究，要有完备的文献，山经地志，碑刻谱牒，经史子集，前贤著述，时彦新作，都应当寓目。不仅应当寓目，而且还要给予适当的校订和处理。含英咀华，提要钩玄，都很必要。要发扬对前人建树的一切，都给以再探讨的精神。不可人云亦云，不可望文生义，不可想当然以为然，更不可戏说，更不可发挥小说家言。当然，若以文艺创作为事，另当别论。

从宋人文献中可知，连姓的郡望在上党，已是常识，相当普及。对此，故当重视，然亦不可过度诠释。过度了，太过拘泥，会把研究引向歧途。研究工作，探讨工作，是精神文化的生产，既要努力为之，又不可勉强为之。研究的结论，是自然成熟的结果，速成和催熟都要不得。故事新编、自我做古都要不得。

连舜宾的连氏家族，就是连南夫的连氏家族，是上党连姓。"望出上党"，确定无疑。它的产生是天下行政区划有郡以后的事情，是在连姓出现以后的事情。历史上有郡的行政区划以后，连姓在上党地区有名人，有闻人，有名望之人，于是就有了上党是连姓郡望的可能。在上党的连姓闻人以连称为远祖，建立祠堂，予以祭祀，这就是上党连称祠堂的由来。不必杜撰什么连称封邑在上党的神话，因为关于这一点，古今文献，都未见支持也。

［06］ 连姓确为炎帝之裔，族源地在湖北随州

唐代李白说过："汉东之国，圣人所出，神农之后。"宋人罗泌《路史》说，炎帝之后有厉姓、列姓、赖姓，没见连姓，然而厉、列、赖、连都是一音之转，可以视为《路史》之中也有连姓。《封氏闻见记》所载太公后四十八姓，今所见本不及四十八姓，其中未见连姓，但是河南新乡的同志说卫辉就是历史上的汲县四十八姓碑中有连姓。至于现当代研究姓史上的人说太公之后二百多姓，其中当然更有连姓了。

宋人程公说，著有《春秋分纪》，《春秋分纪》卷十一齐《杂姓名谱》第一人就是连称。我注意到，古代文献说到连称的时候，都说"齐连称"，这说明，齐就是他的国名，连称是他的名，那个"连"并不是姓。这种称呼在古代很普遍。如商鞅，原叫卫鞅，他原是卫国的公族，所以叫卫鞅，卫并不是他的姓。后来封到商那个地方，就叫商鞅。赵奢并不是姓赵，他是赵国的王族，就是赵国的奢。平原君赵胜，那个赵也是国名，胜才是他的名。赵胜就是赵国的胜。赵奢后来被封为马服君，马服就是服马，说明他统帅军队有方，那个马就是战马，或骑乘，或拉战车，都训练得好，他的后人便姓马。马服君后人中有一位叫马援的，西汉时为伏波将军。伏波的意思就是让他指挥水上部队。韩信落魄，乞食漂母，漂母说：我哀王孙。足见韩信也是韩国王族的后裔，他是韩国的信。与韩信同时，还有一个人叫信，成了韩国的王，为了与韩信有所区别，就叫韩王信。说了半天，什么意思呢？意思就是说：齐连称就是齐国的公族苗裔，也是太公姜子牙之后。只是年代久远，支属派别已远，不能再带公子公孙的字样。但是，他还是公族，还可在齐国政府做大夫。所以那个《春秋分纪》所说的杂姓名臣，并不说明他是外姓，并不说明他不是太公之后。

上文已经言及，炎帝之后，就是太公之后，姜子牙在弘大炎帝世系方面，居功厥伟。没有姜子牙，就不可能有炎帝后来的崇高地位。姜子牙是辅助周的文武而有天下的人，丰功伟业可与天地同春，可与日月并光。

连姓是连山氏之后，也就是炎帝之后，这有连雅堂"系出连山氏"可证。连姓出自姜姓，有说法吗？答案曰有。

有一篇《山西上党连氏考》的文章，其中引广东省连姓先登之地的原龙门县龙江镇岭咀八岭其村的《族谱》（简称《龙谱》）说："溯念吾祖，实属姜姓"。姜姓就是炎帝之后。

《追寻连氏家族之根》第8页引清乾隆五十八年（1793）连襄云撰《十族源流考序》："连氏受姓周时齐大夫子亚公以来，自宋时光裕世居闽县，任湖北随州应山令……"关于连姓族源，上挂下联，说得十分清楚，即连氏受姓是从"子亚公"之后而起的。"子亚公"为周时齐大夫，此人不是别人，当即齐国的开国君主姜太公姜子牙。"子亚公"应即"子牙公"，齐是西周初年的封国，公爵，姜子牙原是西周的大夫。除他以外，没有什么称为子亚公的大夫。所以上文说的"周时齐大夫子亚公"，就是助武王灭纣而后受封到齐国的姜太公姜子牙。也就是说，连姓受氏，是由姜姓主政齐国以后后裔的分枝名氏而来的。这个分枝是从连称开始的。连称是名，连不是他的姓。所有古代文献提及连称时，有两种表述方式，一是连称，一是齐连称。齐连称就说明他是齐国公族的连称。连称名字前边，不带公子、公孙字样，说明他与齐国国君的血亲关系已经比较疏远。不过仍然是姜太公的后裔分枝。连称的后人另立门户，受氏为连姓，而他是从姜姓分出来的，是炎帝后裔。撰《十族源流考序》的连襄云有深厚的姓氏谱牒之学的功力，叙事简洁而有条理，说到了连姓的出处，又立刻提及湖北应山连光裕、连舜宾亦即连南夫这枝连姓的族源脉络。所以这个《十族源流考序》所传递的信息很清晰，也很重要。

这个《十族源流考序》可与《龙谱》的说法相参读。据《龙谱》可知连姓为炎帝后裔；而据《十族源流考序》，则可进一步确定连称实为齐太公姜子牙的后裔，即姜太公封营丘立国之后四十八姓。据河南新乡地区的研究，太公姜姓之后四十八姓以上。据相关网络文章，炎帝之后现在共有二百四十七姓。四十八姓之中有连姓，二百四十七姓之中当然更有连姓。据明人王纳言的说法，炎帝之后近三百姓。可见我们今天的见闻，还真的十分有限。

一般都说连姓有几个来源，一是出自惠连，一是出自北朝胡姓，一是齐连称之后。湖北广水连舜宾、连南夫家族，据连氏家族谱牒，是齐连称之后，而连称是姜太公也即姜姓后裔，也即炎帝神农氏后裔。

连横长期生活在台湾，他说"系出连山氏，望出上党"，乾隆五十八年（1793）连姓《十族源流考序》和广东的《龙谱》则分别说是"子牙公以来""实属姜姓"，在如此大的时空范围内如此惊人的一致，这是历史的真实，绝非偶然的巧合。所以，连姓出于湖北随州，是连山氏炎帝之后，绝无可疑。

《说文通训定声》是这样界说"系"字的："垂统于上而连属于下谓之系"，所以系就是世系、脉系。以为"系出连山氏"就是福建龙海连南夫葬地的"连山"，那是一些人的误解，不科学，而且有大害，连氏源远流长，怎么会是起自龙海的"连山"？那么连南夫以前的连氏姓源怎么办？这个连山氏就是烈山氏。有人造出一个"连山连氏"，这个说法太狭隘了，是对连横博大精深学究天人的一种浅妄的曲解。

连山氏就是炎帝神农氏，是连姓之根。上党是连姓的郡望，在后。所以连横说："系出连山氏，望出上党。"如果像有些人说的连山氏是福建龙海的"连山连氏"，那么连横行文时会把"望出上党"，写在系出"连山氏"之前的。但是连横没有这样做。所以，连横所说的连山氏，实在就是炎帝神农氏。

综括以上所述可知，连姓是炎帝之后，连姓起源地在湖北随州的厉山镇。湖北广水市是连南夫的出生地，也是连南夫后裔的祖居地。山西上党是连姓郡望。凡是连南夫仕宦所至的地方，都是连南夫的工作地。据《连公墓碑》，福州怀安县稷下里崇福山则是连南夫的丧葬地。

32
未尽之言

　　受到朋友的关怀和鼓励，作关于连南夫的探索，已经有年余光景了，前期准备消磨时间较多，真正动手写稿，是这几个月的事情。古人说得好，学然后知不足，行然后知困，的确，这种过程真的让人难以忘怀。现在，大大小小写了二十多个题目（此谓初稿，今定著为三十二篇），就有关连南夫研究的方方面面，做了尽可能的探讨。这只是个阶段性的成果，容有不足之处，自当继续努力，以期有新的收获。与此同时，还有一些别的想法，也写在这里，希望大雅君子一并赐正，为幸。

　　一是连南夫研究有一个棘手的文献问题。连南夫生活的时代，距今天已经八九百年了，几近往事越千年，文献散佚相当严重。孔夫子不是早有文献不足之叹吗？我们今天何尝不是如此。真是文献不足的问题，何代无之，在这个意义上也可以说是古今同慨了。由于连南夫本身受权相迫害而死，他的文集和奏议集，当时的流传会受到一定影响，这是可以想见的。不过，宋代载籍中未见禁绝连南夫著述的记载，所以他的文章书籍身后当有流传。宋代印刷事业很发达，雕印书籍铺很多，除了官府书商，好多个人也在印书。从宋人书目中著录有连南夫的著作来看，有理由认为，连南夫的文字著作，在他的身后是印行了的。宋人书目中所记载的，应该是印本书籍，而绝非稿本。元马端临《文献通考·经籍考》著录连南夫著作，是从宋人书目过录来的，用今天的话说，叫做从书目到书目，马端临没有见到连南夫的著作，只是通过宋人书目知道有这些著作罢了。研究连南夫，他的著述是第一手文献。马端临的父亲马廷鸾是南宋末年的宰相，所以他能看到一般文人学士所看不到的秘籍。马端临没有见到连南夫的著作，要么是连氏的著作本来就流传不广，要么是毁在了宋元战争中间。南宋灭亡时，国家图书是被元朝"统一"去了的，其中有无连南夫的书籍，不得而知。也许他的书籍本来就没有入藏南宋的秘书省，也许虽然入藏了秘书省而在易代之际散佚了。宋人文集史籍能传到今天的是少数幸存者。所以我认为连南夫的著作散佚的时间，在南宋末年。因为明清以来书目中没有任何相关的记载。这就使今天的连南夫研究缺乏一个很重要的文献支撑点，只有从其他方面想办法。

二是《宋史》之中没有为连南夫立传，研究连南夫需重新勾勒他一生的轮廓和轨迹。以连南夫的仕宦经历，生平事业载入史册，当无问题。但是，由于政治的因素，政见的因素，他的生平履历，绝无可能进入史馆，因而也没有可能写入国史。元人修《宋史》，以宋的国史为蓝本，宋国史所无，元修《宋史》也就没有。虽然如此，但是宋人韩元吉《南涧甲乙稿》中却有一篇《连公墓碑》，这是迄今所见关于连南夫的最重要的文献之一。它完全当得一篇连南夫传。墓碑文字的依据，是南夫长子提供的，韩元吉据以叙次，可信度高。当然，这里说的可信度高，是其基本史实部分。至于此种资料不免有拔高和美言的地方，那也是司空见惯的事情。因而在使用家传碑志文献的时候，也需加以辨析。据墓碑所言，连南夫与蔡攸势成水火，可是《连都官墓志》却明言连庶的外孙女是蔡京的儿媳妇，连氏与蔡家的关系真的如此不共戴天吗？其中情状，不无可疑。陆心源为连南夫作补传，收在《宋史翼》中，涉猎资料较为广泛，按年代排序，但有不少不确切的地方，就其价值说，远远不及《连公墓碑》，使用的时候必须十分小心。研究连南夫生平，《连公墓碑》实具有权威的不可替代性。至少在发现新的地上的地下的文献以前是这样。连南夫研究必须重视最基本的文献。

三是要重视连南夫同时代人的著述，努力发掘文献源。基于上述一、二两点，深入发掘连南夫同时代人的文献资源，就成了当务之急。由于连南夫的历官和影响，宋代史籍宋人文集中确实有丰富的有关连南夫的史料。前人例如《宋史翼》的编撰者、《全宋文》的整理者都做过大量的工作。据了解，当代连姓闻人也系统地收集有关连南夫的文献，而且卓有成效。根据我自己接触到的相关文献，我以为，连南夫同时代人的记述，比较可靠。年代较近，地域较近，关系较近，加上宋人雅好著述，出版印行方便，宋人著作中有关连南夫及其家族的文献，堪称繁夥。应该说，虽然前人已经做了不少工作，也相当有成绩，但是仍然有努力的空间。长期以来人们所能看到的文献极其有限，靠那有限的文献根本无法进行研究，现在一些大部头传统丛书有了电子检索的文本，嘉惠学林，实属空前，研究中的事半功倍成了现实。但是，总有兼顾不到之处，那种孜孜以求，那种废寝忘食，那种皓首穷经，那种呕心沥血，仍然是需要的。由少及多，由浅入深，由表及里，由此及彼，去粗取精，去伪存真，也仍然是需要的。开动脑筋，含英咀华，的确很要紧，但是必须充分占有资料，广蒐博采，不然就有可能是无根之学。例如，连南夫被任命为知庆源府事的时间坐标，就记载在《宋会要辑稿》一书里。由于检索中的漏检，我所看到的出版物中都把这个时间给写错了。所以，我认为，古籍汗牛充栋，浩如烟海，不可穷已，努力探索，深入发掘，这个过程，永无止境。宋代典籍虽然散佚甚多，可是现存文献仍不可穷尽，所以目前所有的工作，都只能是初步的，任重道远四个字，永远适用。对于元代以后的相关文献，就要探究其与宋代文献的关系，要理清其源流，评估其价值，文献的校订和辨证工作，一步都不可少。上文曾经言及，这次所做的工作之一，是写了大大小小的二十多个问题，牵涉到连南夫的方方面面，其实每个方面都还可以扩展和深入，因此继续深入发掘连南夫同时代人的文献，仍然是相当紧迫的任务。

　　四是谨慎使用方志文献和谱牒文献。方志的起源很早，《周礼·春官》"外史掌四方之志"，说的就是后来的方志。《昭明文选》左思《吴都赋》说："方志所辨，中州所羡。"张铣注："方志谓四方物土所记录者。"清人章学诚，是方志大家，他重视方志的地位和作用，以我看来，章学诚未有撰修正史机会，他把一腔热血都倾注到方志中了，他把方志强调到了不适当的高度。他有许多著名的论断，都有道理，至今仍有其重要的参考价值。章学诚认为，方志乃国史之要删，为一方之全史。迄今我们的同志还在说，方志是地方百科全书。当代的修志机构，或叫方志办公室，或称地方史志委员会，这名称也是沿袭古人的。图书分类学上，方志一直属于史学的范畴，这是对的。因为方就是邦，邦就是国。毛泽东说"万方乐奏有于阗"，万方就是万国。古代国家小，而国家多，墨子说周代天下万国。"天下万国"就是万方。志与言旁志通，而又与识同。识的繁体既读志，也读记，所以，方志就是地方史志，这话没有不妥。现在还说章学诚，他认为《齐乘》《楚杌》之类就是四方之志。对此，当然可以研究。不过，方志起源甚早，则没有问题。至迟，东汉的《南阳风俗传》《陈留耆旧传》是应视为方志的。连南夫所生活的宋代，重视方志图经的修撰。方志图经归兵部职方管辖。《宋史》卷一百六十三说，"职方郎中员外郎，掌天下图籍，以周知方域广袤，及郡邑镇寨道里之远近，凡土地所产，风俗所尚，具古今兴废之因，州为之籍，遇闰岁造图以进"。后来改为再闰一造，宋真宗咸平四年以后，又规定十年一上。方志的功能很多，在军事上有重要参考，所以宋代的图经就是方志是归兵部的。据史书记载，宋太祖开宝六年（973），派卢多逊为江南生辰国信使，祝贺南唐国主李煜生辰，临回中土，停舟待发，派人向李煜索要江南图经，理由是当时朝廷重修天下图经，独缺江东诸州，求一本以归。李煜立即命人抄写，并命徐锴等人连夜校勘，送给卢多逊。于是江南十九州形胜，屯戍远近，户口多寡，尽入掌握之中。对后来宋太祖用兵南唐，帮助非轻。

志书之中有名宦、流寓、选举、文学、祥异、名胜等等门类，无不与名人有关，所以在历史名人的研究当中，方志的作用以连南夫为例，其事迹见于各级志书者，颇为丰富，连氏家族文献，见于各级方志者，也相当可观，这都是连南夫研究中应该注意的一个方面。人们希望的是在方志中发现新的史料，以补正史之缺，而纠正史之谬，异军突起，奇货可居，可事实并非皆能如此。那个方志的采访资料，它那个文征，有的未必靠得住。章学诚要求修志者才学识三长，但并非所有修志人员都是上驷，不学无术之辈，滥竽其中，也是无代无之。所以，使用方志文献，理应持重。方志文献，取材有自，当穷纠其源。与原始出处的比勘，必不可少。以连万夫为例，原始文献只是怀疑他是连南夫的兄弟，而几经演变之后，就成了连南夫的兄弟。在这些地方，若是跟着后来的方志文献亦步亦趋，那就不可能前进半步。又如所谓的《四贤堂记》，当然是一篇重要文献，可是如果仅仅局限于方志所载，那是远远不够的。因为，张耒的文集还在，有关《四贤堂记》的文字也完整地保存下来了。以张耒文集与方志所载相比对，二者有着很大的差异，差异就是矛盾，矛盾就是是非，这就得重视。依据张耒《二宋二连君祠堂记》，连南夫诸父辈有名连仲儒者，尚未引起各地连姓文化研究者的注意。这就是只使用方志，而不做溯源工作的局限。方志固然可补正史之缺，那是有条件的。同时，方志也不是广古今而无遗，应有尽有，方志不是至善，文献也不应成为观止。

方志文献是一方一地之史，族谱文献则是一家一姓之史。在历史文化、历史名人研究中都具有很重要的地位和作用。中国历史悠久，姓氏文献资源丰厚，发掘谱牒文献资源，为现代社会主义文明建设服务，是古为今用、今古齐观的一个重要内容。连姓文化研究，在这方面已经做出了很大的成绩，值得庆贺。可是需要继续做的工作，也仍然是多多。

连南夫生活的宋朝，谱牒类书籍很多，《宋史·艺文志》史部专设谱牒类。关于皇室族谱的书，叫做玉牒，掌修皇室族谱的机构，叫做玉牒所。宋设玉牒所，建有玉牒殿。宰执一人为提举，侍从一人为兼修，宗政卿宗政少卿以下同修撰。皇家族谱，归宗政寺掌管。有四个类型：皇帝玉牒、仙源积庆图、宗藩庆系图、宗室属籍。南宋有《仙源庆系属籍总要》一书，合图、录、属籍三者为一，实际上无复往时规模，远逊昔日辉煌了。

《宋史·艺文志》谱牒类著录图书一百部，包括姓氏书和族谱。姓氏书中有《姓苑》《元和姓纂》《同姓名谱》《古今同姓名录》《天下郡望姓名族谱》等书。涉及宋人的族谱类有苏洵的《苏氏族谱》、钱惟演的《钱氏庆系谱》、符承宗的《符彦卿家谱》等书。皇帝、帝室的宗谱，有专人负责编撰，官员士子的家谱，当然是自己修撰，或请人修撰。宋代的姓氏书和族谱，数量很大，《宋史·艺文志》所载，只是极小一部分。宋人著作方式或文章体裁当中，有一类叫做序。序中含有族谱序和家谱序，这是关于一家一姓的，可知宋人所修家谱、族谱必然不少。宋朝人周必大有《皇朝百族谱序》，与一般的谱序不太一样，他是序丁维皋《百族谱》的，却说了一堆论谱牒的话，今天读来，仍不无教益，今节录其文如下：

君子之著书也，有心于劝戒，而无心意于好恶，然后可以施当今而传来裔。谱者，世系之学，盖尝盛矣。姓有苑，官有谱，氏族有志，朝廷以是定流品，士大夫以是通婚姻。然行之一时，其弊有不可胜言者，何也？好恶害之也。是故进新门则退旧望，右膏粱则左寒畯。进而右者以为荣，荣则夸，夸则必侈；退而左者以为辱，辱则怒，怒则必怨。

以侈临怨，则生于其时者，悉力以呈悍，出乎其后者，贪名以自欺。

周必大的识见，高人一筹，他把族谱的得失与封建秩序的稳定与和谐相联系，可谓发人之未发，见人之未见，耐人寻味。宋人序一家一姓族谱的有：曾南丰《重修族谱序》、方大宗《方氏族谱序》、游九言《陈氏族谱序》、范仲淹《续家谱序》、季宣《贾氏家谱序》、洪庆善《丹阳洪氏家谱序》等等。现存宋代文献中，未发现连姓族谱或家谱的蛛丝马迹。欧阳修的《连处士墓表》述连庶以上至连总，韩元吉《连公墓碑》记连南夫之上，都有谱牒的因子，但毕竟不等于连姓族谱。从各地研究连姓文化所涉资料看，新闻传媒和一些纸质文献载体所披露的连氏族谱，是极可宝贵者，因为它们于连姓本根溯源，枝叶分合，有很好的见地。如人们称为《龙谱》的连氏族谱和清乾隆时的《十家老谱》的序都说连氏是姜姓，是子牙公之后，这和连横所说"系出连山氏"相一致。所以，收集连氏族谱，以为研究连姓文化之助，自是题中应有之义。

但是，对于族谱要有适当的理性。孟子说过，尽信书，不如无书。对待族牒文献，也应如此。我于此处，只举一个例子，以说明使用谱牒时，应十分当心。

《追寻连氏家族之根》第二章引《岜前连氏宗谱》：第一世玄庶，别号底清；第二世端贞，号湖广；第三世纯，号德安；第四世淑颖，别号应山；第五世南夫，字一阳。作者已经正确地指出：这些记载与应山县志记载不一致。该谱记载与史载淑颖为庸之子，中间多了二代，这当然不是小事。除此之外，我以为，还有三点值得注意。

第一，称连庶为玄庶，十分不妥。可以查一下宋代人名，北宋自真宗以后，人名中没有带"玄"字的。为什么？因为在避赵玄郎的讳。北宋有三个人的名字中带"玄"字，即张美、柴禹锡和腾世宁。张美和柴禹锡都字玄圭，滕世宁则字玄锡。这三个人都是宋太宗以前的官员。有一说，说赵玄郎是宋太祖的字，另一说说赵玄郎是其祖上的名，有人说是子虚乌有，有人说是宋真宗造出来的。然而不论怎么说，真宗以后讳"玄"字是真的，讳"郎"字也是真的。例如，现在河南省有个确山县，而那个确山就是太中祥符五年（1012）由郎山改的。又如，现在河南省有个伊川县，伊川县有鸣皋乡，鸣皋原叫明皋，而明皋原叫郎皋，也是宋代改的。郎皋就是古代的狼皋。宋人很重视避讳，比如宋太祖的父亲叫赵宏殷，所以宋代只有昭文馆，而无宏文馆。人们都知道抗金名将杨再兴战死小商河，而那个小商河本来是叫小溅河的。这些都是避赵宏殷讳的结果。所以，宋代避讳赵玄郎的"玄郎"二字，应是不争的事实。大家都自觉地不用玄字做名字。连庶是进士，这个常识他必定不敢违背。所以称连庶为玄，是后来的事情，不是宋代的事情，不可当真。时人称连庶为"连底清"三字不能拆开。

第二，从二世至四世，分别号湖广、德安、应山，都以行政区划名号一级小一级，每况愈下，这个系统太过完美，"完美"得令人难以置信。但是不要忘记，宋人较少将"湖广"连用，宋时德安属荆湖北路，另有荆湖南路。再向南是广南东路、广南西路，荆湖北路与二广不相隶属，所以宋人将二者连称，有，但不多。"湖广"连用，是后代的习惯用语，这个叫做湖广的号，绝非宋代所有。那么，湖广、德安、应山这三个号是怎么来的？他是连姓后人中某一个有学问的人为不忘根本祖居地而造出来的。事情如此而已，这是美好的文字，不必否定它。

第三，该谱于"第五世南夫"下说："字一阳，登宋崇宁间进士，授广东提刑转运使。"按：字一阳，于宋代史籍和文集未见。南夫字鹏举，没有字一阳的记载。说"登宋崇宁间进士"，传递的是错误的信息。"授广东提刑转运使"是糊涂观念，不知所云。转运使称漕，提刑使称宪。提刑使在行政级别上比转运使低半格。转运使是转运使，提刑使是提刑使，提刑转运使，不知是何官何职。很明显，这不是宋人称谓。这也是美好的文字，同样不必否定它。

全国各地连姓族谱数量相当可观，这是一笔丰厚的谱牒类文化遗产，是连姓文化的一部分，也是中华姓氏文化的一部分，要很好地开发和利用。如果连姓有人热心编出一部连姓族谱大全，予以汇集，予以分析，那也是一件功德无量的大事。

历史名人研究中当然要重视方志文献和谱牒文献，持重、慎重的本身就是重视。一切采取分析的态度，就是科学的精神。凡事都贯彻科学精神，就能进步。

历史名人研究要提倡科学精神，远离浮躁，这是追求健康人生的一个很重要的方向。

改革开放以来，给历史名人研究提供了前所未有的机遇，历史名人研究因而也有了前无古人的繁荣，用人才辈出、硕果累累来评价，我以为相当的恰当。由于改革开放，经济文化的发展，人民生活水平有了很大提高和改善，这也是很正常的现象。历史名人名声很大，身份很高，有些是世界级的，有些是国家级的，然而无论是什么级别的历史名人，生活在天地之间，总是与具体的地域相联系，因而历史名人的地区化的研究、地方化的研究，总是会发生的。在一定条件下，地方历史文化名人研究兵团，是历史文化名人研究的主力。一些专家、学者，投身这个队伍，有的是专业所致，有的是兴趣所在，有的是乡邦观念起了作用。当然也不须讳言，其中也不乏为利益机制所驱动者。无论怎么说，历史文化名人研究的地方化，历史文化研究者的地域化，以及新出了许多成果，成就了无数人才，都是不争的事实。历史名人研究，在历史上是文化名人的事，在今天则是政府部门、专家学者和广大群众的事，时代的不同，导致了这个巨大的变化。

范仲淹高揭"先忧后乐"的旗帜，享誉千载之下，写有著名的《岳阳楼记》，说到他的好友滕子京就是滕宗谅重修岳阳楼，"刻唐贤今人诗赋于其上"。范仲淹并没有到岳阳，是在知邓州任上写成《岳阳楼记》这一千古名篇的。他凭什么说滕子京"刻唐贤今人诗赋于其上"的呢？原来是滕子京给他提供的背景资料中有前代歌咏岳阳楼的篇什。可见北宋各地关于当地历史名胜是有系统的文献的。

地方负责人关注当地文化建设，自古就是一个优良传统。

今人关注地方文化更胜古人。由于政治的、经济的、商业的、产业的因素的混入，历史名人研究中也的确有一些不健康的现象。因此，在历史文化名人研究中，把持自己，提倡科学，拒绝浮躁，是一件相当要紧的事情。

赋予古人以神话，是名人研究中一个司空见惯的现象，此事也是自古便不乏其例的。亳州有升天槐，传说老子爬到这槐树上升天的。清《嘉庆一统志》已斥其荒诞。老子是神仙，难道登上槐树才能升天吗？那么老子的神通也太小了。近年读范仲淹的集子，才知道这故事也是古已有之，至少北宋仁宗以前便有。范仲淹写《太清宫九咏序》，其中之一便是"左纽再生升天桧"。太清宫是老子故里，在河南省的鹿邑县，古称苦县赖乡曲仁里。宋代鹿邑县属亳州，所以也称亳州太清宫。但是明代以后，鹿邑就不再隶于亳州，反而居于归德府，就是今天河南商丘地区，有人说老子故里在亳州，那是无视地理沿革。有意乎？无意乎？还有人说安徽有东太清宫，那里才是太清宫。实际上，东太清宫名叫天静宫，加了个东字，是有意鱼目混珠。有人写《淮河九子》，说老子名李耳，是狸儿的谐音，"狸儿"就是老虎。今按这是明代才出现的说法，以如此晚出的故事论证道家鼻祖，实在没有气力。

关于墨子里籍的争议是近若干年历史名人研究中的热点和亮点之一。墨子长期在楚国鲁阳，即今河南鲁山生活，他的思想，他的语言，与楚鲁阳地区相一致。墨子的书是用白话写的，白话反而让后人看不懂，难煞不少大家。笔者曾研究墨子书中的方言，发现墨子书中不少词语，现在还活在鲁山人的口语中，这是墨子研究的心得之一。相对来说，墨子书中没有一个字涉及滕州即古代的滕小国，也没有任何一个字涉及邾国、小邾国，二国也是滕州境内的小国。台湾学者冯成荣考察各种说法之后，认为滕州境内无任何墨子的蛛丝马迹可寻，滕州与墨子风马牛不相及。有一年，去滕州，见在一个荒僻的山头上建了一个亭子，说那就是"目夷亭"。按目夷亭的亭就是泗上亭长的亭，是基层行政区划名称，怎么会跑到偏僻的山头上去了呢？这不叫望文生义，而是望文生古迹了。亭有军事功能，要建在高处，最初就是城楼。所以，建在荒僻的山顶，就说不通了。

我们家乡有一句话叫做"照前不顾后"，是说人思虑不周，自陷矛盾之地。传媒报道一个新命题，叫做"鲁班系滕州人"，觉得很有意思。这是一个大名家提出来的，可他忘了这是一个伪命题。

墨子书中有《公输篇》，公输就是鲁班，那是后来的说法，在墨子书中，只叫公输，输与班，输是运输，班同盘，同搬，就是班输同义。显然，输和班，一个是名，一个是字。先秦，尽有此例。按我的理解，公输的公，就是工巧的工，能工巧匠，就是工垂的工。后人称之为鲁班，似乎是鲁人了。现在说是滕州人，滕并不属于鲁。

滕国、小邾国是另外的国家，并不隶属于鲁。现在的鲁，是大省山东省的简称。古代的鲁国，并不是大国，也不是强国。山东的朋友往往把现代鲁和古代的鲁弄混，以为凡是山东土地上的事和人都属于古代的鲁国。所以在名人研究上，常闹捉襟见肘的事情。说鲁班是滕州人，就是说鲁班是滕国人，那么他就不能叫做鲁班，而只能叫做滕班。但是如此一来，世上便不再有鲁班其人了。所以，"鲁班系滕州人"这个命题本身就否定鲁班的存在。这恐怕是那位提出这个命题的大名家始料之所不及的吧！历史事实不由某一大家的谬说而改变。令人感到惊奇的是，有的人在学术研究上本来是很严谨的，可是到了地方文化研究领域就失却常态。可有的人甚至很有才，鬼板眼很多。可以拒谏，可以饰非，可以鼓动风潮，可以左右舆论，可以信口雌黄，可以弄假成真。然而这一切都与学术道德相悖，而最终仍然改变不了历史的真实。

历史不允许虚构，旅游倒不乏造假，名人研究中有些人拿捏不准这个界限。如给齐天大圣孙悟空找墓地，就属此类笑话。至于给梁祝定故里，为牛女安新家，就更不在话下了。名人研究中还有腐朽的落后的意识在作怪。如祭名人，定在上午九时五十分，说是象征"九五之尊"，难道"九五之尊"，就是这样儿戏吗？你说象征，就象征得了吗？为了拔高名人，就给加上"圣人"的桂冠，难道除了圣人，就没有新的有意义的称谓了吗？研究历史名人，应该有新的思维，新的方式，新的境界。而有些人，为了名人而名人，为了里籍而里籍，闹得不可开交，那境界是连古人也不如了。总之，历史文化名人研究蓬蓬勃勃，如火如锦，形势是前所未有的好。但也存在一些不健康现象。历史名人研究，要实事求是，要提倡科学精神，而拒绝浮躁，这是追求真知的一个过程，也是追求健康人生的一个方面。

乙部

连南夫文献经眼录

小　引

　　连南夫为南宋名臣，《宋史》中无传，其生平资料，散见于宋人文集和史籍中者，颇亦不少，且都具有较高史料价值和研究价值。今做《连南夫论》，经眼连南夫及其家族文献，以为很可宝贵，故择其要者，辑为《连南夫文献经眼录》，独为一部，编入本书。连南夫文、连南夫奏议和他的《宣和使金录》，是早已佚失了的。今人编《全宋文》，辑有《连南夫文》，而其源就保存在连南夫文献中，故本书不录《连南夫文》。本书这一部分，以宋代文献为主。此后与之相同记载，非特别需要，一般不予收录。

01
连公墓碑

　　宣和五年，故宝文阁学士连公讳南夫，以秘书省校书郎假太常少卿贺女真。来年正月，会金使李靖来告太祖之丧，朝廷遂除公接送伴，改命为祭奠吊慰使。公前以面对更京秩，天子记其才气可用，而蔡攸方领枢密，阴忌之。大臣亦谓敌有丧，可以虚声动者，欲稍变契丹旧仪，合祭、吊两使为一。且诏公：吾所奉赏设金缯与借粮米，皆已副金人之需，而西京应蔚、奉圣、归化、儒妫等州，逮今未交，宜开谕交取以来。公不敢辞。至，敌果以祭吊并聘为言，公从容对曰："告哀使仅留三日尔，朝廷丞欲报命，故因某送伴而遣，殆有司失照例，非有意也。"所议，漫不答，反以纳张觉与燕山之民有所诮诘。公慷慨复曰："本朝兵将盖多，何至须一张觉？燕民之来稍众，未尽见尔。"论辩不屈，遂成礼而归。归，即为上言："敌好不可保也。朝廷所仰大将则郭药师，兵则常胜军。比年军政不修，新边无河山之阻，而粮食未均，蓟州卒有羸饿，河朔马群尽空，无留良焉。愿选中国将帅以制药师，练中国士卒以制常胜军。"因面奏："刘延庆败十万众，皆童贯赏罚不明，至其遁走，且厚币以易云中，而以捷奏。乞斩贯、延庆以谢天下。然城池不坚，器械不利，敌有轻视中国心，不一二年，将不遗余力而来矣。"徽宗皇帝闻公言，大骇，尽以所论付枢密院、宣抚司。而攸、贯之徒皆切齿也。始，公道迁秘书郎。既还，迁起居舍人。七年三月，遂拜中书舍人。言者观望大臣，诋公为不职，除右文殿修撰、知庆源府。公曰："庆源在河北，正宣抚所隶，何可居？"挝登闻鼓，论其事，愿易他所，即改濠州，淮南小郡也。而言者志未逞，复诮公谢表有讥讪，降一秩。是岁十二月，敌果率众逼京师，钦宗皇帝讲和敕下，即《论敌情十患》，愿因诸道之兵未遣亟击之。靖康二年，除待制徽猷阁，公曰："吾惟备一州矣。"缮治濠城，凿巨石五百步，运甓塞淮流之贯城者，增城为三丈。立楼橹，并城开稻田十里以为汗。二圣北狩，或言伪楚赦且至，公密伺于境上，曰："有赍赦者，当斩之。"已而，宗室数十丐纳官职以去。公持之，恸哭曰："南夫宋臣，且侍从也，义当保兹垒。况元帅康王在外，必应天命，诸君幸毋恐。"即遣人驰蜡书劝进。建炎登极，诏公再任。公又论讲和致祸之由。闻集议驻跸，即上疏，祈幸关中。且谓敌势甚炽，秋高马肥，必为渡河绝淮之计，画《捍御策》为四十条。复移书李纲、郭三益，宜用汉高捐关东以与黥布、韩、彭之策，以燕云致其地豪杰，以辽东致高丽，以契丹故地致契丹遗族。其论甚壮。继有召命，而敌已至扬州，濠民惧无与守也，挽公不得行。明年，除显谟阁直学士、知江宁府。未逾月，大驾驻江宁，即府治为行宫，公竭力营缮，无一弗备。又乞江北置三大都督，分总陕西、两河、淮南诸路，而自荐一二大臣为可用。语出惊众，即丐外祠，命知桂州，又改饶州。金人已自江浙破豫章、临川，游骑至饶境，公科丁壮为固守。敌虽不犯，而群盗蜂起。有侯进万余来攻，公大辟城扉以疑之，贼惶惧未知计。公夜炽火，声鼓震天，进遂惊溃。而刘文舜大艑数十，由南康而下，公躬部民兵，昼夜乘城，矢石几尽。时御营统制王德号王夜叉，驻兵庐陵，公飞书邀之。众畏其不来，德得书泣曰："我尝系建康狱，连公为守，待我厚，当死报之。"以舟师不三日至。文舜惧，请降，诛其渠魁五人而散其众。有王念经者，以左道聚愚民至十余万，公劝德追击，至贵溪，斩首数万级，复为民者几倍。绍兴改元，张琪既破新安，直抵城外，公遣将败之，伏尸四十里。于是饶以块然小垒，而能却金兵、捍群盗，独立于江左，饶人至今祠公不忘。而公以疾得请临安府洞霄宫。未几，起知信州。始诏守臣具民间利病或边防五事，公应诏论十一事，且指赦令倚阁二税为非，曰："安有占田而不输税者，军旅调度顾可阙乎？"移泉州。朝廷下福建造舟以备海道，遣使督促，公曰：舟用新木，难遽办，且湿恶易坏。若以度牒钱买商船二百艘，则省缗钱二十万矣。从之。时诏亲征伪齐，公慨然献议，引汉卜式愿尽死节、马伏波以马革裹尸之意，乞扈从。不报。在泉二年，提举江州太平观。岭南水陆盗贼充斥，刘宣自章贡扰揭阳，郑广、周聪抄海道，而曾衮据釜甑山者七年。其余妄称大王、太尉、铁柱、火星、飞刀、打天之号凡十八火，动数千人也。即起公经略安抚广东，进宝文阁学士兼措置虔闽盗贼。公入境，召大将韩京激厉使之，且按诛惠州孔目吏与曾衮表里者，合诸郡兵以次年平定。降者遣诣密院，或分置军中，擒获者戮于市，胁从者还其业，岭峤遂清。诏书奖谕，迁官一等。而公裁决明审，滞讼悉空，番禺之人立祠作碑以纪其绩。徽宗与宁德后凶问至，公上疏曰："事已如斯，追救何及。惟用兵可以雪耻。宜乘军民痛忿，竭作北向也。"郦琼既叛，公又言："豫贼得琼，正在疑贰，愿以刘光世为前驱讨焉。"逮河南故地暂得，公亦进封事，以为殆天授我，机不可失也。正不可以得地小恩而忘二圣播迁大耻，当乘其未备击之。复提举太平观。盖公自靖康深以和议为非，至谓不知讲和为何策，国家之难皆和议有以致，执论不变。及故地虽失，慈宁还归，宰相以成功自居，指公为异论之人。言事者奉其意，以公在广日用讲和需恩放杜充之子自便为非，由是落宝文阁学士。绍兴十三年正月二十六日，终于福州寓舍，春秋五十有八。呜呼！公盖应处士之曾孙也。处士德安人，讳舜宾，欧阳文忠公表其墓，所谓孝友温仁以教其乡者，赠至金紫光禄大夫。其第三子讳庸，公之祖也。考则讳仲涉，赠至通议大夫，妣杨氏、高氏，赠淑人。公字鹏举，年二十四进士上舍，释褐授颍州司理参军。移鼎州教授，省罢调澧阳尉。丁内艰。调襄邑主簿、虔州教授未赴。除辟雍正，礼制局检讨，补校御前文籍，遂为校书郎。徽宗一见奇之，仅逾年，擢之侍从。气正而言直，艰难变故，志在经纶。其言曰："《易》：穷则变，变则通。今之祸变，真变也，而通之道寓焉。"故始献议幸关中，继则议迁江陵，且谓天子当留神武事，以激昂将士。乞仿讲筵之制，置侍射、侍驭之官，以待诸将。选三等豪户，仿六郡良家子，以充禁卫。乞先图李成，则盗贼可无患。然朝廷既诛六贼，凡除授有讨论之目，公则曰："何示天下以不广也。惟当共筹所以报金人而已。"又谓可以用人死命，无过爵赏，而朝廷吝惜太甚。请优立告变赏格，而增重帅守之权。皆不顾众异。州县各阙官而悉罢权摄。公则曰："议者不过为朝廷惜请给之费，宜听其权而监司察其私，严其缪举同罪之罚，则无废事矣。"及举行赃吏杖脊朝堂之令，公自信州条具言曰："选人七阶之俸，不越十千也。军兴，物价倍百。当先养其廉，稍增其俸，使足赡十口之家，然后复行赃吏旧制。"朝廷是之，增选人茶汤之给。天下称诵，以为长者。在濠，遇渊圣受禅，首乞下罢天宁节宴设。及建康初对行宫，即劝天子以汉高、唐太宗之英武而行孝悌。又曰："宫阙少安矣，当思二圣在沙漠而未安也。于此朝群臣，则问以迎二圣之策；于此见将士，则问以回二圣之谋。"太上皇帝为之感动。盖公于论思靡不尽，而不为拘挛龌龊之论。才略从横，仅见于诛锄寇盗，绥靖一方，曾未得究其所施，诚可哀者。其帅岭南，惧涉瘴疠，自誓不受俸给，以祈全家生还。及被赏进官，力辞不肯受。朝廷不从，竟以回授其兄喆夫，而以俸给推与其兄妹及侄。自广而归，扶携仕族之不能归者数家。平生奏补，先其孤幼。轻财好施，家无余赀。绍兴十五年十一月十五日葬于怀安县稷下里崇福山之原，而未克有铭。淳熙之十一年，其子璺来告，因考订其行事，叙而碑之。公官至中大夫，赠左正奉大夫。娶王氏邻臣之女，赠淑人，先公卒。男三人，璺，朝奉郎，权发遣邵州；毅，承奉郎，监秀州华亭县袁步盐场；莹，承奉郎。女二人，长以疾废，次适将仕郎刘遵。毅、莹与次女皆前卒。孙男二，孙女九，有奏议三十篇，文集二十卷。

铭曰：文武之分，肇岂自古。治功则文，戡定斯武。嗟世诵说，乃以为文。悔至患生，孰济我民。伟矣连公，处士之孙。以文决科，勇且有仁。公初奉使，请诛边臣。不惧不惊，天子圣明。祸乱方兴，刻意武事。矢谋于朝，用则不既。御戎鄱津，珍寇海滨。笑谈之间，有劳有勋。政令恩威，英明恺悌。悉尝于民，才则我忌。以和为功，吾其可同。成败奚言，第输我忠。惟公之忠，匪顾其利。孰能昭之，赍志没地。怀安之原，稷下之山。罔愧于先，后其有传。（宋韩元吉撰《南涧甲乙稿》卷十九）

鲁阳附按：《连公墓碑》是研究连南夫的最基本的也是最重要的文献。如果能深入研究这篇文献，对于连南夫研究一定会有很大的帮助。据现在看到时人的一些成果，人们对《连公墓碑》的重视还很不够。有一些研究成果中的错误不能说和这种重视不够没有关系。例如，《连公墓碑》说连南夫"在濠州遇渊圣受禅",渊圣就是宋钦宗,连南夫是由知庆源府改知濠州的,这实际说明连南夫知庆源府事是宋徽宗时的事,但是有的书却说连南夫知庆源府是钦宗任命的。这就是不重基本文献的结果。因为墓碑文字极其重要,所以独立置于所有文献之首。当然,墓碑文字,不免也有回护之词,兹不一一说明。

02
连南夫石刻题词二首（三则）

[01] 去赵州五里，使副以下观石桥。桥有石栏，高二尺余，上分三道，下为洞。桥两马头，又各为二洞。傍为小亭板阁以入，石理坚致，题刻甚众，多是昔时奉使者。有云："连鹏举使大金至绝域，实居首选。宣和六年八月。"亦有天会中回谢大齐使人留题，不能尽读。桥上片石有张果老驴迹四。（宋楼钥撰《攻媿集》卷一百十一）

[02] 赵州城南平棘县境通津有大石桥，曰安济，长虹高跨。通衢上分作三道，下为环洞两堧，复各为两洞。制作精伟，阑楯刻蹲狮，细巧奇绝，华表柱上宋臣使金者刻题甚多，不能尽读。有刻曰：连鹏举使大金至绝域，实居首选。宣和六年八月壬子题。（《河朔访古记》卷上）

[03] 绍兴九年，岁在己未，二月初吉，药洲春水新涨，小舟初成，连南夫鹏举、口正明甫、周见利君遇、王勋上达、晁公迈伯咎，载酒同游。（《金石续编》卷一五）

03
《宋史》连南夫文献辑（六则）

[01]（宣和）六年（1124）春正月乙卯，为金主辍朝。戊午，置书艺所。癸亥，藏萧干首于大社。戊寅，遣连南夫吊祭金国。（《宋史》卷二十二）

[02]香。宋之经费，茶、盐、矾之外，惟香之为利博，故以官为市焉。建炎四年（1130），泉州抽买乳香一十三等，八万六千七百八十斤有奇。诏取赴榷货务打套给卖，陆路以三千斤、水路以一万斤为一纲。绍兴元年（1131），诏："广南市舶司抽买到香，依行在品答成套，召人算请，其所售之价，每五万贯易以轻货输行在。"六年（1136），知泉州连南夫奏请，诸市舶纲首能招诱舶舟、抽解物货、累价及五万贯十万贯者，补官有差。大食蕃客啰辛贩乳香直三十万缗，纲首蔡景芳招诱舶货，收息钱九十八万缗，各补承信郎。（《宋史》卷一百八十五《食货下》）

[03]刘光世部将王德擅杀韩世忠之将，而世忠亦率部曲夺建康守府廨。（赵）鼎言："德总兵在外，专杀无忌，此而不治，孰不可为？"命鼎鞫德。鼎又请下诏切责世忠，而指取其将吏付有司治罪，诸将肃然。（《宋史》卷三百六十《赵鼎传》）

[04]（高登）归至广，会新兴大饥，帅连南夫檄发廪振济，复为糜于野以食之，愿贷者听，所全活万计。岁适大稔，而偿亦及数。民投牒愿留者数百辈，因奏辟终其任。（《宋史》卷三百九十九《高登传》）

[05]易青者，为都督行府摧锋军效用。初，广东贼曾衮本军士也，已受招复叛。绍兴六年（1136）十月，经略使连南夫与摧锋军统制韩京

会于惠州，督诸兵讨之。京募敢死士七十三人夜劫衮营，青在行中，为所执。贼驱至后军赵续寨外，谓续曰："汝大军为我所擒者甚众。"青大呼曰："勿信，所擒者我尔。"贼又言："吾不汝杀，第令经略持黄榜来招安。"青又呼曰："勿听！任贼杀我，我惟以一死报国。"贼怒焚之，青死，骂不绝口。（《宋史》卷四百四十九《忠义四》）

[06]（绍兴）九年，金人归河南、陕西故地，以王伦签书枢密院事，充迎奉梓宫、奉还两宫、交割地界使，蓝公佐副之。判大宗正事士㒟、兵部侍郎张焘朝八陵。帝谓宰执曰："河南新复，宜命守臣专抚遗民，劝农桑，各因其地以食，因其人以守，不可移东南之财，虚内以事外。"帝虽听桧和而实疑金诈，未尝弛备也。

时张浚在永州，驰奏，力言以石晋、刘豫为戒，复遗书孙近，以"帝秦之祸，发迟而大"。徐俯守上饶，连南夫帅广东，岳飞宣抚淮西，皆因贺表寓讽。俯曰："祸福倚伏，情伪多端。"南夫曰："不信亦信，其然岂然。虽虞舜之十二州，皆归王化；然商於之六百里，当念尔欺！"飞曰："救暂急而解倒悬，犹之可也；欲长虑而尊中国，岂其然乎？"他如秘书省正字汪应辰樊光远、澧州推官韩纺、临安府司户参军毛叔庆，皆言金人叵测；迪功郎张行成献《询荛书》二十篇，大意言自古讲和，未有终不变者，条具者皆豫备之策。桧悉加黜责，纺贬循州。（《宋史》卷四百七十三《奸臣三》之《秦桧传》）

鲁阳附案：《宋史》卷三百六十《赵鼎传》未提连南夫名讳，然其说韩世忠夺建康府廨，正是连南夫治寺，故而采录。《易青传》"后军赵续"，《建炎以来系年要录》作"后军将赵续"。

04
《宋会要辑稿》（十则）

　　[01]（绍兴）七年八月二十三日，广东经略安抚使连南夫言："被旨如盗贼事不可待报，许便宜施行讫具奏，今来水陆别无大寇，所有便宜指挥，伏望收还。"从之。（《宋会要·职官四一》之一〇九）

　　[02]（建炎）元年十一月十八日，知濠州连南夫言：被旨下诸路，将常平钱物计置轻赍金帛，差官赴行在交纳。今划刷起发到常平司在下系封桩钱若干贯，变转到银若干两，并预买绢抵挡金银及军资库见在未起夏税匹帛等，已计置赴行在交纳。奏闻，乃诏：预买绢绸并军资库物帛，既非上贡额数，自合桩留，充本州岛本路军兵衣赐，余付行在。送给诸路依此。（《宋会要·职官四三》之一三）

　　[03]（绍兴）六年十二月十三日，诏：蕃舶纲首蔡景芳特与补承信郎，以福建路提举市舶司言景芳招诱贩到物货，自建炎元年至绍兴四年，收净利九十八万，乞推恩故也。（《宋会要·职官四四》之一九）

　　[04]（绍兴七年）闰十月三日，上曰："市舶之利最厚，若措置合宜，所得动以万计，岂不胜取之于民？朕所以留意于此，庶几可以少宽民力尔。"先是，诏令知广州连南夫条举市舶之弊，南夫奏至，其一项市舶司全藉蕃商往来货易，而大商蒲亚里者，既至广州，有右武大夫曾纳利其财，以妹嫁之，亚里因留不归。上令委南夫劝诱亚里归国，往来干运蕃货，故上谕及之。（《宋会要·职官四四》之二〇九）

　　[05]（宣和七年十一月）二十二日，知濠州连南夫降一官。以言者论其与兄争讼十七年不葬其亲，及知濠州，乃因谢表文过饰非无所忌惮故

也。（《宋会要·职官六九》之一九）

鲁阳附按：有说宋钦宗任命连南夫知庆源府改知濠州，有误。连南夫知庆源府改知濠州，皆为宋徽宗所任命。其时间应在宣和七年十月以前。《宋会要》此条记事，是其铁证。

［06］绍兴五年正月四日，诏："福建路安抚使张守，知泉州连南夫，比朕亲总六师，前临大敌，供亿调度，曾不愆期，宜有葆宠。张守除资政殿大学士，连南夫除宝文阁直学士。"（《宋会要·选举三四》之四）

［07］建炎元年十一月十八日，知濠州连南夫言：尚书省札子，依黄潜厚所乞下诸路守臣监司，各尽臣子之心，计置轻赍金帛，差官管押前来行在缴纳，共济国用。今划刷到军资库见在未起夏税匹帛官绁七百七十六匹，绸三千七十九匹，绢九千匹。诏：军资库物帛既非上供额数，自合桩留，充本州岛本路军兵衣赐。诸路依此。（《宋会要·食货五二》之三二）

［08］十一月十八日，知濠州连南夫言：尚书省札子，依黄潜厚所乞下诸路守臣监司，各尽臣子之心，计置轻赍金帛，差官管押前去行在缴纳，共济国用。今划刷到军资库见在未起夏税匹帛官绁七百七十六匹，绸三千七十九匹，绢九千匹。诏：军资库物帛，既非上供额数，自合桩留，充本州岛本路军兵衣赐。诸路依此。（《宋会要·食货五四》之七）

［09］（绍兴六年八月）二十一日，知广州连南夫言：本州岛连年盗贼侵犯，须赡兵马守御，因此财赋缺乏。所有秋夏二税，乞免一二年。诏：予蠲免今年秋夏二税及上供钱物。（《宋会要·食货六三》之六）

［10］绍兴五年八月二十四日，福建海贼朱聪等补保义郎，其次各补官有差。

是年正月，聪等海内聚集船只三十余只约二百余人，入广东诸县杀人放火，后，朝廷委福建、广西帅司措置招捕，至是聪率众来降。聪等所率徒众万数甚多，于是将补保义郎，薛逋、林廷彦各补承信郎，程迻、曾元、倨佻、张仲、吴犹、林日光、林举、林元寿、吴德，并补进武校尉。（《宋会要·兵十三》之一八）

05

《中兴小纪》《靖康要录》连南夫史料（四则）

[01] 时以华藏寺为建康府治，而江浙制置使韩世忠权住蒋山。诏世忠候建康府移保宁宫，即听居华藏。缘保宁有先朝房院尚在。守臣、显谟阁直学士安陆连南夫未及迁入，而世忠逼其骨肉狼狈出寺。于是殿中侍御史赵鼎言："世忠躬率使臣排闼而入，逐天子之京尹。此而可为，则无不可为者矣。南夫治郡，缓不急事，愿先罢之。然后降诏，切责世忠，仍治其使臣之先入者。此为两得。"上深嘉纳，且曰："唐肃宗兴灵武，诸事草创，得一李勉，然后知朝廷尊。今朕得卿，无愧昔人矣。"于是诸将帖然畏服。亦罢南夫，而以兵部侍郎汤东野兼知建康府。（《中兴小纪》卷六建炎三年六月）

[02]（七月）十八日，连南夫、韩驹，复徽猷阁待制，遣差依旧。（《靖康要录》卷七）

[03] 初，河北贼郦琼等五万人来降，浙西大帅刘光世遣统制官靳赛往招纳之。又饶信间有妖寇王念经等聚众数万，光世亦命统制官王德同赛总兵致讨。德涉彭蠡，道出饶州，群盗刘文舜攻城甚急，守臣连南夫驰书求救，德引兵压垒而阵，贼舍兵请降。（《中兴小纪》卷九）

[04] 闰十月庚申，资政殿学士王绹卒于平江府。先是，诏知广州连南夫条市舶之弊，辛酉，南夫言市舶司惟藉蕃商往来贸易，大商蒲亚里者，昨至广州，有武臣曹讷利其财，以女适之，亚里遂留不归。上因令南

夫劝其归国，运蓄货往来。上曰："市舶之利最厚，若措置合宜，所得动以万计，岂不胜取之于民？朕以留意于此，庶几可以少宽民力尔。"（《中兴小纪》卷二三）

06

《建炎以来系年要录》连南夫史料（二十三则）

[01] 初，户部尚书黄潜厚建请诸路监司郡守计置轻赍金帛勤王，至是，知濠州、徽猷阁待制连南夫言，划刷到军资库绸绢二千匹有奇，欲输行在。诏：军资库物帛，本非上供，当留以为军衣之用，诸路视此者悉归之。南夫，安陆人也。（宋李心传《建炎以来系年要录》卷十，以下简称《系年要录》）

[02] （建炎二年夏四月）甲戌，徽猷阁待制、知濠州连南夫，请令诸路州县于近城十里内，开凿陂湖，以备灌溉。使春夏秋三时，尝有水泽。则良民有丰年之望，敌骑有还泞之苦。方冬水涸，即令耕犁硗确，则敌骑又有历块之患。其自来不系种稻地分，即乞令依仿雄州开凿塘泺，亦有菱芡莲藕鱼虾之利可以及民。仍免一年租赋，以为人工之费。诏诸州相度，后不行。（《系年要录》卷十五。按建炎二年夏四月甲寅朔，甲戌为二十一日）

[03] （建炎三年三月丁亥）徽猷阁待制、知濠州连南夫升显谟阁直学士、知江宁府。（《系年要录》卷二十一。按建炎三年三月丁卯朔，丁亥为二十一日）

[04] 淮西安抚司统制刘文舜引众犯濠州（文舜已见二年二月。按文舜已受胡舜陟招安，不知何以作过），守臣连南夫移江宁府未上，遣土豪俞孝忠率民兵百五十往拒之，将战，孝忠马还泞而死，众皆奔还。文舜引众至城下，南夫出库帛，敛城中金银以遗之，且解所服金带以授文舜，乃得解。（《系年要录》卷二十二，建炎三年夏四月）

［05］（建炎三年六月）乙丑，显谟阁直学士知建康府连南夫，兼建康府宣徽太平州广德军制置使。（《系年要录》卷二十四，建炎三年夏四月）

［06］（建炎三年秋七月）庚子，尚书、户部侍郎、宣抚处置使司参赞军事汤东野，试工部侍郎兼知建康府。时建康寓治保宁僧舍，而浙江制置使韩世忠屯蒋山，逐守臣、显谟阁直学士连南夫，而夺其治寺。殿中侍御史赵鼎言："南夫缓不及事，固可罪。然世忠躬率使臣，排闼而入，逐天子之京尹。此而可为，无不可为者矣。愿下诏切责世忠，而罢南夫，仍治其使臣之先入者。此为两得。"上曰："唐肃宗兴灵武，诸军草创，得一李勉，然后知朝廷尊。今朕得卿，无愧昔人矣。"乃降南夫知桂州，而以东野知建康府。（《系年要录》卷二十五。按是月丁丑朔，庚子为二十四日）

［07］（建炎四年四月）乙酉，江东宣抚使刘光世，遣前军统制王德，讨王念经于贵溪，道出鄱阳。会淮西都巡检使刘文舜为李成所败，渡江寇饶州，围城甚急，守臣、显谟阁直学士连南夫，以蜡书请德解围。德引兵赴之，压垒而阵，文舜气褫，请舍兵听命。德伪许其降，诱文舜入城，执而诛之。（《系年要录》卷三十二。按是月壬申朔，乙酉为十四日）

［08］（建炎四年六月）癸酉，时饶信魔贼未平，沈与求奏显谟阁直学士、知饶州连南夫，直秘阁、知信州陈机，残扰害民，以致生变。机坐免官，而南夫贬秩。（《系年要录》卷三十四。按建炎四年六月辛未朔，癸酉为初三日）

［09］（绍兴四年十二月）乙未，上曰："敌马近在淮甸，而将士致勇争先，至于诸路守臣，亦翕然自效。"顾赵鼎曰："此乃朕用卿等之力。"鼎曰："尽出圣画，臣等何力之有焉。然大敌在前，方惧无以塞责，近日连南夫、张守，皆有奏牍，应办军须钱物，曾不愆期。"上曰："自古国家用贤则治。若警奏初闻，而朕或为退避之计，江浙已邱墟矣。"（《系年要录》卷八十三。按绍兴四年十有二月乙亥朔，乙未为二十一日）

［10］（绍兴五年春正月）戊申，资政殿学士、知福州张守，充资政殿大学士；显谟阁直学士、知泉州连南夫，进职一等。守奉诏变易度牒，得钱百余万缗。会有旨调海舟百艘，守因请以其舟载钱三四十万，应副朝廷使用。南夫亦尽起本郡经制常平钱物，赴平江。中书门下省奏二人供亿

调度，曾不愆期。诏以忧国爱君，宜加褒宠。故有是命。（《系年要录》卷八十四。按绍兴五年春正月乙巳朔，戊申为初四日）

[11]（绍兴五年夏四月）戊午，诏福建、广东帅臣，措置团结濒海居民为社，擒捕海贼。时，宝文阁直学士连南夫论海寇之患，以谓国家每岁市舶之入数百万。今风信已顺，而舶船不来。闻有乘黄屋而称侯王者，臣恐未易招也。愿明下信令，委州县措置团结濒海居民，五百人结为一社，不及三百人以下，附近社。推材勇物力人为社首，其次为副社首。备坐圣旨给帖差捕。盖滨海之民，熟知海贼所向，平时无力往擒尔。今既听其会合，如擒获近上首领，许保奏优与补官，其谁不乐为用。乃下张守、曾开相度如所请。（《系年要录》卷八十八。按绍兴五年夏四月甲辰朔，戊午为十四日）

[12]（绍兴五年冬十月）癸丑，保义郎朱聪充都督府水军统领。初，聪率其徒数百人掠滨海州县，诏以承信郎招之，聪不满意。知泉州连南夫恐其逸去，以便宜补聪武节郎，聪喜，乞以所部海舟三十屯镇江，故有是命。（《系年要录》卷九十四。按绍兴五年冬十月庚子朔，癸丑为十四日。武节郎误，当是保节郎）

[13]（绍兴六年五月）乙卯，宝文阁直学士、提举江州太平观连南夫，升宝文阁学士、知广州。时，广东寇未平，帅臣曾开引疾乞奉祠，故有是命。（《系年要录》卷一百一。按绍兴六年五月戊辰朔，乙卯为己卯之误，己卯为十二日）

[14]（绍兴六年五月）甲午，殿中侍御史周秘言："今虔贼未能殄灭，而闽贼遁于广南，出没海上，窥伺间隙，此尤可忧。望严饬闽、广二帅，早为销弭讨治之策，勿使滋蔓。"时，海寇郑庆寇广州扶胥镇，为东南第十一将官兵所掩，遂绝洋趋南恩州。诏江西制置大使李纲、广东经略使连南夫、福建安抚使张致远，疾速措置。纲谓：虔寇巢穴多在江西、福建、广南三路界首，置立寨栅，为三窟之计。一处有兵，则散往他处。官军既退，则又复团聚。中间遣发军马不能穷讨，止以节制不一之故。若节制归一，使不能散逸，且捕且招，威令既行，则穷寇别无他策，必须自归。然后结以恩信，使之改过自新。将为贼首徒党桀黠之人尽赴军前使唤，以除后患。此最策之上者。乞于江西路置都统制一员，节制三路军

马，以招捕虔贼。至于盗贼衰息之后，又须县令得人，劳心抚字。使作过桀黠之人既去，良民得以复业，安于田亩，乃可以化盗区复为乐土。然虔之诸县，多是烟瘴之地，盗贼出没不常，朝廷初无赏格，士大夫之有材者多不肯就，又难强之使行。欲望优立赏格，将来辟置知县，到任半年，盗贼消除，良民复业，选人特与改官，京朝官与转行一官。候任满日各再转一官。其贼平定之后，量与蠲免租税，已前欠负并免催科。庶几官吏尽心，民庶安业，复有承平之象。疏奏，皆从之。（此并据纲行状，日历未见）（《系年要录》卷一百一。按绍兴六年五月戊辰朔，乙卯为己卯之误，甲午为二十七日）

[15]（绍兴六年八月）庚戌，广东经略、安抚使连南夫言："去朝廷远，如遇经制盗贼事不可待报者，乞许便宜。施行讫，以闻。"从之。（《系年要录》卷一百四。按绍兴六年八月丙申朔，庚戌为是月十五日）

[16]（绍兴六年十月）庚申，是日，都督行府摧锋军效用易青，为广东贼曾衮所执，青不屈，死之。衮本军士，去为盗。后受经略使季陵招安，以为承信郎。已而复叛。至是，经略使连南夫，与摧锋军统制韩京，会于惠州，督诸兵讨之。京募敢死士七十三人，夜劫衮营，青在行中，为所执。贼驱至后军将赵续寨外，谓续曰："汝大军为我所擒者甚众。"青大呼曰："勿信！所擒者我耳。"贼又言："我不汝杀，第令经略持黄榜来招安。"易青呼曰："勿听。任贼杀我，我惟以一死报国家。"贼怒，焚之。青詈不绝口而死。青无妻子。事闻，特赠保义郎阁门祗候，官为荐祭焉。（《系年要录》卷一百四。按绍兴六年冬十月乙未朔，庚申为是月二十六日。注意，赵续是后军将，《宋史·易青传》无"将"字。作"后军将"是）

[17]（绍兴七年二月）乙巳，惠州羁管人刘相如移雷州。相如以书遗广东经略安抚使连南夫，首引汉高祖不斩韩信、唐神尧不斩李靖事。又云："圣人作而万物睹，未见圣人之作。"南夫械系之以闻，故有是命。（《系年要录》卷一百九。按绍兴七年二月癸巳朔，乙巳为是月十三日）

[18]（绍兴七年三月）丙子，赐都督府摧锋军统制韩京金束带战袍银笤枪。先是虔寇刘宣犯梅州，京引所部解围。遂至惠州之河源，讨军贼曾衮，衮挺身出降，故有是赐。（八月丁未，帅臣连南夫转官）（《系年要

录》卷一百九。按绍兴七年三月癸亥朔，丙子为是月十四日。当年八月辛卯朔，丁未为是月十七日）

[19]（绍兴七年八月）癸丑，宝文阁学士、知广州连南夫特进一官，仍赐诏奖谕，以招捕惠贼曾衮之劳也。后数日，南夫言，今水陆别无大寇，乞收还便宜指挥。从之。（是月癸丑降旨）（《系年要录》卷一百十三。按绍兴七年八月辛卯朔，癸丑为是月二十三日）

[20]（绍兴七年闰十月）辛酉，宝文阁学士、知广州连南夫条上市舶之弊。大略言市舶司惟藉蕃商往来货易，大商蒲亚里者，昨至广州。有武臣曹讷，利其财，以女适之。亚里遂留不归。上因令南夫劝其归国，运蕃货往来。上曰："市舶之利最厚，若措置合宜，所得动以万计，岂不胜取之于民？朕所以留意于此，庶几可以少宽民力耳。"（《系年要录》卷一百十六。按绍兴七年闰十月己未朔，辛酉为是月初三日）

[21]（绍兴八年十有一月）己亥，宝文阁学士、知广州连南夫依所乞提举江州太平观。（《系年要录》卷一百二十三。按绍兴八年十一月癸未朔，己亥为是月十七日）

[22]（绍兴九年春正月）戊子，宝文阁学士、知广连南夫上封事曰：臣窃惟大金素行欺侮，比年以来，两国皆堕其术中，大概彼以和议成之，此以和议失之。今陛下果推赤心信之，以其割河南之地，遂恩乎？臣知陛下知几，有不信也。何以言之？丙午之祸，父兄母弟，六宫九族，咸被驱掳，逮今十四年矣，辱莫大焉。使太上圣躬无恙，随所割地，全而归之，十四年羁縻隔绝之恨，念之犹且心折。得梓宫犹不足为恩，得土地顾何足以为恩乎？况陛下于太上有终天之恨，于大金有不戴天之仇。方其许还河南之地，许还梓宫，许还渊圣、六宫，彼其计，实老子所谓将欲取之，必姑与之，兵法所谓不战而屈人兵之术也。谁不怒发冲冠、握拳啮齿而痛愤哉！借使尽得所许，彼何加损？汉王语吕后曰：使赵王有天下，顾少乃女乎？臣窃恐陛下天性孝弟，方感其恩，遂无赫怒整旅之志。盖用心不刚，则四肢委靡。将士虽欲断发请战，有不可得，谁为陛下守四方者？是陛下十有余年宠将养兵殚财曲意之计，一旦积于空虚不用之地，倒持太阿，交手而付之矣。昔，太祖皇帝之南征也，李煜遣其臣徐铉朝于京师。铉曰："煜以小事大，如子事父，未有过失，奈何见伐？"太祖曰："尔谓

父子，为两家，可乎？"安知大金之计，不出于此乎？岂吾太祖行之，而陛下不悟者乎？伏读正月五日赦文曰"戢宇内之干戈"，又奉圣旨"不得诋斥大金"。如此直堕其术中，使忠义之士，结舌而不得伸；忠良之将，缩手而不为用。范增之语项王曰："天下大定矣！君王自图之！"可不鉴哉！臣闻张良为汉王借前箸，以筹挠楚权之谋，为汉王不能制项王死命，遽欲效武王休马息牛，具陈天下游士各归事其主，陛下谁与取天下？审如诏旨，臣恐将士解体，鱼溃兽散，如张良所谓谁与取天下者。然则计将安出？或谓彼国新主厌兵，乃有此议。臣谓使其果有厌兵之心，正当乘其懈而击之。如其不然，先发制人，后发制于人，陛下必知所决择矣。臣闻陛下方遣侍从、宗臣，祇谒宫庙陵寝，将亲见宫室之禾黍，陵寝之盗掘，此正诗人彷徨不忍去之忧也。恐有扶老携幼感泣而听语者。少者之哭，哭其父与兄也；老者之哭，哭其子也。陛下追悼其因，是谁之过欤？还地之恩，孰少孰多？而河南之民，何啻百万？昔日乐生，今日效死，因民之欲，北向为百姓请命，而以王师甲兵之众随之，河北之人，必有箪食壶浆以迎王师者。此臣所以愿陛下因而图之也。（南夫封事当在今年二月士儚、张焘行之后，今因降旨附见。）南夫又为表贺曰：虽虞舜之十二州，昔皆吾有；然商於之六百里，当念尔欺！秦桧大恶之。（《系年要录》卷一百二十五。按绍兴九年春正月壬午朔，此是贺表与上封事书节要文字，与《三朝北盟会编》所载互有优长。今据以新订连南夫上封事文，见本书甲部）

[23]（绍兴十有二年秋七月）癸卯，宝文阁学士、提举江州太平观连南夫特落职。南夫之守广州也，右宣教郎杜岩以朝命送本州居住。及复疆赦下，岩乞自便。南夫请于朝，不俟报遽释之。及是，金人索充子孙之在南者。枢密院以金字牌命帅臣陈橐密切拘管，橐以其事奏，故有是命。（《系年要录》卷一百四十六。按绍兴十二年七月壬辰朔，癸卯为是月十二日）

连南夫出典外郡制书二道

连南夫七典外郡，就是所谓出掌方面，现存其出知州郡制书二道，今录以备参考。

[01] 连南夫知饶州制

敕。名藩巨镇，在全盛之日，并列于方维；通邑大郡，自艰难以来，半罹于兵革。凡兹易地而处，必曰度时之宜，靡有重轻，式均委寄。具官风猷凝粹，学术深醇，早擢殊科，遂跻儒馆，逮专对于绝域，旋联华于从班。出守淮邦，闾里有安居之适；奉迎戎辂，储峙无告乏之忧。载念尔劳，易临便郡。朕惟黄霸之治，称于颍川；公绰之材，优于赵魏。往祗休命，益究尔能。可。（宋李正民撰《大隐集》卷二）

[02] 连南夫知泉州

往者闽寇弄兵，诸郡相蹈藉，而泉南阻险以免。泉之地并海，蛮胡贾人，舶交其中，故货通而民富。夫富则易骄，寇不至则怠而莫之备。朕思得仁明练达之士以守兹土，求于已试，莫如汝宜。具官某，文学政事，高于一时，为吾从臣，公论翕然归重。朕尝考汝江左三州之政，其施设不同，而民皆有惬志。兹用命汝往临于泉者。汲黯为东海太守，以大治闻，后迁淮阳居郡，如其故治。汝尚勉之。其为朕移所以守三州者，施于泉人，勿使骄惰，则予一人汝嘉。（宋张纲撰《华阳集》卷一。"则予一人汝嘉"，系《尚书·君奭》语）

08
《三朝北盟会编》连南夫史料
（四则）

　　《三朝北盟会编》载连南夫史料五条，今采录其三条，其第五条乃转载《绍兴正论》，今亦照录，是为四则。

　　[01]（建炎三年四月二十日）丁卯，车驾幸江宁府。溃兵刘文舜扰濠州。刘文舜，济南府僧也。先是靖康间，京城受围，济南府有刘和尚者，聚众勤王，有数千。上即位，刘和尚率众至南京，纳兵，乞身济南，依旧为僧。未几，其众皆去，围济南府，乞刘和尚依旧为首。官司令刘和尚出城，说谕其众，令退去，遂退于数十里之外。然后求其所欲，众曰："我辈无头领，得和尚依旧为头领。"刘和尚曰："我非驭众之才，岂可为数千人之首。今城中有刘和尚名文舜者，有胆勇，善射，可为汝头领，汝愿之乎?"众曰："诺。"遂招文舜，令还俗，归其本姓，以统其军。车驾南渡，中原沸扰，文舜与其众渡淮，首犯濠州。知府连南夫，命俞家镇土豪俞孝忠，率民兵一百五十人，往迎之，与文舜相遇于白石。孝忠遂进战，马陷于泥淖中，被杀，众皆奔还。而防城民兵知孝忠已死，亦散归。文舜至城下，南夫许犒其军，约使退去。文舜从之。南夫科居民量贫富出银，仍出库帛以遗之，并自解金带，授文舜而去。（宋徐梦莘撰《三朝北盟会编》卷一百二十八）

　　[02]（建炎四年四月壬申朔）十四日乙酉，王德执刘文舜于饶州杀之。王德欲迎隆祐太后于虔州，次吉水，会妖贼王念经反于信州之贵溪县，命德讨之。德道出鄱阳，刘文舜在舒州遭李成之败，方寇饶州，围城

急，知州连南夫以蜡书请德解围。德引兵至城下，压贼垒而陈，文舜褫气，悉舍兵。请念经伪许其降，诱文舜及其次郡谭、袁关索入城，执而诛之。（《三朝北盟会编》卷一百三十七）

鲁阳附按：《三朝北盟会编》这段文字脉络还算清楚，但说"请念经伪许其降"则显然有误。疑"郡谭"或当作"邵谭"。

［03］知泉州连南夫上封事论和议不可信。得三京河南地，肆赦天下，赦到泉州，知州连南夫以为：

金人素持奸计，恐朝廷堕其奸谋。故谢表有曰："臣持橐西清，分符南海，茂著藩宣之效，敢忘献纳之忠。惟虞舜十二州，昔皆吾有；然商於六百里，当念尔欺！莫知其是，不信其然。固知既来而则安，或且宁许以负曲。有若食其之说，无忘韩信之谋。愿益戒于不虞，庶免贻于后悔。"

是时，又有圣旨指挥："不得诋斥大金。"南夫继上封事曰：

臣闻老子之言曰：不信者吾亦信之。又闻孔子之言曰：不逆诈，不亿不信。抑亦先觉者是贤乎，此皆大圣人之用心。陛下纳金国和议之约，允蹈其言。又闻信不足有不信。又闻言不必信，唯义所在此。皆神圣通变之道。《易》曰"几者动之微"，《传》曰："知几其神乎？"大金素行叵测，比年以来，两国皆堕其术中。大概彼以和议成之，此以和议失之。今陛下果推赤心，以其割河南之地，遂恩之乎？臣知陛下知几，有不信也。何以言之？丙午之祸，父母兄弟，六宫九族，咸被驱掳，逮今十四年，辱莫大焉。使太上圣躬无恙，随所割地全而归之，四十年羁縻隔绝之恨，念之犹且心折。得梓宫犹不足为恩，得土地顾何足以为恩乎？况陛下于太上有终天之恨，于大金有不共戴天之仇。方且许还梓宫，许还渊圣、六宫，彼其计，实老子所谓将欲取之，必姑与之，兵法所谓不战而屈人兵之术也。谁不怒发冲冠，握拳嚼齿而痛愤哉！借得所许，彼何加损？汉王语吕后曰：使赵王有天下，顾少乃女乎？臣窃恐陛下天性孝悌，方感其恩，遂无王赫斯怒，爰整其旅之志。盖用心不刚，则四支委靡，将士虽欲断发请战，有不可得，谁为陛下守四方者？是陛下十余年宠将养兵，殚财蓄力之意，一旦积于虚空不用之地，倒持太阿，交手而付之矣。

昔，太祖皇帝之南征也，李煜遣其臣徐铉朝于京师。铉曰："煜以小事大，如子事父，未有过失，奈何见伐？"太祖曰："尔谓父子，为两家，可乎？”安知大金之计，不出于此乎？岂吾太祖行之，而陛下不悟者乎？

昔，唐高祖借兵于突厥，尝父事之，至颉利为太宗所擒，后世称之为英主。陛下肯出太宗下哉？臣伏见生灵戴宋几二百年，沦肌浃髓之恩，视陛下为亲父母。不幸为干戈之所扰，视大金甚为畏惧。韩退之曰：“叛父母从仇雠，非人之情。”民情大可见，大金岂不知之？

昔，耶律德光之击晋也，述律尝非之曰：“吾国用一汉人为主，可乎？”德光曰：“不可。”述律曰：“然则汝得中国不能有，后必有祸，悔无及矣。”许还之约，安知不出于此乎？使大金用述律之言则可，窃吾太祖之言用之，无乃不可。是说也，陛下圣性高明，固知之矣。知之不信，审矣。

然臣犹不能无疑者。伏读正月五日赦文曰“戢宇内之干戈”，又奉圣旨“不得诋斥”，直堕其术中，使忠义之士，结舌而不得伸；忠良之将，缩手而不为用。范增之说项王曰：“天下大定矣！君王自为之！”可不鉴哉！此臣所以昧死上愚衷，愿有献纳。臣闻张良为汉王借前箸，以筹挠楚权之谋，为汉王不能制项王死命，遽欲效武王休马息牛，具陈天下游士各归事其主，陛下谁与取天下？审如诏旨，臣恐将士解体，鱼溃兽散，如张良所谓谁与取天下者。

然则计将安出？臣方闭户深念，不觉大喜曰：“河南之复，殆天授，非人力。”传曰：“天与不取，反受其咎。时至弗行，反受其殃。”又曰：机不可失。愿陛下因而图之，大事济矣。似闻彼国新主厌兵，乃有此议。臣谓使其果有厌兵之心，政当乘其懈而击之。如其不然，先发制人，后发制于人，陛下必知其决择矣。

议者若曰：强弱大小，犹且不侔，未易轻举，臣闻汤以七十里，文王以百里，所谓在德不在众。汉高祖以亭长除秦暴，唐高祖以一旅取孤隋，光武接十二帝之统而起自单微，以至中兴。今陛下复河南之地，实以圣继圣，德新又新，挺真主之姿，应帝王之运，六师方张，旧民协力，抑又多助之至。此臣所以愿陛下因而图之也。

臣闻陛下方遣侍从、宗臣，祗谒宗庙陵寝，将亲见宫室之禾黍，陵寝之盗掘，此政诗人彷徨不忍去之，恐有扶老携幼感泣而听诏者。少者之哭，哭其父与兄也；老者之哭，哭其子也。戏笑甚于裂眦，长歌过于恸哭，天地日月亦必为之凄惨郁结。陛下闻之，追悼其因，是谁之过与？还地孰少孰多？而我河南之氏，何啻百万？昔者乐生，今日效死。因民欲向为百姓请命，而以王师甲兵之众随之。此皆尽锐愿战之师，彼皆悲歌感恸之士，河南起而河北应，箪食壶浆以迎。孟子之言，于今有验；世宗之举，不约而同。此臣所以愿陛下因而图之也。

臣平居尝谓，不复中原则不可以立宗社，不有四海则不可以子万民，今有幸会，遂得河南归我，凡属同体，岂不中应？大河安得而断间哉？此臣所以愿陛下因而图之也。

臣伏仰陛下英武天纵，孝弟性成，抚艰运于一纪，来和议于此时。然不知陛下愿为英武主乎？愿为孝弟主乎？臣昔守建业，获望清光，首为陛下陈尧舜之道，非谓垂衣拱手坐视夫民而名尧舜也。愿陛下效汉高祖、唐太宗之英武，败敌迎父母，以成尧舜之道也。今陛下俯首议和，端为父兄，是孝弟既如此；臣愿陛下乘机应变，席卷两河，摅祖宗之宿愤，扫天地之兵氛，英武又如此。使天下万世，皆仰陛下圣而不可知之神矣。越汉唐之所谓孝弟英武，顾不韪哉！其如应变于耳目之前，或且经营于年岁之后，皆在陛下惟断乃成，抵掌而决。期月而已，臣犹迟之。

昔李渤上平贼三策，攻不失战，战不失守，固河南以连河北，三策具存，乃敢以献。欧阳修曰："世徒见周师之出何速，而不知述律有可取之机也。"是时，述律以谓周师所取皆汉故地，不足顾也。然则十四州之故地，皆可指挥而取矣。使新主果有厌兵之心，事亦类此。

臣区区之心，发于忠愤。若谓不识大体，不省几事，欲逃万死之罪，宁能高飞远走，不在人间乎？方今堂下有耆老硕辅，阃外有良将奇兵，更乞睿慈，付之公议，熟计而行之，臣不胜战汗待罪之至。（《三朝北盟会编》卷一百九十二）

鲁阳附按：《三朝北盟会编》收录连南夫奏章全文，很可贵。但有错处，如开首说"知泉州连南夫上封事"便是大误。于此等去处，不可不察。有人说连南夫卸知广州，再知泉州，就是从这里出来的。今以此处所载，校以《建炎以来系年要录》以及《宋史全文》相关文字，成新订连南夫兴九年上封事文，载于本书甲部。

09
《宋史全文》连南夫史料（四则）

[01]（己酉建炎三年七月）庚子，尚书户部侍郎汤东野试工部侍郎兼知建康府。时，建康府寓治保宁僧舍，而江浙制置使韩世忠屯蒋山，逐守臣连南夫而夺其治寺。殿中侍御史赵鼎言："南夫缓不及事固可罪，然世忠躬率使臣，排闼而入，逐天子之京尹。此而可为，孰不可为矣。愿下诏切责世忠而罢南夫。仍治其使臣之先入者，此为两得。"上曰："唐肃宗兴灵武，诸军草创，得一李勉，然后知朝廷尊。今朕得卿，无愧昔人矣。"乃降南夫知桂州，而以东野知建康府。（《宋史全文》卷十七上）

[02]（丁巳绍兴七年）闰十月辛酉，知广州连南夫条上市舶之弊。上曰："市舶之利最厚，若措置合宜，所得动以万计，岂不胜取之于民？朕所以留意于此，庶几可以少宽民力耳。"（《宋史全文》卷二十上《宋高宗十》）

[03]（绍兴八年八月）己卯，进拟柳州、南雄州知州。上曰："广南去朝廷远，守臣尤得遴择。前日连南夫奏广南盗贼杀戮过多，要降诏。朕以谓，盗贼固当杀戮，只恐害及平人，有伤和气。若得守令平日存抚，使不为盗，乃上策也。如江西州县长吏，或昏缪不职，或贪赃害民，岂可不问。"（《宋史全文》卷二十中《宋高宗十一》）

[04]（绍兴九年）知广州连南夫上封事曰："臣窃惟大金素行凶诈，比年以来，两国皆堕其术中。大概彼以和议成之，此以和议失之。今陛下果推赤心信之，以其割河南之地遂恩之乎？陛下于太上有终天之别，于金

人有不戴天之仇，方且许还河南之地，彼其计，实老子所谓将欲取之，必固予之，兵法所谓'不战而屈人兵'之术也。谁不怒发冲冠、握拳嚼齿而痛愤哉！陛下方感其恩，遂无赫怒整旅之志。盖用心不刚，则四肢委靡，将士虽欲断发请战，有不可得，谁为陛下守四方者？是陛下十有余年，宠将养兵，殚财曲意之计，一旦积于空虚不用之地，倒持太阿，交手而付之矣。臣伏读正月五日赦文曰'戢宇内之干戈'，又奉圣旨'不得诋斥大金'。如此直堕其术中，使忠义之士，结舌而不得伸；忠良之将，缩手而不为用。臣恐将士解体，鱼溃兽散，如张良所谓谁与取天下者。陛下方遣侍从、宗臣，祗谒宫庙陵寝，将亲见宫室之禾黍，陵寝之盗掘，此政诗人彷徨不忍去之忧也。恐有扶老携幼，感泣而听语者。少者之哭，哭其父与兄也；老者之哭，哭其子也。陛下追悼其因，是谁之过欤？河南之民，何啻百万？昔日乐生，今日效死。因民之欲，北向为百姓请命，而以王师甲兵之众随之，河北之人必有箪食壶浆以迎王师。此臣所以愿陛下因而图之也。"南夫又为表贺曰："虽虞舜之十二州，昔皆吾有；然商於之六百里，当念尔欺！"秦桧大恶之。（《宋史全文》卷二十下《宋高宗十一》）

10
山经地志连南夫文献辑录
（十五则）

[01] 连南夫，建炎间知饶州。时舒贼刘文舜将寇饶，南夫缮城隍备之，且致书统制王德，调兵来援，城赖以完。邦人德之，绘像生祠焉。（《明一统志》卷五十《饶州府》）

[02] 连南夫，安州人。累官广东转运使，新兴饥，发廪赈济，全活以万计。弟万夫补将仕郎。建炎中，群盗犯应山，万夫率郡人数千保山寨，贼围三日，卒破之。万夫怒，厉声骂贼，为所害，赠承务郎，官其家一人。（《明一统志》卷六十一《德安府》）

按：谓万夫为南夫弟，无据。

[03] 连南夫，应山人，高宗时守濠州。旧有东西二城，濠水经其间入淮。南夫决濠水，由城西径达于淮，合二城为一。（《江南通志》卷一百十七《职官志·名宦》）

[04] 饶州府旧城，秦番君吴芮所筑。至吴周鲂守郡，增修之。梁大通中，鲜于琮叛，内史陆襄缮城为保障计。宋建炎初，舒贼刘文舜寇饶州，守连南夫缮治。（《江西通志》卷六《城池》二）

[05] 君子亭，《名胜志》，在玉山县南二里，宋直龙图赵文若赐尝居此。吕颐浩以书寄信州守连南夫曰："赵文若父子皆士林宿望，治封有贤人君子，可厚加礼。"后人因取其语名之。（《江西通志》卷四十《古迹》）

附按：吕颐浩与连南夫，都同张琪大战于饶州城下，捷书都不提及对方，而后又有书札往还。连吕关系微妙。

［06］连南夫，建炎初，知饶州任。详《九江人物》。（《江西通志》卷四十六《秩官》）

［07］赵旸，字羲若，郑州人，世居东里，直龙图阁。以提点坑冶铸钱行提举江州太平观，来居信州玉山智门寺。时左丞相吕忠穆公颐浩，以书抵信守连南夫曰："赵羲若父子皆士林宿望，治封有贤人君子，可厚加礼待。会羲若作亭，施舜显因摘君子字以名之。（《江西通志》卷九十六《寓贤》）

附按：上［05］说赵文若赐，此条作赵旸。旸赐形近，以其字羲若，则"赵文若赐"当作"赵羲若旸"。

［08］连南夫。《明一统志》，应山人。建炎初，守濠州，累官广东转运使。新兴饥，发仓赈济，全活以万计。（《湖广通志》卷四十九《乡贤志·安陆府》）

［09］连南夫，楚之德安人。高宗时，累官广东转运使。新兴饥，发粟赈济，全活以万计。后知广州兼经略使。兵马钤辖韩京，受命领兵三千，屯营广州，恃恩不法，南夫委曲钤制，京遂革心为善。会溃军掠南雄，招抚得宜，余党屯聚，京击破大盗七十余屯，民赖以安。盗平，授建州观察使、知循州。时兵燹之后，邑里萧条，初至循，招集流亡，百废俱兴。守循十年，大有功于民。尝督兵捕贼于梅，守臣御之，潜于朝，遂罢去。后循人绘像祠于州学。南夫启导孚化之力也。（《广东通志》卷三十九《名宦志》）

附按：韩京后来亦受权相秦桧迫害去职。

［10］易青，归善人，为都督行府摧锋效用。绍兴六年，经略使连南夫与统制韩京督兵讨曾衮。京募敢死士劫营，青与焉，为贼所执，驱至后军赵续寨外，贼遥谓续曰：汝大军多为我擒矣。青大呼曰：勿听，所执者，我尔。贼又言：吾不汝杀，第令经略持黄榜来招安。青又呼曰：任贼杀我，我以死报国尔。贼焚之，青死，骂不绝口。事闻，赠阁门祇候，遣官祭之。（《广东通志》卷四十四《人物志》）

附按：此抄《宋史》。"后军赵续"当作"后军将赵续"。"后军赵续"是说赵续统帅后军。"后军将赵续"是说赵续只是后军之一将耳。

［11］绍兴六年冬十月，惠州盗曾衮作乱，统制韩京袭破之，衮降。

（嘉靖《惠州府志》卷一《大事记》）

[12] 连南夫，安州人，累官广东转运使。新兴饥，发廪赈济，全活以万计。（明凌迪知撰《万姓统谱》卷二十八）

[13] 连南夫，高宗时知广州，金人归河南地，南夫贺表云：虞舜之十二州，昔皆吾有；商於之六百里，当念尔欺。秦桧怒其言，罢之。（《明一统志》卷七十九《广东布政司》）

[14] 绍兴三年，以徐俯签书枢密院事。故事：签枢下执政一等，至是特诏钧礼。又例外赐以金带。秦桧专政，以金人成和，大赦天下。俯方罢枢密，提举临安府洞霄宫，上表云："祸福倚伏，情伪多端。恐未尽于事几，当复劳于圣虑。"时湖北京西宣抚使岳飞表云："愿定谋于全胜，期收地于两河。唾手燕云，终欲复仇而报国；矢心天地，尚令稽首以称藩。"知广州连南夫表云："虽虞舜之十二州，昔皆吾有；然商於之六百里，当念尔欺！"三人表章，一时皆盛相传诵。桧见而大恶之。（《江城名迹》卷二）

[15] 知州事连南夫，安州人，（绍兴）三年任，六年提举江州太平观。（清《泉州府志》卷二十六《职官》上）

11

宋元书目提要所见连南夫行事（四则）

[01]《宣和使金录》一卷。太常少卿安陆连南夫鹏举吊祭阿固达，奉使所记。时宣和六年。（宋陈振孙撰《直斋书录解题》卷七）

[02]《宣和使金录》一卷。陈氏曰："大常少卿安陆连南夫鹏举吊祭阿固达，奉使所记。时宣和六年。"（元马端临《文献通考》卷一百九十九《经籍考》二十六）

[03]《连宝学奏议》二卷。宝文阁学士安陆连南夫鹏举撰。绍兴初，知饶州，扞御有功。及和议成，南夫知泉州，上表略曰："不信亦信，其然岂然。"又曰："虽虞舜之十二州，昔皆吾有；然商於之六百里，当念尔欺！"由是得罪。（宋陈振孙撰《直斋书录解题》卷二十二）

鲁阳附按：说连南夫时知泉州，误也。

[04]《连宝学奏议》二卷。陈氏曰："宝文阁学士安陆连南夫鹏举撰。绍兴初，知饶州，捍御有功。及和议成，南夫知泉州，上表略曰：'不信亦信，其然岂然。'又曰：'虽虞舜之十二州，昔皆吾有；然商於之六百里，当念尔欺！'"由是得罪。（《文献通考》卷二百四十七《经籍考》七十四）

鲁阳附按：此条与上同误。

12

诗话二则　词话二则

[01]《复斋漫录》云，皮日休《谢人送酒》云：门巷寂寥空紫苔，先生应渴解酲杯。醉中不得相亲问，故遣青州从事来。晋桓温，有主簿善别酒味，以好者为青州从事，谓青州有齐郡，言到脐也。子苍《谢信守连鹏举送酒》云：上饶籍甚文章守，曾共紫薇花下杯。铃阁昼闲思老病，故教从事送春来。意思颇同。当有辨其优劣者。（宋胡仔撰《渔隐丛话后集》卷三十四）

按，子苍，韩驹字。

[02] 谢信守连鹏举送酒

上饶籍甚文章守，曾共紫薇花下杯。铃阁昼闲思老病，故教从事送春来。《复斋谩录》云唐皮日休《谢人送酒》诗，亦有青州从事之语。子苍此诗，意思颇同，当有辨其优劣者。

附皮日休《谢人送酒》：门巷寂寥空紫苔，先生应渴解酲杯。醉中不得相亲问，故遣青州从事来。晋桓温有主簿善别酒味，以好者为青州从事，谓青州有齐郡，言到脐也。（宋蔡正孙编《诗林广记后集》卷八）

[03] 宝文阁直学士连南夫鹏举罢守泉南，李右丞邴汉老送之以词寄《玉蝴蝶》云：壮岁分符方面，蕙风草偃，禾稼春融。报政朝天，归去稳步鳌宫。望尧蓂、九重绛阙，颁汉诏、五色芝封。湛恩浓。锦衣槐里，重继三公。

雍容。临岐祖帐，绮罗环列，冠盖云丛。满城桃李，尽将芳意谢东风。柳烟轻、万条离恨，花露重、千点啼红。莫匆匆，且陪珠履，同醉金

钟。(宋吴曾撰《能改斋漫录》卷十七《李右丞送连宝文罢守词》)

[04]宝文阁学士连南夫鹏举罢守泉南，李右丞邴汉老送之以词寄《玉蝴蝶》云：

壮岁分符方面，蕙风香偃，禾稼春融。报政朝天归去，稳步鳌宫。望尧蓂、九重绛阙，颁汉诏、五色芝封。湛恩浓。锦衣槐里，重继三公。

雍容。临岐祖帐绮，绮罗环列，冠盖云丛。满城桃李，尽将芳意谢东风。柳烟轻，万条离恨，花露重，千点啼红。莫匆匆，且陪珠履，同醉金钟。

一时妓女都歌之。(徐釚撰《词苑丛谈》卷四)

13

李弥逊挽宝学连公诗二首

男儿死尔未应悲，可惜胸中尚有奇。

绝域英声宜早岁，楚庭高议补明时。

壮怀自感中流楫，旧爱今存岘首碑。

天独不能遗此老？盖棺两鬓未全丝。

弱冠论交老更坚，平生风义想前贤。

银峰告政一千里，雁塔联名四十年。

漫许赤心酬雨露，终成白发傲林泉。

酸风送子寒山暮，鸣壑摇松亦泫然。

（景印文渊阁《四库全书》本《筠溪集》卷二十，宋李弥逊撰）

鲁阳附按：李弥逊字似之。苏州吴县人，弱冠，以上舍登大观三年上舍第，为第一名。即所谓上舍魁。连南夫年二十四为进士，也是大观三年进士，二人同年。李弥逊挽诗可证。

14
李纲《梁溪集》记连南夫事三则

[01] 臣窃见朝廷前此数年，专以退避为策，亦不责州郡以捍守。又降诏旨，许令保据山泽以自固，城壁守具，率皆不治。循习既久，往往以修城壁为生事，建议官吏，反受罪责。如连南夫以修泉州城，委官体究；裴廙以修衡州城，重加贬黜。州郡望风畏缩，无敢复议修城者。夫以偷惰苟且之习，而重之以朝廷威令，其谁敢复冒罪责而建长久之计乎？臣恐自此州郡城壁壕堑颓毁湮塞不复修矣。（宋李纲撰《梁溪集》卷八十九《应诏条陈八事奏状》）

[02] 七月十八日准枢密院七月一日札子，臣寮上言，臣窃以虔州地险民贫，风俗犷悍。居无事时，群出持兵私贩为业，自军兴以来，啸聚为盗，招捕殆将十稔，终未殄灭。臣深求其故，乃知招安之后，田业荒芜，耕种不具，州县救目前之急，不暇存恤；又督逋负，宿恶乘之，相煽愈固。加以巢穴深远，山多瘴疠，官兵惮于穷讨，有司疲于供亿，往往以招安为便。殊不知官其首领，余众何归？朝廷若不严行措置，异时邻境悉应，相率从贼，患益滋矣。臣愚过计，欲乞汀州常屯兵千人，循、梅州各屯千人，虔州屯二千人，间岁更番。每遇猖獗，并力掩杀。仍择守令，专意抚存失业之人。如此，则良民有以自存，顽民知所畏惮，庶几兵可强而寇可销矣。俟其平定瑞金，乃于诸邑上流增以军使之额，邑宰兼之，留屯千人，委帅司拨差本州岛将兵四百人，他州六百人，阴防其微，选骁将主之。庶制其命，俾不复萌。意实永远之利也，取进止。奉圣旨，令李某、连南夫、张致远相度，申枢密院。札送某疾速施行。某契勘虔贼旧年止是

冬月农隙之时相率持杖，往广东贩盐，以图厚利。后来渐次于循、梅等州村落间劫掠得牛畜钱帛，归家使用，巡尉不敢谁何。徒党渐众，遂犯州县。至建炎四年，官省移在虔州，陈大五长啸聚作过，当时，官司措置无策，赏罚失当，土豪有物力之家，往往啸聚结集，报复仇怨，头项渐多，州县不能制御，连结滋蔓，以至今日虽遇丰年，亦不衰息。其说有二：一则，虔民赋性犷悍，喜于为盗，易为结集，动以千百为群，互相劫掠，凌逼州县，不畏刑法，不顾死亡；循习成风，不以为怪，异于诸路盗贼。二则，自近年以来，专务招安，官司失于措置，有以诱之为盗。谓如招安到贼火，首领尽补官资，放散徒党。其徒党中桀黠者，又复纠集徒众，自为头首，以俟招安，复得名目。递相仿效，无有穷已。其招安出首领，虽已补授官资，或与差遣，多是不离巢穴，不出公参，依旧安居乡土。稍不如意，或资用阙乏，则又相率为盗。以此滋蔓，虽痛遭屠戮，亦不改悔，窃恐为患未艾。今来朝廷欲措置虔寇，不过招捕两事。临以重兵，有以制其死命，然后可以招抚。务令措置合宜，乃为得策。何谓临以重兵，有以制其死命？今虔寇巢穴多在江西、福建、广东三路界首，置立寨栅，为三窟之计。一处有兵，则散往他处。官军既退，则又复团聚。中间遣发军马，卒不能穷讨，正以节制不一之故。若节制归一，使其不能散逸，且捕且招，威令既行，则穷寇别无他策，必须自归。然后结以恩信，使之改过自新，将为首及徒党桀黠之人，尽赴军前使用，以除后患。此最策之上者。某昨曾陈请乞于江西路置都统制一员，节制三路军马，以招捕虔贼，蒙朝廷许令本司辟置。然至今未敢辟者，非惟难得其人，亦以本路军马单弱，不足以副都统制之名，故迟留至今。如蒙朝廷遣发防秋军马，使本路兵势稍壮，方可辟官，充上件差遣，使统三路之兵，以措置虔寇，数月之间，必见就绪。既以兵力招降，乃可使之远去巢穴，以消永久之患。应招安到贼火，除放散胁从羸弱之人外，其头首及强壮桀黠之人，并令解发赴军前使唤，头首与补正官资，及其余强壮人并与刺手背分隶诸军下使唤。若能用命立功，优与旌赏。或又作过，必杀无赦。其不能悛改逃亡复归本土之人，许诸色人捕斩，籍没田产，编配妻子，以系累其心，使知为盗之无益，自然不敢复为头首，则虔人喜为盗之风，渐次可销。（宋李纲撰《梁溪集》卷一百七《申都督府相度措置虔州盗贼状》）

[03] 有旨令公与连南夫、张致远相度，申枢密院，公以为虔寇巢穴多在江西、福建、广东三路界首，置立寨栅，为三窟之计。一处有兵，则散往他处。官军既退，则又复团聚。遣发军马，不能穷讨，正以节制不一之故。若节制归一，使其不能散逸，且捕且招，威令既行，则穷寇别无他策，必须自归。然后结以恩信，使之改过自新，将贼首及徒党桀黠之人，尽赴军前使用，以除后患。此最策为之上者。（《梁溪集·李纲行状下》）

15

连南夫传（陆心源撰）

连南夫，字鹏举，湖北安陆人。政和二年（1122）上舍释褐。（《福建通志》）授颍州司理参军，移鼎州教授，调沣阳尉，历襄邑主簿，虔州教授未赴，除辟雍正，礼制局检讨，补校御前文籍，遂为校书郎。（《南涧甲乙稿·连公墓碑》）宣和五年（1123），假太常少卿为金接伴使。六年（1124）正月，为伴使金贺正旦使，寻为金国祭奠吊慰使。（杨仲良《长编记事本末》一百四十四）使归，即为上言："敌好不可保也。朝廷所仰大将则郭药师，兵则常胜军。比年军政不修，新边无河山之阻，而粮食未均，蓟州卒有羸饿，河朔马群尽空，无留良马。愿选中国将帅易药师，练中国士卒以制常胜军。"因面奏："刘延庆败，十万众皆童贯赏罚不明至其遁走。且厚币以易云中，而以捷奏。乞斩贯、延庆以谢天下。然城池不坚，器械不利，敌有轻视中国心，不一二年，将不遗余力而来矣。"徽宗大骇，尽以所论付枢密院宣抚司，而攸、贯之徒皆切齿。始，连夫已道迁秘书郎，既迁起居舍人，七年（1125），遂拜中书舍人。言者观望贯、攸意，诋为不职，除右文殿修撰、知庆源府。南夫谓庆源在河北，正宣抚所隶，何可居？挝登闻鼓，论其事，即改濠州。

靖康元年（1126），讲和赦下，《论敌情十患》，愿因诸道之兵未遣亟击之。

二年（1127），进徽猷阁待制。连夫缮治濠城，凿巨石五百步，运甓塞淮流之贯城者，增城为三丈，立楼橹。并城开稻田十里以为汀。

建炎（1127）登极，即上疏祈幸关中。且谓敌势甚炽，秋高马肥，必为渡河绝淮之计，画《捍御策》为四十条。复移书李纲、郭三益，宜仿汉高捐关东以为黥布、韩、彭之策，以燕云致其地豪杰，以辽东致高丽，以契丹故地致契丹遗族。其论甚壮。（《墓碑》）

二年（1128）四月，奏言："诸路州县于近城十里内开凿湖陂，以备灌溉。使春夏秋三时尝有水泽，则良民有丰年之望，敌骑有还泞之苦。方冬水涸，即令耕犁硗确，则敌骑又有历块之患。其自来不系种稻地分，即乞令依仿雄州，开凿塘泺，亦有菱芡莲藕之利可以及民。仍免一年租赋，以为人工之费。"从之。（《要录》十五）

三年（1128）四月，擢显谟阁学士、知建康府，未至，淮西安抚司统制刘文舜引众犯濠州，连夫遣土豪俞孝忠率民兵百五十往拒之。将战，孝忠马还泞而死，众溃。文舜至城下，南夫出库帛，解所服金带遣之，乃退。（《要录》二十三）六月，兼建康府宣徽太平州广德军制置使。（《要录》二十四）

时，建康寓治天宁僧舍。浙江制置使韩世忠屯蒋山，逐南夫而夺其治。诏切责世忠，南夫亦以"缓不及事"改知饶州。（《要录》）

时，举行赃吏杖脊朝堂之命。连夫言选人七阶之俸，不越十千。军兴，物价倍百。当先养其廉，稍增其俸，使足赡十口之家，然后复行赃吏旧制。朝廷是之，增选人茶汤之给。天下称诵，以为长者。

四年（1130），刘文舜大艑数十，由南康而下，连夫部民兵，昼夜乘城，矢石几尽。时御营统制王德，号王夜叉，驻兵庐陵。飞书邀之，众畏其不来。德得书泣曰："我尝系建康狱，连公为守，待我厚，当死报之。"以舟师不三日至。文舜惧，请降。诛其渠魁五人而散其众。

绍兴改元，张琪既破新安，直抵城外。遣将败之，伏尸四十里。时金人已破豫章、临川，群盗蜂起，饶以块然小垒，而能独立于江左，饶人祠连夫不忘。以疾得请临安府洞霄宫。（《甲乙稿·墓碑》）

绍兴初，移知泉州。金人南犯，高宗幸建康，连夫尽起本部经制常平钱物赴平江。五年（1135）正月，诏褒美。（《要录》八十七）及朝廷下福建遣舟以备海道，遣使督促。连夫奏言："舟用新木，难猝办，且湿恶易败。不若以度牒钱买商船二百艘，可收其用，又省缗钱二十万。"从之。（《福建通志》）

二月，奏言"海寇之患，以为国家每岁市舶之入数百万，今风信已顺，而舶船不来。闻有乘黄屋而称侯王者，臣恐未易招也。愿明下信令，委县措置团结濒海居民，五百人结为一社，不及三百人以下附近社，推材勇物力人为社首，其次为副社首，备坐圣旨，给帖差捕。盖滨海之民，熟知海贼所向，平时无力往擒尔。今既听其会合，如擒获近上首领，许保奏优与补官，其谁不乐为用。"从之。在泉二年，以宝文阁直学士提举江州太平观。（《要录》八十八）

六年（1336）五月，起为宝文阁学士知广州，旋兼广东经略安抚使。岭南水陆盗贼充斥，刘宣自章贡扰揭阳，郑广、周聪抄海道，而曾衮据釜山者七年。其余号称大王、太尉、铁柱、火星、飞刀、打天之号，凡十八火，动数千人。连夫入境，召大将韩京，激厉使之。且按诛惠州孔目吏与曾衮表里者，合诸郡兵以次平定，诏书奖谕，迁官一等。番禺之人，立祠作碑，以纪其绩。（《甲乙稿》）新州大饥，南夫谓转运判官林师说曰："凋瘵者莫如高主簿。"遂檄高登新兴令。至则发廪赈济，后为糜于野食之，愿贷者听，所全活万计。（朱子《高登行状》）寻乞祠。

八年（1138）十一月，提举江州太平观。（《要录》一百二十三）

九年（1139）正月，上封事曰：臣窃惟大金素行凶诈，比年以来，两国皆堕其术中。大概彼以和议成之，此以和议失之。今陛下果推赤心信之，以其割河南之地遂恩之乎？臣知陛下知机，有不信也。何以言之？丙午之祸，父母兄弟，六宫九族，咸被驱掳，逮今十四年，辱莫大焉。使太上圣躬无恙，随所割地全而归之，十四年羁縻隔绝之恨，念之犹且心折。得梓宫犹不足为恩，得土地顾何足以为恩乎？况陛下于太上有终天之别，于大金有不共戴天之仇。方且许还梓宫，许还渊圣、六宫，彼其计，实老子所谓"将欲取之，必固与之"。兵法所谓"不战而屈人兵"之术也。谁不怒发冲冠、握拳嚼齿而痛愤哉！借使尽得所许，彼何加损？汉王语吕后曰："使赵王有天下，顾少乃女乎？"臣窃恐陛下天性孝悌，方感其恩，遂无赫怒整旅之志。盖心不刚，则四肢委靡。将士虽欲断发请战有不可得，谁为陛下守四方者？是陛下十有余年宠将养兵，殚财蓄力之计，一旦积于虚空不用之地，倒持太阿，交手而付之矣。

昔太祖皇帝之南征也，李煜遣其臣徐铉朝于京师，铉曰："煜以小事大，如子事父，未有过失，奈何见伐？"太祖曰："尔谓父子，为两家，可乎？"安知大金之计不出于此乎？岂吾太祖行之，而陛下不悟者乎？

伏读正月五日赦文曰"戢宇内之干戈"，又奉圣旨"不得诋斥大金"，如此直堕其术中，使忠义之士，结舌而不得伸；忠良之将，缩手而不为用。范增之说项王曰："天下大定矣！君王自图之！"可不鉴哉！

臣闻张良为汉王借前箸，以筹挠楚权之谋，为汉王不能制项王死命，遽欲效武王休马息牛，具陈天下游士各归事其主，陛下谁与取天下。审如诏旨，臣恐将士解体，鱼溃兽散，如张良所谓谁与取天下者。

然则计将安出？

或谓彼国新主厌兵，乃有此议。臣谓使其果有厌兵之心，政当乘其懈而击之。如其不然，先发制人，后发制于人，陛下必知其决择矣。

臣闻陛下方遣侍从、宗臣，祗谒宫庙陵寝，将亲见宫室之禾黍，陵寝之盗掘，此正诗人彷徨不忍去之忧也。恐有扶老携幼感激而听语者。少者之哭，哭其父与兄也；老者之哭，哭其子也。陛下追悼其因，是谁之过欤？还地之恩，孰少孰多？而河南之民，何啻百万？昔日乐生，今日效死，因民之欲，北向为百姓请命，而以王师甲兵之众随之，河北之人必有箪食壶浆以迎王师者。此臣所以愿陛下因而图之也。

又为表贺曰："虽虞舜之十二州，昔皆吾有；然商於之六百里，当念尔欺！"秦桧大恶之。（《要录》一百二十五）

连夫之帅广州也，右宣教郎杜岩，以杜充故，送广州居住。及后赦下，岩请自便，南夫遽释之。及金人索杜充子孙之在南者，帅臣陈橐以闻，南夫坐夺职。（《要录》一百二十五）隐于连州龙溪尚书峰之麓。绍兴十三年卒，年五十八，因名其所葬地曰连山。（《福建通志·侨寓传》）连夫气正言直，志在经纶。其言《易》"穷则变，变则通"。今之祸变，真变也。而通之道寓焉。故始议幸关中，继则议江陵；且谓天子当留神武事，以激昂将士；乞仿讲筵之制置侍射、侍驭之官，以待诸将；选三等豪户，仿六郡良家子以充禁卫；乞先图李成则盗贼可无患。其帅岭南，惧涉瘴疠，自誓不受俸给，以祈全家生还。及被赏进官，力辞不肯受，朝廷不从，竟以回授其兄喆夫，而以俸给推与其兄妹及侄。自广而归，扶携士族之不能归者数家。著有奏议三十篇，文集二十卷。（《甲乙稿·墓碑》）

（《宋史翼》卷九《列传》）

鲁阳附按：陆心源《连南夫传》采摘文献丰富，然辨析有所不足，故使用之时，尚须小心。"隐于连州"，"州"字疑误，当作"江"。盖连州在广东，连南夫卸广州任，即北归，归福建连江，李弥逊亦在连江，二人当是卜邻。连江属福州，连南夫逝于连江，也即逝于福州。州江二字形近，易讹。陆心源以意补原始文献，文字更为通顺，但不及原著含蓄。其所采用后起资源，不甚可靠。

16
连南夫五行生克说一则

[01] 金改吾赵州为沃州，盖取以水沃火之意。识者谓沃字从天水，则著国姓中兴之谶益章章云。建炎初，从臣连南夫奏札言，女真号国曰金，而本朝以火德王，金见火即销，终不能为国家患。（宋周辉撰《清波杂志》卷十二）

丙部

连南夫家族文献经眼录

引　语

　　《连南夫家族文献经眼录》收录连舜宾及其四子的相关资料。父子之间，数据相互交叉渗透，实属不可避免，故于文字编排，亦相应有所分合与变化。大体上是，先舜宾，后诸子；先综合，后个人。同《连南夫文献经眼录》，本部亦以宋代文献为主。

　　本部 10 章，章下设节，节数多寡不一，视原材料而定。有所按断，亦有存疑。不令旁逸斜出，尽量约束，无使枝蔓。

　　这是节略我的读书手记《连南夫家族文献录》并稍加整理而成者。在旁人眼中，这些或许都是鸡肋，在我自己则不免敝帚自珍。谨录于此，以为参考。是为引语。并望就正于方家云。

01

连舜宾文献二则

[01] 连处士墓表（《四部丛刊》本）

连处士，应山人也。以一布衣终于家，而应山之人至今思之。其长老教其子弟所以孝友恭谨礼让而温仁，必以处士为法，曰："为人如连公，足矣。"其矜寡孤独凶荒饥馑之人皆曰："自连公亡，使吾无所告依而生以为恨。"呜呼！处士居应山，非有政令恩威以亲其人，而能使人如此，其所谓行之以躬，不言而信者欤！处士讳舜宾，字辅之，其先闽人。自其祖光裕尝为应山令，后为磁、郢二州推官，卒，而反葬应山，遂家焉。处士少举《毛诗》一不中，而其父正，以疾废于家，处士供养左右十余年，因不复仕进。父卒，家故多赀，悉散以赒乡里，而教其二子以学，曰："此吾赀也。"岁饥，出谷万斛以粜，而市谷之价卒不能增。及旁近县之民皆赖之。盗有窃其牛者，官为捕之甚急，盗穷，以牛自归，处士为之愧谢，曰："烦尔送牛。"厚遗以遣之。尝以事之信阳，遇盗于西关。左右告以处士，盗曰："此长者，不可犯也。"舍之而去。处士有弟居云梦，往省之，得疾而卒。以其枢归应山，应山之人去县数十里迎哭，争负其枢以还。过县市，市人皆哭，为之罢市三日，曰："当为连公行丧。"（一作"当与处士"）处士生四子，曰：庶、庠、庸、膺。其二子教以学者，后皆举进士及第。今庶为寿春令，庠为宜城令。处士以天圣八年十二月某日卒，庆历二年某月日葬于安陆蔽山之阳。自卒至今二十年，应山之长老识处士者，与其县人尝赖以为生者，往往尚皆在。其子弟后生闻处士之风者，尚未远。使更三四世，至子孙曾，其所传闻有时而失，则惧应山之人不复能知处士之详也。乃表其墓，以告于后人（一作"云"）。八年闰正月一日，庐陵欧阳修述。（宋欧阳修撰《文忠集》卷二十四《居士集》二十四《墓表》，据《四部丛刊》本标点）

［02］连处士墓表（嘉靖本《应山县志》）

欧阳修（庐陵人，文忠公）

连处士，应山人也。以一布衣终于家，而应山之人至今思之。其长老教其子弟所以孝友恭谨礼让而温仁，必以处士为法，曰："为人如连公，足矣。"其矜寡孤独凶荒饥馑之人皆曰："自连公亡，使吾无所告依而生以为恨。"呜呼！处士居应山，非有政令恩威以亲其人，而能使人如此，其所谓行之以躬，不言而信者欤！处士讳舜宾，字辅之，其先闽人。自其祖光裕尝为应山令，后为磁、郢二州推官，卒，而反葬应山，遂家焉。处士少举《毛诗》一不中，而其父正，以疾废于家，处士供养左右十余年，因不复仕进。父卒，家故多赀，悉散以赒乡里，而教其二子以学，曰："此吾赀也。"岁饥，出谷万斛以粜，而市谷之价卒不能增。及旁近县之民皆赖之。盗有窃其牛者，官为捕之甚急，盗穷，以牛自归，处士为之愧谢，曰："烦尔送牛。"厚遗以遣之。尝以事之信阳，遇盗于西关。左右告以处士，盗曰："此长者，不可犯也。"舍之而去。处士有弟居云梦，往省之，得疾而卒。以其枢归应山，应山之人去县数十里迎哭，争负其枢以还。过县市，市人皆哭，为之罢市三日，曰："当为连公行丧。"处士生四子，曰：庶、庠、庸、膺。其二子教以学者，后皆举进士及第。今庶为寿春令，庠为宜城令。处士以天圣八年十二月某日卒，庆历二年某月日，葬于安陆蔽山之阳。自卒至今二十年，应山之长老识处士者，与其县人尝赖以为生者，往往尚皆在。其子弟后生闻处士之风者，尚未远。使更三四世，至子孙曾，其所传闻有时而失，则惧应山之人不复能知处士之详也。乃表其墓，以告于后人。八年闰正月一日。（嘉靖《应山县志》卷下

《艺文》下）

鲁阳附按：欧阳永叔所撰《连处士墓表》，影响甚远。《影印文渊阁四库全书》《四部丛刊》本欧阳修集皆有此文，《唐宋文醇》及《刀笔精华》，也都收有此文，显然是将其作为范文选入的。南宋周必大，绝对是大手笔，也对此文推崇备至。苏门四学士之一的张耒张文潜写《二宋二连君祠堂记》，其中心思想实即从欧阳修《连处士墓表》出。欧阳修与二连即连庶、连庠弟兄保持着亲密的关系，常有书信来往。连庠的儿子、女儿代表其父拜见欧阳修，欧阳修称其为"贤郎、小娘子"，小娘子就是小女孩。又致函连庶，说你的侄儿来看我。这个连庠的儿子，可能就是连仲熙。欧阳修与连庠互赠礼品，连庠赠送的是柑橘，欧阳修回赠的是龙团。龙团是宋代的高级名茶，一般人无缘享用，当是皇帝赏赐欧阳修的。连庶赠送欧阳修一件安州出土的古鼎，连庠赠与欧阳修熊白和鱼鲜，这是宋代文人之间的雅事。对于连庶的提前退休致仕，欧阳修常常流露出羡慕的心态。欧阳修的书函，字里行间都显示着极想在暮年见连庶一面，这种浓重的怀旧心理，也值得探索。作为文坛领袖，一代高士，欧阳修丰富的感情世界，应该深入研究。《墓表》"子孙曾"之"子"字，疑为"于"字形误。

02
新旧四贤堂记六则

[01] 二宋二连君祠堂记

治国有善政，不如在位有善人之化民速也；在位有善人，不如其乡有善人之化民易也。夫人之情所感动，常在其所易接而亲者。若夫政事者，固民之所畏，则其从之有不得已之心焉，其及物浅矣。安陆之应山，楚之穷邑也。然其民好文多学者，其俗善良不争，纯静易治。其里之人为余言曰：始吾邑之人未甚知学之利也，有宋氏兄弟者，讲学吾邑之法兴佛舍。其后两人皆取高第，有声名，久之并为大官，名尊益显。所以吾邑之人，其鄙鲁不学自弃于夷者，愧之。其居法兴时，有连氏兄弟者，与二宋君游，相好也，其后亦登科，两人起家，仕不振，然视所同舍生富贵光显可攀为声势，而两人亦自力，不少屈己以附之，其官终不显。故吾邑之人，其不笃于廉耻侥幸贪利者，愧之。凡吾邑之俗好学而文，纯净有耻者，四君子之化也。后五十年，宋景文之孙羲年令应山，与连君之从子仲儒，缘邑人之意，作祠堂于法兴方丈之西。呜呼！为吏于乡，其有恩德，久而民祠之者几人？在位之人，不如其乡里之君子也。二宋公之行事爵里，书于国史，士大夫举知之。连君锡以尚书职方员外郎致仕，好修而自重，谅直多闻之君子也。其仲讳庠，字符礼，为尚书都官郎中，敏于政事，号良吏。世称王阳在位，贡禹弹冠者，为故旧之美。然严光所以为帝逃之不肯仕，彼独何哉？连君不因宋君以显

名当世，卒以湮没而不悔，彼诚知所处，与世俗所谓显晦异矣。（四部丛刊本《张右史文集》卷四九）

鲁阳附按：王吉与贡禹为友，世称王阳在位，贡公弹冠。颜师古曰：弹冠者，言入仕也。言其取舍同也。取就是进取，舍就是止息。王吉，字少阳，故称王阳。这个王吉，就是撮合司马相如与卓文君相好的临邛令王吉。此处言连南夫诸父辈有连仲儒，为他文献所未见。

[02] 二宋二连君祠堂记

治国有善政，不如在位有善人之化民速也；在位有善人，不如其乡有善人之化民易也。夫人之情所感动，常在其所易接而亲者。若夫政事者，固民之所畏，则其从之盖有不得已之心焉，其及物浅矣。安陆之应山，楚之穷邑也。然其民好文多学者，其俗善良不争，纯静易治。其里之人为予言曰：始吾邑之人未甚知学之利也，有宋氏兄弟者，讲学吾邑之法兴佛舍。其后两人皆取高第，有声名，久之并为大官，名尊益显。所以吾邑之人其鄙鲁不学自弃于夷者，愧之。其居法兴时，有连氏兄弟者，与二宋君游，相好也，其后亦登科。两人起家，仕不振。然视所同舍生富贵光显可攀为声势，而两人亦自力，不少屈己以附之，其官终不显。故吾邑之人，其不笃于廉耻侥幸贪利者，愧之。凡吾邑之俗好学而文，纯静有耻者，四君子之化也。后五十年，宋景文之孙羲年令应山，与连君之从子仲儒，缘邑人之意，作祠堂于法兴方丈之西。呜呼！为吏于乡，其有恩德，久而民祠之者几人？在位之人，不如其乡里之君子也。二宋公之行事爵里，书于国史，士大夫举知之。连君锡以尚书职方员外郎致仕，好修而自重，直谅多闻之君子也。其仲讳庠，字符礼，为尚书都官郎中，敏于政事，号良吏。世称王阳在位，贡禹弹冠者，为故旧之美。然严光所以逃光武不肯仕，彼独何哉？连君不因宋君以显名当世，卒以湮没而不悔，彼诚知所处与世俗所谓显晦异矣。（《景印文渊阁四库全书》本《柯山集》）

［03］ 四贤堂记

张耒（文潜，集贤校理）

治国有善政，不如在位有善人之化民速也；在位有善人，不如其乡有善人之化民易也。夫人之情所感动，常在其所易接而亲者。若夫政事者，固民之所畏，则其从之盖有不得已之心焉。其及物浅矣。安陆之应山，楚之穷邑也。然其民好文多学者，其俗善良不争，纯静易治。其里之人为余言曰：始吾邑之人，未甚知学之利也，有宋氏兄弟者，讲学吾邑之法兴佛舍。其后两人皆取高第，有声名，久之并为大官，名尊益显。所以吾邑之人，其鄙鲁不学自弃于夷者，愧之。其居法兴时，有连氏兄弟者，与二宋君游相好也，其后亦登科，仕于朝。两人起寒家，仕不振。然视所同舍生富贵光显可攀为声势，而两人亦自立，不少屈己以附之，其官终不显。故吾邑之人，其不笃于廉耻侥幸贪利者，愧之。凡吾邑之俗，好学而文纯静有耻者，四君子之化也。后五十年，宋景文之孙羲年令应山，以邑人之意，作祠堂于法兴方丈之西。呜呼！为吏于乡，其有恩德久而民祠之者几人？故在位之善人，不如其乡里之君子也。二宋公之行事爵里书于国史，士大夫举知之。连公讳庶，字公锡，以尚书职方员外郎致仕，好修而自重，直谅多闻之君子也。其仲讳庠，字符礼，为尚书都官郎中，敏于政事，号良吏。世称王阳在位，贡禹弹冠，为故旧之美。然严光故人，为帝逃之不肯仕，彼独何哉？连公不因宋公以显名当世，卒以湮没而不悔，彼诚知所处，与世俗所谓显晦异矣。宣和五年孙朝散郎权知南剑军州事连端夫立右。（嘉靖《应山县志》卷下《艺文》下）

鲁阳附按：《应山县志》所载《四贤堂记》，删去了连仲儒的名字，又改"连君锡"为"连公讳庶，字公锡"，这些应该都是连端夫所为。徽宗时，讳"君"字，改君锡为公锡。而删连仲儒名，当是与仲儒地位名望有关。固疑连膺为仲儒后。现在，所有研究连姓文化的成果中，没有涉及连仲儒者。这是一个值得注意的问题。连姓谱牒当中，也不见连仲儒的名字，个中缘由，难道不值得深思吗？"仕于朝"和"两人起寒家"之"寒"字为《柯山集》及《四部丛刊本》所无。无此四字，文义自通，文气自足。四字或为连端夫所补，则其文字功夫有逊张耒远甚。

[04] 重修四贤堂记

汤起岩（户部）

岁庆元上章涒滩，颛帝乘比，月旅大吕，元英将归，余日唯五，有一力自应山来者，令君所遣人也。手把欧阳文忠公《连处士墓述》、张右史《四贤堂记》二碑轴，与书而三。书之言曰：本朝二宋、二连公，皆应山一时人，旧祠在法兴寺僧舍西庑。右史所记仍在，然，处势隘卑，像设亦寝漫漶不全，窃惧弗可处久，相地于寺之西南隅，筑迁焉。今既阅岁，念有以谂来者，子雅，故幸有述焉以遗之。仆惟缮治缉饬之事。今之君子用力于斯者，志之所至，未必皆出爱人乐善之诚心，有钓于其间多矣。钓必有饵，以其人为饵。仆以故居不喜闻。况使刻画侈怪之，不惟不敢，亦不暇。令君仆知之，笃端而文，在官严于自律，不事表暴，不事求取，衎衎然儒君子也。斯堂之作，实非钓具，而四公寂寂，又非可为饵者。固仆所喜闻而乐道。其平时特以诗人者乐咏人之善也，于是为之诗。诗曰：猗与四公，棠棣之华。秀犖一时，茂兴两家。宋公联翩，鄂不相鲜。万里风云，上负青天。连公庚契，渊水澄结。进而鳖蹩，砥砺其节，其光晔晔。追惟平生，法兴是仪，邑人之思，右史之词。雨箔风楹，岁环几经。筑此特堂，吾今令君。令君勤民，民燕其德。振滞补弊，此焉居一。于时四公，序集其觞。生气津津，冠佩有光。古之为政，崇德尚贤。居今笃古，令君有焉。君系陇西，绍祖维名。起岩作诗，辑和厥声。敢告典者，毋替其承。（嘉靖《应山县志》卷下《艺文》下）

[05] 新建四贤堂记

张耒（谯郡人，集贤校理）

治国有善政，不如在位有善人之化民速也；在位有善人，不如其乡有善人之化民易也。夫人之情所感动，常在其所易接而亲者。若夫政事者，固民之所畏，则其从之盖有不得已之心焉。其及物浅矣。安陆之应山，楚之穷邑也。然其民好文多学者，其俗善良不争，纯静易治。其里之人为余言曰：始吾邑之人，未甚知学之利也，有宋氏兄弟者，讲学吾邑之法兴佛舍。其后两人皆取高第，有声名，久之并为大官，名尊益显。所以吾邑之人，其鄙鲁不学自弃于夷者，愧之。其居法兴时，有连氏兄弟者，与二宋君游相好也，其后亦登科，仕于朝。两人起寒家，仕不振。然视所舍生富贵光显可攀为声势，而两人亦自立，不少屈己以附之，其官终不显。故吾邑之人，其不笃于廉耻侥幸贪利者，愧之。凡吾邑之俗，好学而文纯静有耻者，四君子之化也。后五十年，宋景文之孙羲年令应山，以邑人之意，作祠堂于法兴方丈之西。呜呼！为吏于乡，其有恩德久而民祠之者几人？故在位之善人，不如其乡里之君子也。二宋公之行事爵里书于国史，士大夫举知之。连公讳庶，字公锡，以尚书职方员外郎致仕，好修而自重，直谅多闻之君子也。其仲讳庠，字符礼，为尚书都官郎中，敏于政事，号良吏。世称王阳在位，贡禹弹冠，为故旧之美。然严光故人，为帝逃之不肯仕，彼独何哉？连公不因宋公以显名当世，卒以湮没而不悔，彼诚知所处，与世俗所谓显晦异矣。（《日本藏中国稀见地方志丛刊》本《湖广图经志书》卷五）

［06］重修四贤堂记

汤起岩

岁在庆元上章涒滩，颛帝乘比，月旅大吕，元英将归，余日唯五，有一力自应山来者，令所遣人也。手持欧阳文忠公《连处士墓述》、张右史《四贤堂记》二碑轴，与书而三。书之言曰：本朝二宋、二连公，皆应山一时人，旧时在法兴寺僧舍西庑。记仍在，然，处势隘卑，像设亦寝漫漶不全，窃惧弗可处久，相地于寺之西，迁焉。今既阅岁，念有以谂来者，子雅，故幸有述焉以遗之。仆惟缮治缉饬之事。今之君子用力于斯者志之。所志未必皆出爱人乐善之诚心，有钓于其间多矣。钓必有饵，以其人为饵。仆以故居不喜闻。况使刻画侈怪之，不惟不敢，亦不暇。令君仆知之，笃端而文，在官严于自律，不事表暴，不事求取，衍衍然儒君子也。斯堂之作，实非钓具，而四公寂寂，又非可为饵者。固仆所喜闻而乐道。其平时特以诗人者乐咏人之善也。于是为之诗。诗曰：猗与四公，棠棣之华。秀韡一时，茂兴二家。宋公联翩，鄂不相鲜。万里风云，上负青天。连公庚契，渊水澄结。进而蹩躃，砥砺其节，其光晔晔。追惟平生，法兴是仪，邑人之思，右史之词。雨箔风楹，岁环几经。筑此特堂，吾今令君。令君勤民，民燕其德。振滞补弊，此焉居一。干时四公，序集其觞。生气津津，冠佩有光。古之为政，崇德尚贤。居今笃古，令君有焉。君系陇西，绍祖其名。起岩作诗，辑和厥声。敢告典者，毋替其承。嘉泰改元仲春。(《日本藏中国稀见地方志丛刊》本《湖广图经志书》卷五)

鲁阳附按：连公锡乃连端夫讳改所致。

《二宋二连君祠堂记》四库全书本、四部丛刊本都说“连君锡以尚书职方员外郎致仕”。而嘉靖应山县志《四贤堂记》、《日本藏中国稀见地方志丛刊》本《湖广图经志书》卷五《新建四贤堂记》都作：连公讳庶，字公锡。此当是连端夫讳改，连端夫不敢用人君之君字称连庶。连庶字仍当以君锡为是。

03

《宋史》连庶连庠传一篇

连庶字居锡，安州应山人。举进士，调商水尉，寿春令。兴学，尊礼秀民，以劝其俗，开濒淮田千顷，县大治。淮南王旧垒在山间，会大水，州守议取其甓为城，庶曰："弓矢舞衣传百世，藏于王府，非为必可用，盖以古之物传于今，尚有典刑也。"垒因是得存。以母老乞监陈州税。尝送客出北门，见日西风尘，而冠盖憧憧不已，慨然有感，即日求分司归。久之，翰林学士欧阳修、龙图阁直学士祖无择，言庶文学行义，宜在台阁，以知昆山县。辞不行。累迁职方员外郎，卒。庶始与弟庠在乡里，时宋郊兄弟、欧阳修皆依之。及二宋贵达，不可其志，退居二十年，守道好修，非其人不交，非其义秋毫不可污也。庶既死，宋郊之孙义年为应山令，缘邑人之意，作堂于法兴僧舍，绘二宋及庶、庠之像祠事之。庠亦登科，敏于政事，号良吏，终都官郎中。（《宋史》卷四百五十八）

[附录] 庶字居锡，安州应山人，举进士，调商水尉，寿春令，兴学，尊礼秀民，以劝其俗，开濒淮田千顷，县大治。淮南王旧垒在山间，会大水，州守议取其甓为城，庶曰："弓矢舞衣传百世，藏于王府，非为必可用，盖以古之物传于今，尚有典刑也。"垒因是得存。以母老乞监陈州税。尝送客出北门，见日暮风尘中，冠盖往来不已，慨然有感，即日求分司归。久之，翰林学士欧阳修、龙图阁直学士祖无择，言庶文学行义，宜在台阁，以知昆山县，辞不行。累迁职方员外郎，卒。庶退居二十年，守道好修，非其人不交，非其义秋毫不可污也。弟庠，亦登科，敏于政事，号良吏，终都官郎中。（《钦定续通志》卷五百七十《隐逸》宋二）

鲁阳附按：《续通志》所载，即《宋史》全文。北宋徽宗，曾讳"天""君"等字，故此处易"君锡"为"居锡"。还有文献称连公锡者，也是这个原因。《宋史》整理，宜出校说明之。宋郊就是宋庠。"作堂于法兴僧舍"，就是二宋二连祠堂，张耒有记。后，连端夫刊石，改称四贤堂。祠堂因宋义年、连仲儒而建，连端夫刻石，删仲儒名。

04
郑獬送连君锡分司归安陆序

连公分司之归安陆，予有以谓之贤也。盖贤，夫世之有归者焉。世之有老且病，目眊而耳塞至不能落笔署字者，则有归焉；贪懦不治，或落势苟避以脱者，则有归焉；家厚禄庳，得不足以补失者，则有归焉；犹靳靳不忍一决，以至于老且死，因抵罪而后罢去者。岂连公有是哉？连公年六十，齿发利完，非以老且病也。处官廉，与僚友上下如季孟，无丝毫可怪者，非以为贪懦不治也。家甚贫，官为外郎，尊夫人春秋高，无可归之势，非以家厚而禄庳也。而直以厌苦世俗，不能较声利于蹄啮之间，欲遗其缰勒而驰出乎辙迹之外，用是而归，得非为贤乎哉？应山之下，有田一廛，绕庐树桑，足以为衣；引泉种稻，足以为食。霜干而林可樵，水落而鱼可饵。亲戚故老，岁时相还往，野蔌山肴，白酒相对，放怀乎烟霞之表，亦足以致乐乎。连公之归，淮扬士大夫皆嗟叹其去，竞为之诗，以耀其行。况予与连公为乡里之丈人，且尝同治官于此，固所以知公之为贤也。而岂独予与淮扬之士大夫以为之贤，将四方之群公闻之，亦必曰："荆楚之间，有以贤而归者，安陆之连公也。"（宋郑獬撰《郧溪集》卷十四）

鲁阳附按：郑獬，安陆人，连庶同乡。文中"淮扬"字凡二见，二"扬"字皆"阳"之误。淮阳即陈州，《宋史·连庶传》监陈州酒税，求分司归。作淮阳是。

05

《续资治通鉴长编》记事一则

颖州言：观文殿学士、太子少师致仕欧阳修卒，赠太子太师。太常初谥曰文，常秩曰：修有定策之功，请加以忠，乃谥文忠。修喜荐士，一时名卿贤士出修门下者甚众，而荐秩与连庶尤力。秩晚仕于朝，君子非之，修自以为失。庶终不出，修自以为得也。庶应山人，尝为寿春令，有政绩，已而退居二十余年。修及龙图阁直学士祖无择，荐庶文学行谊，宜在台省，诏以庶知昆山县，固辞不行。宋庠兄弟及修贫贱时皆依之，三人既通显，庶未尝倚以进也。（宋李焘《续资治通鉴长编》卷二百三十七神宗熙宁五年八月甲申）

[**附录1**] 八月，颖州言观文殿学士致仕欧阳修卒，太常初谥曰文，常秩曰：修有定策之功，请加以忠。乃谥文忠。修喜荐士，一时名贤卿士出修门下者甚众，而荐秩与连庶尤力。秩晚仕于朝，君子非之，修自以为失。庶终不出，修自以为得也。（《宋史全文》卷十二上宋神宗二壬子熙宁五年）

鲁阳附按：《宋史全文》记事同《长编》，二书同源。或者，即《宋史全文》抄《长编》。

[**附录2**] 修喜荐士，一时名卿贤士出修门下者甚众，而荐常秩与连庶尤力。秩晚仕于朝，君子非之，修自以为失。庶终不出，修自以为得也。（徐自明撰《宋宰辅编年录》卷七）

鲁阳附按：此亦与上二件同源，所不同者，此件只是节文。

06
宋祁诗二首

［01］送连庶

之子远参卿，劳劳千里行。

素衣因客变，华发看秋生。

遇鲤频为讯，逢莼试作羹。

尘埃半通绶，何地免将迎。

（宋祁《景文集》卷九）

［02］喜连君锡过郡

稍稍客引去，依依君见过。

胡为困重趼，正欲问无他。

甗黍惊方熟，犀谈省旧讹。

感余只悃愊，衰罢有蹉跎。

直取忧襟解，聊从醉弁俄。

缓行清白酒，随意短长歌。

皋壤星霜宴，缨璱尘垢多。

且应留从仆，同赏二山阿。

（宋祁《景文集》卷二十一）

鲁阳附按："胡为困重趼""犀谈省旧讹"两句，可与祖无择诗"泣玉泪收休积恨"同参。

07

欧阳修致连庶函札五通

［01］答连职方（庶字君锡。天圣中）

　　某惶悚顿首：上党三哥良执，少别，伏想体中佳好。近者兄长行，获奉短札，恳悃之素，具之如昨。泊任进来，得三兄信，伏知轩车犹未归仙墅。某自返党间，邈然块处，日以贱事相逼，鱼鳞左右，至于笔砚之具，视同长物而已。前承宠示佳句，久欲为答，奈六情底滞，不能叩课；加之对雷门之前，非布鼓之能过也。但效曹生游扬季布之名，日得传播于汉东士流之间，讽诵传写者，殆使中山兔悲，而洛阳纸贵也。今勉成一首，以报来赐。小生学非师授，性且冥蠢，仰赖良交，时赐教诱。若不为索其病疵，而姑效司马生言好字，则三哥顾我之厚薄，可由斯而见矣。峥岁且晏，平居寡徒，想望故人，能不怆恨。时因北风，幸无忘德音之惠。某顿首。（《文忠集》卷一百五十一，宋欧阳修撰，下同）

［02］又（嘉祐五年）

　　某启：近尝辱惠问，不审寒来体履如何？京师区区，幸时与元礼相见。然衰病鲜悰，无复壮年游从之乐也。残史已终篇，南归之思如欲飞尔。君锡决然，遂获闲居之适，应知此趣真老者之所便也。况窃禄甚厚，于国无补，岂堪碌碌久此乎？握手未期。聊为君锡道此。盛寒多爱。

［03］又（熙宁三年）

某启：令侄过郡，辱书，粗慰积年思企之勤。兼得一讯起居康福，外绝世欲，内养天真，宜其极方外之乐，享眉寿于无涯。某宠禄盈溢，心志衰零，尚此盘桓，未偿夙愿。然亦不出新春，归计可决。第思场屋之游，四十年之旧，零落之余，所存者几。而吾二人者，邈焉各在一方，未知握手之期。用此不胜区区尔。岁律乃尽，寒色向深，惟以时加爱。

［04］又（熙宁四年二月）

某启：守蔡忽已半岁，老年百病交攻，赖此闲僻偷安。然犹经春在告，人事旷废，咫尺相去，阙于驰问。使至辱书，既惭且感。喜承尊候康裕。某以衰残，未遂一丘之愿，勉强忧畏，惟思高贤远识，早能超出尘累，宜享福寿于无涯也。企慕企慕。相见未期，初暄保爱。

［05］又（熙宁四年四月）

某启：相去不远，惠然之顾，出于乘兴。古贤佳事有望于故人，但不敢坐邀尔。某入新年，陡更衰残。昨三月中，欲遂伸前请，决计归休。封递角次，得阙报，陕兵为孽，远近惊惧，朝廷方有西顾之忧，遂且少止。今已宁息，早晚必期得请也。若遂还颍，则相去益远，至时或一就蔡枉顾，可否？千里命驾，近世未闻，亦是一时奇事，有望，有望。乱道《思颍诗》一卷，粗以见志，闲中可资一噱。

08

李觏集诗文三篇

［01］ 君锡宰寿春

沧落多愁笑不成，水边还是送君行。

官为令长前程好，地近乡关喜气生。

百里有人观惠术，三年唯我见交情。

山中后夜思贤处，风月犹应似旧清。

（宋李觏《旴江集》卷三十七）

［02］

祖学士无择再拜泰伯先生：酷热以来，气体何如？驿置相望，不远千里，无阶披奉，祗增詹企。法掾连君锡，仆之故人，有文而善与人交，泰伯见之，当相得以欢矣。千万善爱，慰此多忆。无择手记。顿首泰伯先生。六月十七日。

鲁阳附按：法掾即法曹掾。

［03］

无择启：累日前军校过敝邑，得泰伯所示书，承起居无它，为慰甚深也。《庆历民言》皆极当时之病，真医国之书耳。使今相天子、宰天下者闻其言而行之，何忧乎獯粥？何患乎拓跋氏邪？无择疏贱，不得言于朝。泰伯又俾附寄永叔，即须良便致之也。君锡行日，曾托奉书，必得通上。无择近作《爱堂铭》与《文爽序》，在君锡处，宜枉观览，因风幸示可否之教。秋暑，千万善爱。不宣。无择再拜。二十六日。（宋李觏撰《盱江外集》卷二）

鲁阳附按：以上二件与无择集文字相同。李觏集只多"祖学士"三字，当是李觏所加。无择称名，泰伯于名前添加姓氏职衔，感觉顿起变化。这是如椽大笔。

祖无择诗文三篇

［01］ 与盱江李泰伯五启

其一　无择再拜泰伯先生：酷热以来，气体何如？驿置相望，不远千里，无阶披奉，祇增瞻企。法掾连君锡，仆之故人，有文而善与人交，泰伯见之，当相得以欢矣。千万善爱，慰此多忆。无择手记。顿首泰伯先生。六月十七日。

其二　无择启：累日前军校过敝邑，得泰伯所示书，承起居无他，为慰甚深也。《庆历民言》皆极当时之病，真医国之书耳。使今相天子、宰天下者闻其言而行之，何忧乎獯鬻？何患乎拓跋氏耶？无择疏贱，不得言于朝。泰伯又俾附寄永叔，即须良便致之也。君锡行日，曾托奉书，必得通上。无择近作《爱堂铭》与《文爽序》，在君锡处，宜枉观览，因风幸示可否。之秋暑，千万善爱。不宣。无择再拜。二十六日。（祖无择《龙学文集》卷十）

鲁阳附按：法掾即法曹掾。法曹掾的资历低于法曹。祖无择给李觏信函五件，二件与连庶有关。信函亦收在李觏《盱江集》内。文字完全相同。

［02］ 赠商水连尉同年

场屋相知最有情，去年同试便同荣。

神仙名籍输梅福，典册文章滞马卿。

泣玉泪收休积恨，掷金词在蔼新声。

公卿好致归台阁，莫遣徒劳浩叹生。

（《祖龙学集》卷二）

鲁阳附按：祖无择宝元元年进士第三人及第。连庶与无择同年，亦为宝元元年进士。祖无择说"泣玉泪收休积恨"，宋祁说"犀谈省旧讹"，好像都是说连庶遇有不顺心的事。然而也不一定。

连庠文献八则

［01］ 尹洙《送光化县尉连庠一首》

自西师之兴，金帛粮糒之积，凡资于兵者，其费益广；铁革干羽之用，凡须于兵者，其取益夥。费之广，则吏之聚敛者进焉；取之夥，则吏之干力者进焉。上任其能，下收其功，自监司所部及于郡县，由初任至于久吏宿官，莫不以是为治之优，为政之先。于是，吏之强者益肆，弱者亦趋。甚者不恤困穷，不察有无，殚利以夸精，严期以名勤。有以治体为言者，必诋之曰：方事之艰，当求所以富国强兵之要，乌体之为哉？故吏益材而民益愁，为吏者宁当然耶？连君，君子人也，其仕五岁矣。予质其为吏之术，大概本于仁而达下之情，其于民也，知利之与宽之而已。职事无废也，期会无失也，考于古之为吏者当以良称，而于今未得以材名也。

噫，古时未尝无兵也，我国家仁育天下几百年，今一方兴兵，其资于民役于民者，必视其货力，与之约束，岂重扰哉？而下之愁叹者，吏为之也。吏岂喜扰耶？亦欲以材自名而利其进也。是故奖材吏则士益偷，贵良吏则民遂其生。惟君子不可以利回，故乐与连君尽其说。（宋尹洙《河南集》卷五）

鲁阳附按：尹师鲁监均州酒税，为崇信军节度副使，崇信是随州军额。连庠登进士第后入仕，初为随州光化县尉，均州与随邻，二人此时有所交往。尹洙从西北对西夏作战前线归来，所言开口便是由于西师之兴，资于兵者其费益广，须于兵者其取益夥，引发的后果是："吏益材而民益愁"。"费之广，则吏之聚敛者进焉；取之夥，则吏之干力者进焉。上任其能，下收其功"。战争，从来不是百姓美事，从来不是国君盛事，只是干吏幸事而已。尹师鲁以解除兵柄的曾经的大帅身份，深深忧虑增加人民负担而败坏吏治，他考虑很深，有思想，有哲理。比起尹洙，连庠是后进，尹洙谆谆言之，循循诱之，在引导连庠在功利和人民之间做出正确选择，可谓君子爱人以德。

[02] 襄州守王侯洙复岘山羊公祠

大江西来绕重城，犹如丛花匹练萦。

左山右阜若开避，曾是岘首当头横。

江湍冲山山不动，滔滔雪浪东南倾。

贲然巨势压汉境，万楚不得专雄名。

四时美景千百状，登临可以摅襟灵。

近麓接蓝秋水绿，幽岩团缬春葩明。

寒林萧疏四面合，夏木延袤长川青。

危巅碑垫龟螭蛰，阴崖桧老蛟龙形。

俯瞰洲岛相向背，风恬江面罗纹生。

渔舠数百集其下，瞥然来往一叶轻。

波底峥嵘沉翠影，槎头鼋雁敛霜翎。

天然佳致信可尚，直是丹青写不成。

叔子当年乐山水，每来置酒空垆罂。

贤达胜士共爱此，谓此风景魁南荆。

荆人被化思不已，立祠山椒共祭牲。

尔来绵亘几千载，瓦飞栋挠谁经营？

守臣罕肯着脚到，遂至完固属兼并。

非惮鸠工缮完葺，诚知仁政难继声。

帝眷襄阳曰重镇，宜从内阁择名卿。

明公之来百城悦，壶浆竹马相欢迎。

政成公休屡登览，山前车骑长晶荧。

傜空寓目看不足，诗豪俵发输精诚。

乃敕察属复祠宇，仍从岭上新虚亭。

岁时游憩备言咏，荆人爱之犹钜平。

羊公之政公之化，异时一致当同评。

两贤继美何以况，山之永兮水之清。

（《襄阳府志》）

鲁阳附按：连庠时为宜城令。《池北偶谈》说，岘山幢有范仲淹等人题名，连庠名在最后。

[03] 职方员外郎蔡准连庠可并屯田郎中

敕。某等三年之课，不待显劳而后陟，所以勉人才而进吏治也。尔等有文以列于科选，有政以服在官守。其效于事，厥考惟最。命正郎位，以旌尔伐。勉思褒进之意，益勤廉辨之守。可。

（宋韩维撰《南阳集》卷十六）

鲁阳附案：韩维字持国，韩元吉的先人，元吉为南夫撰写墓碑，持国为连庠起草任命书，韩连二家，乃是世交。注意连庠的职务是屯田郎中。宋制，词臣作诰，例受润笔。王禹偁草李继迁制，送马五十匹为润笔之资，禹偁却之。李瀚为和凝榜下及第，后凝作相，瀚为学士当批诏，悉取和凝阁中图书珍玩而去，并留一诗：座主登庸归凤阁，门生批诏立鳌头。玉堂旧阁多珍玩，可作西掖润笔不？当时撰写墓碑文字，亦有润笔，人称谀墓。韩维夫人侄女，是王莘夫人。王莘是王得臣之弟，王得臣是连南夫岳丈之兄。古人也有关系网啊。

[04] 寄连元礼屯田员外

共忆西州把酒卮，酒酣风味未全衰。

人惊李郭同舟日，句索羊何共和时。

省帐飘香君觐早，篚书腾谤我归迟。

他年会面须惊恨，瘦尽昆山玉树枝。

（宋祁《景文集》卷十五）

鲁阳附案："共忆西州把酒卮"。宋祁《西州猥稿系题》说"西州者，益也"，益州，就是成都。宋祁知益州，即兼成都府路经略安抚使。宋祁知益州时，连庠知邛州，是成都府路的所属州郡。如果"昆山玉树枝"是写实，那就是说，连庠当年是大帅哥了。

［05］答连郎中（庠字符礼）

某启：才薄力劣，任非其称，初无报效，徒自为劳。人事都废，恃亲旧见哀，而不责小故。湖外风土如何？向承体中亦小不佳，今喜清康。君锡兄亦久不承问。多事匆匆，不曾作得一书，惭悚惭悚。惠柑甚佳，远地难致，尤为珍感。凤团数饼，聊表信而已。岁律遽穷，新春多爱。（《文忠集》卷一百五十一）

［06］又

某启：承贤郎、小娘子见过。故人有佳儿女，朋友所当共庆也。兼辱简字，惠以熊白并蹢鲊等，皆饮酒具。独患累日苦目昏，未能近杯杓也。朝暮乘闲道话。（《文忠集》卷一百五十一）

鲁阳附按：贤郎、小娘子是说连庠的儿子、女儿。这位小娘子，或许就是后来的宋乔年的夫人。

熊白，一说是熊背上膏，寒月则有，夏月则无。《埤雅》说，熊当心有白脂如玉，味甚美，俗呼熊白。《埤雅》作者，乃陆游祖父陆佃也。

［07］

欧阳文忠公年十七，随州取解，以落官韵而不收。天圣已后，文章多尚四六，是时随州试《左氏失之诬论》，文忠论之，条列左氏之诬甚悉，句有"石言于宋，神降于莘，外蛇斗而内蛇伤，新鬼大而故鬼小"，虽黜

落，而奇警之句，大传于时。今集中无此论，顷见连庠诵之耳。（宋魏泰撰《东轩笔录》卷十二）

鲁阳附按：此亦文坛佳话。

[08] 连都官墓志

王莘（汝阴人）

连氏世家上党，有讳揔者，徙居于闽。揔生光裕，尝为应山令，后为磁、郓二州推官。其卒也，反葬应山，因家焉。光生正，不仕。正生舜宾，有贤行，以处士终于家。欧阳文忠公表其墓，以谓"孝友恭谨礼让而温仁"，乡人以为法者。以子恩，累赠金紫光禄大夫、尚书刑部侍郎。生四子，而伯仲皆力学，有名于时。公即其仲也，字符礼，其名庠。庆历二年及第，调随之光化尉，移襄之宜城令，改秘书丞、太常博士、职方员外郎、屯田都官郎中。其在宜城也，县当南北之冲，调度供馈，颇劳于民。公撙节以礼，而上下便之。知深州饶阳县，举监定州便粜仓。粜有羡数，则例当受赏。公不自言，而让其寮段绎，绎因以徙官。夫世俗之交，平居燕笑，倾竭肺腑，及临毫发利害，则窥间伺隙，出力以争之。而公独廉于自退如此。知邛州依政县，未逾年徙知茂州。州杂蛮蜑，喜以钞略为生，虽汉地者亦不肯输税。公始以威服之，而卒怀以恩。迄公去，不敢扰边而负约。当是时，宋景文守成都，为作诗美之。监西染院，丁其母永安县太君李氏忧。服除，赐绯衣银鱼，通判鼎州。州将，武人也。政多倚公，乃兴学养士，择属吏以倡率之，而人皆悦从。盖鼎之有学，自公始。勾当在京北排岸，以疾致仕。治平四年六月二十日，卒于京师，享年六十有二。公操履如其父，而洁廉方正，不随世俯仰。与其兄庶友爱尤笃。出处于田间里闬之间，接人待物一以至诚，恂恂然惟恐不及。乡人既爱慕处士，而又见二公所为，则莫不心悦而诚服。其循良者劝，而嚣傲者革，是以应山之俗，多信厚而知廉耻者，皆其力也。议者谓二公之行，虽不可优劣，至于应变之才，则公特为长。故为吏，所至有能声。其去，虽久而民尤思之。当路者交章以荐，一时贤士大夫闻其名而慕见其人，悦与之游而不厌。河南尹师鲁尝称之曰："良吏也，君子人也！"欧阳六一以其言行比为芝兰金玉。二公皆名重天下，少所许可，而其所称如此。然公平居以义命自处，未尝侥幸以求进。宋元宪公，暨其弟景文公，皆游于处士之门，而欧阳公交际尤密。及三公贵显，待公益厚，而公不以一毫干也。公文章尤长于诗，有集五卷，藏于家。始娶朱氏，生一男仲熊，忠信而好善，为开封雍丘尉。一女，适进士李岘。再娶李氏，封仁和县君，后公十有八年卒。生一男仲熙，廉良谨饬，为成州同谷尉。二女，长适宣德郎宋乔年，次适进士李仲舒。仲熊等以熙宁元年十一月三日，葬公于县西三钟山下，以夫人朱氏祔。既葬十有七年，得元丰八年十月十三日，复启圹，祔葬夫人李氏。仲熊以状谒于汝阴王莘曰："昔欧阳公欲表吾先君之墓，然文未成而薨矣。今不敢轻以委人，故有请于夫子。愿其哀怜而赐之文。"莘为考公之事，得其所以行于己施于家而著于人者，岂非孔子所谓躬行君子者耶？惜乎用不及其才，而见于世者，如是而已。古者，乡先生殁，则配于社而与祭焉，因又为诗一章，以遗应山之人，俾其如古之时以公配社而岁时歌此以祭云。歌曰：恂好善兮行以躬，完素履兮一祂终。化邦乡兮革奸凶，出为政兮用其中。三钟山兮屹穹崇，与公德兮并其隆。岂独文兮耀幽宫，宜配社兮同勾龙。俾世世兮仿而从，里闾乐兮廉让风。刑罚措兮年屡丰，博哉利兮垂无穷。（嘉靖《应山县志》卷下《艺文》下）

鲁阳附按：王莘之子王铚，铚子明清，王明清《玉照新志》卷六说莘原字子野，王陶以其字乐道赠之。王莘为欧阳修门下士，王陶亦然。王莘的夫人是韩维的侄女，王得臣又是王莘的兄长，王得臣的弟弟王邻臣是连南夫的岳丈，为连南夫写墓碑的韩元吉是韩维的后人，这中间的关系很是值得注意。

后 记

此书动议于 2009 年，杀青于 2015 年。中间停顿了好几年，在做别的功课。当初，读到两本有关连氏的书，一本是安徽人写的，另一本是湖北人写的，觉得有些不很到位，于是动手翻检了一些文献。用了几个月时间，写了二十来个题目，大约有二十万言的初稿，因为忙于别的文字任务，就把这些文字稿件都搁置一边了。

不意这么一放居然放了五年。2014 年冬，想起这些文字，不想让其半途而废，于是就重新拾了起来，稍事订补，成此一编。全书分三个部分，共四十万字左右，甲部为研究讨论，乙丙二部是文献。囿于见闻，容有缺失。若得高明指正，不胜感激。

探讨和撰写，是精神生产，是劳动。时时查找文献，非常烦琐，很是费力。偶有新的发现，就像发现新大陆，感觉是一种意外之喜。比如，过去只知道连南夫长子见于《连公墓碑》，后来发现其又见于《龙学文集》，再后又发现他还见于周必大的跋张魏公给连几宜的帖。这在认识上，是一步步深化。这也让我深省：发掘文献要深入，"深入"二字原本有丰富的内涵。学无止境，学不可以已。

本书初稿，是河南财经政法大学刘二灿教授帮忙做电脑文字编排。此次成书，系由河南省社会科学院文研室李素锦女士劳神费力，合成录入。谨此一并致谢。

萧鲁阳

2015 年 4 月 5 日

图书在版编目（CIP）数据

连南夫论／萧鲁阳著. --北京：社会科学文献出
版社，2023.5
（中原智库丛书. 学者系列）
ISBN 978 - 7 - 5228 - 0955 - 7

Ⅰ. ①连… Ⅱ. ①萧… Ⅲ. ①连南夫（1085 - 1143）
- 人物研究 Ⅳ. ①K827 = 442

中国版本图书馆 CIP 数据核字（2022）第 195874 号

中原智库丛书·学者系列

连南夫论

著　　者／萧鲁阳

出 版 人／王利民
组稿编辑／任文武
责任编辑／连凌云
责任印制／王京美

出　　版／社会科学文献出版社·城市和绿色发展分社（010）59367143
　　　　　　地址：北京市北三环中路甲 29 号院华龙大厦　邮编：100029
　　　　　　网址：www. ssap. com. cn
发　　行／社会科学文献出版社（010）59367028
印　　装／三河市龙林印务有限公司

规　　格／开 本：787mm × 1092mm　1/16
　　　　　　印 张：25.5　字 数：384 千字
版　　次／2023 年 5 月第 1 版　2023 年 5 月第 1 次印刷
书　　号／ISBN 978 - 7 - 5228 - 0955 - 7
定　　价／98.00 元

读者服务电话：4008918866